Sylvia Serbin

KÖNIGINNEN AFRIKAS

Aus dem Französischen von
Gudrun Honke

Peter Hammer Verlag

Für Esther, die das Feld bereitet hat,
für Bettina, die den Weg erhellt hat,
und
in Würdigung aller schwarzen Frauen, die durch ihre Taten
die Kämpfe der Menschheit unterstützt haben

Titel der Originalausgabe:
Reines d'Afrique et héroïnes de la diaspora noire
Éditions Sépia, Paris, 2004

Umschlaggestaltung: Magdalene Krumbeck
Satz: Greiner & Reichel, Köln
Druck: Clausen & Bosse, Leck
ISBN 3-7795-0066-3
www.peter-hammer-verlag.de

INHALT

Prophetinnen und messianische Bewegungen

Kriegerinnen

Höfische Romanzen

Opfer

Mütter großer Männer

VORWORT

Meine Tochter, die damals acht Jahre alt war, fragte mich eines Tages verwundert: »Wie kommt es, dass alle anderen Länder berühmte Frauen haben, und Leute wie wir (mit schwarzer Hautfarbe) haben niemanden? Die Indianer haben Pocahontas, die Amerikaner Calamity Jane, die Franzosen Jeanne d'Arc, die Engländer Königin Victoria. Und wir, haben wir früher nicht existiert?«

Wer wollte glauben, dass die eine Hälfte der Menschheit stumm, untätig, schweigsam, abwesend, ja nahezu unsichtbar gewesen wäre, während die andere wirkte, kämpfte, führte, baute und schützte? Wohl niemand und wäre er noch so blauäugig. Denn seit die Welt unsere Welt ist, haben Frauen ebenso Dinge bewegt, und es ist unsinnig, uns weismachen zu wollen, der Lauf der Historie sei nur von den Männern bestimmt worden. In vielen Ecken der Erde arbeitet eine wachsende Zahl von Autorinnen und Autoren daran, die Vergangenheit neu zu entziffern und Frauen von Bedeutung aufzufinden, bis hin zu Gattinnen oder Maitressen von Königen. Doch schwarze Frauen, die Geschichte machten, sind von der sogenannten Universalgeschichtsschreibung bislang vernachlässigt worden.

Warum sollten wir also nicht unsere Königinnen preisen – Frauen, die ihr Land regiert haben, außergewöhnliche Widerstandskämpferinnen, Mütter, die das Geschick großer Männer geschmiedet haben, und auch alle anonymen schwarzen Frauen, die durch ihre heroischen Taten die Entwicklung der Menschheit weitergebracht haben? Da sie im kollektiven Gedächtnis nicht bewahrt und von den Gralshütern der Tradition im Verborgenen gehalten werden, scheinen sie in den Augen der Nachwelt keine Spuren hinterlassen zu haben. Aber wenn niemand den Scheinwerfer auf die außergewöhnlichen Frauen richtet, die unserer Geschichte ihren Stempel aufgedrückt haben, hat die junge Generation keine andere Richtschnur als die des weißen Helden, wie ihn Bücher, Film und Fernsehen als alleinigen Träger »universeller« Werte propagieren.

Insbesondere Kinder schwarzafrikanischer Herkunft werden nur schwer eine Identität entwickeln, wenn sie sich auf eine Geschichte stützen müssen, die nur Sklaverei und Kolonisierung kennt. Und wie sollen sie sich anderen Kindern gegenüber behaupten können, wenn ihnen permanent eingeredet wird, dass die schwarzen Völker nichts erfunden und nichts Bemerkenswertes zur menschlichen Gemeinschaft beigetragen haben? Es ist höchste Zeit für sie zu erfahren, dass die dominanten Gesellschaften keinen Freifahrtschein für die Vorherrschaft haben und dass es unter ihren Vorfahren vielleicht auch Persönlichkeiten gab, deren Heldentum, Würde und Mut ebenfalls rühmenswert sind. Männer und Frauen, schwarz, auf die sie sich mit Stolz berufen können.

Den Völkern Afrikas, die lange Zeit an der Grenze zum Untermenschentum angesiedelt wurden und deren Geschichte mit der Begründung, sie hätten keine Schrift, negiert wurde, mangelt es übrigens nicht an charismatischen Frauen, über die man gern mehr wissen möchte. Ich denke da zum Beispiel an jene tapferen Senegalesinnen, die im 19. Jahrhundert, nachdem sie einen Angriff maurischer Sklavenjäger gegen ihr Dorf zurückgeschlagen hatten, lieber in einem brennenden Haus den Freitod wählten, als in der Knechtschaft zu enden. Oder an die Frauen, die der Pflicht nachkamen, die ihnen auferlegt wurde – wie die Königin Pokou in der Elfenbeinküste, die sich dareinschickte, ihr einziges Kind zu opfern, um den Ihren den Weg in die Freiheit zu ermöglichen. Wie viele Widerstandskämpferinnen gab es, uns heute unbekannt, wie zum Beispiel die Mulattin Solitude, die sich gegen die Wiedereinführung der Sklaverei auf Guadeloupe auflehnte und im Frankreich des Napoleon Bonaparte hingerichtet wurde? Und ebenso verdient die Afroamerikanerin Harriet Tubman einen Platz im Pantheon universalen Heldentums, hat sie doch unter Lebensgefahr hunderten von Schwarzen geholfen, der Brutalität auf den Plantagen des Südens zu entfliehen. Nicht vergessen wollen wir auch jene Mütter Courage, die aus gewöhnlichen Kindern außergewöhnliche Männer machten, wie zum Beispiel Sogolon Konté, die bedauernswerte Bucklige, die im 13. Jahrhundert im späteren Mali lebte und deren Sohn, Sundiata Keita, gegen alle Widrigkeiten ein berühmtes Reich gründete.

Die höchste Ehre, die wir diesen Frauen erweisen können, besteht darin, dafür zu sorgen, dass man sich immer ihrer erinnern wird. Und zu zeigen, dass die schwarzen Frauen nicht immer nur unterworfen und mundtot gemacht wurden. Und zu bezeugen, welche Lebenskraft den Gesellschaften zu eigen war, denen sie angehörten. Denn – man kann es nicht oft genug sagen – der schwarze Kontinent war sich lange Zeit selbst genug. Seine Bevölkerung kannte keinen Hunger, und seine Ressourcen trugen zum Wohlstand großer Zivilisationen bei. So verhielt es sich zum Beispiel im alten Reich Mali mit dem Gold: Von den Kamelkarawanen durch die Sahara getragen, bildete es an den Höfen Europas und im

Mittelmeerraum jahrhundertelang die Basis des Geldumlaufs. Und zwar, lange Zeit bevor die ersten portugiesischen Karavellen die Gestade Afrikas erreichten.

Mit diesem Buch möchte ich die Geschichte Afrikas nicht revanchistisch idealisieren, meine Absicht ist es vielmehr, ein differenziertes Bild einer Vergangenheit zu zeichnen, die oft als ereignislos dargestellt wurde, und einen Blick zu werfen auf Völker, die lange als geschichtslos galten und erst durch den Kontakt mit dem entwickelten Okzident die Bühne der Zivilisation betreten haben sollen. Ein Beispiel von vielen: »Man kann sagen, dass das eigentliche Afrika bis zu D. Livingstone keine Geschichte gehabt hat. Die Mehrheit seiner Bewohner lebte seit undenklichen Zeiten in tiefer Barbarei. Das war, so scheint es, ein Naturgesetz. Sie bewegten sich weder vor- noch rückwärts.«*

Dank archäologischer Forschungen wissen wir inzwischen, dass seit dem Beginn der Eisenzeit in Afrika südlich der Sahara zwischen den Populationen, die im Umkreis der Sahara lebten, Handelswege existierten. Die Gruppen im Inneren des Kontinents hatten begonnen, Landwirtschaft zu betreiben, Nomaden nutzten Weidegründe, und sie standen mit den Küstengebieten in Beziehung, tauschten Eisen, Kupfer, Salz, Trockenfisch, Kaurimuscheln, Kolanüsse, Heilpflanzen, Getreide, Knollenfrüchte und vieles mehr. Mit der Verbreitung des Islam und der religiösen Vereinigung verschiedener Regionen des Kontinents entwickelte sich der Tausch zum Fernhandel – wozu auch der Handel mit Sklaven gehörte. Der Fernhandel verband Afrika in einem weit-

* Coupland, R., East Africa and its invaders (1938), zitiert nach Ki-Zerbo, Joseph: *Die Geschichte Schwarz-Afrikas*, Wuppertal 1979, S. 24.

gespannten interkontinentalen Netz, das den muslimischen Vorderen Orient, Spanien, die Mittelmeerländer, den Indischen Ozean und Asien einschloss.

Während der Handel im westlichen Teil Afrikas auf das Mittelmeer und Ägypten ausgerichtet war, knüpfte die Ostküste Beziehungen zu Südasien und – über das Rote Meer – zum Orient. Schon im 13. Jahrhundert drangen Händler aus dem Reich Mali auf der Suche nach Gold, Elfenbein, Stoffen oder Palmöl bis in die entferntesten Dörfer der Savanne, der Waldzone und an den Küsten vor und setzten ihre Waren nach einer waghalsigen Durchquerung der Wüste bis nach Ägypten hin ab. Während der ersten christlichen Jahrhunderte wurde Kupfer aus Simbabwe und Shaba von muslimischen Seefahrern, die im Auftrag der am Golf von Aden ansässigen Handelshäuser unterwegs waren, bis nach Indien und China exportiert. Eine bedeutende Rolle spielte auch das Gold, das aus der reichen Stadt Sofala im heutigen Mosambik kam, wenn man den Berichten des arabischen Reisenden Al Masoudi aus dem Jahre 916 Glauben schenkt. Sofala, das in den *Märchen aus Tausendundeiner Nacht* erwähnt wird, belieferte im 8. Jahrhundert den illustren Hof des Kalifen von Bagdad, Harun al Raschid.

Infolge der Vermischung der Populationen sowie der gegenseitigen kulturellen Durchdringung verbreiteten sich im Innern des Kontinents immer wieder neue Techniken wie zum Beispiel die Eisenverhüttung, die um 600 v. Chr. bekannt war, praktisch gleichzeitig mit Europa. Entsprechend ihren Lebensbedingungen entwickelten die Menschen verschiedene Formen sozialer Organisation bis hin zur Bildung mächtiger Reiche. So gab es im präkolonialen Afrika rund zwanzig Königtümer, Stadtstaaten oder Großreiche, wie das Reich Mali, auf das sich wegen seiner überaus reichen Goldminen seit dem Mittelalter die Begierde europäischer Mächte richtete.

Und die Vergangenheit Afrikas war auch nicht statisch, wie uns lange Zeit »Spezialisten« glauben lassen wollten, die jene Gesellschaften nur oberflächlich kannten und mit deren Sprachen, Gebräuchen oder Denkweisen, mit deren Institutionen, Wissen oder Geschichte nicht vertraut waren. Vielmehr hat sich Afrika im eigenen Rhythmus, entsprechend den Erfordernissen seiner sozioökonomischen Dynamik entwickelt. Einer Dynamik, die im 16. Jahrhundert durch den brutalen, erzwungenen Kontakt mit dem Okzident zerstört wurde. Die Handelsrouten im Innern des Kontinents verkümmerten zugunsten der maritimen – von den Europäern kontrollierten – Handelswege, und Afrika wurde ein wichtiger Teil seiner Lebenskraft genommen, um den Bedarf von billigen Plantagenarbeitern zu befriedigen. Da die Sklavenhändler die lokalen Herrscher dazu anstachelten, ihre Mitmenschen gegen Ballonflaschen voller Tafia (Rum), ausgemusterte Gewehre und einen Haufen Talmi einzufangen und zu verkaufen, dürfen wir heute nicht verschweigen, dass Afrikaner an der Deportation von 20 bis 100 Millionen Sklaven – Männern, Frauen und Kindern – beteiligt gewesen sind.

Durch die Zerstörung der gewachsenen sozialen Strukturen wurde der afrikanische Kontinent zum Arbeitskräftereservoir degradiert, aus dem die Weißen, wie vorher schon die Araber, drei Jahrhunderte lang schöpften. Afrika wurden seine kräftigsten und gesündesten Bewohner entrissen: Man brauche »weder Alte mit runzliger Haut, hängenden und geschrumpften Hoden«, präzisiert eine französische Anweisung von 1769. »Weder große, abgemagerte Neger noch welche mit flachem Brustkorb, schielenden Augen oder dummem Ausdruck. Bei den Frauen weder aufragende Brustwarzen noch flache Brüste.« Als Ware sind nur junge Männer »ohne Bart« und Mädchen mit »straffen Brüsten« akzeptabel.

Von daher ist es nicht erstaunlich, dass die Vertreter der angeblich überlegenen westlichen Zivilisation zur gleichen Zeit, als sie ein auf Sklavenhandel und Sklaverei basierendes, skandalöses Wirtschaftssystem errichteten, missbräuchlich das Bild eines primitiven Afrikas in die Welt setzten und es als einen Kontinent beschrieben, der seit Jahrtausenden nichts als Subsistenzwirtschaft betrieben hätte und im Abseits der Wirtschaftskreisläufe unseres Planeten läge. Diese verkürzte Sichtweise, die auch von einer umfangreichen exotischen Literatur propagiert wurde, bereitete einem Herrschaftsanspruch den Weg, der es Europa ermöglichte, seine natürlichen Grenzen zu erweitern und sich mit der Aufteilung Afrikas jene Reichtümer einzuverleiben, die es nicht besaß. Und so wurde der Kontinent Opfer seiner Bodenschätze und seines »physiologisch zur Unterwerfung geweihten« Menschenpotentials, zum Sklavenreservoir, zum Lieferanten von Arbeitern und Soldaten, so wurde sein Land ausgebeutet, zur Kolonie erklärt und mit Unterentwicklung gleichgesetzt, am Ende dann wegen seines »irreversiblen« Rückstands stigmatisiert.

Die Herabwürdigung der afrikanischen Bevölkerung hat eine lange, komplexe Geschichte. Als das christliche Abendland mit anderen Zivilisationen konfrontiert wurde, entstand daraus ein sich rasch verbreitendes Bündel rassistischer Ideologien, das schwarze Menschen besonders scharf ins Visier nahm. Als sie die anderen Völker, die ihr Universum mit ihnen teilten, »entdeckt« hatten, wurde es zur dringendsten Aufgabe der Europäer, eine Klassifizierung menschlicher Gruppen aufzustellen, welche auf die weiße Vorherrschaft abzielte. Im

Namen einer dualistischen Aufteilung zwischen Zivilisierten und Primitiven wurde den »wilden schwarzen Volksstämmen« das Menschsein abgesprochen.

Die Geschichte der Hottentotten-Venus, die in diesem Buch erzählt wird, wirft ein bezeichnendes Licht auf den im 18. und 19. Jahrhundert überaus populären wissenschaftlichen Rassismus, der aus dem Schwarzen das *missing link* zwischen Affe und Mensch machen wollte. Es war eines der unwürdigsten Kapitel der Wissenschaft jener Zeit, dass verbohrte Forscher ihren Vorurteilen wissenschaftliche Rückendeckung gaben. Von dem Professor Georges Cuvier, einer Berühmtheit unter den französischen Gelehrten, bis auf die intimsten Körperteile ausgeforscht, wird die junge Südafrikanerin 1817 als Repräsentantin »einer den Affen nahe stehenden archaischen Rasse« beschrieben, nachdem sie zu ihren Lebzeiten wie ein Tanzbär öffentlich zur Schau gestellt worden war.

Kannibale, kindlich, naiv: Solch abwertende Zuschreibungen und plumpe Karikaturen sind fünf Jahrhunderte lang im europäischen Bewusstsein gespeichert worden. Die noch heute bekannte fröhliche Reklame für das Kakaopulver »Banania«, welche sich über die dummen Senegalschützen lustig macht, die in den Kriegen Frankreichs als Kanonenfutter dienten, ist dafür ein sprechendes Beispiel. Gefangen in diesen entwürdigenden Klischees und häufig als »verschieden«, »unfähig« zu bestimmter Entwicklung oder a priori als »verdächtig« angesehen, sahen sich schwarze Menschen aus Afrika oder der Diaspora außerhalb ihrer eigenen Kulturen nur selten positiv dargestellt.

Die Frauen, die zu entdecken ich Sie hier einlade, spiegeln verschiedene Facetten der Lebensweisen und Kulturen im präkolonialen Afrika wider, wo auch Gesellschaften existierten, die sich auf universelle Werte wie Frieden, Kultur und Bildung gründeten, selbst wenn kriegerische Völker häufig größere Aufmerksamkeit auf sich zogen. Da es sich in den meisten Fällen um schriftlose Kulturen handelt und die mündliche Überlieferung der Hauptschlüssel zum Gedächtnis schriftloser Völker ist, musste ich, um die Geschichte der von mir für dieses Buch ausgewählten Frauen zu rekonstruieren, etwa vorhandene schriftliche Quellen mit den fragilen Aussagen der mündlichen Tradition abgleichen. Gerade auch im Hinblick auf die weit in die Vergangenheit zurückreichenden Zeiten, zu denen die einzelnen Frauen lebten, bestand meine Arbeit in einer langwierigen Spurensuche und im Vergleichen von Fakten. Erschwerend kam hinzu, dass sowohl in den schriftlichen Quellen und der historischen Forschung als auch in der mündlichen Überlieferung nur sehr selten von Frauen die Rede ist, und wenn, dann gibt es kaum Aussagen zu ihrer sozialen oder politischen Bedeutung.

Ein Bericht über eine Schlacht, den ein französischer Offizier an seine übergeordnete Dienststelle in Paris richtet, mit der Bemerkung, der Widerstand in einer bestimmten Region sei von einer Königin angeführt worden; die Aufzeichnungen eines portugiesischen Mönchs über die unerschrockene Königin Nzinga von Angola; mittelalterliche Chroniken von Toulouse, in denen erwähnt wird, dass ein edler Bürger von seiner Reise nach Afrika eine schwarze Gemahlin mitbringt; der Bericht eines arabischen Geografen und Forschungsreisenden aus dem 14. Jahrhundert über seinen Aufenthalt im Reich Mali in dem Augenblick, als ein von der Königin angezetteltes Komplott entdeckt wird – jede Spur habe ich verfolgt, um den Heldinnen Gestalt zu geben und sie, so weit wie möglich, im Dynamismus ihrer vertrauten Umgebung zu beschreiben.

Die Islamisierung Afrikas im siebten Jahrhundert hat unser Wissen über Afrika südlich der Sahara erweitert. In der Nachhut militärischer und religiöser Eroberungen oder unterwegs mit den Handelskarawanen, trugen arabische Geografen und Gelehrte, die aus Marokko, Syrien, dem Irak und Andalusien stammten, unschätzbare Informationen zusammen über die Geschichte, Sitten und Organisationsformen der Gesellschaften, die sie auf ihren Reisen kennenlernten. Unsere Kenntnisse über die alten westafrikanischen Reiche verdanken wir weitgehend diesen arabischen Globetrottern. Ab dem 16. Jahrhundert geben uns die portugiesischen Chroniken zusätzliche Auskunft, später dann die kolonialen Dokumente, allerdings häufig aus dem Blickwinkel des Herrschenden.

Auch haben einige schwarze Gelehrte, die oft der Universität Timbuktu angehören, historische Chroniken verfasst, leider sind aber viele Manuskripte Opfer von Zerstörung, Plünderungen, Kriegen oder klimatischen Einwirkungen geworden, und andere bedürfen der Restaurierung. Der Arzt, juristische Berater und Schriftsteller Ahmed Baba (1556–1627), der eine Bibliothek von eintausendsechshundert Bänden besaß, hat ungefähr vierzig Schriften über bedeutende Persönlichkeiten im Sudan* des 16. Jahrhundert hinterlassen. In Timbuktu lebte auch der Rechtsgelehrte Mahmud Kati, geboren 1468, Autor des berühmten *Tarikh el fetash*, der *Chronik des Erforschers der Geschichte der Städte, der Armeen und der wichtigsten Persönlichkeiten Tekrurs (des Sudans).* Die

* Sudan: nach *Bilad es Sudan*, arab. »Land der Schwarzen«. Bezeichnung für Westafrika südlich der Sahara/nördlich der Waldzone, auch während der französischen Kolonialherrschaft gebräuchlich.

um 1630 verfasste Chronik *Tarikh as Sudan* von Abdarrahman as Sadi, auch er einer der Notablen aus Timbuktu, Imam und Regierungssekretär, wurde 1853 von Heinrich Barth aufgefunden und nach der Übersetzung ins Französische am Ende des 19. Jahrhunderts in Europa bekannt.

Diese unschätzbaren Quellen zur Geschichte der alten afrikanischen Gesellschaften sind leider nur unzureichend erforscht, genauso wie die oralen Traditionen mit ihren letzten Hütern im Verschwinden begriffen sind. Wenn nichts unternommen wird, um diese Vergangenheit zu bewahren und bekannt zu machen, riskieren wir, eine Generation ohne Gedächtnis zu werden. Wir hätten dann keine Koordinaten, um Klischees über die angebliche Geschichtslosigkeit der schwarzen Völker zurückzuweisen. Afrika, die letzte Eroberung Europas und oft als eine Art anarchischer Raum oder Sammelbecken für Einflüsse von außen dargestellt, ist die einzige Zivilisation, die so in ihrem Wert herabgesetzt wurde. Indem man die Kulturen Afrikas in den Rang von Folklore herabstufte, die Kunst Afrikas als primitiv bewertete und das Wissen Afrikas leugnete, sind seine Beiträge zur Geschichte der Menschheit vollkommen unsichtbar geworden.

Ich wünsche mir daher, dass dieses Buch Forscher, egal woher sie kommen, anregt, den Anteil schwarzer Menschen an der Entwicklung unserer Zivilisation zu würdigen. Wir schulden es der jungen Generation. Möge dieses Wissen ihren kulturellen Hintergrund erweitern und sie instand setzen, noch erfolgreicher zu einer humaneren Gesellschaft beizutragen.

KÖNIGINNEN

ANNA NZINGA
Königin von Angola

Diplomatie und militärische Strategie wusste sie miteinander zu verbinden, und trotz aller Ambitionen, die Portugal auf ihr Königreich hatte, kapitulierte Anna Nzinga* nie. Wohl 1582 geboren, dominierte sie rund dreißig Jahre lang die Politik Angolas, bis sie 1663 im hohen Alter von über achtzig Jahren starb. In der afrikanischen Geschichte ist sie eine der berühmtesten Königinnen.

Auf dem Gebiet des heutigen Angola war im 15. Jahrhundert das Königreich Ndongo entstanden, das lange und größtenteils erfolgreich gegen die portugiesischen Eroberer kämpfte. Insbesondere zwei Friedensverträge (1622 und 1657), welche die bitteren Auseinandersetzungen unterbrachen beziehungsweise beendeten, ließen das Königreich zu einer der letzten Bastionen des Widerstands gegen die kolonialen Invasionsbestrebungen werden.

Die Karavellen des Admirals Diego Cao hatten diesen Teil Afrikas schon 1484 entdeckt. Als die Portugiesen an Land gingen, fanden sie ein wahres Eldorado vor: acht außergewöhnlich fruchtbare Provinzen, gespeist von zahlreichen Wasserläufen und mit einer Landwirtschaft und Viehzucht, welche die Bevölkerung ernährten. Die kleinen, von Alleen voller Orangen-, Granatapfel- und Zitronenbäume durch-

* auch: Njinga, N'zinga oder Zingha

zogenen Dörfer waren durch gepflegte Wege untereinander verbunden. Ein europäischer Besucher schreibt im 16. Jahrhundert, dass das Land »dem Reisenden ein überaus anmutiges Schauspiel bietet. Überall Weinhänge, Felder, die alle Jahre zweifach Ernte tragen, saftige Weiden. Die Natur scheint Gefallen daran zu finden, hier alle Vorteile zu vereinen, welche der Schöpfer in anderen Gegenden nur einzeln verteilt, und obgleich Schwarze, sind die Einwohner Angolas recht geschickt und sehr erfinderisch.« Die Portugiesen trafen auf eine arbeitsame Bevölkerung, die sich durch so unterschiedliche Aktivitäten wie Handwerk – Stoffweberei auf der Basis von Raphia, Elfenbeinschnitzerei und Gerben von Fellen, Herstellung von kupfernen Haushaltsgegenständen –, Bergbau und grenzüberschreitenden Handel auszeichnete. Ihr Hauptaugenmerk richteten die Portugiesen auf die Diamanten, welche der Kwanza-Fluss anschwemmte. Im Namen seiner Höchsten Christlichen Majestät, des Königs von Portugal, gründeten sie einen Stützpunkt für die Verschiffung von Sklaven, die sie für die Bewirtschaftung ihrer Besitzungen in Brasilien benötigten. Die massive Deportation der Bevölkerung machte auch den Weg frei, um die Hand auf die Reichtümer des Landes zu legen. Im Laufe der Zeit nahm der Sklavenhandel ein solches Ausmaß an, dass Handel und Handwerk zum Erliegen kamen und das einstmals blühende Wirtschaftsleben sich von diesem Aderlass nie wieder erholte.

Im Jahre 1575 beauftragte die portugiesische Krone Paulo Dias de Novais, einen Enkel des Entdeckers Bartholomäus Dias, damit, zweihundert Quadratkilometer Küste südlich des Kwanza zu besetzen und sich des Gebiets zu bemächtigen, »so weit er in das Hinterland einzudringen vermag« – eines Gebiets, in dem er 1562 bei einer ersten Erkundung von den Einheimischen herzlich empfangen worden war. Zwar waren die Europäer davon überzeugt, sie wären berechtigt, sich anzueignen, was sich ihren Augen darbot, nichtsdestotrotz gehörte dieser Landstrich aber zum Königreich Ndongo (das von den Portugiesen Angola genannt wurde, nach dem Namen des Herrschers, des *mbande a ngola).* Als der damalige König von Ndongo von Paulo Dias' Absichten erfuhr, schickte er seine Soldaten gegen einen Erkundungstrupp von dreißig Portugiesen und zog so den Zorn der Konquistadoren auf sich, ging aber später, trotz aller Gegnerschaft, auch Handelsbeziehungen mit ihnen ein.

Die Portugiesen machten sich aus kleinen, an der Küste errichteten Forts an die Eroberung des Königreichs, das sich nach zahlreichen Kriegen und Zugeständnissen bei Friedensschlüssen in einer prekären politischen Situation befand. Fast hundert Jahre lang spuckten die Musketen ihr Feuer gegen Krieger, die sich nur mit Speeren, Ästen, Messern und Mut verteidigen konnten. Die Besetzung der küstennahen Provinzen Ndongos beraubte das benachbarte Königreich Matamba seines Zugangs zum Meer. Die Portugiesen ließen sich im Kwanza-Tal nieder und gründeten an der Küste die Stadt Luanda, von wo aus sie Gold, Diamanten und Sklaven zu den amerikanischen Plantagen verschifften. Luanda wurde Hauptstadt der späteren Kolonie und Sitz eines Gouverneurs im Range eines Vizekönigs.

Von dem einstigen großen Königreich blieb den Angolanern, die gedrängt wurden, sich nach Osten zurückzuziehen, nach dem Vorrücken der Portugiesen nur eine einzige Provinz. Über Ndongo regierte seit mehreren Generationen die Familie von Nzingas Vater. Beim Tode des Vaters, des achten Herrschers von Ndongo, im Jahre 1617 riss Nzingas Stiefbruder die Macht an sich, nachdem er den vom Vater designierten Nachfolger hatte umbringen lassen.

Begierig, den Sieg über die erneut vorrückenden portugiesischen Truppen zu erringen, hob der König dreißigtausend Krieger aus, bereit zum Heldentod. Nach langen schweren Kämpfen, bei denen mehr als die Hälfte seiner Armee dezimiert wurde, schien die Schlacht verloren, und der König hielt es für geraten, Waffenstillstandsverhandlungen anzubieten. Dieses einziges Mal folgte er den Empfehlungen seiner Weisen und Berater und übertrug seiner Schwester, Prinzessin Nzinga, die Aufgabe, die schwierigen Verhandlungen in Luanda um die Festlegung der Grenzen und den Austausch der Gefangenen zu führen.

Nzinga, eigentlich Ngola Mbandi Nzinga Bandi Kia Ngola, »die Königin, deren Pfeil immer das Ziel trifft«, war eine gewiefte Taktikerin mit felsenfesten Überzeugungen und ausgesprochenem Charisma. Sie war durch eine harte Schule gegangen. Von klein auf in der Gesellschaft ihres Vaters, dem sie wie ein Schatten folgte, hatte sie gelernt, wie ein Staats»mann« zu denken. Dass ihre Meinung offiziell nichts galt, hielt sie nicht davon zurück, ihre politischen Ansichten zu äußern. Und auch mit Vorschlägen, welche Strategien gegenüber den Portugiesen zu favorisieren wären, hielt sie nicht hinter dem Berg. Das brachte sie in Gegnerschaft zu ihrem Bruder, der auf die Anwendung von Gewalt setzte und in ihren Äußerungen einen Angriff auf seine Autorität sah. Dafür hatte er sie grausam bestraft – indem er ihren Sohn umbringen ließ –, woraufhin die Prinzessin nach Matamba geflüchtet war.

Nun aber, 1622, war Nzinga im Auftrage ihres Bruders unterwegs nach Luanda. Von jeweils vier fußflinken Sklaven, die einander abwechselten, wurde die Prinzessin in einer

Sänfte getragen und von Höflingen, Dienern und einem Kriegertrupp begleitet. Luanda! Wie hatte sich der Ort verändert, seit er dem Königreich ihrer Väter entrissen worden war! Die Stadt, Lieblingskind der Portugiesen, war dicht bevölkert und zu einem der belebtesten Plätze an der westafrikanischen Küste geworden. Imposante Holzhäuser, in denen die Kolonialherren wohnten, waren zu sehen, Kirchen, von denen die erste 1505 erbaut worden war; aber zum Atlantik hin stand auch eine Reihe Schuppen zur Unterbringung von Sklaven.

Die Nachricht von der Ankunft der Botschafterin aus Ndongo hatte größtes Aufsehen erregt und eine neugierige Menge an der Straße versammelt. Jeder, der in der Stadt ein wichtiges Amt innehatte, hatte sich gleichfalls dorthin begeben, um dieses Ereignis keinesfalls zu versäumen.

Endlich ertönte eine Salve von einundzwanzig Kanonenschüssen und kündigte die Ankunft der Delegation vor den Toren der Hauptstadt an. Als der Zug endlich eintraf, brachen die Afrikaner in Begeisterungsrufe aus, wurden aber von zwei Kolonnen portugiesischer Milizen in Galauniformen zurückgehalten. Eine Artilleristenkette öffnete die Passage in Richtung Stadt, und sofort drängte die Menge hinter der Delegation her.

Nzinga war in Tücher aus feinem Raphia-Velour gekleidet. Ein über die Schulter gebreitetes Tuch in lebhaften Farben bedeckte knapp ihren Oberkörper. Ihre Krone aus massivem Gold, mit kostbaren Steinen besetzt und von einem bunten Federbusch überragt, saß wie ein kleiner Helm auf ihrem Kopf. Alles an ihr strahlte das Selbstbewusstsein einer Frau hoher Geburt aus.

Als stände sie dem ihr längs des Wegs bekundeten Interesse gleichgültig gegenüber, saß die Prinzessin hoch aufgerichtet in ihrer Sänfte und blickte aufmerksam auf das fremde Universum vor ihren Augen. Die einstigen Rundhäuser hatten farbenfrohen, mit weitläufigen Veranden und durchbrochenen Schlagläden verzierten Villen Platz gemacht. Straßen waren gebaut worden, in denen eine neue, recht gemischte Bevölkerung umherspazierte. Ihr Blick fiel auf die zahlreichen Läden der portugiesischen Kaufleute und das stolze Gehabe wohlhabender Schwarzer, die ihre traditionellen Gewänder gegen europäische ausgetauscht hatten.

In den Mienen der kleinen Leute sah sie sicherlich auch die Resignation, hatte man sie doch von ihren Pflanzungen vertrieben und ihres früheren Lebensunterhalts beraubt. Die Verwaltung, der sie nunmehr untertan waren, erkannte ihnen nur einen Status zu – den von Sklaven beziehungsweise Dienern. Als die Delegation an der Reede vorbeizog, sah die Prinzessin portugiesische, spanische, italienische und holländische Schiffe und die Verladung von Sklaven, die dort zu Hunderten aufgereiht standen. Weiße Sklavenhändler sorgten für den reibungslosen Ablauf des Geschehens. Dabei wurden sie von Afrobrasilianern unterstützt, die meist von der Insel São Tomé stammten. Luanda stand in dem Ruf, dass der Sklavenhandel hier am grausamsten war. Die Sklaven wurden wie Tiere eingepfercht, und schon vor der Verladung auf die Schiffe starb mehr als die Hälfte durch Hunger und Misshandlungen.

Man hatte eine Residenz für die Prinzessin vorbereitet, und nachdem sie sich ein wenig ausgeruht hatte, wurde sie in den Palast des Gouverneurs geleitet. Dort erwartete sie eine Audienz, deren außergewöhnlicher Verlauf von allen zeitgenössischen Berichterstattern geschildert wird. In Begleitung des Vizekönigs, Don João Correira da Souza, betritt sie den Raum, in dem die Verhandlungen stattfinden sollen, und erstarrt unmerklich. Auf einem Teppich liegen zwei von Goldfäden durchwirkte Brokatkissen, genau gegenüber dem einzigen, mit rotem Velours ausgeschlagenen Sessel, der offensichtlich für den Vizekönig vorgesehen ist. Eine Sitzordnung, die zum Ausdruck bringen soll, dass die Prinzessin dem Vizekönig alles andere als ebenbürtig ist. Sie verbirgt ihr Missfallen und befiehlt einer jungen Frau aus ihrem Gefolge mit knapper Geste, sich zu nähern.

Die Dienerin benötigt keine Erklärung. Sie weiß um den Zorn ihrer Herrin, fällt augenblicklich auf dem Teppich auf die Knie, stützt sich auf die Ellenbogen, beugt den Oberkörper herunter und bietet ihrer Herrin den Rücken dar. Ein Murmeln der Bestürzung geht durch die versammelten Portugiesen. Prinzessin Nzinga lässt sich auf dem improvisierten menschlichen Schemel nieder und bleibt während der gesamten Unterredung dort sitzen. Ein niederländischer Zeichner hat die verblüffende Szene für die Nachwelt festgehalten. Die Geschichte macht die Runde und verbreitet sich bis in die Salons von Lissabon!

So verdeutlichte die Prinzessin ihren Verhandlungspartnern, dass sie nicht gekommen war, sich zu unterwerfen, sondern als Gleichgestellte zu ihnen sprach. Die Portugiesen wiederum begriffen nun, dass sie mit ihr kein leichtes Spiel haben würden. Ohne sich weiter um die Aufregung zu kümmern, die ihre Kühnheit hervorgerufen hatte, bedeutete Nzinga dem Vizekönig, sie sei nun bereit, in die Verhandlungen einzutreten, derentwegen sie die Reise unternommen hatte.

Ihre Schlagfertigkeit und ihre politische Gewandtheit dominierten die Unterredung, berichten uns die portugiesischen Chroniken der Zeit. Sie lehnte alles ab, was die Würde ihres Volkes herabzusetzen schien. Anfangs unternahm der

Vizekönig etliche Versuche, sie einzuschüchtern, doch letztlich blieb ihm nichts übrig, als einen konzilianten, diplomatischen Ton anzuschlagen. Als Erstes hatte er, ohne wie vorgesehen die Grenzfrage anzusprechen, die Befreiung der portugiesischen Kriegsgefangenen gefordert. Die Prinzessin gab ihm zur Antwort, dass sie darin keine Schwierigkeit sehe, vorausgesetzt allerdings, alle als Sklaven deportierten Schwarzen würden in ihre Heimat zurückgebracht. Don Correira da Souza kam schnell auf die Tagesordnung zurück.

Die Verhandlungen verliefen schwierig und erbittert, doch Nzinga gab in nichts nach. Sie erreichte, dass die portugiesischen Truppen sich hinter die früher anerkannte Grenze zurückzogen und die Unabhängigkeit von Ndongo anerkannt wurde. Als Gegenleistung musste der König sich verpflichten, seine portugiesischen Gefangenen freizulassen und mit Luanda beim Sklavenhandel zu kooperieren.

Als die Verhandlungen kurz vor dem Abschluss standen, schlug der Vizekönig vor, Ndongo sollte sich unter den Schutz des Königs von Portugal stellen. Was die Zahlung einer Vasallensteuer in Form einer jährlichen Lieferung von zwölf- bis dreizehntausend Sklaven an die Kolonialmacht bedeutete! Doch er kannte seine Gesprächspartnerin schlecht. »Nehmen Sie Folgendes zur Kenntnis, mein Herr«, entgegnete ihm Nzinga. »Wenn auch die Portugiesen mit einer Zivilisation und den Afrikanern unbekanntem Wissen auftrumpfen können, so genießen doch die Afrikaner das Privileg, dass sie in ihrer Heimat leben und alles Lebensnotwendige haben, was der König von Portugal, so mächtig er auch sein mag, seinen Untertanen niemals geben kann. Ihr verlangt Tribut von einem Volk, das Ihr in Not und Verzweiflung getrieben habt. Und Ihr wisst sehr gut, dass wir den Tribut im ersten Jahr zahlen würden, und im darauffolgenden Jahr würden wir wieder Krieg gegen Euch führen, um uns davon zu befreien. Gebt Euch jetzt ein für alle Mal damit zufrieden, etwas zu verlangen, was wir Euch gewähren können.«

Die Diskussion war beendet. Als da Souza sich anschickte, den Verhandlungsraum zu verlassen, bemerkte er mit Befremden, dass die junge Sklavin, die als Hocker gedient hatte, ihre Haltung unverändert beibehalten hatte. »Die Botschafterin eines großen Königs«, antwortete Nzinga mit erhobener Stimme, »benutzt nie zweimal den gleichen Gegenstand. Dieses Mädchen hat mir als Sitz gedient. Sie gehört nicht mehr zu mir!«

Auf solch bemerkenswerte Weise verewigte sich Nzinga in jenem Jahr 1622 in der turbulenten Geschichte der Beziehungen zwischen Portugal und Angola. Allseits bewundert wegen ihres diplomatischen Erfolgs, blieb sie auf Einladung ihres Gastgebers einige Monate in Luanda, um abzuwarten, dass das neue Abkommen von Lissabon ratifiziert würde. Ein Aufenthalt, den sie nutzte, um sich die lusophone Kultur anzueignen, ihre Sprachkenntnisse zu vervollständigen und die Sitten ihrer künftigen Gegner zu studieren.

In die Gesellschaft von Luanda wurde sie vom Vizekönig und seiner Frau eingeführt, ihre Beziehung zu ihnen vertiefte sich, und sie nahm an gesellschaftlichen Ereignissen teil. Man begleitete sie auch sonntags zur Messe, wo die eleganten Portugiesinnen ihre von den führenden Schneiderinnen der Hauptstadt nach dem letzten Schrei kreierte Kleidung vorführten. Was zu Beginn vielleicht nur Neugier war, wandelte sich möglicherweise in Interesse. Schließlich gab sie dem »freundschaftlichen« Druck des Gouverneurs nach und nahm kurz vor ihrer Rückkehr nach Ndongo die katholische Religion an. Bedenkt man, dass sie selten ohne politisches Kalkül handelte, dann ist anzunehmen, dass Nzinga hoffte, ihre Konversion könnte die künftigen Beziehungen ihres Landes mit den Portugiesen erleichtern und die Europäer würden schwarze Herrscher, die ihren Glauben teilten, eher respektieren. Die Taufe fand in der Kathedrale von Luanda statt, und die Prinzessin, als deren Paten Don Correira da Souza und seine Frau Anna fungierten, erhielt den Namen Doña Anna da Souza Nzinga.

Doch der Frieden war nicht von Dauer. Als seine Mandatszeit abgelaufen war, wurde der Vizekönig durch einen Gouverneur ersetzt, der dem Abkommen wenig Respekt erwies und darauf brannte, sich mit der Erweiterung des portugiesischen Besitzes seine Sporen zu verdienen. Unter Missachtung aller vorherigen Vereinbarungen weigerten sich die Konquistadoren, sich aus der umstrittenen Region von Ambaca zurückzuziehen, was den König von Ndongo zu einem erneuten Waffengang veranlasste. Erzürnt ließ er alle Abenteurer fortjagen, die in sein Land vordrangen, um ihre vermeintlichen Besitzungen in Augenschein zu nehmen. Die von Lissabon im Allgemeinen eingeschlagene Politik der erzwungenen Kolonisierung zog in den Konfliktzonen alle möglichen Nutznießer an – Beamte, Händler, Mönche, Pioniere –, die als Erste von der Aufteilung des Landes profitieren wollten, sobald die Schwarzen vertrieben wären.

Der neue Vorstoß an die Ufer des Flusses Kwanza sollte für Nzingas Stiefbruder tödlich enden. Für die rund tausend mit Feuerwaffen ausgerüsteten portugiesischen Soldaten und ihre zehntausend afrikanischen, im nördlich gelegenen Kongo rekrutierten Söldner stellte die angolanische Armee kein Hindernis dar, und sie näherten sich bedrohlich der Hauptstadt. Es blieb nichts anderes als die Flucht übrig, und der König konnte seinen Verfolgern nur entkommen, indem er sich in den Fluss warf und sich schwimmend rettete. An einer Sandbank wurde er von zwei Dienern des Hofs empfangen, die sich wie zufällig auf derselben kleinen Insel einfanden. Sie verbanden seine Wunden, boten ihm zu trinken an ... Der leichtfertige Tyrann starb am tödlichen Gift. Vorher blieb ihm noch Zeit, um zu begreifen, dass Nzinga Rache an ihm genommen hatte.

Schon seit langem wartete sie auf ihre Stunde. Es wird vermutet, dass sie sich mit den Anführern der angolanischen Truppen verständigt hatte, dass sie nicht kämpfen, sondern den Rückzug beschleunigen sollten, da sie vermutlich nach wie vor davon überzeugt war, die Strategie ihres Bruders wäre falsch und führe zum Verlust des Königreichs. 1624 übernahm sie entgegen allen traditionellen Thronfolgeregeln die Macht. Dem Verstorbenen richtete sie ein aufwendiges Begräbnis aus, bei dem traditionsgemäß einige seiner Witwen geopfert wurden.

Ihre erste Amtshandlung als Königin bestand darin, einen Boten nach Luanda zu senden, um den Vizekönig ihrer friedlichen Absichten zu versichern. Doch blieb sie auf der Hut. »Sie haben die Zweige abgeschlagen«, sagte sie, auf die Portugiesen bezogen, »doch der Baum ist nicht tot.« Auch fuhr sie darin fort, die Armee durch laufende Übungen in Bereitschaft zu halten, wie sie es bei den Europäern gesehen hatte, und die Infanterie in geordneten Formationen aufzustellen. Sie war bereit, den Kampf gegen die fremde Besatzung aufzunehmen.

Anna Nzinga brachte für ihren Kampf mehrere Nachbarstaaten hinter sich. Da niemand protestierte, annektierte sie die schwächsten ihrer Koalitionäre, um sie in ihre Armee zu integrieren. Wenn sie Widerstand verspürte, wurde er zerschlagen. Skrupel kannte sie nicht und hätte selbst dem Teufel ihre Seele verkauft. Ihr ganzes Bestreben ging dahin, die Stärkste zu sein, um nicht selbst vernichtet zu werden.

Ein kühner Schachzug, der ihr moralisch allerdings viel abverlangte – und den sie an ihrem Lebensende bedauerte –, war ihre Allianz mit den Jaga oder Mbangala, kriegerischen Nachbarn, die im Ruf des Kannibalismus standen, auf die sie zur Verteidigung ihres Landes aber angewiesen war. Darauf bedacht, ihre neuen Verbündeten an sich zu binden, soll die Königin – so sagen die portugiesischen Chroniken – weder vor grausamen Hinrichtungen zurückgeschreckt sein noch davor, ihren Gästen das Fleisch der Verurteilten zu servieren und selbst davon zu kosten. Die Demonstration, dass sie ihren unberechenbaren Verbündeten auch an Grausamkeit überlegen war, erlaubte es ihr, die Jaga-Krieger ihren Truppen anzugliedern und sie zu reorganisieren.

Ihr Kreuzzug wird wahrlich lange dauern, heftige Kämpfe und verzweifelter Widerstand werden notwendig sein, damit ihr Königreich nicht unter das Joch einer fremden Macht fällt. Einmal wäre sie in der Nähe der Schlucht von Quina-Quinene fast in portugiesische Gefangenschaft geraten. Als sie aber sah, dass ihr der Rückzug abgeschnitten war, stürzte sie sich lieber in einen Abgrund, als dass sie sich ihren Feinden ergeben hätte. Mit etwas Glück konnte sie sich gerade noch an eine Liane klammern und in den Wald flüchten. Ein außergewöhnliches Entkommen zu einer Zeit, als sie schon etwa fünfzig Jahre alt war!

Angesichts dieses unverrückbaren Felsens mussten die nachfolgenden Vizekönige sich ihre Niederlagen eingestehen. Und dazu noch eine Frau! Einer von ihnen nahm zur Diplomatie Zuflucht und bat sie, sich als Christin doch der portugiesischen Krone zu unterwerfen. »Ich bin von niemandem abhängig«, entgegnete sie in ihrem Antwortschreiben.

»Die Waffen werden entscheiden, wer von uns, ob Portugal oder ich, sich dem anderen unterwirft.« Dem Christentum hatte sie übrigens schon längst abgeschworen, da es einer Königin unwürdig war, der Religion ihrer Ahnen abzuschwören und diejenige des Feindes anzunehmen. Neben ihren militärischen Kampagnen führte Anna Nzinga auch einen erfolgreichen Psychokrieg. Mit dem Angebot, ihnen Asyl zu geben, gelang es ihr, Sklaven von den portugiesischen Plantagen auf ihre Seite zu ziehen und so den Feind zu schwächen. Darüber hinaus schuf sie eine effiziente Geheimpolizei und schleuste ihre Spione nach Luanda ein, wo sie die Ankunft der Schiffe aus Lissabon und Brasilien ausspähten und beobachteten, welche Waffen und Truppen ausgeladen wurden. So war sie immer über die Absichten der Portugiesen informiert. Sie muss eine außergewöhnliche Frau gewesen sein, sonst hätte sie nicht dreißig Jahre lang einer westlichen Armee widerstehen können, ohne jemals zu kapitulieren!

Schließlich inthronisierten die Portugiesen in Ndongo einen Marionettenkönig, und die Jaga-Krieger kündigten die Allianz auf. Ohne Verbündete und aus Ndongo vertrieben, suchte sie wiederum Zuflucht in Matamba und wurde in diesem Königreich, das eine lange Tradition weiblicher Herrscher aufwies, in den 1630er Jahren Königin, ohne aber ihre Ansprüche auf Ndongo aufzugeben.

Als 1641 die holländische Flotte unter Admiral van der Karkoven Luanda angriff, um den Portugiesen die reiche Kolonie Angola zu entreißen, bot sich Königin Nzinga die Gelegenheit, ihrem vom langen Kampf erschöpften Land einen Waffenstillstand zu verschaffen. Nach dem Sieg der Holländer sandte sie einen Botschafter zu den neuen Herren Luandas und schlug ihnen einen Pakt vor: Die Holländer sollten das Handelsmonopol – vor allem für Sklaven – erhalten und die Afrikaner die Souveränität ihrer Reiche wiedererlangen.

Der holländische Admiral ließ sich überzeugen, denn das Binnenland interessierte ihn kaum, und schließlich schnitt der Pakt die Portugiesen von ihren Ressourcen ab und beschleunigte ihren wirtschaftlichen Niedergang. Während der sieben Jahre währenden holländischen Herrschaft erhielten die Rotterdamer Kaufleute Gold, Diamanten und Sklaven in Überfülle. Die angolanischen Bauern nahmen die fruchtbaren Böden ihren Vorväter wieder in Besitz, die von den Portugiesen in Plantagen für Exportkulturen mit den aus der Neuen Welt eingeführten Pflanzen Mais und Tabak umgewandelt worden waren. Und man baute die Dörfer wieder auf, solange der Frieden andauerte. 1645 griff Anna Nzinga die portugiesischen Siedlungen an. Nach wechselndem Kriegsglück erlitt sie schließlich eine Niederlage, zwei ihrer Schwestern gerieten in portugiesische Gefangenschaft.

1648 ging in Europa der Dreißigjährige Krieg zu Ende, der Konflikt zwischen katholischen und protestantischen Mächten. Im Westfälischen Frieden, der die Souveränität der Niederlande begründete, musste Amsterdam im Gegenzug die Besitzungen seiner Kriegsgegner in Amerika und Afrika anerkennen. Zum großen Nachteil für Anna Nzinga, hatte sie doch darauf gebaut, dank der wohlwollenden Neutralität beziehungsweise Unterstützung ihrer holländischen Freunde ihr altes Königreich gänzlich wiederzugewinnen.

Bevor Admiral van der Karkoven seine Truppen einschiffte, kündigte er der Königin an, dass die Portugiesen eine aus Brasilien kommende, mit beträchtlichen Truppen und Waffen ausgerüstete Flotte schicken würden. In der Annahme, die Rückkehrer könnten an der Bevölkerung der Kolonialprovinz Rache nehmen, ordnete Nzinga an, das Land zu räumen, Dörfer und Ernten anzuzünden und dem Feind lediglich »verbrannte Erde« zu hinterlassen.

Noch während einiger Jahre zog Anna Nzinga wiederholt mit ihren Truppen durch Berge, Regenwald und Savanne, immer in der Sorge, dass sich das Reich nicht um eine weitere Unze verkleinerte. Dann kamen ruhigere Zeiten. Als sie dreiundsiebzig war, wurde ein neuer portugiesischer Gouverneur eingesetzt, Salvador Corréia, zweifelsohne weitsichtiger als seine Vorgänger. Er gelangte zu der Erkenntnis, dass ein endloser Krieg keiner Seite Nutzen bringen würde, und entschloss sich, der wehrhaften Königin einen neuen Vertrag zu unterbreiten. Er beschwor sie, darauf einzugehen, und betonte, dass er keine List anwenden und sie nicht um ihr Königreich bringen wollte.

Doch einmal mehr war die Antwort schneidend: »Der König von Portugal, so wurde mir gesagt, lässt sich dazu herab, mir in meinem Königreich ein paar Provinzen zuzugestehen. Welches Recht hat er über meine Staaten? Habe ich denn ein Recht über die seinigen? Handelt er so, weil er heute der Stärkere ist? Das Gesetz des Stärkeren ist aber nur ein Ausdruck von Macht, niemals legitimiert es solche Annektierungen. Für den König von Portugal wäre es daher keine Großzügigkeit, sondern ein Akt der Gerechtigkeit, wenn er mir nicht nur die eine oder andere Provinz, sondern mein gesamtes Königreich zurückgäbe, über das ihm weder seine Geburt noch seine Macht einen Herrschaftsanspruch gibt.«

Nach mehreren diplomatischen Vorstößen landeten die Verhandlungen über das Abkommen in einer Sackgasse, denn die Königin lehnte es vehement ab, einen jährlichen Tribut an die portugiesische Krone zu zahlen. »Lasst Euren Herrscher wissen«, erklärte sie dem Diplomat Rui Pegado, der als Unterhändler zu ihr gesandt worden war, »wenn er mir den

Teil meines Königreichs zurückgäbe, den er mit Gewalt an sich gerissen hat, würde er sich wie ein wahrer Edelmann betragen. Wenn er mir mein Reich vollständig zurückgäbe, würde er wie ein gerechter und großzügiger Monarch handeln. Was den verlangten Tribut angeht, so möge er sich daran erinnern, dass ich mich nie jemandem verpflichtet habe, wer es auch sei. Ich bin niemandes Vasall und niemandem tributpflichtig.«

Es dauerte einige Monate, bis die Portugiesen begriffen, dass sie nicht einwilligen würde, und auf diese Forderung verzichteten. Das Abkommen wurde am 24. November 1657 in Lissabon durch den jungen König Alphonse VI. ratifiziert. Er sollte während zweier Jahrhunderte respektiert werden.

Nach dreißig Jahren quasi ununterbrochener Feldzüge kehrte im Königreich Matamba endlich Frieden ein. Anna Nzinga war es gelungen, das wenige zu retten, was ihr von ihrer Macht verblieben war, die zusammengeschrumpfte Heimat, die für ihre Unabhängigkeit kämpfenden Truppen. »Glaubt Ihr etwa«, gestand sie später dem Missionar, der das Amt ihres Beichtvaters innehatte, »dass ich mein Leben gern im Waffengetümmel, in dem Gemetzel und mit den Grausamkeiten verbracht habe? Eure Leute, die Europäer, haben mich dazu gezwungen. Sie haben mir Länder weggenommen, haben mein Königreich geraubt und wollten uns versklaven. Glaubt Ihr etwa, ich hätte sie gewähren lassen können, ich hätte es zulassen können, dass mein Volk mich verachtet? Ich musste kämpfen, denn die Besatzer sollten mir alles zurückgeben, was sie uns geraubt hatten. Heute bitte ich nur um eins: Ich bete, dass Gott die Zwänge zerbricht, die mir auferlegt sind.«

Die Königin war sich sicher, dass ihr Reich nicht von einer fremden Macht besetzt würde, solange sie lebte. Doch der Weg war lang gewesen, um dieses Ziel zu erreichen. Das ist wohl einer der Gründe, weshalb sie wiederum zum Christentum konvertiert war. Nicht mehr aus politischem Kalkül, wie seinerzeit in Luanda, als sie das Gefühl hatte, sie würde zum Übertritt gezwungen, damit man sie besser manipulieren könnte, nein, diesmal konvertierte sie wohl aus religiösen Gründen. Sie öffnete den europäischen Missionaren die Tore, und den führenden Angolanern blieb nichts anderes übrig, als sich taufen zu lassen. Sie taten dies allerdings mehr aus Gehorsam gegenüber ihrer Königin als aus Überzeugung. Der Katholizismus wurde zwar Staatsreligion, die Mehrheit der Bevölkerung blieb aber dem Glauben der Vorväter treu.

Anna Nzinga ließ auch überall im Land bekanntmachen, dass Menschenopfer, die traditionsgemäß während der Begräbnisfeierlichkeiten stattfanden, verboten waren. Die Portugiesen hätten sonst vorgeben können, dass sie das Königreich in Besitz nehmen und gegen die Bewohner vorgehen müssten, um derartigen Praktiken ein Ende zu bereiten. Diesen Vorwand wollte die Königin ihnen nicht liefern. Sie wusste, dass nicht eine humanitäre Absicht hinter den Herrschaftsgelüsten der Weißen stand, sondern der Wunsch, sich menschlicher Ware für den Sklavenhandel zu versichern, der Hochkonjunktur hatte – und an dem Nzinga in erheblichem Umfang und zu ihrem wirtschaftlichen Nutzen beteiligt war.

Entsprechend den Wünschen ihrer Missionare ließ sie in ihrer Hauptstadt eine Kirche bauen und überwachte höchstpersönlich die Arbeiten von der Grundsteinlegung bis zur Fertigstellung. Als die Bauarbeiten begannen, begab sie sich für alle überraschend zu dem Steinbruch, wo die Sklaven die Blöcke für die Fundamente schlugen. Sie ergriff einen kleinen Stein, legte ihn sich auf die Schulter und folgte den

Trägern bis zu seinem Bestimmungsort. Eine symbolische Handlung, wie sie sie liebte, um die Aufmerksamkeit auf sich zu ziehen. Auch als die Bäume für den Bau der Wände gefällt wurden, war es wiederum sie, die den ersten Axthieb führte. Sie besuchte regelmäßig die Baustelle und ließ den Arbeitern Essen liefern. War sie mit dem Fortgang der Arbeiten zufrieden, erhielten die Männer einige Fässer europäischen Weins. Und es kam auch vor, dass die königlichen Musiker ihnen aufspielten, um ihren Arbeitseifer anzustacheln.

Nach dem Friedensschluss konnte Anna Nzinga es sich erlauben, in Ruhe ihren Tagesgeschäften nachzugehen. Bei Hof lebten Zeremonien wieder auf, die in Vergessenheit geraten waren. Manche dieser Bräuche waren recht ungewöhnlich, so zum Beispiel die öffentliche Mittagstafel der Königin, die aus Anlass bestimmter traditioneller Feste stattfand. An einem solchen Tag, an dem es von geschäftig hin und her eilenden Dienern nur so wimmelte, wurde die königliche Tafel in einem großen, schattigen Hof aufgebaut, der eine große Zahl Personen aufnahm. Wie ein Ballettmeister wies der Premierminister mit einem Fingerschnippen den Anwesenden ihre Plätze zu: Die Offiziere hatten im Halbkreis entlang der Palisaden, welche das Innere des Hofes abschlossen, Aufstellung zu nehmen, und davor saßen die Hofdamen auf Matten auf der Erde, in zehn Schritten Abstand vom Kissen der Königin.

An jenem Tag erschien Anna Nzinga in Begleitung des Missionars António Cavazzi, eines Kapuziners, der sie seit ihrer Rückkehr zum katholischen Glauben überallhin begleitete und ausführlich davon berichtet hat. Im Alter von achtzig Jahren hatte sie nichts von ihrer Vitalität und natürlichen Eleganz eingebüßt. Zugegebenermaßen war sie sehr eitel. Ihre Vorliebe für elegante Toiletten, überladenen Schmuck und aus Europa eingeführten Brokat ist durch eine Anzahl zeitgenössischer portugiesischer Quellen belegt. Einige Räume in ihrem Palast waren allein für ihre Garderobe vorgesehen.

Nachdem sie an den aufgereihten Würdenträgern entlanggeschritten war und sie mit einem Lächeln oder einem freundlichen Wort begrüßt hatte, nahm Anna Nzinga auf einem großen roten Raphia-Kissen Platz, das auf einer Matte lag, und rückte leicht ihren Rock zurecht. Ein Dutzend Diener eilte herbei, in den Händen Töpfe aus gebranntem Ton, in denen sich von den besten Köchen zubereitete, wohlschmeckende Spezialitäten befanden. Dreihundert Frauen waren zu ihrem Dienst abgestellt, und sie wechselten jede Woche in Zehnergruppen.

Die Königin probierte Spieße mit gerösteten Heuschrecken und tat sich an einer gegrillten Echse gütlich, bevor sie zu einem in Öl gebackenen Geflügel und zu einem Fischgericht mit Sauce überging. Bei den öffentlichen Mittagstafeln kam die lokale Küche zu Ehren, und nicht weniger als achtzig verschiedene Speisen wurden serviert, ausnahmslos Spezialitäten der verschiedenen ethnischen Gruppen. Wie selbstverständlich unterzog sich Anna Nzinga der Pflicht, von allem zu probieren, denn sie wollte niemanden bevorzugen oder herabsetzen. So führte sie den ersten Bissen eines jeden Gerichts an den Mund und reichte die übrigen Portionen den Hofdamen, die sie bereitwillig unter sich verteilten, denn wer von den Speisen der Königin kosten durfte, dem war ein besonderes Zeichen der Anerkennung zuteil geworden.

Das mit größter Spannung erwartete Ritual war jedoch das »Trinken« der Königin. Wenn sie den irdenen Krug an ihre Lippen führte, klatschten die Anwesenden im Takt und schnipsten mit den Fingern. Und während sie in kleinen Schlucken trank, schüttelte der neben ihr sitzende Premierminister ihr den kleinen Zeh des linkes Fußes als Zeichen der Kommunion und sprach mit lauter Stimme die Worte, welche die Wünsche der Nation ausdrückten: »Möge dieses Getränk, vermischt mit der Nahrung, die dein Leben erhält, jeden Teil deines Körpers nähren, von der Spitze deines Kopfes bis zum Ende deiner Zehen.«

Nach dem Ende der Zeremonie ließ die Königin die reichlichen Essensreste – für jeden war noch genug vorhanden – unter die Anwesenden verteilen, die sich dadurch auf das höchste geehrt fühlten. Dem Premierminister fiel es zu, die Knochen aufzusammeln und den Boden nach Resten der königlichen Mahlzeit abzusuchen. Er legte alles in eine kleine Holzkiste, klemmte sie sich unter den Arm und trug sie fort. Dies geschah, damit kein Feind in Versuchung geriet, die Überbleibsel für einen Zauber gegen die Königin zu benutzen.

Wenn sie Europäer empfing, wurden Damasttischdecken über die Tische gebreitet, und man holte das Tafelsilber, das Porzellan mit Goldrand und die Kristallgläser hervor. Zu den nach europäischer Art zubereiteten Gerichten wurden die besten portugiesischen Weine gereicht. Die Hofdamen, wie auch die Königin selbst, kleideten sich in Gewänder nach der neuesten Lissabonner Mode, um die Gäste zu begrüßen, die oft über ein so distinguiertes Auftreten in einem so unzivilisierten Land mehr als erstaunt waren. Manche gerieten in Verlegenheit, wenn sie die »kostbaren« Geschenke präsentierten, die sie im Namen ihrer Herrscher aus Europa mitgebracht hatten, wie es bei einem diplomatischen Besuch üblich war – es handelte sich um einfache Ketten aus Glasperlen oder falschen Korallen. Die Königin reichte sie mit einem

Lächeln an ihr Gefolge weiter und zeigte so den ausländischen Botschaftern, dass man in ihrem Land, in dem es kostbare Steine zuhauf gab, den minderen Wert des Talmis kannte, von dem die Weißen glaubten, er wäre gut genug für eine afrikanische Königin.

In regelmäßigen Abständen, nachdem sie die laufenden Staatsangelegenheiten geregelt, ein Berufungsgericht gegen ein ungerechtes Urteil geleitet oder mit ihren Missionaren über eine theologische Frage diskutiert hatte, ließ sich die Königin von Sklaven in einer Hängematte zu ihren Feldern tragen. Alle ihre Untertanen, Männer und Frauen, Adelige und Bauern, mussten dreimal pro Woche einen Teil ihrer Zeit dafür aufwenden, die Äcker ihrer Herrscherin und die Gemeinschaftsfelder zu bestellen sowie die Weiden in Ordnung zu halten. Ihre Inspektionsreisen dienten insbesondere dazu, die führenden Clans zu kontrollieren, die diesen Frondienst lieber durch ihre Diener ausführen ließen, als selbst die Hacke zu schwingen. In ihrem Königreich, das sie mit fester Hand regierte, hatte Anna Nzinga jede höhere Stellung mit einem Mann und einer Frau besetzt, und beide mussten ihr gesondert Rechenschaft ablegen.

Die Jagd stellte den bevorzugten Zeitvertreib der Königin dar. Mehrere an Bäumen angekettete wilde Tiere bewachten den Eingang zu ihrer Residenz, und mit Schmunzeln antwortete sie all denen, die sich über eine derartige Aktivität in ihrem hohen Alter wunderten, »dass die Jagd ausgezeichnet für die Gesundheit« sei. Wenn sie einen Jagdausflug unternahm, wusste ihre Eskorte, dass die besten Beutestücke für sie reserviert waren. Die Trophäen, welche die Wände zierten, sowie die Zebra- und Leopardenfelle, welche die Fußböden bedeckten, ließen kaum einen europäischen Besucher, der die Schwelle ihrer Residenz überschritt, unbeeindruckt.

Am Wochenende empfing sie für gewöhnlich die Frauen des angolanischen Adels, die auf ihre Initiative hin Lesen, Nähen und Sticken lernten und deren Fortschritten sie Anerkennung zollte. Ja, um sie vom Müßiggang fernzuhalten, der ihr unerträglich war, ließ Anna Nzinga sogar portugiesische Kaufmannsfrauen aus Luanda kommen. Sie hatten die Aufgabe, die Hofdamen in diesen Fertigkeiten zu unterrichten, und wurden dafür von der Königin reichlich entlohnt. Immer hatte sie auch die Frauen ihres Reichs angespornt, sich im Waffengebrauch zu üben, mit Pfeil und Bogen zu schießen und einen Speer zu werfen. Früher waren sie als Amazonen mit ihr in den Krieg gezogen. Nun waren sie dazu ausersehen, die Königin zu begleiten, wenn diese ihre Truppen inspizierte, und in Kriegszeiten hatten sie die Verpflichtung, die Stadt mit zu verteidigen.

Im Dezember 1663 überkam eine ungewöhnliche Traurigkeit die Hauptstadt von Matamba. Seit mehreren Tagen waren alle Auftritte der Königin abgesagt worden, und man hatte die Wachen um ihren Palast verstärkt. Anna Nzinga litt an einer Bronchitis, und weder die Medizin der traditionellen Heiler noch das Pflaster aus Porzellan, das der Missionar ihr auf die Brust gelegt hatte, hatten ihre Schmerzen lindern können. Über ihre Lippen kam jedoch keinerlei Klage.

»Es ist unnötig, mir glauben machen zu wollen, ich würde länger als die anderen leben«, vertraute sie seufzend ihrem Beichtvater an, der sie nicht mehr verließ. »Wie andere Menschen bin ich auch nur ein Sack Würmer und Fäulnis ... Was werden all die Leute sagen, die mich für eine Unsterbliche halten und mich wie eine Göttin verehren?«

Am Morgen des 17. Dezember, nachdem sie die Sterbesakramente erhalten hatte, rief sie ihre Minister zu sich. Sie sprach unter Schwierigkeiten, und die Hustenanfälle verursachten ein Stöhnen, das sie aufgrund der schwindenden Kräfte nicht unterdrücken konnte. Sie sagte, sie sei glücklich, im katholischen Glauben zu sterben. Sie bereute öffentlich, dass sie seinerzeit den barbarischen Sitten der Jaga gehuldigt und so viel unschuldiges Blut vergossen hatte.

Sie wandte sich an den Premierminister, den sie kürzlich zum Vizekönig von Matamba ernannt hatte, und sagte ihm: »Das Königreich hat Frieden und ist in gutem Zustand. Seht zu, es so zu bewahren, wie ich es Euch hinterlasse. Verteidigt die Sache Gottes. Ich wünsche, dass man sich bei meinem Begräbnis und den Trauerfeierlichkeiten nach den Anweisungen meines Beichtvaters richtet und dass alles nach dem Ritus der christlichen Religion erfolgt. Und keinesfalls Menschenopfer, selbst wenn damit eine große Königin geehrt werden soll.« Man stelle sich die Erleichterung ihres Gefolges und ihrer Dienerschaft vor. Vermutlich hatte sich schon Entsetzen ihrer bemächtigt bei dem Gedanken, lebendig mit der Leiche ihrer Herrin begraben zu werden, so wie die Tradition es als Ehrengeleit für die Verstorbene verlangte.

»Mein einziger Kummer ist«, fuhr Anna Nzinga mit kaum hörbarer Stimme fort, ihr Gewissen zu erleichtern, »dass ich keinen Sohn hinterlasse, der mir auf dem Thron von Matamba nachfolgen kann.« Sie machte eine erneute Pause, diesmal etwas länger, als würde die Anstrengung sie ermatten. Oder war dies der Schmerz an eine unauslöschliche Erinnerung, tief in ihrem Gedächtnis vergraben? Dachte sie angesichts des Todes an jenen verfluchten Tag, als ihr einziger Sohn von den Schergen ihres so verhassten Stiefbruders ermordet worden war, von dem Tyrann, der ihr gegenüber eine so furchtbare Eifersucht hegte, weil sie das Lieblingskind ihres Vaters gewesen war und weil er ihre Überlegenheit anerkennen musste.

Es war einfach gewesen für den König, sich die Dienerinnen, die sich gewöhnlich um das Kind kümmerten, gefügig zu machen. In Abwesenheit der Mutter hatten sie ihm ein Bad bereitet, und sie tauchten das Kind in das kochende Wasser, bis es erstickte. Nzinga war damals rund dreißig Jahre alt. Die schreckliche Nachricht hatte sie zerbrochen. Auf dem gemarterten Leichnam ihres Sohnes hatte sie öffentlich geschworen, seinen Tod erst dann zu beweinen, wenn sie Rache genommen hatte. Doch das war nicht alles. Um seinen unheilvollen Plan zu vollenden, hatte der blutrünstige Stiefbruder sie von fünf seiner Männer festnehmen und gefesselt zu einer von ihm bezahlten Matrone schleppen lassen. Und mit einem brennenden Holzscheit, der in das Innerste ihres Körpers gestoßen wurde, hatte die Megäre ihr die Hoffnung geraubt, nochmals ein Kind zu empfangen. Ein Schmerz, der nie vernarbt war.

Vielleicht war es ein anderes blutige Bild, das bei den letzten Atemzügen ihre Gedanken beherrschte – das Bild, wie sie mit einem Dolchstoß ins Herz dem Leben eines unschuldigen Jungen ein Ende gemacht hatte, dem einzigen Sohn ihres Stiefbruders, von dem sie sich später durch das Gift befreite. Eine doppelte Rache für einen doppelten Schmerz: ihr ermordetes Kind und ihre verstümmelte Weiblichkeit. Und alle die Toten, geopfert für den Ehrgeiz einer großen Königin … Aber das lag jetzt weit zurück. Was sie getan hatte, hatte sie für ihr Volk getan.

Hatte sie auch einen Gedanken an die Männer, die ihren Weg gekreuzt hatten? Gelegentliche Bündnisse, politische Allianzen oder eine kurzlebige Liebe auf den ersten Blick – so viele Liebhaber. Sie hatte sie aus ihrem Bett gewiesen, vielleicht sie aber auch gesucht, um sich zu beweisen, dass sie noch eine Frau war. Eine verwundete Frau, die sich an einem melancholischen Tag gehen ließ und ihren »unversöhnlichen Hass auf das ganze männliche Geschlecht« gestand. Ihr letzter Begleiter war ein Sklave, fünfzig Jahre jünger als sie und von ihr ausgewählt, als sie fünfundsiebzig war. Anna Nzinga starb am 17. Dezember 1663. Man begrub sie mit Gold und Edelsteinen bedeckt, und ihre Schwester Cambo, auf den Namen Doña Barbara getauft und von Nzinga zur Nachfolgerin bestimmt, folgte ihr auf den Thron.

Das Königreich Matamba blieb ein Gegner der Portugiesen, und im Kampf Angolas gegen die Kolonialherrschaft wurde Anna Nzinga zur nationalen Symbolfigur.

KÖNIGIN POKOU
Die Gründerin des Reichs der Baule

»An den Ufern einer stillen Lagune lebte vor langer Zeit ein Volk, das hatte Männer voller Kraft und Stärke und Frauen voller Lebensfreude. Die mutigste von allen Frauen war Abla (Prinzessin) Pokou. Eines Tages aber sahen sie sich durch feindliche Völker, die so zahlreich waren wie Wanderameisen, gezwungen, von ihren Äckern und von der fischreichen Lagune Abschied zu nehmen. Der Dornenwald zerriss ihre Kleider und stach ihnen tief ins Fleisch. Sie mussten weiterziehen, immer weiter … Und Abla Pokou schritt ihnen voran, auf dem Rücken trug sie ihr Kind.«

So beginnt das mythische Epos, das sich die Baule in der Elfenbeinküste seit Generationen erzählen, in ehrender Erinnerung an die Frau, die den Exodus ihrer Vorfahren auf dem Weg in die Freiheit anführte.

Prinzessin Pokou wird in den ersten Jahren des 18. Jahrhunderts geboren, im Schatten eines berühmten Verwandten: Ihr Großonkel, der verehrte Ossei Tutu, ist der Begründer der mächtigen Konföderation der aus Ghana stammenden Aschanti. Das war ein Volk reicher Landwirte und renommierter Künstler, berühmt für ihre Gold- und Bronzearbeiten wie auch für die Möbel, die sie aus Ebenholz fertigten.

Vor seiner Vereinigung wurde das Land immer wieder von Auseinandersetzungen erschüttert, in denen sich Gruppen unterschiedlicher Kulturen oder Stadtstaaten im Kampf um Ressourcen feindlich gegenüberstanden. Politische oder strategische Konflikte wurden meist mit militärischen Mitteln entschieden. Anlässe dazu gab es viele, angefangen von dynastischen Konflikten, die den Weggang derer nach sich zogen, die sich übergangen fühlten, über Kämpfe um die Verfügungsgewalt über die Goldminen bis hin zu den Versuchen eines Clans – zu Ungunsten eines anderen –, sich des Kolahandels zu bemächtigen.

Die Feuersbrunst konnte sich auch entzünden, wenn sich die eine oder andere Provinz von einer zu despotischen Tyrannei befreien wollte. Andere wollten sich durch den Griff zu den Waffen des hohen jährlichen Tributs entledigen, den eine unersättliche Regentschaft ihnen abverlangte. Außerdem verführte die instabile Lage verfeindete Clans dazu, dass sie Jagd aufeinander machten und ihre jeweiligen Gefangenen an die europäischen Sklavenhändler verkauften. Eine lange Periode der Unsicherheit also, die große Wanderungen der Zivilbevölkerung auslöste, die sich, von allen bedroht, permanent auf der Flucht befand und eine friedliche Bleibe suchte – in der verzweifelten Hoffnung, so zu überleben.

Ossei Tutu, der charismatische Herrscher, machte dem Chaos ein Ende, indem er die aufsässigen Akankönigtümer vereinte und unter seine Oberherrschaft zwang. Dank des Verkaufs von Gold an europäische Handelshäuser, die sich an der Küste des Landes niedergelassen hatten, verfügte er über moderne Feuerwaffen, und diese erleichterten es ihm, seine Nachbarn zur Vernunft zu bringen. Nachdem er zum ersten König des Aschantilands ausgerufen worden war – wobei es sich als nützlich erwies, dass er sich als der erwartete mythische Staatsgründer ausgab –, führte der große Herrscher sein neues Reich zu einer Blütezeit. Ebenso befriedete er die Gegend, in der die reiche Stadt Kumasi lag, ein Ort, auf den sich die Begehrlichkeiten aller richteten, lag er doch an der Kreuzung der Handelsrouten, welche die Küste mit dem Landesinneren verbanden.

Um den Zusammenhalt der vielversprechenden Konföderation zu gewährleisten, waren immer wieder rigorose Strafexpeditionen gegen Widerspenstige vonnöten, welche die Vorherrschaft der Aschanti ins Wanken bringen wollten. Um 1720 wurde Ossei Tutu das Opfer eines Hinterhalts, den die benachbarten Akim gelegt hatten, die heute Verbündete und morgen Rebellen waren. Nun kam gemäß der Akantradition die matrilineare Nachfolge zur Anwendung, welche die Erbfolge zugunsten der männlichen Kinder der Schwestern oder Nichten des Verstorbenen festlegt. So folgte ihm sein Neffe Opoku Ware, Pokous ältester Bruder, auf den Thron.

Der neue König besaß bei weitem nicht die Autorität, welche Ossei Tutu besessen hatte. Vielmehr hatte er während seiner dreißigjährigen Herrschaft alle Hände voll zu tun, die fast überall im Königreich aufflammenden Revolten zu unterdrücken. Es zeichnete sich ab, dass der Zusammenschluss der Aschanti das Ableben seines Gründers nicht allzu lange überdauern würde. Und tatsächlich kam es 1749, nach dem Tod Opoku Wares, zwischen dem jüngeren Bruder des Verstorbenen, dem designierten Nachfolger, und einem seiner Onkel zu einem Thronfolgestreit, der das Land in Schutt und Asche legte.

Koussi Obodum, der Onkel, war ein Mann im besten Alter und stammte aus einer Seitenlinie des Herrschergeschlechts. Durch Intrigen hatte er sich die Gunst des Ältestenrats erworben und setzte sich mit dessen Unterstützung an die Spitze des Widerstands gegen die alte Ordnung. Dabei hatte er große Sorgfalt darauf verwandt, seine Parteigänger zu bewaffnen, wollte er seine Chance, die Macht zu ergreifen, doch keinesfalls aufs Spiel setzen. Schließlich wurde Prinz Dakon ermordet, womit der Bruderkrieg, der Kumasi entzweite, offen ausbrach. Prinzessin Pokou machte sich keinerlei Illusionen darüber, welches Los den Clan ihres unglücklichen Bruders erwartete. Verbrannte Häuser, verwüstete Felder, geraubte Viehherden und geplünderte Besitztümer zeigten ihr, dass ihnen nur das Exil übrigblieb, andernfalls würden die Ihren ein tragisches Ende finden. Sie hatte schon zu viele Massaker in dem vom Schicksal gepeinigten Königreich gesehen! Rivalitäten, Aufstände, Rachefeldzüge, Strafexpeditionen, Flucht: Für den Ehrgeiz eines Sohnes oder die Unbotmäßigkeit eines Vaters wurden ganze Familien erbarmungslos bestraft und zahlten mit ihrem Leben. War nicht ihre eigene Mutter, die Königin Nyaku, eine direkte Nichte von Ossei Tutu, wie auch alle ihre Cousinen durch das Schwert Sefwis gefallen, des Königs in einem benachbarten Reich, der sich geschworen hatte, Kumasi unter seine Herrschaft zu zwingen? Dass sie selbst überlebt hatte, erschien wie ein Wunder und war nur dem Schutz der Ahnen zu verdanken, die aus dem Jenseits über sie wachten.

Als auch ihr junger Ehemann den Schergen Onkel Obodums in die Hände fiel, wusste sie, dass es unwiderruflich Zeit zur Flucht war, sonst würde ihre Familie ausgelöscht werden. Heimlich ließ sie die Oberhäupter von vier adeligen Familien und vier ihr am treuesten ergebenen Vasallenfamilien zu sich rufen und teilte ihnen ihren Plan mit. Sie waren bereit, sich ihrer Führung anzuvertrauen. Als sich der Schatten der Nacht über die Stadt legte, schlichen sie sich unbemerkt aus ihren Häusern und versammelten sich in einer entfernt liegenden Pflanzung. Das Risiko, verraten zu werden, war gering, angesichts der gefährlichen Lage wagte sich bei Dunkelheit niemand mehr aus dem Haus, und niemand wollte wissen, hören oder darüber reden, was sich im Hof des Nachbarn zutrug. Als alle versammelt waren, machte sich die Kolonne, die aus rund hundert Männern, Frauen und Kindern sowie Dienern und einem Trupp treuer Soldaten bestand, unter Führung der Prinzessin auf in Richtung Nordwesten.

Unter Mitnahme hastig eingepackter Lebensmittel und der Gegenstände, die den Familien lieb und teuer waren, begaben sich die Flüchtlinge auf den langen Weg ins Unbekannte. Von den Nächten ohne Schlaf erschöpft, quälten sie sich durch den Busch. Es war Regenzeit, überall schwirrten Insekten und Mücken umher, die den Tod bringen konnten, und immer wieder blieben sie mit ihren nackten Füßen im tiefen, aufgeweichten Boden stecken. Trotzdem, nur nicht den Schritt verlangsamen, um den Vorsprung gegenüber den Verfolgern nicht aufs Spiel zu setzen! Je länger sie unterwegs waren, desto mehr Menschen schlossen sich ihnen an: Viele, die ihren unheilvollen Weg kreuzten, hielten es für klüger, ihre Dörfer zu verlassen, als darauf zu warten, dass die Armee sich blutig rächen würde, nur weil sie Pokous Leuten Gastfreundschaft gewährt hatten.

Als sie nicht mehr weiterkonnten, machten sie in einem provisorischen Lager halt, um neue Kraft zu schöpfen und Wild zu jagen. Kaum hatten sie Zeit, ihre Toten zu bestatten – Alte waren vor Erschöpfung umgesunken, Kinder von wilden Tieren zerrissen worden, andere hatte das Fieber dahingerafft. Sie mussten weiterziehen, denn die Truppen, die der neue König von Kumasi ihnen nachschickte, waren ihnen auf den Fersen. Pokou schritt an der Spitze des Zugs, redete ihren Leuten gut zu und ermunterte sie, gegen Angst und Entmutigung anzukämpfen.

Mühsam schlugen sie einen Pfad durch einen dichten, unwirtlichen Wald, den bestimmt noch nie ein Mensch durchquert hatte. Eine drückende Schwüle hatte sich um die Wipfel der hoch aufragenden Bäume gelegt; Lianen hingen herab, die sich im Wind bewegten, als streckten Dämonen ihre krummen Finger nach ihnen aus. Durch das Knacken der Äste hindurch meinten sie den keuchenden Atem unsichtbarer Geister zu hören, ungehalten darüber, dass Menschen ihre Abgeschiedenheit störten. Selbst zu Tode erschreckt, fanden die Erwachsenen keine besänftigenden Worte, welche die Angst der Kinder hätten verjagen können.

Endlich kamen sie an einen tosenden Fluss, der sie mit Entsetzen füllte. Der Comoe bildete eine natürliche Grenze zwischen der Heimat ihrer Aschantivorfahren und einem neuen Land: der Elfenbeinküste, die wie ein Versprechen auf Freiheit vor ihnen lag. Der Fluss, infolge der letzten Regenfälle der Saison angeschwollen, war aber unpassierbar. Die Strömung war so gewaltig, dass sie Fischerboote, die man an Baumstümpfen festgebunden hatte, wie Strohhalme zerschmetterte. Sogar Häuser waren von den gurgelnden Fluten mitgerissen worden, und die Bewohner der nahe gelegenen Dörfer waren verzweifelt. Unmöglich, den Fluss durch eine Furt zu überqueren! Doch der Feind war nah, das Echo der Kriegstrommeln kündigte sein Kommen an.

In einer überfluteten Mulde tobte lärmend eine Herde Flusspferde, die Wasserfontänen in die Luft spritzte. An der Uferböschung gähnten Kaimane mit weit aufgerissenen Mäulern. Das schrille Kreischen der in den Baumkronen lauernden Aasgeier, das plötzlich die Geräusche des Waldes übertönte, ging den Flüchtenden durch Mark und Bein. Eine derart abweisende Natur konnten die Aschantibauern und -schmiede, die an weite Lichtungen und üppige Savannen gewöhnt waren, nur als ein schlechtes Vorzeichen deuten. Sollten die tosenden Wassermassen ihr Grab ankündigen?

Pokou näherte sich dem aufgewühlten Fluss, der unter höllischem Getöse riesige Baumstämme mit sich fortriss. Sie hob die Hände zum Himmel. Ein Zeichen der Ohnmacht? Der Unterwerfung? Jeder sah darin, was er sehen wollte. Endlich wandte sie sich an ihren Wahrsager, den Hüter der geheiligten Traditionen, und bat ihn, das Orakel zu befragen: »Was können wir tun, um den Feinden zu entkommen, die uns auf den Fersen sind? Sage uns, was der Flussgeist verlangt, damit er uns passieren lässt. Will er Kolanüsse? Öl oder Palmwein? Wie viele Hühner sollen wir schlachten? Eins? Hundert? Und wie viele Ochsen? Dreißig? Vierzig?«

Der alte Mann mit dem Namen Mansi hörte wortlos zu. Dann hob der den Kopf. Er verschränkte seine Beine, hockte sich gegenüber dem großen irdenen Krug, in dem die Manen der Vorfahren ruhten, auf den Boden und schloss andächtig die Augen. Vollkommene Stille, die nur durch das unheilverkündende Echo der Natur gestört wurde, hatte sich der dicht beieinander stehenden Menschen bemächtigt, die sich nun um die Prinzessin drängten, als wollten sie ihr sagen, sie wäre ihre letzte Zuflucht. Niemand traute sich, das Schweigen zu brechen. Wehe dem, der das geheime Zwiegespräch zwischen dem Mann des Glaubens und den okkulten Kräften zu stören wagte!

Die Mütter legten ihre Säuglinge an die Brust, damit sie nur nicht weinten. Die Väter hatten ihre Hände auf die Münder der kleinen Naseweise gelegt, damit sie bloß keine Frage stellten. Die Angst saß ihnen in den Gliedern. Jede Minute brachte sie den Gewehren und vergifteten Lanzen ihrer Verfolger näher. Es war bestimmt nicht der Moment, durch das Verhängnis, das ein sofortiges Sühneopfer forderte, auf sich aufmerksam zu machen.

Dann erhob sich die Stimme des Sehers, und er sprach

mit ungewöhnlichem Ernst: »Der Flussgeist ist erzürnt. Er wird sich erst beruhigen, wenn wir ihm geopfert haben, was uns am teuersten ist.« So hatte er die Antwort der Ahnen interpretiert. Sofort knoteten die Frauen die Tücher auf, welche die Geschmeide aus Gold und Elfeinbein enthielten, welche die berühmten Aschantikünstler gefertigt hatten. Die Männer schlossen die geschnitzten hölzernen Truhen mit den unveräußerlichen Schätzen auf. Doch der Seher schüttelte ungehalten den Kopf und stieß die Gaben mit dem Fuß beiseite. »Nein! Das, was uns am teuersten ist, woran wir am meisten hängen«, rief er, »das sind unsere Söhne!« Die Mütter erschauderten.

Die Aschantifrauen waren mit dem Gedanken vertraut, dass die Götter unter bestimmten Umständen den Tod eines Kindes verlangen konnten. Aufgrund ihrer Erziehung und der traditionellen Werte, die ihre Mütter und Großmütter ihnen vermittelt hatten, wussten sie alle, dass es nicht gestattet war, sich der Opferung eines Kindes zu widersetzen oder es zu beweinen, denn sonst würde zur Strafe der Zorn der Götter auf das ganze Volk niederfahren. Wenn die Geister der Ahnen durch den Mund des Sehers sprachen, welcher Ausweg blieb den Sterblichen dann noch? Sie wussten es alle. Dennoch meldete sich aus der versteinerten Menge kein Freiwilliger.

»Ein Kind? Los, bring es her!«, befahl die Prinzessin dem alten Mann und wies mit dem Kinn auf das Heer ihrer Getreuen. »Sage ihnen, dass die Wasser ein Kind verlangen, sonst lassen sie uns nicht in Frieden.« Doch der Seher kam unverrichteter Dinge zurück. Als er auf die Menge zuschritt, hielt jeder seine Kinder umklammert, die Mütter verbargen hastig die Säuglinge unter den zwei Schichten ihrer Gewänder aus Kentestoffen. Pokou blieb nichts anderes übrig, als auf einen Felsvorsprung zu steigen und zu rufen: »Volk von Kumasi, wer unter euch opfert einen Sohn zum Wohle aller?« Die Gesichter blieben starr, die Münder stumm.

Langsam, als wollte sie den stolzen Clanchefs das Einverständnis abringen, den Erzeugern einer langen Folge von Söhnen, deren Zukunft sie ihr anvertraut hatten, ließ Pokou den Blick über die Unglücklichen gleiten, die im Kreis um sie herumstanden. Sie flehte sie mit Blicken an, ging von einem zum anderen, in der Hoffnung, dass ein Familienoberhaupt sich aufopfern, ihr das kleinste seiner Kinder übergeben würde, eines von denen, die die gefährliche Wanderung mit Sicherheit nicht überleben würden. Doch nicht einer sah zu ihr auf. Die verzweifelte Flucht ins Exil hatte die Solidarität der Familien untereinander beträchtlich gestärkt, doch nicht bis zu dem Punkt, Blut vom eigenen Blut zu opfern!

Wer weiß, ob sie sich nicht insgeheim Fragen stellten? Sich fragten, in welches Abenteuer die tollkühne Prinzessin sie verstrickt hatte? Wäre es nicht besser gewesen, sie hätten sich mit dem Usurpator von Kumasi verständigt? Warum sollten sie für die überflüssigen königlichen Querelen bezahlen, bei denen sie letzten Endes als Schachfiguren dienten! Sie hatten ihre in der Frucht stehenden Felder und gefüllten Kornspeicher verlassen und fanden sich nun fern der Äcker ihrer Vorväter wieder, dem Hunger und der Hoffungslosigkeit preisgegeben, vielleicht auf dem Weg zu ihrer letzten Ruhestätte.

Pokou brauchte nicht lange, bis sie begriff. Sie ging zum Flussufer und band das Kind los, das eine junge Dienerin aus ihrem Gefolge auf dem Rücken trug. Ihren eigenen Sohn.

»Kuakou, mein einziges Kind! Ich habe begriffen, dass ich meinen Sohn hergeben muss, damit mein Volk überlebt. Um meiner Familie willen haben sie die Flucht auf sich genommen. Eine Königin darf immer nur Königin sein und niemals Frau oder Mutter!«

Ihre Gedanken verweilten einen Moment bei all den Jahren der Kümmernis, in denen ihr Leib leer geblieben war; bei jenen Gefährten, von denen sie sich trennen musste, weil sie von ihnen nicht schwanger geworden war; bei der Demütigung, wenn sie um sich herum ein vorwurfsvolles Gemurmel zu hören glaubte, wenn man davon sprach, dass sie wegen ihrer Sterilität verflucht sei. Sie konnte ihre Nase hoch tragen, doch eine Prinzessin ohne Kind, welch eine Katastrophe! Sie war die Lieblingsnichte des berühmtesten Aschantikönigs, aus ihrem Blut musste nach der Tradition der Thronerbe geboren werden. Aber nein, die Ehre, einen künftigen König zu gebären, wurde ihr nicht zuteil. Im Laufe der Jahre verhärtete sich unter der Last der Bitterkeit und Resignation ihr Herz, so dass die alten Freundinnen aus ihrer Altersgruppe es nicht mehr wagten, sie zu besuchen und ihr ihre Neugeborenen zu zeigen.

Doch als sie in den Vierzigern war, in einem Alter, in dem Frauen ihrer Generation bereits Großmütter wurden, da geschah das Wunder. Ihre letzte Verbindung war endlich fruchtbar gewesen. Die mit Assué Tano, dem jungen Krieger, der gekommen war, sie aus der Gefangenschaft Königs Sefwis zu befreien. Das geschah während der Herrschaft ihres Bruders Opoku Ware. Dieser hatte, während er die Waffen mit einer abtrünnigen Provinz kreuzte, die Unvorsichtigkeit begangen, seine Hauptstadt ohne Verteidigung zu lassen, war er doch der festen Überzeugung, der Ort wäre sicher. Doch kaum war die Armee der Aschanti aufgebrochen, als der Vasallenkönig Sefwi eine Attacke gegen das stolze Kumasi richtete, wo die Straßen angeblich mit Gold gepflastert waren.

Die vor Ort gebliebene Garnison konnte nicht lange der Kohorte widerstehen, die sich auf die Stadt gestürzt hatte. Kumasi wurde vollständig geplündert, die adligen Familien wurden dezimiert. Den Frauen der königlichen Familie, die sich geweigert hatten, vor dem Feind die Flucht zu ergreifen, wurde der Bauch aufgeschlitzt. Keine entging dem Gemetzel, keine … nur Pokou und ihre junge Nichte Akwa Boni, die wie durch ein Wunder verschont blieben. Sie sollten als menschliche Schutzschilde dienen, falls der König von Kumasi den Wunsch nach Rache verspürte.

Eine überflüssige Überlegung, denn als der König von der Verwüstung seiner Stadt erfuhr, machte er rasend vor Wut kehrt, stürzte sich auf den abtrünnigen Vasallen und hackte ihn in kleine Stücke. Dann erst kümmerte er sich um das Los seiner beiden Verwandten, die erfreulicherweise gesund und munter waren! Und da ein Wunder selten allein kommt, entschied sich Pokou, noch beeindruckt von der Selbstlosigkeit und dem Diensteifer des wackeren Kriegers, der die Eskorte befehligte, die sie zu den Ihren heimführte, ebendiesen zu ihrem Gemahl zu erwählen. Aus ihrer Verbindung sollte der Sohn hervorgehen, den sie so lange erhofft hatte.

Dieses Kind, als Geschenk des Himmels liebevoll willkommen geheißen, war wie ein Jungbrunnen für ihren alternden Körper. Es wurde auch zu ihrem einzigen Trost, als ihr Gemahl Opfer des tragischen Erbfolgekriegs geworden war, der sie ins Exil gezwungen hatte, und die unziemliche Verbindung mit einer in Ungnade gefallenden Königsfamilie mit dem Leben bezahlt hatte. Und nun, was blieb ihr noch? Was erwartete man von ihr? Erbarmen! Das kleine, brabbelnde Wesen war nicht einmal drei Jahre alt. Erbarmen!

Ein stilles Bittgebet, das niemand hörte. Auch ihre Miene ließ nicht viel von dem erkennen, nur eine Spur der Emotion, Ausdruck des unsäglichen Schmerzes, der ihr das Herz brach und sie innerlich zerriss. Den Atem wiederfinden … Sich aus dem Schraubstock befreien, der ihr die Luft abschnürte … Hatten sie denn gar kein Mitleid, dass sie eine unglückliche Witwe zwangen, ihr einziges Kind zu opfern?

Sanft stieß Pokou die junge Dienerin zurück, die sich weinend an das Kind klammerte; so sehr teilte sie die Not ihrer Herrin. Die Prinzessin hob ihren Sohn hoch über sich, als wollte sie ihn ein letztes Mal betrachten. Sie drückte ihn an ihre Brust, die noch nicht versiegt war, legte ihm Schmuck um, liebkoste mit ihren Fingern die Falten seines pummeligen Halses, glitt zärtlich mit ihren Händen über die Arme und die kleinen, stämmigen Beine, wandte sich dann brüsk ab und legte das Kind jählings in die Arme des Sehers, der aus Respekt nicht gewagt hatte, die liebevolle Szene zu unterbrechen.

Sie drehte sich nicht mehr um, als der Seher nach einem raschen Trankopfer über dem kindlichen Körper und Gebeten zu Ehren der Ahnen auf den Felsvorsprung stieg und den Säugling unter lautem Wehgeschrei in die Fluten warf.

Der Lärm vom Wald her erschien plötzlich weniger bedrohlich. Wie durch Zauberhand beruhigten sich die Wasser des Comoe, und ein wenig später konnten die Menschen ihn auf ihrem Weg ins Exil überqueren! Durch welches Wunder? Darüber weiß man wenig. Manche mündliche Überlieferungen sprechen davon, dass ein riesengroßer Kapokbaum vom gegenüberliegenden Ufer aus seinen Stamm über das Wasser beugte und sich Pokous Leuten als Brücke darbot. Oder war der Stamm an einer günstigeren Stelle geschlagen worden, um als Passage von einem Ufer zum anderen zu dienen? Und war er dann, als alle drüben waren, ins Wasser geschoben worden? Andere Versionen geben der mythischen Flussüberquerung einen mehr magischen Charakter. Sie berichten, dass die Flusspferde, die im Fluss lebten, sich fügsam Seite an Seite zwischen beide Ufer legten und so den Tausenden fliehender Füße ihre Rücken darboten.

Als der Letzte der Flüchtlinge das andere Ufer erreicht hatte, soll der Kapokbaum sich mit einem Ruck wiederaufgerichtet und der Fluss sein wütendes Brausen wiederaufgenom men haben. So wurde den Verfolgern, denen das Entkommen der Flüchtlinge unerklärlich war, der Weg abgeblockt. Als hätten sie das Drama vergessen, das sich soeben vor ihren Augen abgespielt hatte, brachen die Flüchtenden über ihren unerwarteten Sieg in lauten Jubel aus. Als aber ihr neues Land einen Namen erhalten sollte und Pokou, die durch ihr Opfer den Rang einer Königin erhalten hatte, von den Honoratioren gebeten wurde, ihr neues Reich zu taufen, konnte sie unter Schluchzen nur hervorbringen: »*Ba ou li*«, was bedeutet: »Das Kind ist tot.« Zu Ehren ihrer heroischen Tat kamen die Clanchefs überein, ihr Volk auf den Namen Baule umzutaufen. Von den Aschanti verfolgt, hielten sie es für besser, den alten Namen aufzugeben, da er sie an eine Vergangenheit erinnerte, die sie lieber vergessen wollten.

Um die Wiedergeburt des Akanvolks im Land der Freiheit symbolisch zu feiern, gab Pokou den Clans, die mit ihr gekommen waren, neue Namen. Es war eine Zeremonie, bei der das Gleichnis den Ton angab. Sie begann mit den lehnspflichtigen Familien. Sie zeigte auf eine erste Gruppe, die für ihre geringe Kampfeslust während des Kriegs bekannt war, und erklärte: »Die Angehörigen eurer Gruppe heißen jetzt Atutu, Ausrupfer. Ihr werdet von nun an meine Hühner rupfen. Ihr«, und damit wandte sie sich an eine andere, von den Strapazen erschöpfte Gruppe, »ihr, die ihr vom vielen Marschieren Fußweh habt und humpelt, als hättet ihr Guineawürmer in den Beinen, ihr erhaltet den Namen Ngban, Guineawurm. Und ihr, die ihr zerlumpt und halbnackt herumlauft und immer Feuer macht, um euch aufzuwärmen, euer Name sei Nanafwés.« Schließlich wurden die Agba, erkennbar an ihren aus der Rinde des Agbaon hergestellten Stoffen, dazu ausersehen, die ersten Maniokpflanzungen der Gemeinschaft anzulegen und sich um die Landwirtschaft zu kümmern.

Nun richtete sie sich an die adeligen Familien und erläuterte ihnen ihre Aufgaben: »Ihr, meine tapferen Soldaten, werdet nun Nzipkli genannt, ›die zu kämpfen wissen‹. Und ihr, die ihr mein rechter Arm seid, auf den ich mich während unseres Widerstands und unserer Flucht gestützt habe, sollt die Faafué sein, die Leute zur Rechten.« Sie zeigte auf eine dritte Gruppe und fuhr fort: »Was euch angeht, die ihr immer aufeinander einredet, als wolltet ihr gleich handgreiflich werden, man soll euch Saa nennen, wie den Ingwer, denn euer Charakter ist entzündlich wie der Geschmack von Ingwer.« Schließlich kam sie zu ihrem eigenen Clan, der die königliche Dienerschaft stellte, und sprach zu ihnen: »Ihr sind von alters her dazu bestimmt, an der Spitze des Landes zu stehen. Ich gebe euch den Namen Walèbo, zur Erinnerung an jenen Walè, den großen Baum, unter dem wir uns versammelten, als wir die unbändigen Fluten überwunden hatten.«

Dieser Akt, welcher einer Neuverteilung der gesellschaftlichen Aufgaben in neuer Umgebung entsprach, war das Vorspiel zur Aufsplitterung der Baule, die sich in Untergruppen verzweigten, auf der Suche nach fruchtbaren Böden durch das Land zogen und sich in verschiedenen Regionen niederließen. Dabei vertrieb eine Gruppe die ursprüngliche Bevölkerung wie die Senufo und die Guro und besiedelte das

Zentrum der Elfenbeinküste. So entstand in der Region von Bouaké ein Schwerpunkt der Baule. Andere verteilten sich auf den Rest des Landes, während die meisten Clans, die Pokou gefolgt waren und unter ihrem Befehl verblieben, ins Tal des Bandama vorstießen, wo sie gut bewässertes Land und Goldadern vorfanden. Für die Aschantischmiede war dies Symbol genug. Sie beschlossen, sich dort niederzulassen, und errichteten als Erstes das Rundhaus der Königin. Dann zogen die Clans die Grenzen ihrer Ländereien, bauten ihre Häuser und schufen so nach und nach die Grundlage für neue Dörfer.

Als sich alle eingerichtet hatten, kam der Moment, den Ahnen zu danken und ihren Segen für die neuen Heimstätten zu erbitten. In Anerkennung der außergewöhnlichen Opferbereitschaft, die Königin Pokou bewiesen hatte, beschlossen die Familienoberhäupter, dass der erste gemeinsame Akt die Beerdigungsfeier für ihr Kind sein sollte. Und so erhielt die Heimat der Baule den Namen Sakassu, was »Ort der Beerdigung« bedeutet.

Immerzu erwähnt, geehrt, in Erzählungen gepriesen und besungen, machte das Opfer aus Pokou die am meisten gerühmte Frau der Region. Die Baule kamen aus den entlegensten Gegenden herbeigeeilt, um ihrer so hochherzigen Königin ihre Ehrerbietung zu erweisen. Obwohl der grausame Verlust sie niederdrückte, kam sie ihren Pflichten mit Würde nach. Im Laufe ihrer langen Herrschaft regierte sie ihr Volk mit großer Weisheit. Sie regelte das soziale Leben neu, um es an die veränderte Umgebung anzupassen, wobei sie sowohl die Hierarchien der Akangesellschaften als auch die traditionellen Regeln der Thronnachfolge beibehielt. Viel Zeit widmete sie auch der Entwicklung der Landwirtschaft. Die landwirtschaftlichen Arbeiten wurden unter ihrer Leitung durchgeführt, und bei jeder Ernte achtete sie darauf, dass die Bauern einen Teil beiseite legten, der in Gemeinschaftsspeichern für Zeiten der Entbehrung aufbewahrt wurde.

Königin Pokou starb um 1760 in einem Dorf in der Nähe von Sakassu; ihr Opfer ist der Nachwelt in Erinnerung geblieben. Ihre Nichte Akwa Boni, die mit ihr in die Fremde gezogen war, folgte ihr auf dem Thron nach. Sie hatte ein eher kriegerisches Temperament, und unter ihrer Führung unternahmen verschiedene Bauleclans noch mehrere Eroberungszüge. Aus dem Ehrgeiz heraus, die Grenzen ihres Königreichs zu erweitern, kämpfte sie mit ihren Truppen gegen benachbarte Völker wie die Guro, die Senufo, die Goli und die Malinke. Während eines Einfalls ins Land der Yaoure soll sie den Tod gefunden haben.

Die Herrschaft der Königinnen Pokou und Akwa Boni bewirkte bedeutsame Veränderungen bei den Baule, seitdem nahmen Frauen eine zentrale Bedeutung in der Gemeinschaft ein. So können sie die Herrschaft erlangen und in höchste politische und soziale Funktionen aufsteigen. Sie können zu Oberhäuptern des Familienverbands, Clans oder Dorfes bestimmt werden, und die althergebrachten Regeln der matriarchalen Erbfolge sind im traditionellen Milieu lebendig geblieben.

TASSIN HANGBE
Königin von Dahomey

In der Chronologie der Könige von Dahomey ist keine Regentschaft einer Frau verzeichnet. Trotzdem hat Tassin Hangbe, der man den Beinamen »Königin ohne Scham« gab, für kurze Zeit als Regentin auf Dahomeys Thron gesessen. Ihre Herrschaft wurde aber von einem Ereignis überschattet, das in den Annalen des Landes nicht seinesgleichen hatte. Von einem Skandal, so unerhört, dass er in der Volksüberlieferung lange, lange Zeit weitergegeben und für immer dem Vergessen entrissen wurde.

Prinzessin Tassin Hangbe war die Zwillingsschwester des Königs Akaba, und es heißt, sie glichen sich wie ein Wassertropfen dem anderen. Nach dem Tode ihres Vaters Houegbadja, des zweiten Königs von Dahomey, der von 1645 bis 1685 regierte, übte Tassin Hangbe die Herrschaft offiziell gemeinsam mit ihrem Bruder aus, denn der Brauch gebot, dass Zwillinge absolut gleich behandelt wurden.

Nun gelangte Tassin Hangbe zwar in den Genuss aller Ehrungen, die Königen zustehen – in Wahrheit wurde sie aber nicht mit einem einzigen politischen Amt betraut. Sicher, die Prinzessinnen hatten eine wichtige soziale Funktion, zum Beispiel konnten sie dem Königreich als Ratgeberinnen zur Seite stehen. Davon einmal abgesehen, waren Frauen königlichen Geblüts aber von der Macht und der Erbfolge ausgeschlossen – ein Grundsatz, der im Falle der Heirat mit einem Bewerber, der nicht der Gemeinschaft entstammte oder nicht den gleichen sozialen Rang innehatte, die Teilung der Macht oder die Zersplitterung des Familienbesitzes verhinderte. In diesem Punkt gab es klare Regeln. Heiraten außerhalb der etablierten Normen waren nicht verboten, es musste aber gewährleistet sein, dass nichts den Fortbestand der alten Gesetze der Gemeinschaft störte. So war es auch undenkbar, dass das Kind einer Prinzessin und eines Nichtadeligen oder eines Sklaven Ansprüche auf den Thron hätte stellen können.

Richtig ist aber auch, dass die Prinzessinnen von Dahomey unabhängige Frauen waren und sich – im Gegensatz zu anderen Frauen der Gesellschaft oder zu den königlichen Gemahlinnen, welche mit Prügelstrafe belegt oder im Falle einer schweren Verfehlung mit dem Tode bestraft werden konnten – einer Sittenfreiheit erfreuten, der sie sich keineswegs versagten. Die Ehemänner mussten im Übrigen bestrebt sein, ihren Zorn über gewisse außereheliche Seitensprünge zu zügeln, andernfalls riskierten sie, dass sie sofort und unwiderruflich verstoßen wurden oder das Sorgerecht für ihre Kinder verloren.

Tassin Hangbe residierte in Allada Vikpé, in einem Palast, der dem ihres Bruders glich wie ein Ei dem anderen. Sie blieb sich nichts schuldig und führte ein ziemlich ausschweifendes Leben, das den Klatsch und Tratsch bei Hof niemals versiegen ließ. Wohl unverheiratet, schätzte sie, wie es schien, nichts mehr als die Gesellschaft junger Galane, die sich in Eifer und Witz überboten, um ihre Aufmerksamkeit zu erregen. Sie hatte niemandem Rechenschaft abzulegen, und jeden Abend feierte sie ein rauschendes Fest. Bis spät in die Nacht hinein hallte ihr Anwesen wider von lautem Gelächter, dröhnender Musik und Trommelschlägen.

Ihr vergnügungssüchtiger, ungezügelter Lebensstil hinderte sie jedoch nicht daran, lange Stunden mit ihrem kleinen Sohn zu verbringen, den sie über alles liebte. Für gewöhnlich widmete sie ihm ihre Nachmittage. Sie saß dann im Hof, unter einem großen Sonnenschirm aus Straußenfedern, das Kind auf dem Schoß, und erzählte ihm von den Heldentaten der Könige von Dahomey und ihres Bruders Akaba, musikalisch untermalt von einer Gruppe Sängerinnen und Musikanten, die ihr die Stunden der Muße versüßten.

Selbst wenn sich die Prinzessin abseits des politischen Geschäfts hielt, begegnete ihr das Volk doch mit Achtung und Wohlwollen – was spöttische Bemerkungen über ihren Freimut und die Extravaganzen, für die sie bekannt war, nicht ausschloss. Währenddessen widmete König Akaba einen großen Teil seiner Zeit Feldzügen gegen die kleinen Königreiche, die über die Fischerdörfer entlang des Flusses Ouémé herrschten. Wer diesen Schifffahrtsweg in seine Gewalt brachte, hielt einen strategischen Trumpf in der Hand, was den Transport von Handelsgütern anbelangte, und sämtliche Monarchen der Region kannten kein anderes Bestreben, als die Belieferung der europäischen Sklavenhändler mit Sklaven unter ihre Kontrolle zu bringen, und um dies zu erreichen, suchten sie sich gegenseitig auszuschalten.

Was Akaba anging, so trieb ihn ein starkes Rachegelüst gegen die Ouéménou, gewissermaßen Erbfeinde des Königreichs Dahomey, hatten sie es doch gewagt, einen Überraschungsangriff auf die Hauptstadt zu führen, dabei mehrere Viertel in Brand gesetzt und Panik unter den Einwohnern verbreitet, die sich in den Busch flüchten mussten. Das war zu Beginn von Akabas Regentschaft geschehen, und an jenem Tag hatte der König sich nur retten können, indem er sich in einem Maisfeld verkroch!

Als die Dahomeyer sich von ihrem Schrecken erholt hatten, dachten sie an nichts anderes als daran, sich für die Erniedrigung zu rächen, und setzten umgehend zu einem Gegenangriff an. Aber die Gegner waren gerissen und zwangen Akaba im Laufe der Jahre zu immer neuen Anstrengungen, ihre unsägliche Arroganz zu bezwingen. 1708, als der Krieg gegen die Ouéménou in eine entscheidende Phase eintrat, brach eine furchtbare Pockenepidemie aus. Die Pocken, die an den Ufern des Golfs von Benin bislang unbekannt gewesen waren, wurden von Weißen eingeschleppt, die die Krankheit aus Europa mitgebracht hatten und nun eine Expedition durch die Küstenkönigreiche von Ouidah und Allada unternahmen, um Handelsbeziehungen aufzubauen.

Die Portugiesen waren die Ersten gewesen. Während des 16. Jahrhunderts hatten sie im Königreich Allada zu Forts ausgebaute Handelsstationen errichtet, die afrikanische Exportprodukte aufkaufen und in Europa hergestellte Waren verkaufen sollten. Daraus wurden florierende Niederlassungen, wo Sklavenschiffe vor Anker gingen, die aus Lissabon, Nantes, Bordeaux, Saint-Maló oder Liverpool kamen. Die Leichtigkeit, mit der man sich dort schwarze Menschen verschaffen konnte, lockte weitere Händler an, und in den benachbarten Königreichen von Ouidah und Grand Popo wurden im Laufe der Zeit immer mehr Stützpunkte errichtetet. Überall entstanden Faktoreien. Auf ihren Dächern flatterten Flaggen mit portugiesischen, französischen, niederländischen, englischen und dänischen Farben, so dass die Region ihren Beinamen »Sklavenküste« mehr als verdiente.

In elenden Schuppen neben den Handelsstationen wurde die menschliche Fracht gelagert, während sie darauf wartete, auf Schiffe verladen und über den Atlantik gebracht zu werden. Ein fast surrealistisches Bild – goldene Sandstrände, an denen sich wahre Konzentrationslager erstreckten, die im Dreieckshandel zwischen Europa, Afrika und den Antillen Stützpunkte von beträchtlicher Bedeutung darstellten. Den Weißen jedenfalls brachten die Handelsgeschäfte immense Profite ein, tauschten sie doch gepanschten Schnaps, minderwertige Stoffe, bunte Glasperlenketten, ausgemusterte Musketen und Gewehre gegen Gold, Elfenbein, tropische Erzeugnisse und Sklaven, die man gleichmütig als »Ebenholz« bezeichnete, mit den Anfangsbuchstaben des Händlernamens brandmarkte und in »Negertonnagen« berechnete.

Anfangs dachten die Europäer nicht daran, sich im Innern des Landes niederzulassen. Vielmehr beschränkten sie sich darauf, die lokalen Herrscher zu animieren, die Menschenjagd zu einem Hauptgewerbe auszubauen, damit die Deportationen immer schneller erfolgen konnten. So kam es zu erbitterten Kämpfen zwischen verfeindeten Königreichen, die am Sklavenhandel teilhaben und die Lieferwege in ihre Gewalt bringen wollten, was die einzige Chance darstellte, stabile Handelsbeziehungen zu den Europäern zu begründen. Der sich aus diesen Rivalitäten ergebende permanente Kriegszustand zerstörte die alten – gelegentlich auch angespannten – nachbarschaftlichen Beziehungen. In einem höllischen Räderwerk gefangen, handelten die lokalen Prinzen mehr und mehr mit Sklaven. Um sich Gewehre zu verschaffen, die ihnen dazu verhelfen sollten, in der Region die Oberhoheit zu erlangen, verkauften sie selbst Landsleute und Nachbarn in die Sklaverei.

Was die Staaten im Inneren betraf, die weit von der Küste entfernt lagen, wie zum Beispiel Dahomey, so wollten sie sich keinesfalls damit abfinden, dass sie beim transatlantischen Handel kein Wörtchen mitzureden hatten. Dementsprechend leisteten auch sie ihren Beitrag zu der aufgeheizten Atmosphäre, in welcher jeder den anderen zu unterwerfen suchte, um ihm die begehrte Rolle als Zwischenhändler der weißen Händler zu entreißen – mit allen Mitteln, wie es die Waffenstärke und ein mehr oder minder fragiler Wohlstand ihnen erlaubten.

Auf diesem Hintergrund ist es als eine Ironie des Schicksals anzusehen, dass König Akaba, der fast seine ganze Regentschaft auf dem Schlachtfeld verbracht hatte, plötzlich von der Krankheit hinweggerafft wurde, und zwar am Vorabend eines wichtigen Kampfes in der Nähe von Bohicon, im Süden des Königreichs. Die Armeeführer und der Königliche Rat, der sich aus Ministern und Würdenträgern zusammensetzte, entschieden, seinen Tod zu verschweigen, um die Kampfesmoral der Soldaten nicht zu schwächen. Dann setzten sie Tassin Hangbe von dem Geschehen in Kenntnis und baten sie, heimlich den Platz des Verstorbenen an der Truppenspitze einzunehmen, um den Kampf wie vorgesehen weiterzuführen. Die Prinzessin erklärte sich ohne Zögern einverstanden und schwor, selbst wenn sie eine Frau wäre, den von ihrem Bruder begonnenen Feldzug doch zu einem glücklichen Ende zu führen.

Man legte ihr Akabas Kleidung an und ließ sie in der königlichen Hängematte Platz nehmen, so wie der König es getan hätte. Die Generäle postierten sich um sie herum, nahmen ihre Befehle entgegen, und sie gab das Signal, in das Dorf Lissèzoun zu ziehen, wo der Kampf stattfinden sollte. Sie warf sich in die Schlacht, führte die Kampfhandlungen mit an, und den Soldaten fiel nichts auf, so verblüffend war die Ähnlichkeit zwischen der Prinzessin und ihrem toten Oberbefehlshaber. Als wüchse sie an der Bedeutung ihrer Mission, erwies sie sich zur großen Überraschung all derer, die in das Geheimnis eingeweiht waren, als eine kühne Amazone, die ihre Mannen mitriss und angesichts des wütenden

Kampfgetümmels, das sich vor ihren Augen abspielte, keinerlei Furcht zeigte.

So führte sie ihre Truppen zum Sieg. Die Verluste waren hoch auf beiden Seiten. Aber unter den Dutzenden gefallener Feinde, die auf dem Schlachtfeld geblieben waren, erkannte die Prinzessin zu ihrer Befriedigung den Oberbefehlshaber der Ouéménou, den berühmten Yahassè Kpolou, ihres Bruders bösen Geist. Und, besser noch, der Tod dieses Mannes bedeutete das Ende des Königreichs der Ouéménou und seiner Verbündeten, die nun den Siegern den Treueid schwören mussten.

Sobald das Geschehen bekannt wurde, brachte die bravouröse Tat Tassin Hangbe im ganzen Lande größte Beliebtheit ein. Als dann der Augenblick kam, da Akabas Nachfolger bestimmt werden sollte, trug der große Magier von Dahomey der Prinzessin an, die Regentschaft zu übernehmen, bis der voraussichtliche Erbe, der junge Agbo Sassa, erst ungefähr zehn Jahre alt, den Thron besteigen konnte. Vor seinem unerwarteten Ableben hatte König Akaba keine Gelegenheit gehabt, seinen Sohn in die geheimen Kräfte einzuweihen, welche die Könige dieser Linie beschützen sollten. Da der junge Prinz fürchtete, vorzeitig zu sterben, wenn er darauf bestünde, das königliche Amt zu übernehmen, bevor er initiiert wäre, überließ er die Macht bereitwillig seiner Tante.

Was Prinz Dossou, dem Letzten der Geschwister und Tassin Hangbes jüngerer Bruder, nicht sonderlich behagte. Er hatte die zwanzig überschritten und an mehreren militärischen Operationen an der Seite des älteren Bruders teilgenommen. Vom Wüten der Krankheit war er verschont geblieben, selbst wenn sein Gesicht von Pockennarben entstellt war. Enttäuscht, dass sein Können nur wenig gefragt war und ihm stattdessen eine Frau vorgezogen wurde, schwor der Prinz in seinem Zorn, sich früher oder später sowohl seiner Schwester als auch seines Neffen zu entledigen und selbst den Platz einzunehmen, der ihm, wie er meinte, von Rechts wegen gebührte. Was ihm später unter dem Namen Agadja auch gelang.

Mündlich überliefert ist, dass Dahomeys Armee einen Angriff gegen ein Gebiet der Adja führen sollte, welche die Ufer des Flusses Vouffo bewohnten, denn Tassin Hangbe hatte es sich in den Kopf gesetzt, die Kriegsfackel wieder zu entfachen. Wozu sie als Befehlshaberin befugt war. Als der Prinz dies erfuhr, ließ er sie unter Mittäterschaft einiger Wächter in ihrem Palast in Alla Vikpé einsperren. So schnell war die Prinzessin jedoch nicht aus der Fassung zu bringen. Mit Hilfe ihrer Dienerinnen schlug sie in eine der Lehmmauern ihres Palastes eine Öffnung, sprang auf ihr Pferd und galoppierte zu den Soldaten. Als die Krieger sie erkannten, eilten alle herbei, scharten sich in Begeisterung um sie, und einmal mehr schenkte sie ihrem Volk einen Sieg.

Tassin Hangbe füllte ihr Amt zwar mit höchster Ernsthaftigkeit aus, doch ihren Lebenswandel zu ändern, dazu zeigte sie keinerlei Bereitschaft. Abweichendes Verhalten wurde bei Prinzessinnen zwar toleriert, weil es keine Konsequenzen hatte. Wenn es sich aber um Herrschende handelte, galten strikte moralische Normen, von ihnen erwartete man ein vorbildliches Benehmen. Tassin Hangbe trotzte den Verboten, die ihr in ihrer neuen Rolle auferlegt waren, und stand mit ihrem bewegten Leben weiterhin im Mittelpunkt blühenden Klatsches. Sie hatte bewiesen, dass sie mutig war und fähig, das Königreich zu führen, und war daher der Überzeugung, sie könnte ihre Lebensweise nach ihrem Belieben ohne Einschränkungen fortsetzen.

Kurz, ihre Reputation ließ zu wünschen übrig und drohte

den geheiligten Charakter des Königtums zu beschmutzen. Die Noblen empörten sich und verlangten ihre Abdankung. Diejenigen, die auf ihrer Seite standen, vertraten hingegen die Meinung, dass ihr Privatleben mit ihrer Rolle als Königin nichts zu tun hatte.

Und so sah man die Gesellschaft von Dahomey in einem erbitterten Streit zwischen den Fürsprechern Tassin Hangbes und den Anwälten der höfischen Etikette in zwei Lager zerfallen. Was ein ziemliches Durcheinander schuf und das Risiko barg, dass die Glaubwürdigkeit des Königtums auf der Strecke blieb. Da war es nur folgerichtig, dass ihre schärfsten Widersacher ein Komplott schmiedeten, um die Königin zu zwingen, zugunsten ihres Nachfolgers abzudanken, dessen Name geheim blieb, damit er im Fall des Scheiterns nicht kompromittiert wäre.

In einer mondlosen Nacht schlichen zwei Gestalten in den Palast der Königin, unbemerkt von den Wachen, die vor dem Eingang schlummerten. Sie kannten die Örtlichkeiten genau und begaben sich direkt in den Raum des kleinen Prinzen. Tassin Hangbes Sohn schlief neben seiner Amme auf einer Matte. Einer der beiden Männer beugte sich über den Jungen, stieß seinen Dolch zweimal in den kleinen Körper, ehe noch die Dienerin, die durch das Röcheln des Gemarterten aufgeschreckt wurde, Entsetzensschreie ausstoßen und Alarm auslösen konnte. Tassin Hangbe war wie vom Blitz getroffen, als sie von dem Mord erfuhr, doch es entwich ihr kein Wort, keine Träne sah man sie vergießen.

Die Menschen waren zusammengeströmt. Bevor die Versammlung eröffnete wurde, ertönten die »Sprechenden Trommeln«, beweinten die Qual der Mutter und stimmten einen Lobgesang an auf ihren einer Königin würdigen Heldenmut. Plötzlich erhob sich Tassin Hangbe von ihrem

Thron, woraufhin die Gesänge und die lärmende Menge jäh verstummten. Mit langsamen Schritten bewegte sich die Königin auf die Menge zu, während die Zuschauer sich fragten, was sie mit einer derartigen Verletzung des Protokolls beabsichtigte. Mitten auf dem Platz angekommen, hielt die Königin inne, und es sah aus, als wollte sie einer Opferhandlung vorstehen oder eine Zeremonie leiten. In diesem Augenblick trat aus der Reihe der Hofdamen eine ihrer Dienerinnen hervor und kniete zu ihren Füßen nieder. In den Händen hielt sie ein kostbares, mit Wasser gefülltes Gefäß, das sie ihrer Herrin darreichte.

Und nun geschah etwas Unerhörtes! Etwas Undenkbares! Im Angesicht der versammelten Menge, die wie vor den Kopf geschlagen war, hob Tassin Hangbe ihren Rock, und ohne das geringste Anzeichen von Scham benetzte sie ihre Geschlechtsteile mit Wasser. Dabei schrie sie ihren Schmerz über den ermordeten Sohn hinaus und verfluchte ohne Unterschied die Noblen, die Würdenträger, die Bauern, die Handwerker, ja alle Untertanen des Königreichs, dem sie doch ihr Bestes hatte geben wollen. Ihre Verwünschungen gipfelten in der Weissagung, dass ein großes Unglück über Dahomey hereinbrechen würde. Aus der erregten Menge stieg ein Schrei des Entsetzens auf. Und dann, während die Hofdamen, eisige Verachtung im Blick, die Versammelten mit ihrem Hohn überschütteten, verkündete die Königin ihre Abdankung …

Dies war der letzte Akt einer Regentschaft, die drei Monate früher unter so günstigen Vorzeichen begonnen hatte. Tassin Hangbe zog sich in ihren Palast in Allada Vikpé zurück. Als Herrscher wurde ihr jüngerer Bruder eingesetzt. Von ihr hat man nie wieder sprechen gehört.

Hatte der Schmerz sie ihren Verstand verlieren lassen?

Nein. Diese Geste der Verzweiflung hat eine uralte Tradition in der Kultur der Akan von Ghana und der Elfenbeinküste sowie der Fon aus Dahomey. Wenn Frauen dieser Völker der Ansicht waren, dass eine schwere Gefahr die Gesellschaft bedrohte – Auflösung der Macht, Intoleranz, Verlust zentraler Werte –, dann konnten sie ihre Zurückhaltung und Scham aufgeben und ihr Intimstes und Verborgenstes vor aller Augen zur Schau stellen. Ob alt oder jung, sie versammelten sich, entkleideten sich vollständig, bemalten den ganzen Körper mit weißem Kaolin und begaben sich auf einen öffentlichen Platz, um ihrer Sorge Ausdruck zu verleihen, dass, wenn bestimmte Konflikte nicht gelöst würden, die Gesellschaft Gefahr liefe unterzugehen.

Dieser Geste der Revolte, die ein sehr altes, bedeutsames Ritual darstellte, bedienten sich die Frauen nur in äußerst schwerwiegenden Fällen, und auch in unseren Tagen kommt es höchst selten vor, dass Frauen mit entblößtem Oberkörper symbolisch ihre Missbilligung derer zur Schau stellen, die normalerweise als heilige Säulen der Gesellschaft gelten.

Indem sie auf eine so extreme Weise die Aufmerksamkeit auf sich zogen, gaben sie ein Signal an die Männer, die den Blick von ihren nackten Müttern und Gattinnen abzuwenden hatten. Damit war den Frauen ein Mittel in die Hand gegeben, die Männer zur Ordnung zu rufen, Druck auf die Machthaber auszuüben und sie zu verpflichten, die Eintracht in der Gemeinschaft wiederherzustellen und die strittige Frage einer Lösung zuzuführen.

Unter anderen Himmeln organisieren die Frauen Protestmärsche. Auch eine Möglichkeit für sie, in das öffentliche Leben einzugreifen. Hier ist das Ritual zwar ein anderes, zweifelsohne aber auch ein Ausdruck gleicher femininer Besorgnis.

Die Alten sagen, dass mit dem großen Unglück, das Tassin Hangbe bei ihrer Abdankung voraussagte, die Inbesitznahme Dahomeys durch die Weißen gemeint war. Eine Annektierung, die 1892 stattfand, nach der Eroberung der Hauptstadt Abomey durch die französischen Truppen unter Oberst Dodds.

NDETE YALLA
Die letzte Königin von Walo

Am Atlantischen Ozean, im Mündungsgebiet des Senegalflusses nördlich der Stadt Saint-Louis gelegen, erlebte das kleine Königreich Walo in der Mitte des 19. Jahrhunderts die letzten Jahre seiner Unabhängigkeit. An seiner Spitze stand zu jener Zeit eine Frau, die einen mutigen Kampf führte, um ihr Volk vor dem Joch zu bewahren, das ihm drohte: die Linguère (Königin) Ndete Yalla, Tochter einer der großen noblen Familien, die das Reich vor dem 13. Jahrhundert im heutigen Nordwesten Senegals gegründet hatten.

Als Ndete Yalla in Nachfolge ihrer Schwester, der Königin Ndyombot, am 1. Oktober 1846 den Thron bestieg, sah sie sich einer angespannten politischen Situation und mächtigen Feinden gegenüber, die gegen das Königreich Front machten. Zwei Gegner machten Walo besonders zu schaffen. Einmal waren da die Mauren von Trarza – Krieger und Sklavenjäger, die vom Transsaharahandel lebten und in der Region, über die sie eine faktische Oberhoheit gewonnen hatten, Angst und Schrecken verbreiteten. Sie stammten aus dem benachbarten Mauretanien und hatten am gegenüberliegenden rechten Flussufer Niederlassungen gegründet, in unmittelbarer Nachbarschaft zu den Gegenden, wo sie auf Sklavenjagd gingen. Solange die Bewohner denken konnten, überquerten die Mauren jedes Jahr während der Trockenzeit von Dezember bis Mai durch eine Furt den Fluss und veranstalteten Razzien unter der schwarzen Bevölkerung – derselben, mit der sie sonst Handel trieben.

Zum Zweiten waren da die Franzosen, die sich seit dem 17. Jahrhundert mit Handelskontoren in Saint-Louis etabliert hatten. Nur widerwillig schickten die französischen Händler sich darein, dass sie für die Schifffahrt auf dem Fluss, den Handel mit den Einheimischen und das freie Geleit durch deren Gebiet Abgaben zahlen sollten, welche die lokalen Herrscher und die Mauren in Form von Sachgütern von ihnen forderten. Diese auf die Handelsgüter erhobene Steuer bestand in der Regel aus Gewehren, Alkohol, Schießpulver usw. Um dem abzuhelfen, drängten die Händler die französische Verwaltung, sie möge die kleinen Königreiche, welche die Handelsexpansion behinderten, Staub fressen lassen.

Die Küste Senegals war während fast zweier Jahrhunderte Schauplatz gnadenloser Auseinandersetzungen um die Oberhoheit im transatlantischen Sklavenhandel. Portugiesen, Holländer, Franzosen und Engländer hatten sich gegenseitig erbittert bekämpft, um den Küstenstreifen an sich zu bringen, der von höchster strategischer Bedeutung für den Sklavenhandel war, lag er doch genau in der Mitte zwischen den europäischen Hauptstädten – den Hauptniederlassungen der Handelshäuser – und den Zuckerinseln der Karibik – dem Bestimmungsort der Sklaven. 1659 hatten die Franzosen ein kleines Fort auf der Insel Ndar errichtet, die im Delta des Senegalflusses im Grenzgebiet zwischen der Sahara Mauretaniens und der senegalesischen Savanne lag. Wegen der englischen Angriffe wurde das Fort stärker befestigt, und so entstand während der Regierungszeit des jungen Herrschers Ludwigs XIV. die erste von Weißen erbaute Stadt in Westafrika: Zu Ehren Ludwigs IX., des Heiligen, nannte man sie Saint-Louis.

Als Umschlagplatz für Sklaven und als Marinestützpunkt entwickelte sich die künftige Kolonialhauptstadt des Senegal rasch zu einer wahren Drehscheibe des Nord-Süd-Handels. 1791 wurde das von Colbert – dem »Superminister« Ludwigs XIV. – eingerichtete Monopol aufgehoben, das eine französische Schifffahrtslinie für den Handel mit Sklaven und Gummi arabicum besaß, und so der Zustrom einer Vielzahl von Sklavenhändlern und Abenteurern jedweder Art bewirkt. Dies ist die Stunde von Handelshäusern aus der Normandie, aus Bordeaux und Marseille, die ins Hinterland vorstoßen und hoffen, die legendären Goldminen des alten Reiches Mali aufzuspüren. Als dann sichtbar wird, dass der Fluss das Tor ist, das den Weg ins Innere des Kontinents eröffnet, wird die Stadt zum Hauptstützpunkt für die französische Eroberung von ganz Westafrika, von Guinea über die Elfenbeinküste bis nach Gabun.

Als Handelszentrum für Sklaven und Gummi arabicum erfährt Saint-Louis einen beachtlichen Aufschwung. Es wird auch zum Hauptumschlagplatz für den Export tropischer Produkte nach Frankreich und den Import von Manufakturwaren (Gewehre, Schießpulver, Stoffe, Branntwein, Talmi) ins Innere des Kontinents. In der Stadt, in der immer mehr Geschäfte, Eisenwarenläden, Mühlenbetriebe und sogar Vergnügungsbetriebe ihre Dienste anboten, lebte eine große weiße Gemeinde. Gegen Mitte des 18. Jahrhunderts zählte sie rund tausend Mitglieder, mehrheitlich Militärs, Händler, Handwerker und Verwaltungsbeamte. Aus den Beziehungen zu einheimischen Frauen gingen zahlreiche *Métis* hervor, Mischlinge. Dank der Bildungschancen, welche die Stadt ihnen bot, entstand bald eine Elite – die *Métis* waren als Agenten französischer Handelshäuser oder Schifffahrtsgesellschaften tätig und nahmen obere Posten in der Verwaltung oder der Armee ein. Zahlreiche Frauen, die sogenannten *Signares*, wurden als kluge Geschäftsfrauen bekannt. Der erste Bürgermeister von Saint-Louis war ein frankosenegalesischer *Métis*, ebenso wie der erste Priester, Abbé David Boilat, dem wir wertvolle Informationen über die Königin Ndete Yalla und auch ein Bildnis von ihr verdanken.

Im Interesse der Franzosen lag es also, die Region zu befrieden, das heißt, von all denen zu säubern, die den reibungslosen Ablauf der Handelsaktivitäten störten und das Fortschreiten der Kolonialisierung verlangsamten. Zunächst wurden entlang des Senegalflusses, auf dem bis zum Bau der Eisenbahn der Handel ins Innere abgewickelt wurde, kleine Forts errichtet, die den französischen Einfluss stärken sollen. Lastkähne, die von *laptots* (Ruderern) gesteuert werden, fahren in Konvois zu den lokalen Märkten. An diesen Uferplätzen, an denen die Bevölkerung der umliegenden Dörfer ihre Waren vertreibt, kaufen die französischen Händler, von Dolmetschern unterstützt, Gold, Gewürze, Felle, Elfenbein, Straußenfedern und Gummi arabicum auf. Gummi arabicum, das die Bauern aus einer Akazienart gewinnen, ist in Europa ein begehrter Rohstoff, der bei der Produktion von Süßwaren, Medikamenten, beim Drucken Verwendung findet, aber auch bei der Herstellung von Stoff, Klebstoff, Schuhcreme und Tinte benötigt wird. Im Laufe des 19. Jahrhunderts, als der transatlantische Sklavenhandel von den westlichen Staaten verboten und das Verbot immer stärker kontrolliert wird, wird der Handel mit Gummi arabicum immer wichtiger. Lange Zeit halten Händler von Saint-Louis das Monopol, am Export von Gummi arabicum nach Europa haben sie den größten Anteil.

Ein solches Vordringen führte zwangläufig zu Spannungen mit den einheimischen Königreichen, die ihre Souveränität in Frage gestellt sahen. Was die Mauren anging, so waren sie noch weniger bereit, ihre Führerschaft über das Tal des

Senegalflusses weißen Händlern zu überlassen, in denen sie unliebsame Konkurrenten erblickten. In der Tat gab es für ein und dieselben Waren (Sklaven, Gold, Elfenbein, Gummi arabicum usw.) nun zwei konkurrierende Handelssysteme, die noch dazu von denselben Lieferanten abhingen: den alten Transsaharahandel, über den Mittelmeerraum mit Europa und dem Orient verbunden, und den Dreieckshandel zwischen Europa, Afrika und Amerika, der den Seeweg benutzte. Zwar konnte der Transsaharahandel sich langfristig nicht gegen die Vorherrschaft der Europäer behaupten, doch die Mauren bedrohten die weißen Händler, zündeten ihre Niederlassungen an oder unterwarfen ihre mit Waren beladenen Boote willkürlichen Kontrollen.

Die Kolonialarmee entschied, zur Offensive überzugehen. Zuallererst gedachte man sich der maurischen Konkurrenz zu entledigen, indem diese in ihre ursprünglichen Gebiete nördlich vom Senegal zurückgedrängt würde. So hätte man freie Hand, um den französischen Einfluss auf das Königreich Walo auszudehnen, das den Flusshandel kontrollierte und als das letzte Bollwerk vor einem weiten Gebiet fungierte, in welchem unter anderen die benachbarten Königreiche Cayor und Baol lagen. Die französischen Unterhändler versuchten es mit psychologischem Druck und erklärten den einheimischen Führern, die eher dazu neigten, sich mit den Mauren gegen den gemeinsamen Angreifer zu verbünden, dass sie die ersten Nutznießer dieser Vertreibung wären, diene sie doch dazu, die mörderischen Angriffe zu unterbinden, für die sie immer wieder die Zeche zahlten. Doch wie ein zeitgenössischer französischer Beobachter notierte, »hatte die schwarze Bevölkerung eine solche Furcht vor den Mauren, dass sie es nicht wagte, sich auf die Seite ihrer Beschützer zu stellen«.

Die sechzehn- bis zwanzigtausend Wolof aus Walo, meist Bauern und Händler, bewohnten eine Gruppe grün bewachsener Inseln mitten im Fluss und besorgten mit ihrer beeindruckenden Pirogenflotte den Fährdienst von einem Ufer zum anderen. Das Königreich galt als Kornkammer der ganzen Region, war es doch reich an Reis- und Erdnussfeldern, fischreichen Gewässern, saftigen Weiden und großen Herden von Rindern, Schafen, Ziegen und Pferden. Dazu kam eine wildreiche Savanne, und in den Gärten, die von den Frauen bewirtschaftet wurden, gediehen Süßkartoffeln, Kürbisse, Melonen. Das geerntete Gemüse fand bei den Europäern von Saint-Louis Absatz, die bei der Versorgung mit Gemüse, Fleisch und Salz von Walo abhingen – was wiederum den Mauren missfiel, die den Druck auf die schwarze Bevölkerung verstärkten.

Im Königreich Walo hatten die Frauen, Schwestern oder Mütter des Königs, immer eine politische Rolle gespielt, und wie ihre Vorgängerin und Schwester, Königin Ndyombot, war sich Ndete Yalla des engen Spielraums bewusst und fest entschlossen, das Reich gegen jede fremde Einmischung zu verteidigen. Ndyombot, der die Griots den Namen »Perle von Walo« gaben, hatte es, um ihr Volk gegen die fortwährenden Razzien der Mauren zu schützen, als ihre königliche Pflicht angesehen, mit El Habib, dem Emir von Trarza, 1833 eine Vernunftehe einzugehen. Die kurzlebige Verbindung hatte Walo aber nicht vor der maurischen Willkür bewahren können. Im Gegenteil, die Unglückliche fand sich quasi als Geisel in den Händen der Mauren wieder, die das Reich von Walo nun für einen Vasallenstaat hielten und unter dem Vorwand, die französischen Absichten zu durchkreuzen, über die inneren Angelegenheiten des Königreichs bestimmten. Doch jeder wusste, dass sie sich das Land am Rand der Wüste aneignen wollten, wo sie Sklaven für die Truppen des Sultans von Marokko, Gummi arabicum, Häute und Elfenbein im Übermaß – ein Handel, der ihnen auch deswegen große Gewinne einbrachte, weil sie den Bewohnern Walos Kamele, Salz und Stoffe verkauften, die Karawanen aus Nordafrika herbrachten.

Nach dem Tode Ndyombots und der Absetzung des Brak (Königs) Mody Mallick, der als zu willensschwach angesehen wurde, um das Königreich zu führen, entschied sich Ndete Yalla dafür, eine gleichzeitig energische wie vorsichtige Politik zu betreiben. Sie umgab sich mit Ratgebern, die auch Vorschläge unterbreiteten, welche von den Ansichten der Königin abwichen, und hielt von ihrem Palast in Nder aus Verbindung zu allen Inseln des Königreichs, indem sie Würdenträger empfing, sich mit den Beschwerden ihrer Untertanen befasste und Streitfälle schlichtete. Dabei hatte sie stets ein Auge auf das, was die beiden sie umgebenden Mächte taten.

Auseinandersetzungen mit Saint-Louis gründeten meistens in Streitigkeiten um Land, sei es, dass weiße Pflanzer illegal Land der Walo-Walo besetzten, sei es, dass die Franzosen traditionelle Abgaben nicht zahlten. »Wir haben niemandem Unrecht getan«, schrieb die Königin 1847 an den Gouverneur von Saint-Louis. »Das Land gehört uns, und wir bestimmen darüber. Wir gestatten den Hirten, dass sie mit ihren Herden durch unser Land ziehen dürfen. Dafür verlangen wir den Zehnten, und auf etwas anderes lassen wir uns nicht ein. Saint-Louis untersteht dem Gouverneur, das Königreich von Cayor untersteht dem Damel (König) und der Walo dem Brak. Jedes Oberhaupt möge sein Land regieren, wie er es für gut hält.«

Der Abbé David Boilat aus Saint-Louis, Leiter des Erziehungswesens Senegals, stattete der Königin im September 1850 einen Höflichkeitsbesuch ab. Damals residierte die Herrscherin auf einer Insel im Paniefoul-See, die man nach einer kurvenreichen Fahrt auf dem Fluss und einem mehrstündigen Fußmarsch durch die Hirsefelder erreichte. Abbé Boilat hat seinen Besuch in seinem 1853 erschienenen Werk *Esquisses Sénégalaises* (»Skizzen aus dem Senegal«) geschildert.

Um zur königlichen Residenz zu gelangen, mussten die Besucher mehrere durch große Tore verschlossene Höfe durchqueren. Der Palast war aus getrockneten Lehmziegeln erbaut und wurde von zwei Dutzend schweigenden, mit Gewehren und Dolchen bewaffneten *Tyeddo* bewacht – Elitesoldaten, die eine Menge verschnürter Grigris auf der Brust trugen. Bei rituellen Festen, wenn die Tamtams die ganze Nacht erklangen, pflegten die *Tyeddo* große Mengen Hirsebier und Tafi zu trinken, eine Art Rum, der in großen Fässern von den Brennern aus Saint-Louis angeliefert wurde. Vom Alkohol fast betäubt, ließen sie ihre langen Vorderlader wie Feuerwerkskörper krachen, woraufhin die Kinder wie ein Haufen aufgescheuchter Spatzen auseinanderliefen.

Der Abbé hatte seinen Besuch protokollgemäß einige Tage im Voraus angekündigt, und die Audienz war auf neun Uhr des Morgens festgelegt worden, doch immer wieder hieß man ihn zu warten. Endlich wurde er in den zweiten Hof geleitet, der zum Wohnsitz des Morosso Tassé Diop gehörte, des Gemahls der Königin. Der Morosso stellt ihm die Würdenträger vor und wartete mit ihm in einem lichtdurchfluteten Gebäude, das als Vorzimmer diente, auf die Audienz.

Kurz vor achtzehn Uhr kündigte ein Soldat ihm schließlich an, die Königin sei bereit, den Besucher zu empfangen. An der Spitze des Zuges begaben sich der Morosso und die Würdenträger zu einem durch eine schwere Pforte verschlossenen dritten Hof. Dem Abbé und seinem Führer folgten die zwei Dutzend *Tyeddo* in Doppelreihe und im Gleichschritt.

Der dritte Hof war von einer Atmosphäre dörflicher Betriebsamkeit geprägt. Hier lagen die Wohnungen der Höflinge und der Marabuts, die Quartiere der Soldaten, die Pferdeställe und die Lebensmittelvorräte. Sklaven waren mit den Vorbereitungen für das Essen beschäftigt. In einer Ecke stampften die Frauen die Hirse für das Abendessen und ließen bei jedem Stoß mit dem Stößel die Gürtel mit den Glasperlen klingen, die sie unter den Stoffen trugen. Junge Mädchen, die vor den kleinen steinernen Feuerstellen knieten, beobachteten die Flammen unter den bauchigen Kesseln. Andere hatten sich, Kalebassen auf den Köpfen vor den riesigen irdenen Behältern aufgereiht, in denen das Regenwasser aufgefangen wurde.

Als sie das Ehrengeleit bemerkten, kletterten die Kinder von den Mangobäumen, deren Früchte sie gerade ernteten, und kamen mit neugierigem Geplapper herbeigelaufen. Die Gebäude leerten sich von ihren Bewohnern, die herauseilten, um den Fremden in seinem langen weißen Gewand vorbeigehen zu sehen, dessen Ankunft sie mit Neugier erwartet hatten. Eine Aufgeregtheit, die mit der fast weihevollen Stille kontrastierte, die über dem letzten Hof lag, dem der Königin Ndete Yalla.

Der große schattige Platz war von Mauern eingeschlossen, die mehrfarbige Matten aus Raphia schmückten. Auf einer Seite reihten sich Lehmhäuser mit Strohdächern, auf der anderen, am Ende des Hofs, stand ein imposantes Gebäude, das Haus der Königin. Davor auf einer Bank aus Ebenholz saß Ndete Yalla. Sie rauchte eine lange schwarze Pfeife. Über fünfhundert Hofdamen in Prachtroben saßen, die Beine gekreuzt, auf großen Matten und bildeten eine summende Hecke um sie herum. Sie verstummten, als der Gast vor die Königin trat.

Sie war in einen prunkvollen Bubu gekleidet. Darunter trug sie reich verzierte, mit Goldfäden durchwirkte Tücher, alles gefertigt von den königlichen Webern. Ihr Kopftuch war zu einem Kegel geformt und saß sehr hoch auf dem Kopf. Mit Goldklümpchen geschmückte Zöpfe fielen von den Schläfen bis zu dem schweren Ohrgehänge aus massivem Gold. Um den Hals trug sie goldene Ketten und mit Leder bezogene Amulette. Sie hob die Hand zum Zeichen des Willkommens, und mit einer weiteren Handbewegung ließ sie ihre eindrucksvollen Armreifen auf den Unterarm gleiten. Silberne, mit Bernstein und Achaten besetzte Ringe vervollständigten das Geschmeide.

Als der Besucher sich näherte, zeigte ihr Lächeln weiße Zähne, was den Kontrast zu dem mit Henna gefärbten Zahnfleisch verstärkte. Mit leicht gedämpfter Stimme lud die Königin den Abbé ein, ihr gegenüber Platz zu nehmen. Sie stellte ihm zahlreiche Fragen zu den Aufgaben der Kirche und zur Lebensweise in Frankreich, seiner Regierungsform und der Wirtschaft. Der Dolmetscher musste schnell übersetzen. Der Morosso bekundete sein Interesse an der militärischen Stärke dieser Nation und an den neuesten Erfindungen in der europäischen Waffentechnik.

Die Unterhaltung setzte sich am nächsten Tag während des Mittagessens fort, wozu die Königin von Walo ihren Gast eingeladen hatte. Dieser war von ihrer Lebhaftigkeit so beeindruckt, dass er sich erbot, ein Porträt des königlichen Paares anzufertigen, das sein schriftliches Zeugnis begleitete.

Für einen Zeitraum von fast zehn Jahren gelang es Ndete Yalla, ihrem Königreich einen trügerischen Frieden zu erhalten. Angesichts des schrittweisen Vorrückens der Franzosen wurde die Lage immer prekärer. Ermuntert von der Kolonialverwaltung, weigerten sich die Händler von Saint-Louis, für die Benutzung des Flusses und den Handel im Herrschaftsbereich von Walo die bis dahin üblichen Abgaben zu zahlen. Seiner unverzichtbaren Einnahmen beraubt, entschloss sich die Königin, dem europäischen Einfluss Widerstand entgegenzusetzen. In einem Brief an den Gouverneur von Saint-Louis verlangte Ndete Yalla in Worten, die an Entschiedenheit nichts zu wünschen übrigließen, dass die Franzosen die Grundstücke räumen sollten, die um die koloniale Stadt herum auf ihrem Herrschaftsgebiet lagen, und erhob Anspruch auf den Besitz der Insel Sor, welche der Gouverneur annektieren wollte. Zum großen Nachteil der europäischen Unternehmen untersagte sie jedwede Betätigung europäischer Händler in ihrem Königreich.

Damit bot sich Louis Faidherbe, der soeben zum Gouverneur des Senegal ernannt worden war, eine günstige Gelegenheit, und er ergriff sie. Faidherbe, seit 1854 in Saint-Louis, ist eine der schillernden Gestalten der »Kaiser ohne Zepter«, wie die französischen Kolonialbeamten genannt wurden. Die Briefe an die lokalen Chefs unterschrieb er als »Gouverneur des Senegal und Beschützer der Wolof gegen die Mauren«. Schon sein drahtiger Schnauzer und das eiserne Brillengestell zeigten den autoritären und entschlossenen Mann, und diese Qualitäten wandte er bei der Eroberung des Senegal ebenso an wie schon vorher in Algerien. Doch die Territorialverwaltung, die Faidherbe – ein Freund von Victor Schoelcher, dem Vorkämpfer für die Abschaffung der Sklaverei – im Senegal aufbaute, brachte ihm Bewunderung und Respekt ein, sogar von einem Teil der schwarzen Bevölkerung, die ihn als Zeichen der Anerkennung Faidherbe Ndiaye nannte.

Ndete Yallas Revolte bot ihm also einen willkommenen Vorwand, um einen letzten Handstreich gegen die Mauren zu führen, die sich einer Fronde von afrikanischen Gruppen angeschlossen hatten, und bei der Gelegenheit das widerspenstige Königreich Walo zu zerstören. Eines frühen Morgens im Februar 1855 marschierte er mit einer Kolonne von vierhundert gut bewaffneten Soldaten, den Senegalschützen, aus Saint-Louis heraus. Er hatte dieses Korps afrikanischer Soldaten erst kürzlich gegründet. In den Dörfern in der Nähe von Saint-Louis wurden hastig die Kriegstrommeln geschlagen, um den Bewohnern Walos die Militärexpedition anzukündigen. Während seines zehntägigen Marsches praktizierte Faidherbe eine Politik der verbrannten Erde und setzte alles auf seinem Weg in Flammen.

Am 25. Februar entbrannte in der Ebene von Dioboul-dou, wo sich die Armee des Walo unter der Führung des Gemahls der Königin aufgestellt hatte, eine heftige Schlacht. Trotz tapferen Widerstands und unter zahlreichen Verlusten wurden die Krieger der Wolof am 18. März von den feindlichen Kanonieren in die Flucht geschlagen. Im besiegten Walo brannten die französischen Truppen fünfundzwanzig Dörfer nieder, plünderten die Ernten, beschlagnahmten die Schafherden und entführten zweitausend Kühe nach Saint-Louis, da die dort lebenden Weißen befürchteten, es würde ihnen aufgrund dieses Kriegs an Milch und Butter mangeln.

Als sie einsehen musste, dass ihre Sache verloren war, fand die Königin mit den Ihren Zuflucht in Nguik, einem Dorf im benachbarten Königreich Cayor. In ihrer Verzweiflung ging sie daran, mit ihrem Sohn Sidia, der eine Guerillaeinheit anführte, den Widerstand zu organisieren. Doch starb sie einige Monate später im Exil, im Dezember 1856. Sie hatte zweiundzwanzig Jahre regiert. Sidia führte den Kampf weiter, organisierte Überfälle und Plünderungen, die eine zunehmende Bedrohung für die Händler von Saint-Louis darstellten. Angesichts des unerwarteten Widerstandes annektierte Faidherbe 1856 den Walo und begann eine unerbittliche Jagd nach dem jungen Prinzen, fürchtete er doch, Sidia könnte das Feuer der Revolte in anderen Königreichen entflammen. Nach einigen Jahren voller Scharmützel wurde Ndete Yallas Sohn gefangen genommen und im Jahre 1862 von der Kolonialmacht nach Algier deportiert.

Ndete Yalla, die letzte Königin von Walo, konnte den Zeitpunkt der unvermeidlichen Kapitulation nur hinauszögern. Nachdem ihr Königreich die erste französische Kolonie in Afrika südlich der Sahara geworden war, brachen die Nachbarreiche unter der Feuerkraft des Generals Faidherbe eines nach dem anderen wie ein Kartenhaus zusammen. Nun, da der Bevölkerung jedweder Widerstandswille ausgetrieben worden war, hatte Faidherbe freie Hand für seine Besatzungspolitik und Gelegenheit, sein Talent als großer Erbauer unter Beweis zu stellen. Er schuf die Grundlagen für den modernen Senegal, sein Renommierstück.

RANAVALONA III.
Die letzte Herrscherin von Madagaskar

Am Morgen des 14. Juli 1883 war Madagaskar, die »Große Insel«, in Feststimmung. Seit den ersten Strahlen der aufgehenden Sonne entströmten den kleinen Lehmhäusern mit den Strohdächern wohlriechende Düfte würziger Speisen. Aus den entferntesten Orten und von den Höhen von Imerina, der Zentralprovinz, strömten die Bauern, die Arme voller Geschenke, in Massen in die Hauptstadt. Sie hatten ihr weißes Feiertagsgewand angelegt und sich den berühmten landesüblichen Strohhut auf den Kopf gesetzt. Manche waren mehrere Tage unterwegs gewesen, andere hatten weite Reisfelder und Anbaugebiete von Zuckerrohr durchquert, um bloß den historischen Augenblick nicht zu verpassen: die Krönung ihrer neuen Königin.

Dieser 14. Juli, an dem die zweiundzwanzigjährige Prinzessin Razafindrahety als Ranavalona III. gekrönt werden sollte, war ein ganz besonderer Tag. Die Klageweiber hatten gerade noch mit ein paar leisen Schluchzern die letzten Atemzüge der Königin Ranavalona II., ihrer Großcousine, begleitet, als sie gebeten wurden, sich zu einem Jubelchor zu vereinigen und die neue Herrscherin zu feiern.

Plötzlich ertönten begeisterte Rufe aus der Menge, die seit Stunden geduldig in der Sonne wartete. Bäume neigten sich bedrohlich unter der Last der Menschentrauben, die in die Zweige geklettert waren, um besser sehen zu können. Da, jetzt kam sie näher, stolz und würdevoll, einen schweren Mantel aus rotem Velours über die Schultern gelegt! Wie winzig sie in ihrem roten, von Goldfäden durchwirkten Kleid aussah! Die in der Nähe stehenden Würdenträger konnten an ihrem Gesicht ablesen, wie aufgeregt sie war, wenn sie das auch unter einer ersten Miene zu verbergen versuchte. Es war ihr erster Auftritt in der Öffentlichkeit.

Mit festem Schritt bestieg sie den heiligen Fels von Andohalo, auf dem die Krönung der madagassischen Könige stattfand, und verbeugte sich gen Osten, um den Segen der Ahnen zu erbitten. Dann wandte sie sich an ihr Volk und sprach mit fester Stimme in das Meer von Schweigen: »Ich bin Ranavalona III., die vor euch erscheint. Erkennt ihr mich?« Ein Freudenschrei war die Antwort, begleitet von einer Salve aus einundzwanzig Kanonenschüssen. Die entzückten Zuschauer begleiteten jeden ihrer Sätze mit frenetischem Beifall. Getragen vom Jubel der Menge, fuhr sie fort: »Gott hat dieses große Königreich meinen Ahnen gegeben. Meine vornehmste Beschäftigung, mein erster Gedanke wird immer eurem Wohlergehen gelten, um zu vermehren, was unsere Vorväter uns vererbt haben, und um euch dieses Mehr zu geben. Euer Glück steht vor dem meinigen. Mein Kopf wird für die eurigen denken. Mit meinem Geld werde ich eure Schulden bezahlen. Mit meinem Körper werde ich euch schützen!«

Mit diesen wenigen Sätzen eroberte sie alle Herzen.

Die Königin, die noch immer hoch auf dem Fels stand, nahm die glitzernde Krone, die auf einer Kugel aus edlem Holz ruhte, und setzte sie sich auf den Kopf. Dann ergriff sie das königliche Zepter und wandte sich erneut an die versammelten Menschen: »So wie es der Ritus der Herrscher der Andriana (Adelskaste) verlangt, habe ich unter Kanonenschüssen und Musik den heiligen Fels bestiegen. Ich habe die heilige Krone von Imerina, unserem Land, auf mein Haupt gesetzt, und ich habe folgenden Eid geschworen: Wer immer auch nur einen einzigen Teil unseres Landes bedroht, und sei dieser Teil nur so breit wie ein Pferdehaar oder so groß wie ein Reiskorn, er wird mich, Ranavalona III., finden, und wie ein Mann werde ich für unser Vaterland kämpfen!«

Das war eine resolute Erklärung aus dem Munde dieser jungen Frau, die so plötzlich vorn auf der Bühne stand. Selbst wenn die Regierungsgeschäfte in der Hand des Premierministers lagen, war es doch die Königin, die das Land bei offiziellen Anlässen vertrat und als geheiligte Herrscherin Verehrung genoss. Auf keinen Fall durfte sie ihre Angst und Unsicherheit zeigen angesichts der Verantwortung, die nun für sie so unerwartet auf ihren Schultern ruhte. Denn noch am Vorabend hatte niemand mit Bestimmtheit sagen können, auf wen die Wahl des Premierministers und der Würdenträger fallen würde.

Rainilaiarivony, seit 1864 Premierminister, war fünfzig Jahre alt und ein eleganter, berechnender und überaus ehrgeiziger Mann. Er stand im Ruf eines großen Patrioten und hatte seine Macht durch Heirat mit den zwei vorherigen Königinnen von Madagaskar – Rasoherina (1863–1868) und Ranavalona II. (1868–1883) – begründet; fast dreißig Jahre lang leitete er die politischen Geschicke des Landes. Auch die Thronfolge trug seine Handschrift, denn er stand dem für diese Frage zuständigen Nationalrat vor. Sobald seine königliche Gemahlin die Freundlichkeit hatte, ihn zum Witwer zu machen, schlug er als Nachfolgerin die schüchternste der Prinzessinnen vor, die er unter den zahlreichen weiblichen Anverwandten finden konnte, die Ranavalona II. in ihrem Palast beherbergte. Die hübsche Witwe mit den traurigen Augen, deren Gemahl nach kurzer Ehe eines plötzlichen, unerklärlichen Todes gestorben war, hatte schon vorher seine

Aufmerksamkeit erregt. Sie war von protestantischen Missionaren ausgebildet worden und schien so lenkbar zu sein, wie er es für notwendig hielt. Nach ihrer Inthronisierung fügte er sie der Trophäenliste seiner Ehen hinzu, wohl wissend, dass sie es nicht wagen würde, ihn mit einer Zückweisung zu beleidigen.

So kam es, dass Ranavalona III. die letzte der vier Königinnen wurde, welche seit 1828, der Inthronisierung Ranavalonas I., auf dem Thron Madagaskars saßen. Vielleicht war sie schüchtern, so formbar, wie ihr alter Ehemann es sich gewünscht hatte, war sie allerdings nicht. Würdig erweisen wollte sie sich der Merina-Dynastie von Imerina. Von hier aus hatte der Gründervater des Königreichs sich im 18. Jahrhundert aufgemacht, die anderen Fürstentümer zu erobern und die Völker der großen Insel zu einen. Ranavalona III. zeigte Rückgrat, wie die drei Herrscherinnen vor ihr, insbesondere wie ihre Ahnin Ranavalona I., eine der faszinierendsten Frauen in der Geschichte Madagaskars.

Ranavalona I., die von 1828 bis 1861 regierte, war sowohl die Cousine als auch die erste Gemahlin von Radama I. (1810–1828), dem Sohn des Gründers des Königreichs. Jener hatte zehn Jahre seiner Herrschaft damit zugebracht, die von seinem Vater begonnene territoriale Expansion zu Ende zu führen. Im kolonialen Wettkampf, den Engländer und Franzosen im Indischen Ozean miteinander ausfochten, wählte er die englische Seite. Diese Verbindung öffnete ihm die Tore zum internationalen Handel und ermöglichte ihm eine moderne Bewaffnung seiner Truppen, die mit Hilfe britischer Ausbilder zu einer Berufsarmee umgeformt wurden. Dank dieser technischen und militärischen Überlegenheit gelangen ihm Gebietseroberungen, die Imerina zwei Zugänge zum Meer verschafften, auf beiden Seiten der Insel.

Die Madagassen konnten mit der Außenwelt in Verbindung treten.

Die westliche Welt schickte umgehend ihre Boten auf die Insel. Mit der Erlaubnis von Radama I. kamen 1818 die protestantischen Missionare der London Missionary Society nach Antananarivo; ihr Einfluss war beträchtlich, vor allem im Bereich der Erziehung und der technischen Ausbildung. 1820 gegründeten sie eine Schule, die zunächst nur von einer Hand voll Schüler besucht wurde, neun Jahre später war man aber bei zweitausenddreihundert Schülern in dreizundzwanzig Anstalten angekommen! Die Missionare, die gleichzeitig Handwerker waren, sorgten nicht nur für die Evangelisierung der Madagassen, sondern bildeten sie auch aus zu Schreinern, Maurern, Gerbern, Webern usw. und lieferten so qualifizierte Arbeitskräfte für die zahlreichen Manufakturen, die der König in der Hauptstadt einrichten ließ. Die zunehmende Bildung trug auch zur Verbreitung der madagassischen Schrift bei, welche die Missionare durch eine phonetische Transkription geschaffen hatten. So besaß die heranwachsende intellektuelle Elite schon früh eigene Zeitungen. Die Frauen wurden von den Ehefrauen der Missionare bei der Hand genommen und erhielten Kurse in Hauswirtschaft und Nähen, was sie nicht zuletzt auch für die Lohnarbeit qualifizierte.

Die Thronbesteigung von Ranavalona I. im Jahre 1828 – ihr königlicher Gemahl war im Alter von sechsunddreißig Jahren verstorben – versetzte der Politik der Öffnung den Todesstoß. Genau wie ihre traditionalistischen Berater zielte sie darauf ab, Madagaskar vor jeglichem ausländischem Einfluss zu bewahren. Ihre Haltung war in der Furcht begründet, dass die egalitären Prinzipien des Christentums eine Störung der politischen und gesellschaftlichen Ordnung, die auf einer strikten Hierarchisierung der Kasten von Adeligen (Andriana), freien Bürgern (Hova) und Sklaven beruhte, bewirken würden. Und riskierte man durch die Religion der Weißen nicht, dass sich das Volk abwandte von der Verehrung des heiligen Königtums und vom Ahnenkult, den Grundlagen der Landessitten? Setzte man durch die steigende Anwesenheit der Europäer nicht die Unabhängigkeit Madagaskars aufs Spiel? Sie forderte also den britischen Gesandten auf, nach Hause zurückzukehren, kündigte die mit London geschlossenen Verträge auf und entfernte die Engländer von allen einflussreichen Posten im Land.

Das Einfuhrverbot für europäische Manufakturwaren bedeutete das sichere Aus für die Versorgung mit Waffen, Munition und Luxusartikeln, doch Ranavalona machte aus der isolationistischen Politik einen Antriebsmotor für die Industrialisierung ihres Landes. Der Schöpfer der madagassischen Industrie war der Franzose Jean Laborde, ein genialer Tausendsassa und Autodidakt, der ein industrielles Zentrum aufbaute, wo zehntausend Arbeiter, oft verurteilte Christen oder Sklaven, unter seiner Leitung alles produzierten, was die Königin wünschte: Gewehre, Kanonen, Schießpulver, Schwerter, Papier, Glas, Steingut, chemische Produkte, Ziegelsteine, Seife, Seide, Käse, Wein, Spirituosen und vieles mehr.

Dieser junge Abenteurer aus der Gascogne, der von armen Handwerkern abstammte – sein Vater war Schmied –, war eines Tages, mit seinem Wissen als einzigem Gepäck, von zu Hause aufgebrochen, die Welt zu sehen. In Bombay, wo er einen lukrativen Handel betrieb, traf er einen anderen französischen Abenteurer und segelte mit ihm los, um in der Straße von Mosambik nach einem versunkenen Schatz zu suchen. Das Boot zerschellte im Sturm, und Jean Laborde wurde im November 1831 in Madagaskar an Land gespült.

Er empfahl sich der Königin, die ein lebhaftes Interesse an allem zeigte, was ihrem Land die Autarkie ermöglichte, durch einen Plan zur Herstellung von Gewehren und ein Projekt zum Anbau von Zuckerrohr. Der junge Mann, der voller Ideen steckte, bestrickte Ranavalona. Man redete von einer Liebesbeziehung, Beweise dafür gibt es allerdings nicht.

Mit Hilfe von Fachbüchern, die Laborde aus Frankreich kommen ließ, wurde er Ingenieur, Architekt und Landwirtschaftsexperte. Er speicherte das Wasser aus sieben Tälern in riesigen Becken, um sich für seine Industrieanlagen die notwendige Energie zu verschaffen. Er ließ Kalköfen, einen Hochofen, Mahlwerke und Schmieden bauen, um Eisenerz zu verarbeiten, stellte Gusseisen her für Maschinen, Werkzeug sowie Eimer und Töpfe zum häuslichen Gebrauch. Dank seiner Stahlproduktion gab es Messer, Säbel; die Gewinnung von Kupfererz wurde vorangetrieben wie auch die Herstellung chemischer Produkte für die Industrie. Die Madagassen stellten ihre Gewehre, Kanonen und Schießpulver vor Ort her. Im landwirtschaftlichen Bereich deckte der vermehrte Anbau von Zuckerrohr die Nachfrage nach Zucker und Rum. Die Bauern lernten, ihre Zeburinder zum Pflügen und den Transport der Ernten zu nutzen. Schließlich beauftragte Ranavalona ihren Favoriten mit dem Bau ihres prächtigen Palasts auf dem Königshügel in Antananarivo.

Sobald seine Stellung bei Hof gefestigt war, nutzte Jean Laborde seine Funktion als Berater der Königin, um den französischen Einfluss auf der Insel zu fördern. Frankreich verfolgte aber eine Politik, die sich den Zentralisierungsbestrebungen der Königin widersetzte. Als dann noch die französischen Missionare, unzufrieden darüber, dass sie nur die unteren Schichten bekehren konnten – die reichen Bürger waren unter dem Einfluss der englischen Missionare Protestanten geworden –, um die offizielle Unterstützung des Mutterlandes gegen die britische Konkurrenz nachsuchten, entsetzte sich Ranavalona über die ihr höchst unwillkommene Einmischung und wies in den folgenden Jahren alle Weißen aus ihrem Königreich aus: Händler, Kaufleute, Missionare, Unternehmer, Verwaltungsbeamte, Pflanzer – nur Jean Laborde blieb.

Des Weiteren veranstaltete die Königin eine wahre Hexenjagd auf die Christen. Sie wurden der Verschwörung oder Zauberei angeklagt, viele starben als Märtyrer nach aufsehenerregenden Strafurteilen: Sie mussten Giftproben überstehen, durch einen mit Krokodilen verseuchten Fluss schwimmen oder sich von einem hohen Felsen stürzen. Dieser Kreuzzug gegen den europäischen Einfluss brachte ihr seitens der verfolgten Europäer den Ruf einer fremdenfeindlichen Tyrannin ein. Die Pariser Presse bezeichnete sie als »weiblichen Caligula« oder als Nero, wohingegen die eigene Bevölkerung in ihr die Inkarnation des madagassischen Nationalismus und Unabhängigkeitsstrebens sah.

Als 1845 französische und englische Geschwader die Hafenstadt Tamatave bombardierten und von den Truppen der Königin zurückgeschlagen wurden, geriet der Kapitän eines französischen Handelsschiffes in madagassische Gefangenschaft und in die Sklaverei. Ranavalona gab dazu folgende Erklärung ab: »Da sie Schwarze verkaufen, können wir genauso gut Weiße verkaufen.«

1857 wurde auch Jean Laborde der Insel verwiesen – er war in ein Komplott gegen die Königin verstrickt. Erst nach ihrem Tode kehrte er zurück – als französischer Konsul. 1878 starb er.

In den letzten Jahren der Herrschaft Ranavalonas I. wurde die Abkapselung Madagaskars durch den späteren König

Radama II., einen Parteigänger für die Wiederaufnahme der Beziehungen mit Europa, zunehmend in Frage gestellt. 1853 hob man das Handelsverbot mit Mauritius und La Réunion auf, und drei Jahre später kehrten die weißen Missionare zurück. Nach dem Tode seiner Mutter im Jahre 1861 hatte Radama II. nicht die Zeit, seine Reformideen umzusetzen. In einem Klima politischer Unruhen fiel er zwei Jahre später einer den Traditionalisten zugeschriebenen Verschwörung zum Opfer.

Seine Witwe und Cousine Rasoherina bestieg den Thron. Mit dem neuen, bürgerlichen Premierminister, der seinen politischen Einfluss durch seine drei königlichen Heiraten ausbaute, übernahm die Kaste der Nichtadeligen einen bedeutenden Teil der Macht. Rainilaiarivony wurde 1864 im Alter von sechsunddreißig Jahren zum Premierminister ernannt, als er oberster Heerführer war. Fünf Jahre später verstieß er seine Frau, mit der er sechzehn Kinder hatte, und hielt um die Hand der Königin an. Nach deren Tod 1868 ließ er eine Cousine Rasoherinas inthronisieren, Ranavalona II., und heiratete sie quasi auf der Stelle in der protestantischen Kirche – eine Gelegenheit, seine englandfreundliche Haltung zu demonstrieren. Während der fünfzehn Jahre, die diese Ehe dauerte, ohne Kinder wie auch bei der vorigen Königin, öffnete der Premierminister das Land erneut den Ausländern und besetzte die oberen Ränge der Verwaltung mit einer überwiegend protestantischen Elite, welche so die traditionelle Aristokratie überholte.

Bei allem Respekt vor den überlieferten Gebräuchen nahm das Königreich, das sich inzwischen über zwei Drittel der Insel erstreckte, seinen unterbrochenen Weg in die westliche Hemisphäre wieder auf. Die wirtschaftliche Öffnung ließ bei den Madagassen den Sinn für freies Unternehmertum und lukrative Geschäfte entstehen. Die protestantischen und katholischen Missionare fanden zu ihrer erzieherischen Mission zurück und führten die Schulpflicht ab dem siebten Lebensjahr ein, wobei – nach siebzigjährigem französisch-englischem Kampf – die Protestanten der London Missionary Society, die Anglikaner, die Lutheraner und die Quäker in Madagassisch unterrichteten, die Jesuiten und die französischen Katholiken hingegen in Französisch. Das höhere Bildungswesen wurde begründet: Es gab eine pädagogische Hochschule, zwei Fachhochschulen und eine medizinische Akademie, die ab 1886 die ersten einheimischen Ärzte, Zahnärzte und Krankenpfleger ausbildete.

Trotz alledem erschien den Madagassen die Dominanz der Fremden untragbar. Besonders die französischen Siedler beuteten auf großen Ländereien ihre Arbeitskräfte aus und betrieben Sklaverei, obwohl sie von der Regierung abgeschafft worden war, was in bestimmten Schichten der Bevölkerung eine virulente antifranzösische Stimmung auslöste. Hinzu kam, dass die Militärausgaben ein Loch in die Haushaltskasse gerissen hatten, da die Armee gegen die französischen Eroberungsgelüste aufgerüstet werden musste. Und nicht zuletzt war die Verschärfung der Zwangsarbeit für alle Nichtadeligen äußerst unpopulär. Über den wachsenden Protest wurde von den Zeitungen aus dem Milieu der intellektuellen Avantgarde engagiert berichtet, während die Pariser Presse »die Gewalt der aufgestachelten, insolenten Völkerschaften« dämonisierte, »die unsere Interessen zum Vorteil der Engländer ruinieren wollen«.

Mit ihrer Thronbesteigung sah sich Ranavalona III. also einer angespannten politischen Situation gegenüber. Sie wollte sich einmischen, denn sie war dem Leiden der Bevölkerung gegenüber nicht taub. Sie wollte größeren Einfluss auf Entscheidungen nehmen, vermittelnde Gespräche initiieren, da sie aus Erfahrung wusste, dass die Unterredungen mit den europäischen Diplomaten, die sie am Hofe empfing, meist in freundschaftlicher Atmosphäre verliefen. Aber Rainilaiarivony schob dem einen Riegel vor. Mehr als einmal wünschte sie mit den Franzosen zu verhandeln, konnte sich jedoch nicht gegen den kompromisslosen Ehemann und Premierminister durchsetzen, der drohte, sie abzusetzen und eine andere Frau aus der königlichen Familie an ihrer statt zu inthronisieren. Rainilaiarivony gestattete ihr keinerlei Initiative, aus Furcht, er stände dann in ihrem Schatten. In dem riesigen Palast eingeschlossen, musste sie die deprimierende Gegenwart ihres allmächtigen und eifersüchtigen alten Ehemanns erdulden, der ihren Wunsch, den Amtspflichten nachzukommen, im Keim zu ersticken suchte.

Zwei Monate vor ihrer Thronbesteigung hatten sich die Spannungen verstärkt, als französische Truppen die Häfen von Majunga im Nordwesten und Tamatave an der Ostküste besetzten, um ihre Besitzansprüche geltend zu machen. Im Gegenzug ließ die Regierung die Franzosen aus der Hauptstadt ausweisen. Die französische Gemeinschaft, seit langem unzufrieden darüber, dass sie die Ländereien, die sie bearbeitete, nicht käuflich erwerben konnte, klagte über Übergriffe und die gegen sie gerichtete steigende Aggressivität. Mehrere Franzosen waren ermordet oder von bewaffneten Räubern, welche die ländlichen Gebiete durchstreiften, angegriffen worden. Die Siedler waren nach Madagaskar gekommen, um Gold oder Edelsteine zu suchen, Reis, Kaffee, Zucker und Vanille anzubauen, und glaubten sich durch den französisch-madagassischen Vertrag von 1868 geschützt, der den auf der Insel ansässigen Franzosen ein hohes Maß an Autonomie einräumte.

Am 3. Juli 1884 verließ die Königin den Palast, um zu ihrem Volk zu sprechen, das angesichts der Bedrohung durch die Franzosen aus allen Teilen der Stadt gekommen war, um ihre Botschaft zu hören. Unter dem scharlachroten Sonnenschirm, der sie vor der Sonne schützte, erklärte sie, den Säbel in der Hand: »Ich weigere mich entschieden, irgendeinen Teil unseres Landes abzugeben. Um zu bewahren, was uns rechtmäßig gehört und Gott unseren Vorfahren gegeben hat, werde ich meine Soldaten in den Kampf führen.« Sie schloss mit einer an ihr Volk gerichteten Bitte, es möge die in der Hauptstadt lebenden Fremden in Ruhe lassen. Zwar waren keine Franzosen mehr da, doch die anderen Europäer mussten vor der aufgebrachten Menge geschützt werden.

1885 brach Frankreich erneut einen Streit mit Madagaskar vom Zaun, und wieder ging es um die von Franzosen bewirtschafteten Ländereien. Inzwischen hatte die Konferenz von Berlin den imperialistischen Nationen alle Rechte hinsichtlich der Länder zugestanden, die sie auf der Welt begehrten. Die französischen Kanonen feuerten ohne Unterlass auf Majunga und Tamatave und brachten den Widerstand der Grenadiere, die über keine adäquaten Waffen verfügten, rasch zum Erliegen. Im Dezember 1885 wurde ein Vertrag unterzeichnet, mit dem Frankreich die Rückkehr seiner Staatsbürger auf die Insel durchsetzte, sich als Schutzmacht über Madagaskar erklärte und die Außenbeziehungen unter seine Fittiche nahm, der Königin für die Innenpolitik aber Souveränität zugestand.

Ranavalona war praktisch nicht mehr Herrin ihres Landes. Die demütigende Situation widersprach ihrer Würde und patriotischen Gesinnung. 1890 wurde das französische Protektorat von England anerkannt, die Königin und der Premierminister verweigerten diesen Schritt ebenso wie ein paar

Jahre später ihre Unterschrift unter ein französisches Ultimatum, woraufhin Paris ein Expeditionskorps von fünfzehntausend Soldaten schickte, um mit Gewalt zum Ziel zu kommen. Das Korps ging im Januar 1895 in Majunga an Land und benötigte acht Monate, bis es vor den Toren der madagassischen Hauptstadt stand.

Am 21. September 1895, als die Einwohner Antananarivos vor dem Anrücken der Franzosen zu flüchten begannen, begab sich Ranavalona zum heiligen Felsen von Andohalo, wo sie an ihrem Krönungstag den Eid geleistet hatte. Von einem Podest aus hielt sie eine Rede an das Volk, das nach wie vor zu ihr stand: »Die Franzosen stehen einen Tagesmarsch vor der Hauptstadt«, sagte sie. »Ihr habt mir versichert, ihr wollt für mich kämpfen, und jetzt ist die Zeit dafür reif. Ich werde euch niemals verlassen. Ich leiste Widerstand bis zum Ende, und wenn Gott will, werde ich in meinem Palast sterben.« Das Volk, bereit, an ihrer Seite zur Gegenwehr überzugehen, jubelte ihr zu.

Einige Tage später war sie sogar entschlossen, in den Süden der Insel zu gehen und dort den Widerstand zu reorganisieren. Doch es war zu spät. Ein französischer Stoßtrupp war bis zur Stadtgrenze vorgedrungen und brachte Kanonen und Mörser in Stellung. Von einem strategisch günstig gelegenen Hügel, von dem aus sie gleichzeitig auf die madagassischen Soldaten und die fliehende Zivilbevölkerung zielen konnten, richteten sie die Kanonen auf den Palast der Königin und durchsiebten ihn mit vier Granaten. Unter der königlichen Garde und der Dienerschaft war eine große Anzahl Toter zu beklagen, Panik brach aus, die Überlebenden stoben in alle Richtungen. Um weitere sinnlose Opfer zu vermeiden, traf Ranavalona die Entscheidung, dass es an der Zeit sei zu kapitulieren. Der Premierminister war nicht dieser Ansicht, sondern glaubte, die Verteidigungslinie halten zu können. So kam es zu einem heftigen Wortwechsel zwischen den beiden, deren politische Macht sich dem Ende zuneigte. »Ich bin die Königin!«, schrie Ranavalona schließlich mit schriller Stimme, in der sich Zorn und Furcht mischten. Dann befahl sie, auf dem Dach des Palasts die weiße Fahne zu hissen. Am folgenden Tag, dem 1. Oktober 1895, unterzeichnete sie die Kapitulation und fügte sich darein, dass Madagaskar zum französischen Protektorat erklärt wurde.

Die Nachricht verbreitete sich auf der Insel wie ein Lauffeuer: Die Königin war Gefangene der Franzosen! Die Antwort bestand in einem Aufstand, der sich in der Hauptstadt entzündete und sich in Windeseile über den Rest des Landes ausbreitete. In Antananarivo, inzwischen ein Hexenkessel, rief der Ton der Hörner unablässig zum Kampf auf, und auch auf dem Lande wurde mobil gemacht. Die traditionellen religiösen Überzeugungen erwachten wieder zum Leben, Kirchengebäude wurden angezündet und Missionare ermordet. Während die Weißen zu Fuß und zu Pferde, das Hab und Gut auf Ochsenkarren geladen, zu Verstecken in den Bergen flohen, formierten die madagassischen Offiziere ihre Truppen neu und planten, die Hauptstadt zurückzuerobern. Bei späteren Verhören beriefen sich die Rebellen auf die Unterstützung der Königin; es gibt aber keine Beweise, dass sie das Signal gab. Vielmehr erschien Ranavalona an der Seite des französischen Befehlshabers auf dem Balkon ihres Palastes und rief zur Ruhe auf. Das war ein tragischer Moment, einmal mehr war die Königin gezwungen, anders zu handeln, als ihre zum Kampf entschlossenen Mitstreiter es ihr geraten hatten. Einige bezichtigten sie der Feigheit vor dem Feind! Für das stolze madagassische Volk, dessen Elite oft eine bessere Bildung besaß als die französischen Bürger, die nun die

Herrschaft an sich rissen, war es unfassbar, dass sie solchen Fremden untergeordnet sein sollten. Und die Könige Madagaskars waren immer der Überzeugung gewesen, dass ihr Land zu den großen Nationen zählte. »Es liegt aber keinerlei Ruhm darin«, antwortete die Königin ihren Kritikern, »sich von diesen Schweinen abschlachten zu lassen. Der Kampf ist zu ungleich. Sie besitzen alle möglichen Waffen, und meine Söhne sterben, weil sie auf solch einen Krieg nicht vorbereitet sind. Ich bin entschlossen, Frieden zu schließen!«

Und so verlor Ranavalona III. Madagaskar. Im Februar 1896 wurde der Premierminister abgesetzt und nach Algier ins Exil geschickt, wo er einige Monate später starb. Am 6. August desselben Jahres wurde die »Große Insel« französische Kolonie, und als neuer Gouverneur kam General Joseph Gallieni nach Antananarivo, das nun Tananarive genannt wurde. Die Etablierung der Kolonialherrschaft begann damit, dass Gallieni zwei protestantische Führer der madagassischen Monarchie vor ein Erschießungskommando stellte: den Onkel der Königin, der die royalistische Partei anführte, und den früheren Innenminister, einen Historiker von großem Ansehen. Die Gnadengesuche der Königin lehnte er ab, als wollte er zeigen, wer nun das Regiment führte. Im kollektiven Gedächtnis blieb auch haften, dass Gallieni der erste Weiße war, der die Königin zu sich bestellte – vorher hatten selbst die Vertreter europäischer Mächte im Palast um eine Audienz nachsuchen müssen.

Da der General die Königin verdächtigte, sie hätte die Rebellion angezettelt, setzte er Ranavalona III. kurzerhand ab und schickte sie ins Exil. Damit missachtete er sogar die Direktiven der französischen Kolonialpolitik. Für seinen Alleingang bei der Abschaffung der madagassischen Monarchie wurde er gerügt, wenngleich die Regierung in Paris seine Maßnahmen offiziell rechtfertigte. Eine weitere Demütigung fügte er Ranavalona zu, indem er in der Nacht vom 27. Februar 1897 weiße Soldaten ihre Wohnräume stürmen ließ. Die Königin, überzeugt, ihre Ermordung stände bevor, wurde aufgefordert, sofort ihre Koffer zu packen, und gegen zwei Uhr verließ eine in Tränen aufgelöste Herrscherin unter starker Bewachung den Palast.

Die Königin wurde in einem mit einer Plane verhüllten Tragestuhl transportiert und von einer Einheit afrikanischer und algerischer Schützen bewacht, die unter dem Befehl eines französischen Leutnants stand. Der einwöchige Marsch nach Tamatave führte durch einsame Wälder und verlassene Landstriche. So sollte verhindert werden, dass sie erkannt wurde, aber Ranavalona lebte in der ständigen Angst, heimlich ermordet zu werden. In Tamatave brachte man sie auf ein Schiff, das nach der benachbarten Insel La Réunion auslief, wo sie ungefähr zwei Jahre blieb. Während der Faschoda-Krise (1898/99), die fast in einen Krieg zwischen England und Frankreich gemündet wäre, schien Gallieni der Exilort nicht weit genug entfernt zu sein, denn er fürchtete, sie könnte Kontakte mit den Engländern aufnehmen und ihm gefährlich werden. Also wurde sie – unter dem Vorwand, ihr zukünftiges Exil wäre Frankreich – erneut auf ein Schiff gebracht, das Marseille ansteuerte, allerdings nur als letzten Zwischenhalt vor Algerien. Dort sollte sie die letzten Jahre ihrer Gefangenschaft verbringen.

In Algier lebte Ranavalona unter Hausarrest in einer komfortablen Villa hoch über der Stadt. Sie stand unter der Überwachung eines von der französischen Staatssicherheit abgestellten Oberinspektors, später eines Beamten, den ihr der Generalgouverneur von Algerien als Mitbewohner aufzwang. Der Spion notierte selbst die kleinste Bewegung und Geste der Exkönigin in Heften, die sich im Gouverneurspalais zu den Polizeiberichten über ihre Besuche im Botanischen Garten oder ihre Einkäufe in der Stadt gesellten! Sie erhielt selten Besuch und ging selten aus, alles musste vom Gouverneur oder vom obersten Chef der Staatssicherheit genehmigt werden. Auch aus der Entfernung fuhr Gallieni (er starb 1916, ein Jahr vor der Königin) darin fort, sie zu demütigen, denn er war es, der über die Höhe der jährlichen Pension entschied, die man der Gefangenen zubilligte. Eine Pension, die im Übrigen vom Budget für Madagaskar abgezogen wurde!

Da die Exkönigin auch diejenigen zu versorgen hatte, die ihr Exil mit ihr teilten – ihre Tante, ihre ältere Schwester, ihre jüngere, verwaiste Nichte, ihren Dolmetscher sowie drei madagassische Dienstboten –, war sie gezwungen, erniedrigende Gesuche um eine Erhöhung der ungenügenden Pensionszahlungen an Gallieni zu richten. Der General lehnte ihre Bitten kategorisch ab, ebenso wie die Gesuche des französischen Gouverneurs von Algerien, der Mitleid mit Ranavalona empfand. So blieb ihr nichts anderes übrig, als nach und nach die wenigen Schmuckstücke zu verkaufen, die sie bei ihrer Entführung aus dem Palast hatte mitnehmen dürfen. Anfangs bot der gelegentliche Besuch gesellschaftlicher Ereignisse in der französischen Gemeinschaft von Algier etwas Ablenkung von ihrer trostlosen Lage. Mit ihren nach und nach aufgetragenen Kleidern und den aus der Mode gekommenen Hüten wagte sie es aber bald nicht mehr, Einladungen in das Theater oder die Oper von Algier anzunehmen. So hatte sie nichts mehr als ihre Würde.

Ihrem Arzt, der auch dänischer Konsul in Algier war, gelang es, eine Genehmigung für kurze Aufenthalte der Exkönigin in Paris zu erreichen, um dort ihr Nervenleiden behandeln zu lassen. Ranavalonas erste Besuche in Frankreich bescherten ihr Schlagzeilen in der Presse und eine gewisse Berühmtheit. Sie fand dort französische Freunde wieder, die sie auf Madagaskar gekannt hatte, wohnte in der Nationalversammlung einer Sitzung der Abgeordneten bei, besuchte entzückt eine Vorstellung der Oper Garnier sowie die großen Kaufhäuser und konnte sogar ein paar Tage in einer Sommerfrische in der Provinz verbringen. 1900 hatte die Schwärmerei für die Exkönigin ein solches Ausmaß erreicht, dass die berühmte französische Keksmarke Le Petit Lu die Keksdosen aus Aluminium mit ihrem Bild verzierte.

Durch die Vermittlung der Gattin des Präsidenten der Republik erreichte es Ranavalona 1912, dass sie vom Kolonialminister Albert Lebrun empfangen wurde und die Erhöhung ihrer Pension ansprechen konnte. Zum ersten Mal war sie erfolgreich! Aber immer wieder musste sie sich in Marseille einschiffen und zu ihrem langweiligen Leben in Algier zurückkehren, in den Hausarrest, der fast wie ein Gefängnis war, und immerzu nagte das Heimweh an ihr. Ihre Anträge, nur noch einmal Madagaskar besuchen zu dürfen, blieben stets unbeantwortet. Bei Ausbruch des Ersten Weltkriegs zeigte sich die erniedrigte Königin beim Roten Kreuz in Algier, wo sie sich der Pflege der Kranken und Verwundeten widmete.

Am Ort des Exils starb sie am 23. Mai 1917 an den Folgen einer Embolie, im Alter von sechsundfünfzig Jahren, einsam und vergessen, weit entfernt von der Anteilnahme ihrer Untertanen. Seit ihrem erzwungenen Abschied von Madagaskar waren zwanzig Jahre vergangen. Und es sollten noch viele Jahre ins Land gehen, bis ein neuer Kolonialminister ein Zeichen der Versöhnung setzte und die sterblichen

Überreste der letzten madagassischen Königin nach Tananarive überführt wurden. Mehrere Stunden lang zog die Bevölkerung in einer bewegenden Prozession am Sarg vorbei, bis Ranavalona III. am 31. Oktober 1938 in Gegenwart des französischen Generalgouverneurs bestattet wurde.

FRAUEN MIT MACHT UND EINFLUSS

Eine Büste, dreitausenddreihundert Jahre alt und von zeitloser, vollkommener Schönheit, hat sie in der ganzen Welt berühmt gemacht. Trotzdem wissen wir heute noch relativ wenig über diese außergewöhnliche ägyptische Königin, hat sich die Ägyptologie doch lange Zeit vornehmlich mit Echnaton, ihrem Gemahl, befasst. Wenn ihre Person und ihr Leben auch immer noch von vielen Geheimnissen umgeben sind, so scheint Nofretete, nach den neuesten Forschungen zu urteilen, doch eine Frau von bemerkenswerter Tatkraft gewesen zu sein und im Neuen Reich Altägyptens, in der 18. Dynastie (um 1345 v. Chr.), eine entscheidende Rolle gespielt zu haben.

Nofretete ist um das Jahr 1380 v. Chr. zur Welt gekommen. Ihre Herkunft ist ungewiss. Einige Ägyptologen sind der Ansicht, sie sei eine fremdländische Prinzessin gewesen, andere nehmen an, dass sie aus Ägypten kam. Letztere Hypothese besagt, dass Nofretete aus einer nichtadeligen, aber einflussreichen Familie aus Achmim in Oberägypten stammte. Ihr Vater könnte – darauf weisen Grabinschriften hin – Eje, der Sekretär des Königs Amenophis III., gewesen sein, ihre Mutter ist unbekannt. Eje wiederum war der Bruder von Teje, der bedeutenden, mit Amenophis III. vermählten Königin und Mutter von Echnaton (Amenophis IV.). Demnach wäre Nofretete mit ihrem Gemahl eng verwandt gewesen, und es ist dann gut möglich, dass beide in der gleichen Stadt aufgewachsen sind und sich seit ihrer Kindheit gekannt haben.

Die erste Hypothese – Nofretete war keine Ägypterin – wurde aufgrund ihres Namens aufgestellt: Nofretete, ägyptisch Nafteta (im Englischen und Französischen: Nefertiti), heißt »Die Schöne ist gekommen«. Daraus schloss man, dass Nofretete aus dem Königreich Mitanni stammen könnte, das zwischen Euphrat und Tigris lag und mit den Pharaonen des Neuen Reichs diplomatische Beziehungen unterhielt, wenig später aber von den Hethitern und Assyrern zerstört wurde.

In der Sorge, die aufstrebenden Hethiter könnten Ägypten gefährlich werden, hatte der Pharao Amenophis III., der seit mehr als zwanzig Jahren auf dem ägyptischen Thron saß, engere Bündnisse zu den Nachbarreichen gesucht. Unter anderem hatte er auch Boten zu Tuschratta, dem König von Mitanni, gesandt und ihn um die Hand einer seiner Töchter gebeten. Der König entsprach seiner Bitte und schickte dem Pharao seine Tochter Taduchepa. Mit einem Gefolge von rund 300 Leuten traf sie in Ägypten ein. Wahrscheinlich war sie noch keine fünfzehn Jahre alt.

Es ist anzunehmen, dass das Volk sich bei der Ankunft der Prinzessin, einem denkwürdigen Ereignis, am Nil eingefunden hatte und sich, als die Feluke mit den weißen Segeln näher kam, dicht ans Ufer drängte, so dass es aussah, als würden die Menschen für die aus dem Norden kommende Fremde Spalier bilden. Auf dem Deck der Feluke waren bestimmt weiße Seidentüchern aufgespannt, die im Winde flatterten. Hinter den Tüchern, vor neugierigen Blicken geschützt, wird die mitannische Prinzessin mit wachsender Neugier die neue Welt betrachtet haben, die sich vor ihren Augen auftat und so verschieden war von dem Land, in dem sie aufgewachsen war. Bestimmt war sie tief beeindruckt angesichts der goldenen Pracht, all des Prunks und der Herrlichkeiten, in der ganzen Alten Welt erzählte man ja von diesen Wundern. An den Rändern der später durch Herodot (ungefähr 484–420 v. Chr.) berühmt gewordenen Stadt – des hunderttorigen Thebens – zog sich eine endlose Reihe luxuriöser Villen hin, umgeben von weitläufigen Gärten, die vom Ufer des Nils begrenzt wurden. Bestimmt war sie beeindruckt von den monumentalen Bauwerken, kolossalen Statuen, Obelisken, Säulen und Tempeln, meist Werke des großen Baumeisters Amenhotep und den Göttern Ägyptens geweiht. Entlang des Landungsstegs konnte sie vermutlich das Treiben der Händlerschar erkennen, die aus allen Ecken der damals bekannten Welt stammten. Sklaven werden am Hafen wohl aufgestapelte Lasten auf Boote geladen haben, die zum Auslaufen bereit waren. Andere beförderten wahrscheinlich riesige Steinblöcke aus Assuan, die für den Tempelbau bestimmt waren, auf die schon vollgestopften Kais, entluden Früchte aus Syrien, Weinfässer von den griechischen Inseln, Myrrhe und Weihrauch für die Arzneiherstellung und Einbalsamierung der Leichen, Vieh aus Unterägypten sowie Behältnisse mit Gold, das ebenso wie Felle, Elfenbein, Ebenholz und Straußenfedern aus dem schwarzen Königreich Nubien nach Ägypten gelangte. Das Reich befand sich auf dem Höhepunkt seiner Macht, und die Reichtümer flossen aus allen Ländern, die unter der Oberherrschaft des Pharaos standen und ihm tributpflichtig waren, in die Königsstadt.

Wie Taduchepa in Theben empfangen wurde, darüber ist nichts überliefert. Ihre Ehe mit Amenophis III., dem Prächtigen, endete kurze Zeit später mit dem Tod des Pharaos – falls sie überhaupt geschlossen wurde. Es gibt auch Forscher, die vermuten, dass sie nur dem Harem des alten Königs angehörte und nach seinem Tod die Gemahlin von Amenophis IV. wurde, dem Sohn und Nachfolger Amenophis' III. Da Taduchepa danach in den Quellen nicht mehr erwähnt wird, nehmen manche Ägyptologen – die Verfechter der ersten Hypothese – an, sie habe bei ihrer Ankunft in Ägypten einen anderen Namen angenommen: Nofretete.

Wann genau Nofretete mit Amenophis IV. vermählt wurde, ist unbekannt. Man weiß aber, dass sie die Hauptfrau – Große Königliche Gemahlin – war und dass mit ihrem Mann die ersten fünf Jahre der Regentschaft in Theben beziehungsweise Karnak verbracht hat. In diesen Jahren gebar die Königin drei Töchter – Meretaton, Meketaton und Anchesenpaaton, alle nach dem Sonnengott Aton benannt –, später, nach der Übersiedlung in die neue Hauptstadt Achet-Aton, drei weitere Töchter, aber keinen männlichen Thronfolger. Die vielen Schwangerschaften scheinen ihrer Schönheit keinen Abbruch getan zu haben; spätere Porträts, die durchaus realitätsnah sind, zeigen sie nur weniger schlank, als sie in ihrer Jugend gewesen sein muss.

Quellen zu Nofretetes Leben sind Skulpturen und Bildnisse, die in Gräbern und auf Gebäuderesten aufgefunden wurden. Sie sind sehr aussagekräftig, da die künstlerische Darstellung unter der Herrschaft Echnatons das Individuum in den Vordergrund stellte. Von dem großen Atontempel, den Amenophis IV. in Karnak bauen ließ, haben Archäologen zahlreiche bemalte Blöcke gefunden und wieder zusammengesetzt, so dass heute über fünfhundert Bildnisse aus der Thebener Zeit von Nofretete existieren. Sie zeigen eine Frau voller Würde, die mit Selbstbewusstsein und Verantwortung ihren Aufgaben nachkommt. Die Tatsache, dass sie auf fast allen Bildnissen zusammen mit ihrem Mann dargestellt ist und eine dem König vorbehaltene Kopfbedeckung trägt, belegt, dass sie an allen Entscheidungen beteiligt war und die wichtigen rituellen Handlungen mit ihm gemeinsam ausführte – was es in der Geschichte Ägyptens zuvor noch nie gegeben hatte. In einem anderen, kleineren Atontempel war Nofretete die Priesterin und führte, wozu eigentlich nur der Pharao berechtigt war, sogar selbst die Opferungen durch. Begleitet wurde sie dabei von ihren Töchtern.

Im fünften Jahr der Regentschaft änderten Amenophis IV. und Nofretete ihre Namen zu Ehren des Sonnengottes Aton. Sie nannten sich nun Echnaton beziehungsweise Neferneferuaton-Nofretete (»Schön ist die Schönheit des Aton – die Schöne ist gekommen«) und gründeten die neue Hauptstadt Achet-Aton (heute Tell-Amarna).

Schon Amenophis III. hatte den Sonnenkult des Alten Reiches der Vergessenheit entrissen und die Verehrung des Gottes Aton gefördert. Damit wollte der Pharao die übermächtige Priesterkaste des Stadtgottes von Theben, Amun, schwächen, dem die meisten Tempel geweiht waren sowie die meisten Opfer dargebracht wurden, und die Position des Königs stärken. Echnaton schritt auf dem Weg seines Vaters weiter, indem er die jahrtausendealten Götter des ägyptischen Pantheons zugunsten Atons abschaffte – den Polytheismus also durch Monotheismus ersetzte –, die alten Tempel schließen, alle Bilder und Symbole der alten Götter entfernen und neue, Aton geweihte Tempel errichten ließ. Seine religiöse Revolution traf insbesondere die Amunpriester, aber auch andere konservative Kräfte und große Teile der Bevölkerung weigerten sich, die alte Ordnung aufzugeben, und lehnten den neuen Gott ab. Der heftige Widerstand, ja die Rebellion gegen die neue Religion machte die Gründung einer neuen Hauptstadt unabdingbar. Nofretete initiierte diese Neuerungen mit. Viele Ägyptologen sind davon überzeugt, dass sie entscheidenden Anteil daran hatte, vielleicht sogar die treibende Kraft dabei war. Einerseits wird dies mit ihrer Herkunft aus dem monotheistischen Königreich Mitanni begründet, andererseits aber auch damit, dass sie im gleichen kulturellen Umfeld wie Echnaton erzogen wurde und seine Überzeugungen teilte.

In Achet-Aton, am östlichen Ufer des Nil auf halbem Wege zwischen Theben und Memphis gelegen, ließ Echnaton innerhalb von zwei Jahren eine gigantische Stadt für mehrere zehntausend Einwohner erbauen, mit prunkvollen Palästen und Tempeln, verschwenderischen Gärten und einer breiten Straße, auf der der König und die Königin sich zweimal täglich in Sänften oder mit Pferdegespannen, oft in der Begleitung ihrer Töchter und unter dem Jubel der Bevölkerung, zum Tempel begaben, um zu opfern. Die Tempel waren nach oben hin offen; da die Sonne göttlich war, musste Licht eindringen können. Die Opferungen – Speisen, Getränke und Blumen – fanden unter freiem Himmel statt, in Gegenwart der Bevölkerung und nicht mehr in den dunklen, geheimen Räumen der Priester.

Aus den Felsgräbern von Amarna, auf Reliefs und Hausaltären, welche die Archäologen in den letzten Jahrzehnten ausgegraben haben, sind eine Vielzahl Porträts von Echnaton und Nofretete, Szenen aus dem öffentlichen Leben, dem ländlichen wie städtischen Alltag und – erstmals in der Geschichte Altägyptens – auch Szenen aus dem Privatleben der Königsfamilie erhalten. Die Strahlen des Sonnengottes über sich, spielt der König auf einer Stele mit seinen Töchtern auf seinen Knien, umarmt er auf einem Relief seine Gemahlin, oder beide stehen auf einem Wagen einander zugewandt, und Nofretete bietet Echnaton, der das Pferd lenkt, die Lippen zum Kuss. Auf den Bildern trägt die Königin lange, leichte oder durchsichtige Gewänder, welche ihren Körper und ihre außerordentliche Schönheit sichtbar werden lassen. Auch in vielen Hymnen werden Nofretetes große Schönheit und ihr Liebreiz gerühmt. »Schön von Angesicht. Herrin der Freude. Mit Liebreiz begabt. Groß an Liebe«, heißt es beispielsweise. Die Lebensbejahung und Lebensfreude, die Sinnlichkeit und Emotionalität, die aus den Bildnissen sprechen, geben einerseits Einblicke in die Lebensrealität der Amarner Zeit, rühmen und ehren andererseits aber auch den Sonnengott Aton, unter dessen Strahlen alles steht, für seine Schöpfung und Größe. Dass der König auch hier immer zusammen mit seiner Gemahlin dargestellt ist und sie dem König nun auf Augenhöhe gegenübersitzt oder -steht, während sie auf den Bildnissen der Thebener Jahre hinter Echnaton steht und kleiner ist als er, zeigt, wie sehr Nofretete ihre Beteiligung an der Macht ausgebaut und welche Bedeutung sie im religiösen und politischen Leben erreicht hatte.

Auf manchen Darstellungen erscheint Echnaton mit einem so deformierten Körper – überlanges, eingefallenes Gesicht, gewölbter Bauch –, dass man glaubte, er hätte unter schweren Krankheiten gelitten. Neuerdings wird aber die These verfochten, dass der Pharao die ungewöhnliche Stilisierung wählte, um sich als Mann und Frau zugleich und damit als Schöpfergott zu präsentieren. Bei den Töchtern, die des Öfteren mit überlangen, deformierten Hinterköpfen dargestellt wurden, hat man die Erbkrankheit Scaphocephalie vermutet. Wenn auch an den Mumien erkennbar ist, dass die längliche Kopfform in der königlichen Familie existierte, scheint es sich hier aber doch um ein Sinnbild für die Schöpferkraft des Sonnengottes gehandelt zu haben.

Auf einem Bildnis im Königsgrab von Amarna ist der Tod einer jungen Frau zu sehen. Vermutlich war es Meketaton, die zweite Tochter. Vor dem Totenbett stehen weinend die verzweifelten Eltern, Echnaton streckt Nofretete tröstend den Arm hin. Dass neben den Trauernden Dienerinnen zu sehen sind, die ein Königskind forttragen, hat zu der Annahme geführt, Meketaton wäre im Kindbett gestorben. Es gibt aber auch die Vermutung, dass es sich bei dem Kind um einen Sohn von Nofretete handelt, und zwar um Tutenchamun.

Seit dem zwölften Jahr der Regentschaft Echnatons taucht der Name Nofretetes nirgendwo mehr auf. Erklärungen dafür könnten sein, dass sie starb, dass sie in Ungnade fiel, dass sie verbannt oder von Kija, der schönen Nebenfrau des Echnaton, aus ihrer Position verdrängt wurde. Es gibt auch Vermutungen, sie hätte sich gegen ihren Gemahl gewandt, dem Atonkult entsagt, die Wiederannäherung an die Amunpriester gesucht und wäre schließlich daran beteiligt gewesen, dass Tutenchamun als Pharao eingesetzt wurde.

Neueste Forschungen tendieren aber zu der Annahme, dass Nofretete von Echnaton zur Mitregentin erklärt wurde – tatsächlich fanden im zwölften Jahr seiner Regentschaft Feierlichkeiten statt, zu denen Abgesandte vieler Länder nach Amarna kamen. Und in den letzten Jahren der Regentschaft Echnatons ist eine Mitregentin namens Anchetcheperure-Neferneferuaton nachgewiesen, die mit Nofretete identisch sein könnte – zumal der zweite Teil ihres Namens gleich ist. Für die Mitregentschaft Nofretetes spricht außerdem eine Reihe von Indizien, vor allem ein wohl aus späteren Jahren stammender Granitkopf, der anscheinend zu einer Doppelstatue des Herrscherpaares gehörte, ein Reliefbild, das sie beim Erschlagen der Feinde zeigt, ein anderes, auf dem sie einen Wagen lenkt, dann eine Abbildung, in der Nofretete ihrem Gemahl das Ehrengold umlegt und schließlich ein Bildnis, auf dem beide noch einmal auf Augenhöhe einander gegenübergestellt sind. Auf diesem Bildnis macht die – älter gewordene – Königin einen aktiveren Eindruck als der

König; beide sind mit einer Schlange geschmückt; die des Königs steht bewegungslos, die der Königin biegt sich wie vor einem Angriff zurück. Und das Wagenlenken ist ein Männern zugeordnetes, das Erschlagen der Feinde ein dem König vorbehaltenes Tun. Trotz dieser vermehrten Hinweise, die für eine immer größere Selbständigkeit Nofretetes und ihr immer stärkeres Heraustreten aus dem Schatten Echnatons sprechen – unwiderlegbare archäologische Beweise für die These, Nofretete wäre Mitregentin gewesen, stehen aus.

Echnaton starb im 17. Jahr seiner Regentschaft, wahrscheinlich 1334 v. Chr. Auf einem Sarkophag, den zahlreiche Ägyptologen für den seinen halten, ist Nofretete als Göttin dargestellt, die mit ausgebreiteten Armen die Ecken des Sarkophags umfasst und symbolisch den Leichnam im Innern schützt.

Wer Echnatons Nachfolger oder Nachfolgerin war, ist nicht geklärt. Manche Archäologen meinen Indizien dafür gefunden zu haben, dass Nofretete unter dem Namen Anchetcheperure den Thron bestiegen hat, in Fortsetzung ihrer Mitregentschaft; es gibt aber auch Hinweise auf einen Pharao Semenkare und seine Gemahlin Meretaton, die älteste Tochter von Nofretete und Echnaton. Sicher ist erst wieder die Regentschaft Tutenchatons. Vermählt war er mit Anchesenpaaton, der dritten Tochter des Herrscherpaares.

Im dritten Jahr seiner Herrschaft setzte er unter dem Druck der Amunpriesterschaft und der alten Eliten, darunter auch der General Haremhab – später letzter Pharao der 18. Dynastie –, den Amonkult wieder ein, zog mit dem Königshof nach Memphis und änderte seinen Namen in Tutenchamun, den seiner Frau in Anchesenpaamun. Überall wurden Amuntempel errichtet beziehungsweise erneuert. Außenpolitisch geriet das Reich allerdings durch die Vorstöße der Hethiter gegen die ägyptischen Vasallenstaaten in Bedrängnis.

Aus der Zeit nach dem Tode Echnatons sind in den hethitischen Geschichtsquellen – Tontafeln mit Keilschrifttexten, die in der Hethiterhauptstadt Hatussa gefunden wurden – Briefe erhalten, in denen die Witwe eines ägyptischen Königs an den Hethiterkönig Suppiluliumas schreibt und um einen seiner Söhne als Gatten bittet. »Mein Gemahl ist gestorben. Ich habe keinen Sohn. Man sagt aber, dass deine Söhne zahlreich sind. Wenn du mir einen deiner Söhne gibst, so wird er mein Gemahl sein. Ich bin nicht geneigt, einen meiner Untertanen zum Gatten zu nehmen«, schreibt diese Königin. Suppiluliumas ging auf die Bitte ein und sandte seinen Sohn Zananza nach Ägypten, den Haremhab jedoch unterwegs ermorden ließ. Da die Verfasserin des Briefs in den Quellen nur »Dachamunzu« (Königsgemahlin) genannt und das Schreiben nicht datiert wird, kann über die Identität der Witwe nur spekuliert werden. Es könnte sich um Nofretete gehandelt haben, die sich von der Allianz mit den Hethitern eine Stabilisierung der außenpolitischen Lage erhoffte; es könnten aber auch Kija oder Meretaton oder Anchesenpaamun gewesen sein, wobei Letztere dann nach dem frühen Tod des Tutenchamun Hilfe bei den Hethitern gesucht hätte.

Der Tod Nofretetes liegt im Dunkeln. Mehrmals glaubten Archäologen, ihre Mumie entdeckt zu haben, doch das stellte sich bislang immer als Irrtum heraus.

Da die Nachfolger Echnatons alle Bildnisse des »Ketzers« und seiner Gemahlin tilgen und Achet-Aton zerstören ließen, wusste man dreitausend Jahre nichts von der schönen und mächtigen Königin Altägyptens. Erst als bei den archäologischen Forschungen anlässlich Napoleons Ägyptenfeldzug Achet-Aton und kurze Zeit später Abbildungen eines unbekannten Herrscherpaares entdeckt wurden, betrat sie wieder die Bühne der Weltgeschichte. 1912 fand der Ägyptologe Ludwig Borchardt bei Grabungen in Amarna, und zwar in der Werkstatt des Bildhauer Thutmosis, die durch das Wüstenklima nahezu makellos erhaltene Büste der Nofretete. Als sie 1924 zum ersten Mal in Berlin ausgestellt wurde, sorgte sie für eine Sensation. Millionen Menschen haben ihr seitdem ihre Aufwartung gemacht.

Nzinga, Königin von Angola

Königin Nzinga während des Empfangs beim portugiesischen Gouverneur. Eine ihrer Dienerinnen dient ihr als Schemel.

Stuhl mit weiblicher Trägerfigur, Luba/Kongo. Die künstlerische Umsetzung des Brauchs, das politische Führer Sklaven als Stuhl benutzen, erinnert auch an den Empfang der Königin Nzinga beim portugiesischen Gouverneuer Angolas.

Mittagstafel bei der Königin Nzinga

Gedenkstätte in Ouidah (Benin) für die aus dem Königreich Dahomey nach Übersee verschifften Sklaven

Ndete Yalla, Königin von Walo

Morosso Tassé Diop, Gemahl der Königin von Walo

Maurische Sklavenjäger im Königreich Walo

Ranavalona III., die letzte Herrscherin von Madagaskar

Der Palast von Ranavalona III., der letzten
Königin von Madagaskar

Büste der Königin Nofretete, wie sie 1912 in Amarna gefunden wurde

Mandinke-Frau aus Mali

AM HOF DER KÖNIGIN KASSA VON MALI

Kassa war die Hauptfrau des Mansa Soleiman, der von 1341 bis 1360 das westafrikanische Reich Mali regierte. Soleiman, der Bruder des berühmten Kankan Musa (1312–1337), des einzigen afrikanischen Monarchen, von dem Kunde bis in den Orient und nach Europa drang, herrschte über ein mächtiges Reich, das in seiner Blütezeit (1235–1400) ebenso groß war wie das kaiserliche Rom und dessen Grenzen die heutigen Staaten Mali, Senegal, Guinea und Mauretanien umfassen.

In diesem Land, in dem Frauen von Adel eine bedeutende gesellschaftliche Rolle spielten, hatte Kassa, die auch die Cousine väterlicherseits ihres Gatten war, eine privilegierte Stellung inne. Während den anderen Frauen des Königs keinerlei politische Funktion zugesprochen wurde, teilte sie den Thron mit dem Mansa, und die wichtigsten Entscheidungen für das Reich wurden stets in ihrer beider Namen verkündet.

Nach den Berichten der arabischen Reisenden, die zu jener Zeit Mali besuchten, benötigte man mehrere Monate, wenn man das Reich der Mandinke (auch Manding, Mande oder Malinke) entweder in der Länge oder auch in der Breite durchqueren wollte. Es dehnte sich über die gesamte westafrikanische Savanne aus, vom Atlantischen Ozean bis zum östlichen Teil des Nigerbogens, und beherbergte eine Vielfalt von Ethnien und Kulturen, die einträchtig zusammenlebten. Das Land, das in vierzehn von jeweils einem Gouverneur geführte Provinzen aufgeteilt war, zählte laut einer alten Chronik nicht weniger als vierhundert Städte, darunter eine bedeutende Anzahl großer Handelszentren.

Am Schnittpunkt der Fernhandelsrouten gelegen, welche den Sahel mit dem Mittelmeerraum und Europa sowie über den Indischen Ozean mit Asien verbanden, verdankte das Reich Mali seinen Wohlstand dem Handel mit Sklaven, Elfenbein, Kola und vor allem mit Gold. Auf der Kontrolle der reichen Goldvorkommen beruhte auch die Macht des Mansa, des Königs. Weitere Einkünfte bezog er aus dem Zoll für alle Handelsgüter, die sein Reich passierten. Dank der überreichen Einnahmen konnte der Mansa eine Politik des Prestiges verfolgen und ein 100 000-Mann-Heer unterhalten, das die Sicherheit des Landes garantierte. Unter der Regentschaft Soleimans und Kassas erfreuten sich ihre Untertanen des Friedens und Wohlstands – was Jahrzehnte später den Neid und die Angriffe benachbarter Dynastien und dieses wiederum den Untergang des Königreichs von Mali hervorrufen würde.

Der außerordentliche Reichtum an Gold lockte schon früh, insbesondere aber im 13. und 14. Jahrhundert, Handelsleute aus dem Norden an, Berber und Araber, die europäische Waren gegen Güter aus dem Inneren Westafrikas tauschten. Sie bedienten sich eines ausgebauten Netzes jüdischer und arabischer Zwischenhändler, die sich in den Städten des Orients und Okzidents etabliert hatten, und organisierten auch den Transport der Handelsgüter durch die Sahara, den von Nomaden angeführte Kamelkarawanen übernahmen.

Die Sahara wurde damals viel häufiger durchquert, als es später der Fall war, und zwar hauptsächlich zu Handelszwecken. Quer durch die Wüste transportierten die Karawanen Salz aus der Sahara und Güter aus Europa, die über die Häfen Barcelona, Sevilla, Cadiz oder Genua und über die nordafrikanischen Häfen und Umschlagplätze ihren Weg nach Süden fanden. In das Herz Afrikas ließen die nordafrikanischen Kaufleute Brokat und Stoffe aus der Lombardei bringen, Bücher, Papier und Seidenwaren aus Venedig, Schmuck, Glasperlen und Tand, Waffen und anderes mehr. Die Frauen am malischen Königshof tauschten ihr Gold gegen die glänzenden Stoffe aus Ägypten und die betörenden Parfums aus Syrien, ihre Fürsten gaben ein Vermögen aus für edle Pferde aus Nordafrika. Aber auch Einzelreisende nutzten die Handelswege durch die Sahara. Neben Mekkapilgern und Diplomaten beispielsweise auch die wohlhabende Elite der Mandinke, die sich der Dienste erfahrener Karawanenführer versicherte und Vergnügungsreisen nach Kairo unternahm, um sich dort mit Luxusartikeln zu versehen.

Der Karawanenhandel führte hauptsächlich über zwei Achsen: die Westroute, die den Süden Marokkos mit dem westlichen Niger verband, und die östliche Route von Tripolis und Kairo zum östlichen Nigerbogen. Der Austausch zwischen dem Reich Mali und den Mittelmeerländern, der sich bis ins erste Jahrtausend zurückverfolgen lässt, fand an den Handelszentren entlang der Straße des Goldes statt – die bekanntesten waren die Saharastädte Audaghost, Kumbi Saleh, Walata als Eingangs- und Ausgangstor zum Malireich (im heutigen Südmauretanien), Timbuktu als Drehscheibe und Gelehrtenstadt sowie Gao (im heutigen Mali) als Umschlagplatz am Niger.

In den Städten und Dörfern der Mandinke besaßen die nordafrikanischen Kaufleute gut organisierte Handelsstützpunkte. Auf Lagerplätzen, die normalerweise von marokkanischen Agenten geleitet wurden, sammelte man die einheimischen Waren und kümmerte sich um die Versorgung der Karawanen. Zweimal jährlich trafen die Karawanen ein mit

Hunderten, oft auch Tausenden beladener Kamele. Waren die Lasten abgeladen, zogen die Schiffe der Wüste wieder gen Norden, schwer bepackt mit Elfenbein, Gewürzen, Kolanüssen, getrocknetem Fisch, roten Kupferbarren aus den Minen von Takkeda, die ihrer Qualität wegen gesucht waren – und natürlich mit ihren wichtigsten Handelsgütern, Gold und Sklaven. Diese brachten sie zu den reichen marokkanischen Städten Fes und Sidschilmassa (seit dem 17. Jahrhundert verschwunden) und bis zu den Häfen von Tunis und Tlemcen (heute Algerien) beziehungsweise nach Kairo.

Das Gold wurde katalanischen Schiffen und florentinischen Galeeren anvertraut, die zumeist von andalusischen, lombardischen und genuesischen Handelshäusern gechartert waren. In Genua wurde es auf verschiedene Handwerkszweige verteilt, die es zu Goldschmuck, Münzen, Juwelierwaren, Legierungen und Goldfäden für das Weben von Stoffen oder auch zu glänzendem Geschirr für die vornehmsten Höfe Europas verarbeiteten. Genua exportierte auch einen Teil des westafrikanischen Goldes bis nach Nordeuropa.

Einen bedeutenden Teil des Transsaharahandels nahm der Sklavenhandel ein. Nur allzu oft marschierten fünfhundert bis sechshundert verängstigte Menschen, in Kriegs- oder Raubzügen von den Mandinke-Fürsten erbeutet, hinter den Kamelen her. Zeugnisse besagen, dass Kinder im Alter von vier Jahren zu Fuß von Kano (im heutigen Nigeria) bis nach Tripolis (Libyen) verschleppt und dort für den achtfachen Preis verkauft wurden. Ob es sich dabei jeweils um von feindlichen Nachbarvölkern entführte kleine Prinzen oder um Bauernkinder handelte, alle trafen sie sich auf den Wüstenrouten wieder, gefesselt und mit schweren Lasten auf dem Kopf. Nicht nur Kinder, die man in der Umgebung ihres Heimatdorfes geraubt hatte, gerieten in die Sklaverei, auch

Dienstboten, die von ihren verschuldeten Herren verkauft, Dorfbewohner, die wegen verschiedener Delikte – Diebstahl, Ehebruch, Verbrechen etc. – von ihrer Gemeinde verbannt worden waren, Frauen, die man von ihren Feldern entführt hatte, Witwen, Waisen sowie oft auch freie und stolze Bürger, die nicht zum Islam hatten konvertieren wollen.

Wer den schrecklichen Marsch durch die Wüste überlebte, wurde von seinen Leidensgenossen getrennt und an einen der vielen Zielorte verbracht: Die schönsten Frauen kamen in die Harems in Nordafrika und im Vorderen Orient, die kräftigsten Männer in die Mameluckenarmee Ägyptens, des türkischen Sultans oder der Araber. Um das Jahr 750 wurden beispielsweise im Heer des Sultans von Bagdad mehr als vierhundert schwarze Soldaten gezählt. Weniger Glückliche fanden sich als Eunuchen in türkischen Harems wieder. Die aufgewecktesten Kinder konnten als kleine Pagen oder Diener an europäische Höfe kommen, wo es Mode war, sich einen kleinen Neger in der Equipage, der Kutsche, im Salon oder im Pferdestall zu halten. Wer keinen Käufer fand, endete meist als Arbeiter auf den Ländereien in Nordafrika oder anderswo.

Die Lager am Persischen Golf und in der Türkei, die in Verbindung mit den »Sklavensupermärkten« von Tripolis und Benghazi in Libyen standen, lieferten ihre menschliche Ware bis an die Höfe des Kaisers von China und des russischen Zaren. Einen florierenden Handel mit afrikanischen Sklaven gab es auch in den indischen Häfen Bombay, Goa, Kalkutta, Pondicherry und auf der Halbinsel Timor. Nach vor Ort aufgefundenen Dokumenten lebten in der zweiten Hälfte des 15. Jahrhunderts aus Afrika stammende Gemeinschaften in der Provinz Bengalen im Norden Indiens. Manche ihrer Mitglieder bekleideten wichtige Posten in der Armee und Verwaltung der dortigen Sultanate.

Der Transsaharahandel mit Sklaven, zu dem es nur sehr wenige Quellen gibt, ging aufgrund der Konkurrenz europäischer Sklavenhändler zurück, in geringem Umfang existierte er aber bis in die Anfangsjahre des 20. Jahrhunderts.

Dass das Reich von Mali auch dem mittelalterlichen Europa bekannt wurde, verdankte es vor allem seinen Goldvorkommen. Als bedeutendster Goldlieferant vor der Entdeckung der Neuen Welt in Amerika – zu jener Zeit kam ein großer Teil des im wirtschaftlich erstarkten Europa und in der islamischen Welt benötigten Goldes aus Westafrika – weckten die legendären Minen von Bambuk und Bure allgemeine Neugier. Dazu trugen nicht zuletzt auch Berichte zunächst arabischer, später auch europäischer Reisender bei, in denen von einem Eldorado die Rede ist, »wo die Händler wertlose Waren hinbringen und mit von Gold überladenen Kamelen wieder fortziehen« angestachelt wurde.

Ein weiterer Anlass, etwas von Mali zu erfahren, ergab sich durch die spektakuläre Reise des Königs Kankan Musa in den Vorderen Orient. Dieser glanzvolle Monarch, der fünfundzwanzig Jahre über das Reich der Mandinke herrschte, entschied eines Tages, eine Pilgerreise nach Mekka zu unternehmen, um seinen Pflichten als frommer Muslim zu genügen. Nach mehreren Monaten Vorbereitung brach er an der Spitze eines beeindruckenden Zugs von mindestens tausend Höflingen und Dienern zu einer erstaunlichen Durchquerung der Wüste auf, die ihn im Jahre 1324 bis vor die Pyramiden in Ägypten führte. Seine Zwischenaufenthalte in Walata, Tuat, Teghaza und besonders in Ghadames, der fruchtbaren Oase am Kreuzungspunkt von Libyen, Tunesien und Algerien, verblüffte die dort ansässigen Beduinen, die wenig daran gewöhnt waren, ihre Gastfreundschaft mit so vielen Goldstücken und kostbaren Geschenken belohnt zu sehen.

Es heißt, dass seine Karawane mehr als achtzig Dromedare zählte, die mit zehn bis zwölf Tonnen Gold in Form von Goldklumpen, Goldstaub und Münzen beladen waren! Man kann sich den Aufruhr vorstellen, den die Ankunft dieser festlich gekleideten Männer aus dem Innern Afrikas in Kairo auslöste, als sie langsam in die Stadt einzogen, wobei jeder in der offenen Hand einen Goldbarren trug! Dem König folgte eine ellenlange Reihe von fünfhundert Männern, die mit massivgoldenen Stäben von jeweils drei Kilo rhythmisch aufstampften. Niemals hatte man in Kairo dergleichen gesehen!

Das Ereignis war die Nummer eins der lokalen Chroniken, die sich in schwärmerischen Kommentaren über den erstaunlichen »Herrscher mit noblen Allüren« und seine Freigebigkeit äußerten. Der ägyptische Sultan, El Malek en Nasir, dem Kankan Musa einen Höflichkeitsbesuch abstattete, sah sich mit einer Kiste Schmuck und Goldstaub, jeder Beamte bei Hof sich mit einer Summe Goldes beschenkt. Die so ungewöhnliche Prachtentfaltung bewirkte, dass in der feinen Gesellschaft jedermann danach drängte, den schwarzen Herrscher einzuladen, um sich kostbarer Geschenke zu versichern. So erhielt der reiche Kaufmann aus Alexandrien, Siradj el Din, mit dem Kankan Musa Freundschaft schloss, eine beeindruckende Menge Gold, weil er dem König Gastfreundschaft gewährte, bevor er zur Pilgerreise nach Mekka aufbrach.

In Kairo gab der Mansa so viel Gold aus – allein seine Almosen betrugen zwanzigtausend Goldstücke –, dass der Kaufmann ihm einige Wochen später mit jeder nur möglichen Summe aushelfen musste, um die Einkäufe und Überspanntheiten seiner Eskorte zu begleichen! Denn die Verkaufsstände und Basare Kairos hatten aufgrund der außergewöhnlichen Nachfrage die Preise auf das Doppelte heraufgeschraubt, und manche Mitglieder der königlichen Begleitung logierten in Kairoer Luxushotels, die schon damals Badezimmer mit Wasserhähnen für heißes und kaltes Wasser, Apparate zum Destillieren des Wassers und sogar Abwasserleitungen besaßen! Kankan Musas Gläubiger machte letztlich keinen Verlust, denn nach seiner Rückkehr nach Mali schickte der König ihm aus Dankbarkeit mehr als das Doppelte des geliehenen Geldes zurück. Insgesamt waren die Geschenke so großzügig und die Geschäfte so glänzend ausgefallen, dass der gewaltige Goldzustrom den Wechselkurs für das Edelmetall im gesamten Vorderen Orient für die folgenden Jahre beträchtlich in Unordnung brachte.

Allein der Tag der Abreise wurde ein historisches Schauspiel für die Kairoer Gaffer. Die Mitglieder des königlichen Gefolges grüßten da- und dorthin und eilten aufgeregt und laut rufend umher, um das Verladen ihrer kostspieligen Käufe auf den Rücken der Kamele zu überwachen, all der Möbel, Stoffe, Parfums, des Schmucks und anderer Preziosen. Der Mansa hatte sich von den Werken der Gelehrsamkeit anziehen lassen, seine Kisten waren voller kostbarer Manuskripte und anderer wissenschaftlicher und juristischer Werke.

Um seinem Reich weitere außenpolitische Kontakte zu verschaffen, nützte Kankan Musa seinen Aufenthalt in Kairo auch dazu, wirtschaftliche und kulturelle Beziehungen mit Ägypten zu knüpfen, hatte doch sein Bund mit dem marokkanischen Sultan von Fes, Abul Hassan von der Berberdynastie der Meriniden, beiden Ländern Vorteile gebracht. Und er lud verschiedene Fachleute zur Mitreise nach Mali ein. Zu seiner Karawane gehörten Gelehrte, Künstler, Juristen, ägyptische Baumeister und Maurer, jemenitische Schreiner, muslimische Theologen und eine Anzahl Kaufleute, die hofften, bei den Schwarzen reißenden Absatz für ihre Waren zu finden.

Dadurch verstärkte sich der durch den Handelsaustausch schon bestehende Einfluss der Mittelmeerkulturen im Sahel, insbesondere in der Kultur und Architektur. Einer der Pioniere, die Kankan Musa von Kairo nach Mali begleiteten, war der Architekt und Dichter Ibrahim as Saheli aus Granada. Indem er die Herstellung gebrannter Lehmziegel einführte, revolutionierte der große Baumeister die traditionelle Architektur der aus Lehm errichteten Rundbauten mit Strohdächern – vorher war nur der Königspalast aus Stein gewesen. Ebenso neu waren Häuser mit Fenstern und Türen, mit Arabesken und Metallgittern verziert, und mediterrane Muster bei der Dekoration im Hausinnern. As Saheli folgte dem Mansa auf seinen Reisen durch die verschiedenen Provinzen des Königreichs und baute auf Befehl seines Gönners neue, feste Gotteshäuser; beispielsweise die berühmte Moschee von Gao mit ihrem pyramidenförmigen Minarett, dann auch die königliche Empfangshalle mit Kuppel in Niani sowie den Palast und die Moschee von Timbuktu (1325). Dafür wurde er mit vierzigtausend Mithkal Goldstaub belohnt, was hundertachtzig Kilo Gold entsprach. Angesichts ihres Erfolgs kehrten die ägyptischen Architekten und Bauarbeiter nicht nach Hause zurück. Stattdessen machten sie in ihrem Gastland ihr Glück, derart groß war die Nachfrage nach luxuriösen Wohnstätten.

Die Nachricht über die Pilgerreise Kankan Musas verbreitete sich bald in der ganzen islamischen Welt, und noch lange nach seinem Tod im Jahre 1332 berichteten berühmte Reisende und Schriftsteller wie Al Makrizi, Ibn Battuta, Ibn Khaldun, Leo Africanus und auch die sudanischen Chronisten aus Timbuktu (*Tarikh el fetash*, *Tarikh as Sudan*) ausführlich von jenem denkwürdigen Ereignis. Auf seiner Reise durch Kairo gut ein Dutzend Jahre später hörte der aus Damaskus stammende Historiker Al Omari eine Reihe Anekdoten über den König und sein Gefolge und befragte verschiedene Gewährsleute, um den Wahrheitsgehalt zu überprüfen: Er fand noch genug Ungehörtes zu berichten.

Als die Kunde vom Reich Mali nach Europa drang, machten sich die Kartografen an die Arbeit. 1339 findet sich Mali im Abendland zum ersten Mal dargestellt, und zwar auf einer von Angelino Dulcert aus Mallorca geschaffenen Weltkarte. Sie zeigt das – vermeintliche – Gebiet des *rex Melli* (König von Mali) am Ende einer Route gelegen, die den algerischen Atlas durchquert und sich am Rande der Wüste verliert, und der Herrscher wird als »König der Goldminen« bezeichnet.

1367 kommen die Gebrüder Pizzigani auf ihrer venezianischen Weltkarte der Sache etwas näher mit einer Route, die durch das Hoggar-Gebirge bis nach Timbuktu führt. Der Kartograf Abraham Cresques, einige Jahre später vom französischen König Karl V. beauftragt, einen Atlas zu schaffen, zeichnet die Karawanenroute ein und die Orte Mali, Timbuktu und Gao. Dazwischen thront ein schwarzer Monarch, der eine Krone trägt, in der linken Hand ein Zepter hält und in der Rechten einen Goldklumpen, so groß wie ein Apfel. In der Legende schreibt Cresques: »Dieser schwarze Herrscher heißt Musa Mali, Herrscher der Schwarzen von Guinea. Dieser König ist der reichste und angesehenste Herrscher in der ganzen Gegend wegen der Überfülle an Gold, die man in seinem Land findet.« Das war im Jahre 1375.

Im Jahre 1492 schließlich wird auf einem Exemplar dieser berühmten Karte, das Christoph Columbus gehört haben soll, die Region von Bambuk (im heutigen Senegal) unter dem Namen *Insula tiber* genannt, lateinische Übersetzung einer arabischen Bezeichnung, die lautet: Insel des Goldstaubs. Als das malische Eldorado einmal entdeckt war, brauchten die europäischen Mächte nur noch ein paar Jahrzehnte, bis sie ihre Karavellen bewaffnet hatten und der Wettlauf zum afrikanischen Gold beginnen konnte – der Angriff auf jene *terra incognita*, die bereits in der Antike Griechen und Römer angelockt hatte.

Die Folgen des plötzlichen Interesses an Afrika sind bekannt. Im 16. Jahrhundert war dies vor allem der Niedergang der Beziehungen, die bis dahin zwischen den Bevölkerungen beiderseits der Sahara bestanden hatten.

Jedoch zur Zeit der Herrschaft Kassas war es noch nicht so weit gekommen. Das Mandinkereich erstrahlte in vollem Glanz, und der marokkanische Forschungsreisende Ibn Battuta (1304–1377) zeigte sich so beeindruckt, dass er sich 1352 neun Monate lang dort aufhielt. Sein einzigartiger Bericht ist die Hauptquelle allen Wissens über das alltägliche Leben, das höfische Zeremoniell, Gesellschaft und Kultur im Reich Mali. Geistvoll und unendlich neugierig, hatte der in Tanger geborene Pionier der Ethnologie bereits große Teile Arabiens und Asiens bereist, als er, vom Sultan von Fes finanziert, mit einer Karawane die Sahara durchquerte und in die Savannenregion vorstieß.

Er befragt die Einwohner, denen er eine große Höflichkeit bescheinigt, ausführlich über die Geschichte ihres Landes, über die Landwirtschaft, wirtschaftliche und handwerkliche Aktivitäten, Bauweise, Traditionen, Feste und kulturelle Darbietungen, Kleidung und sogar Kochrezepte und schildert seine Beobachtungen mit Kommentaren, die seine Verblüffung und Bewunderung ausdrücken. So berichtet er mit Wohlwollen von »dem bewundernswerten Frieden, der in diesem so riesigen Gebiet herrscht«, der guten Verwaltung des Reiches und von dem Wohlstand, der auf den exzellenten Staatsfinanzen beruht. Im Landesinnern konstatiert er die Disziplin der Funktionäre und der Provinzgouverneure, welche der Autorität des Herrschers mit großem Respekt begegnen, und die Gerechtigkeit bei richterlichen Entscheidungen. Eine angenehme Überraschung für den weitgereisten Forscher ist es, dass die Straßen im Reich sicher sind und die Reisenden weite Entfernungen hinter sich bringen können, ohne von Räubern überfallen zu werden, die normalerweise die Karawanenrouten gefährlich machen.

Zu jener Zeit erfreute sich das Mandinkereich einer blühenden Landwirtschaft; die Getreidespeicher waren gefüllt mit Reis aus den Flusstälern, Fonio und Sorghum. Außerdem gab es Gemüse und Obst in Hülle und Fülle: Bohnen, Rüben, Kürbisse, Knoblauch, Zwiebeln, Karite und anderes mehr – wie Ibn Battuta berichtet, konnten Reisende all das unterwegs kaufen. In den zentralen Ebenen wurde, angeregt durch den Reichsgründer Sundiata Keita im 12. Jahrhundert, Baumwolle angebaut, die für den Außenhandel und die Kaste der Weber bestimmt war. Im Süden des Königreichs fanden sich fischreiche Gewässer, auf denen bei Sonnenaufgang die langen Pirogen der Fischer dahinglitten. Der Großteil des Fangs war für den lokalen Verzehr vorgesehen, ein anderer Teil der Fische wurde von den Frauen geräuchert und getrocknet und dann von den Diula – Malinke-Wanderhändlern, die den Handel mit der Waldregion im Süden betrieben – zusammen mit Saharasalz verkauft beziehungsweise gegen Gold, Kolanüsse und Palmöl eingetauscht (Güter, die auch für den Transsaharahandel bestimmt waren). Um die Dörfer herum bot die Savanne den Herden gute Weidemöglichkeiten, und die Meister der Wildnis, die Jäger, jagten dort

Büffel, Antilopen und Gazellen. Aus den gegerbten Häuten stellte man Lederprodukte her. Elefanten lieferten Elfenbein, Strauße Federn.

Darüber hinaus galt das Mandinkereich auch als ein Hort islamischer Gelehrsamkeit. Der Islam, der ab dem 11. Jahrhundert mit den Handelsbeziehungen eindrang, führte zur Gründung zahlreicher Koranschulen, die Knaben ausbildeten. Im 14. Jahrhundert teilten sich nicht weniger als einhundertachtzig Schulen in den städtischen Zentren den Unterricht. In dieser Gesellschaft, die den Hunger nach Wissen zu schätzen wusste, hatten Schüler aus bescheidenen Verhältnissen die Möglichkeit, ihre Studien dank reicher Notabeln fortzusetzen, die ihnen ein Stipendium zur Verfügung stellten, wenn sie sich als Hauslehrer ihrer Kinder verpflichteten.

Für lange Zeit waren diese Studienzentren der Stolz des Landes, wurden dort doch so verschiedene Disziplinen wie Recht, Literatur und islamische Theologie verbreitet. Dazu kamen öffentliche und private Bibliotheken, die mit wertvollen Schriften und Manuskripten ausgestattet waren. Am berühmtesten war die Universität von Timbuktu, die, wie Mahmud Kati, der Verfasser des *Tarikh el fetash,* berichtet, von mehr als fünfundzwanzigtausend Studenten besucht wurde. Der Qualität der Studien verdankte sie die Anwesenheit zahlreicher arabischer und andalusischer Gelehrter, die dort Ringvorlesungen abhielten. Den Begabtesten ihrer schwarzen Studenten verschafften die Professoren oft Zugang zu weiterführenden Studien in den großen Universitätsstädten der arabischen Welt wie Fes in Marokko, Granada im maurischen Spanien oder an der Al-Ahzar-Universität in Ägypten. Nach Beendigung der Studien kehrten sie zurück, bereicherten die Ränge der kultivierten, gebildeten Elite und trugen dazu bei, die auswärts erworbenen Kenntnisse im Reich Mali fruchtbar zu machen.

Niani, Hauptstadt und Handelszentrum (das heute auf dem Gebiet von Guinea in der Nähe der Grenze zu Mali liegt), zählte ungefähr einhunderttausend Seelen. Die kosmopolitische Stadt – Ibn Battuta nennt sie Mali – lag in einer vom Sankarani, einem Nebenfluss des Niger, bewässerten Ebene. Enge sandige Gässchen durchzogen die Wohnviertel, die aus großen Grundstücken mit Lehmziegelhäusern und kleinen Obstgärten bestanden. Als Insel in einer extrem trockenen Landschaft bot die Stadt dem aus der Wüste kommenden Reisenden eine willkommene Ruhepause im Schatten großer Baobabs und Kapokbäume. Ibn Battuta wurde gastfreundlich aufgenommen und freigebig mit allem Lebensnotwendigen versorgt.

Der große Marktplatz im Zentrum von Niani, Ankunftsort der Karawanen, erinnerte an einen summenden Bienenkorb. An reich gefüllten Ständen bildete Kaufen und Verkaufen das Hauptgesprächsthema. Für einige Kaurimuscheln – das gängige Zahlungsmittel – waren getrocknete Bohnen, frisches Gemüse, Sauermilch, Seife aus Karitebutter, Kamelhaardecken, lederne Feldflaschen oder eiserne Hacken zu erwerben, aber es wurde auch ägyptisches Parfum oder venezianischer Brokat feilgeboten. Schwarze Händler von schöner Gestalt, die Taschen gefüllt mit Beuteln voller Goldstaub, feilschten mit hellhäutigen, in lange indigoblaue Gewänder gekleidete Messufa. Diese Berbernomaden aus der Sahara, die beim Abbau und Transport von Salz aus Teghaza das Monopol innehatten, waren begehrte Handelspartner, da Salz – das ausschließlich in der Wüste und weder in der Savannen- noch in der Waldregion vorkam – als Zahlungsmittel ebenso wie als lebensnotwendige Speisewürze unentbehrlich war. Wenn es Mittag wurde, bahnten sich Frauen mit Kalebassen voller Speisen einen Weg durch die auf dem Platz Versammelten, und auch sie warfen neugierige Blicke auf die ausgebreiteten Waren. Wie helle Silhouetten eilten kleine Gruppen marokkanischer Beamter zu den Ankömmlingen, um nach einer Nachricht von ihren Angehörigen zu fragen. Die zumeist aus Fes stammenden arabischen Rechtsgelehrten heller Hautfarbe waren von ihrem Sultan im Rahmen der diplomatischen Beziehungen beider Länder zum Mansa geschickt worden.

Ausführlich berichtet Ibn Battuta vom Herrscher Malis und dem Leben an seinem Hof. Bei mehreren Audienzen, Freitagsgebeten und einem traditionellen Fest, das mit den Feierlichkeiten zum Ende des Ramadan zusammenfiel, war der Reisende Augenzeuge.

An jenem Freitag sollten Mansa Soleiman und die Königin Kassa nach dem Gebet in der großen Moschee den Feierlichkeiten beiwohnen. Nach dem Mittagsmahl streiften die Männer ihr strahlend weißes Gewand über und nahmen, nachdem sie ihren Kopf mit einer Mütze aus roter Baumwolle bedeckt hatten, den Weg zur Moschee. Die Ärmeren, die lediglich ein gutes Hemd für besondere Anlässe besaßen, hatten es am Vorabend sorgfältig gewaschen, um präsentabel zu sein.

Die Frauen wiederum, herausgeputzt, mit ihrem schönsten Schmuck behängt und von einer Schar manierlich gekleideter Kinder umringt, bewegten sich in kleinen Gruppen zum großen Platz, wo die Festlichkeit stattfinden sollte. Vor den Toren zur Moschee herrschte Gedränge. Ganz Vorsichtige hatten seit dem Morgengrauen einen Sklaven abgestellt, um sich einen Platz zu reservieren. Andere waren am Vorabend vorbeigekommen und hatten eine Matte an ihrem

Lieblingsplatz abgelegt, denn sie wussten, dass niemand sie dort fortnehmen würde. Kaum hatte der Muezzin das Ende des Gebets verkündet, zerstreuten sich die Gläubigen eilends, um sich ihren Familien auf dem großen Platz anzuschließen. Das außergewöhnliche Ereignis war von den öffentlichen Ausrufern mit Trommelschlägen angekündigt worden.

Auf dem Platz war eine lange Estrade, mit drei Sitzreihen versehen und mit bunten Tüchern behängt, aufgebaut worden. Auch ein Ebenholzthron stand dort, flankiert von zwei gewaltigen Elefantenstoßzähnen, deren Spitzen sich über dem königlichen Sitz berührten. Dahinter flatterte in den Farben des Reichs ein gelbes Banner auf rotem Grund. Etwas entfernt von den königlichen Sitzen nahmen die Würdenträger Platz, wie es im Protokoll vorgesehen war, auf bunten Matten oder bequemen Kissen aus besticktem Leder. Unter den Versammelten befanden sich der Premierminister, Kandscha Musa, die Oberhäupter der adeligen Familien, die Provinzgouverneure, die Feldherren, die Richter, die Marabuts, der Imam der großen Moschee, die Rechtsgelehrten, der Kadi und natürlich Dugha, der königliche Griot, der Sprecher des Mansa, zugleich Zeremonienmeister und angesehenster Würdenträger bei Hof.

Die Griots, welche das wogende Gemurmel beherrschten, sangen, begleitet von den Balafons, Koras und Trommeln, ihre Loblieder auf den Herrscher, seine kriegerischen Unternehmen und Heldentaten. Die Menge wurde von strengen Ordnungshütern im Zaum gehalten, drängte sich aber um die Estrade. Durch die verlassenen Gassen eilten Nachzügler aus den entfernten Provinzen, um nichts von dem Spektakel zu verpassen. Als sie am Palast vorbeiliefen, sagte ihnen ein schneller Blick zu den mit Silber belegten Rundbogenfenstern der königlichen Gemächer, dass die

Festlichkeiten bald beginnen würden – die zugezogenen Wollvorhänge zeigten dies an.

Die mächtige Tür aus Ebenholz, die mit großen Dreiecken aus gehämmertem Silber verziert war und die Außenmauer des Königspalasts verschloss, öffnete sich nun einem Trupp von dreihundert Mann aus den verschiedenen Armeecorps. Im Rhythmus der Trommeln und der aus Elfenbein gefertigten Hörner marschierten sie im Gleichschritt, wobei sie feinen rötlichen Staub aufwirbelten. An der Spitze des Zugs gingen die Tontigui, Bogenschützen mit Köchern, die mit goldenen und silbernen Plättchen verziert waren. Es folgten die Lanzenreiter; sie trugen Speere und mit kleinen Goldkugeln verzierte Schilde. Eine dritte Gruppe beschloss den Zug. Diese Männer hielten Degen in der Hand, die einen mit Gold verzierten Knauf besaßen und in gleichfalls mit dem Edelmetall verzierten Scheiden steckten. Die Kommandanten der Kavallerie, die alle der Aristokratie entstammten, ritten stolz auf ihren Pferden und trugen schwere goldene Ketten, Auszeichnungen für ihre Verdienste in vergangenen Schlachten. Eine solche Zurschaustellung von Reichtum konnte einen auswärtigen Betrachter zweifellos verwundern, doch dieser Prunk war – und ist noch immer – unabdinglich in Gesellschaften, die dem Kult des Goldes einen hohen symbolischen Wert beimessen, rituell wie auch ökonomisch.

Nun näherte sich das königliche Paar. Gegen die heißen Sonnenstrahlen schützte es sich durch einen weiten seidenen Sonnenschirm mit einem goldenen Netz darüber, den zwei Sklaven hielten. Ein Trupp Musikanten schritt ihnen voran: Koraspieler mit in Gold und Silber gefassten Instrumenten, Flötenspieler und Hornbläser mit elfenbeinernen Instrumenten. Dreißig türkische Söldner, die aus Kairo kamen und zur Leibwache gehörten, mit Jatagan-Messern in der Faust, rahmten den König und die Königin ein. Ihnen folgte eine Hundertschaft nackter Sklaven in Doppelreihe, die dünne Lanzen mit silbernen Griffen trugen. Dass Sklaven, insbesondere auch weibliche, in der Öffentlichkeit gänzlich nackt erschienen, missbilligte Ibn Battuta, der als frommer Muslim urteilte, über alle Maßen.

Die Zuschauer hatten nur Augen für Kassa. Majestätisch schritt sie an der Seite des Sultans, der ein rotes Samtgewand europäischer Herkunft und eine goldene Kappe trug, die von einem ebenfalls goldenen Band gehalten wurde. Kassas hoheitsvolles Auftreten stellte die strahlendsten Schönheiten in den Schatten. Sie war in ein langes Tuch aus roter Seide mit eingewirkten Goldfäden gekleidet. Um den Hals trug sie eine Anzahl Ketten, passend zu den Ohrringen. Ein mit kleinen Anhängern aus Gold und Silber gesäumtes Kopftuch war kunstvoll über ihre geflochtenen Haare drapiert. Als Antwort auf die Zurufe der Menge winkte sie huldvoll mit dem feinen Silberfächer, den sie in der rechten Hand hielt.

Beim Vorüberschreiten des Herrscherpaars nahmen die Männer als Zeichen der Ehrerbietung ihre Kopfbedeckung ab, knieten sich mit beiden Ellenbogen auf den Boden und benetzten ihre Stirn mit einer Handvoll Staub. So war es Sitte, und das Nichtbefolgen zog eine Bestrafung nach sich. Auch wenn die Würdenträger den König sprechen wollten, achteten sie sorgfältig darauf, dass ein, zwei Sklaven sie mit einer Schüssel voller Sand oder Asche begleiteten. Ein Brauch, der unseren Zeugen Ibn Battuta verblüffte; er war »erstaunt, dass sie bei der Durchführung dieser Zeremonie nicht erblindeten«.

Auf dem Podest nahmen der Mansa und seine Königin die Willkommensgrüße der Würdenträger in Empfang, die von ihren Griots an Dugha gerichtet wurden. Nach diesem

Zeremoniell gab der königliche Griot das Zeichen zum Beginn der Festlichkeiten. Die Zuschauer sahen halsbrecherische Akrobatensalti, Geschicklichkeitsspiele der Lanzenträger, Rennen der goldverzierten Schlachtrösser, die Zurschaustellung von Jagdhunden mit vergoldeten Halsbändern, einen Musikantenwettbewerb, einen Sängerwettstreit der Griots und schließlich die mit Spannung erwartete Parade der Dichter.

Dies war eine der Hauptattraktionen derartiger Veranstaltungen. In eine Verkleidung aus Federn gehüllt, die von einer Vogelmaske gekrönt wurde, traten die besten Erzähler des Landes vor das Herrscherpaar und trugen ihre Dichtungen vor. Wie Ibn Battuta berichtet, sagten sie dem König: »Wahrlich, auf diesem Thron, auf dem du jetzt sitzest, saß der und der andere König, Urheber von den und den berühmten Taten; und der und der andere König, Urheber von den und den berühmten Taten usw. Wohlan, tu deinerseits viel Gutes, damit man es nach deinem Tod wieder in Erinnerung ruft!« Zu ihrem Repertoire gehörte aber auch eine Gesellschaftssatire, die gewisse Schwächen anwesender Persönlichkeiten aufs Korn nahm, und damit hatten sie großen Erfolg. Schließlich kam mit der Abenddämmerung das Ende des Festes, und ein jeder ging hochbefriedigt nach Hause.

Kassa schien sich im Lande großer Beliebtheit zu erfreuen. Wenn sie sich mit ihrem Gefolge in die Stadt begab, knieten die Leute nieder und streuten sich Sand auf das Haupt. Eine Ehrenbezeugung, die eigentlich dem Mansa vorbehalten war. Den anderen Frauen des Königs wurde keine derartige Wertschätzung zuteil; man begrüßte sie ganz normal, indem man sich eine Handvoll Sand über die Schulter warf.

Bis eines Tages ein unerwartetes Ereignis das beschauliche Leben von Niani aufstörte. Wie aus heiterem Himmel ließ Mansa Soleiman Kassa verhaften und bei einem seiner Provinzgouverneure unter Hausarrest stellen! Das löste einen großen Tumult aus in der Stadt. Die Bestrafung erschien überdies noch erstaunlicher, da sie durch keinerlei Erklärung gerechtfertigt wurde, obgleich der Mansa für seine Weisheit, Gerechtigkeit und Milde bekannt war. Die Erregung steigerte sich weiter, als der König einige Tage später eine Frau namens Bendjou offiziell als Hauptfrau einsetzte, obwohl sie nicht einmal adliger Abstammung war. In einer Gesellschaft, die sich durch Bereitschaft zum Dialog und Gerechtigkeit auszeichnete, musste solch ein Ereignis hohe Wellen schlagen. Die Münder standen nicht mehr still, der König sank in der Achtung seiner Untertanen und wurde wegen seiner Maßlosigkeit offen kritisiert.

Das Geschehen nahm eine neue Wendung, als die Cousinen des Königs, die unter Kassa Hofdamen gewesen waren, der neu Inthronisierten ihre Aufwartung machten, um ihr zu ihrem Aufstieg zu gratulieren. Anstatt allerdings die Begrüßung ihrem neuen Status anzupassen und ihr die gleichen Ehren zu bezeugen wie vormals Kassa, beschränkten sich die Damen auf ein Minimum, indem sie sich etwas Sand über die Arme warfen. Die wenig schlagfertige Bendjou wusste darauf nichts zu erwidern.

Einige Zeit später erklärte sich der Mansa in einem Akt der Milde und sicherlich auch, um die Gemüter zu beruhigen, zu Kassas Freilassung bereit. Sobald sie von der Neuigkeit erfuhren, eilten dieselben Hofdamen zu der abgesetzten Königin, um ihre Rückkehr zu feiern, wobei sie ebenjene Begrüßung zelebrierten, die nun nicht mehr standesgemäß war. Ja, sie begleiteten ihre Freudenrufe mit vielen Handvoll Sand auf den Kopf. Wie man sich denken kann, setzte eine scharfe

Zunge eilends Bendjou von dem Vorfall in Kenntnis, nicht ohne ihr voller Häme den Unterschied zu der Behandlung zu erläutern, welche ihr unlängst widerfahren war. Bendjou beschwerte sich bitter darüber beim König, der in heftige Wut ausbrach.

Was anfangs wie ein banales Gezänk zwischen Frauen aussah, wandelte sich nun zu einer Staatsaffäre. Denn jene Gesellschaft, die so sehr auf ihre hierarchische Ordnung und ihr Erscheinungsbild bedacht war, konnte keine Respektlosigkeit gegenüber der Tradition oder der Etikette dulden, und schon gar nicht gegen herrschende Persönlichkeiten. Aus Angst, sie wären mit ihrer Provokation zu weit gegangen, flüchteten die bissigen Cousinen des Königs sich schleunigst in die große Moschee, denn niemand, nicht einmal die königliche Garde, hatte das Recht, sich einer Person, die dort Schutz suchte, zu bemächtigen und sie fortzuschaffen. Eine lächerliche Situation, über die sich das Volk die Köpfe heißredete, so dass der Mansa sich besann und den Damen, die es an Ehrfurcht hatten fehlen lassen, Pardon gewährte.

Da sie es jedoch gewagt hatten, seine Autorität zu missachten, wurden die Maulheldinnen dazu verurteilt, sieben Tage in Folge völlig entblößt im großen Saal des Königspalasts zu erscheinen – der Hofstaat musste sich vorher entfernen – und vor dem Mansa Abbitte zu leisten. Auf diese Weise wurden sonst Frauen gedemütigt, die sich des Ehebruchs oder eines anderen schweren Vergehens schuldig gemacht hatten, das aber nicht die Todesstrafe verdiente. Selbst wenn sich die Demütigung hinter verschlossenen Türen abspielte, wo der Mansa sie seine Verachtung spüren ließ, sahen sich sie königlichen Cousinen doch in den Rang von Sklavinnen degradiert, die einzige Gruppe im Reich, die sich unbekleidet zeigen durfte. Und nur für den Preis einer solchen

Erniedrigung konnten Frauen, insbesondere Frauen von Adel, sich von bestimmten Beleidigungen reinwaschen.

Die Strafe erging auch an Kassa, die den Befehl erhielt, zweimal pro Tag, morgens und abends, im Sitzungssaal ihre Aufwartung zu machen und ihre Reue zum Ausdruck zu bringen. An besagtem Tag bestieg sie ihr Pferd und begab sich zur Audienz, gefolgt von ihren kleinen Sklavinnen, welche die Kalebassen mit dem für die Begrüßungszeremonie benötigten Sand trugen. Doch anstatt sich zu entkleiden, bevor sie vor dem Sultan erschien, trotzte sie der Übereinkunft, indem sie ihren Körper in ein leichtes Seidentuch hüllte, und trat keck vor den Thron. Auf ein Zeichen ihrer Herrin knieten sich die Dienerinnen, die sich im Gegensatz zu ihrer Herrin entkleidet hatten, auf den Boden und streuten sich vor dem verblüfften König anstelle von Kassa Sand aufs Haupt.

Da er den ungestümen Charakter seiner Exfrau kannte und einen Skandal vermeiden wollte, schickte Soleiman sie nach Haus. Um aber zu zeigen, wie wenig sie sich aus ihrer Bestrafung machte, erschien Kassa am nächsten und am übernächsten Morgen wieder im Saal und begann mit der gleichen Komödie, als wollte sie den König herausfordern.

Die Geschichte blieb nicht lange hinter den verschlossenen Mauern des Palastes verborgen. Kassa hatte über den König triumphiert! Die Neuigkeit verbreitete sich in Windeseile. In der Stadt zerrissen sich die Leute das Maul über Kassas Respektlosigkeit, und rasch wurde Soleiman zur Zielscheibe des Gespötts. Niani fand sich in zwei Lager gespalten: Einmal gab es jene, die sich über die Kapricen der in Ungnade gefallenen Königin amüsierten, und zum andern waren da die Verfechter der Tradition, die sich über die mangelnde Ehrerbietung dem Herrscher gegenüber empörten. Das ging so weit, dass die Befehlshaber der königlichen Garde sich entschieden, zu vermitteln und zugunsten der Königin ein Wort einzulegen, damit wieder Ruhe einkehrte.

Der König empfing sie im Palast und ließ ihnen durch den Mund von Dugha, seinem Sprecher, mitteilen: »Es wird viel über Kassa geredet, und die Bitten häufen sich, ich möge sie wieder in ihren früheren Rang einsetzen. Ihr müsst aber wissen, dass sie sich eines schweren Verbrechens schuldig gemacht hat.« Als er sah, dass es Kassas Fürsprecher vor Überraschung die Sprache verschlagen hatte, erteilte Dugha den Wachen einen Befehl. Sie kehrten mit einer verängstigten Sklavin zurück. Ihre Füße waren an eine eiserne Stange gebunden, und ihr Rücken blutete noch von Peitschenhieben. Der Griot des Königs schrie: »Sage, was du weißt!«

Das junge Mädchen sagte aus, Kassa habe ihr unter dem Siegel der Verschwiegenheit eine Botschaft anvertraut. Diese habe sie persönlich dem Prinzen Djathal überbringen sollen, einem unbotmäßigen Cousin väterlicherseits des Königs, der in das Dorf Kenborni im hintersten Winkel des Landes verbannt worden war. Bei der Botschaft sei es, soviel sie verstanden habe, darum gegangen, dass die Königin den verbannten Prinzen ermuntern wollte, zurückzukehren und ihren Gatten zu entthronen, und ihm versicherte, er könnte auf die Unterstützung der Armee rechnen, die ihm helfen würde, seine Macht zu festigen.

Als sie diese Enthüllungen hörten, riefen die völlig verdutzten Befehlshaber im Chor, dass Kassa ein wahrhaft schlimmes Verbrechen begangen habe und sie den Tod verdiene. Sobald sie erfuhr, was ihr bevorstand, verließ die ehrgeizige Königin, die über ein effizientes Spionagenetz verfügte, ihren Wohnsitz, um sich in das – unverletzliche – Haus des Vorbeters zu flüchten. Denn dort konnte man Asyl finden, wenn man es nicht bis zur großen Moschee schaffte!

Ibn Battuta, der unmittelbare Zeuge dieser Ereignisse, hat uns leider keinerlei Hinweise darauf hinterlassen, welchen Fortgang die Geschichte nahm und welches Schicksal Kassa bestimmt war. Vielleicht hat er es selbst nicht gewusst, denn er war im Begriff, die Hauptstadt zu verlassen, und steckte mitten in den Vorbereitungen für seine Rückreise nach Marokko. Mit Sicherheit war Kassa aber die letzte Frau auf dem Thron von Mali, die sich so viel Einfluss verschaffen konnte.

MALAN ALUA

Die schwarze Messalina des Sanvi-Königreichs in der Elfenbeinküste

Niemanden haben die Agni in der Elfenbeinküste in so schrecklicher Erinnerung behalten wie Malan Alua. Zu ihren Lebzeiten – der zweiten Hälfte des 19. Jahrhunderts – verbreitete die schwarze Messalina in ihrer Umgebung so viel Angst und Schrecken, dass kein Mensch – so die Überlieferung – einem Mitglied ihrer Familie irgendetwas verweigert hätte, und wäre es nur eine Kalebasse Wasser gewesen, so groß war die Furcht vor einer späteren Rache!

Malan Alua war eine illustre Frauengestalt aus Sanvi, einem kleinen Königreich, das Einwanderer aus dem heutigen Ghana, die zu den Akan-Völkern gehörten, zu Beginn des 18. Jahrhunderts gründeten. Aus ihrer von langen Kriegen zerstörten Heimat waren sie in den Südwesten der Elfenbeinküste geflohen, wo sie dank ihrer militärischen Fähigkeiten nach und nach die Oberhand über die dort ansässige Bevölkerung gewannen und sich mit den anderen ethnischen Gruppen vermischten. So war das Agni-Volk entstanden. Manche Quellen berichten auch, dass der »Gründervater« des Königreichs Sanvi eigentlich eine Frau war, und zwar die Königin Akouanina, Schwester des Chefs Nzema Assaie. Sie war von ihrer Familie verstoßen worden, weil sie sich mit einem Sklaven eingelassen hatte. Daraufhin hatte sie sich mit ihren Anhängern in dem Gebiet nördlich der Lagune Aby angesiedelt und ihren Einfluss auf verschiedene andere Provinzen ausgedehnt, woraus schließlich das Königreich Sanvi erwuchs und Krinjabo, seine Hauptstadt.

Zwischen dem Meer, der Lagune und dem dichten Regenwald gelegen, war Sanvi ein reiches Land; es besaß Goldminen und große Bestände an Edelhölzern, von denen die eine oder andere Sorte wie beispielsweise Mahagoni schon zur damaligen Zeit nach England exportiert wurde. Die Landwirtschaft und ausgiebiger Fischfang sorgten für eine ausgewogene Ernährung der Bevölkerung. Das Land war die Drehscheibe des Handels zwischen den Wanderhändlern aus den Aschantigebieten und den Diula aus dem Norden der Elfenbeinküste. Die günstigen Lebensbedingungen und die Offenheit nach außen zogen viele Leute von auswärts an.

Malan Alua war die Nichte des Herrschers Amon Ndoufou, der von 1844 bis 1886 regierte. Wie in allen matrilinearen Gesellschaften wurden ihr als Nichte des Herrschers wichtige Privilegien und ein bedeutender Einfluss auf die Macht zugestanden. Durch ihren Titel als *blahima*, was man mit »Königinmutter« übersetzen kann, galt sie als »Mutter« des Königreichs und repräsentierte im gesellschaftlichen Leben eine Art Alter Ego des Königs.

Am Königshof fungierte die *blahima* als Hüterin der Traditionen und war an wichtigen Entscheidungen beteiligt. So konnte zum Beispiel der Regentschaftsrat ohne ihre Zustimmung unter den möglichen Thronfolgern keinen neuen König erwählen. Bei offiziellen Feierlichkeiten war ihr Platz an der Seite des Königs, und sie kümmerte sich um die Betreuung auswärtiger Gäste in der Hauptstadt. Außerdem organisierte sie die Zwangsarbeit zur Müllbeseitigung, damit die Umwelt immer sauber und einladend blieb.

Da die Leute zu ihr leichter vordringen konnten als zum König, übermittelte sie die Beschwerden aus der Bevölkerung an die Würdenträger und wachte darüber, dass Ruhe und Ordnung und ein Klima der Verständigung herrschten. Bei

Streitigkeiten unter Leuten verschiedener Herkunft griff sie als Schlichterin ein. Und mit all ihren Kräften verteidigte sie die Interessen der Frauen, die sicher sein konnten, ihren Fall zu gewinnen, wenn sie der Königin das Problem unterbreiteten. Da sie auch berechtigt war, beim König um Begnadigungen nachzusuchen, standen alle möglichen Leute in ihrem Hof Schlange, um ihr ein Gesuch zu unterbreiten oder einen Rat einzuholen. Da Malan Alua so viele Ämter ausübte – Stellvertreterin des Königs, Hüterin des Kults und der Traditionen, Schlichterin bei Rechtsstreitigkeiten –, stand sie seit ihrem ersten öffentlichen Auftreten um 1865 immer im Rampenlicht.

Darüber hinaus galt sie als Expertin für okkulte Künste. Dafür wurde sie ebenso gefürchtet wie bewundert, und man schrieb ihr magische Kräfte zu – zusätzlich zu ihrer sonstigen, ohnehin für übernatürlich gehaltenen Stärke. Sie leitete die heiligen Zeremonien und kannte die Beschwörungsformeln und geheimen Riten, die man benötigte, um mit den Ahnen Verbindung aufzunehmen. Und sie hatte auch die Aufgabe, bei Konflikten mit benachbarten Völkern persönlich darüber zu wachen, dass kein Soldat der Versuchung nachgab, vom Schlachtfeld zu desertieren. Wer so etwas beabsichtigte, zog es aber vor, im Kampf zu sterben, als in ihre Hände zu fallen.

Denn Malan Alua, die große Königin, war gierig nach Männern. Und wehe denen, die ihren Blick auf sich zogen! Egal ob Sklave, Edelmann, Bauer, Fremder, Schwarzer oder Weißer, niemand entzog sich den Bestürmungen der »schönen Frau mit heller Haut und feinen Gesichtszügen, von hoher Gestalt und üppiger Figur« – so beschrieb sie 1892 ein gewisser Monnier, Mitglied der französischen Kommission zur Grenzziehung zwischen der Gold Coast (Ghana) und der Elfenbeinküste. »In ihrem Gesicht mit schmalen Lippen und kerzengerader Nase war der vor Übermut sprühende Blick eine einzige Einladung«, fügte er hinzu. Die Königin war zu dem Zeitpunkt schon nicht mehr so jung, doch er dichtete ihr jungmädchenhafte Füße an!

Die Prinzessinnen zählten nicht zu den gewöhnlichen Frauen, und folglich war Polyandrie am Hof von Sanvi Tradition. Sie konnten also ihre Ehegatten wählen, und sich ihres Privilegs bewusst, suchten sie sich unter allen Männern die größten Verführer und die Reichsten aus. Malan Alua hatte auch keinerlei Skrupel, die Männer von ihren Frauen zu trennen, Väter von ihren Kindern und zahlreiche Familienbande zu zerstören.

Es wird erzählt, dass sie sich, als sie einmal mit dem König, ihrem Onkel, ins Landesinnere reiste, von der Vorführung eines jungen Tänzers betören ließ. Er gehörte zu einer Tanzgruppe, die bei der Willkommenszeremonie zu ihren Ehren auftrat. Sie gab dem »Stabträger« ihrer Eskorte den Auftrag, die Eltern des jungen Mannes herbeizubringen, und sagte ihnen unverblümt: »Euer Sohn gefällt mir. Ich nehme ihn zum Ehemann.« Da er keine andere Wahl hatte, als das Haupt zu beugen, konnte das Familienoberhaupt nur antworten: »Ich habe verstanden, meine Königin. Deine Wünsche sind die unseren. Erlaube mir nur, diejenigen zu informieren, die uns ihre Tochter gegeben haben, damit wir sie mit unserem Sohn verheiraten.« Und als der hohe Besuch sich verabschiedete, musste der junge Tänzer mit auf die Reise gehen und seine in Tränen aufgelöste Ehefrau zurücklassen.

Die soziale Herkunft ihrer Favoriten bekümmerte sie wenig. Die prächtigsten Mannsbilder, selbst aus bescheidenen Verhältnissen, hatten alle Chancen. Was nicht heißen soll, dass die Verlockungen der Macht und des Geldes sie gleichgültig gelassen hätten. Wenn sie hörte, dass jemand die Reichtümer eines Mannes pries, ließ sie den Notabeln seines Dorfes umgehend verkünden, dass sie ihn zum Ehemann wünschte. Die Neuigkeit wurde öffentlich bekannt gemacht, und der Erwählte konnte sich nur noch unterwerfen und von seinen Ehefrauen samt den Sprösslingen Abschied nehmen. Oft hatte sich unterdessen die Königin einen Teil der Güter ihres neuen Gefährten angeeignet und ihm anschließend eine Gütertrennung aufgezwungen.

War sein Vermögen aber erst einmal in den Kronschatz eingegangen, genügte ein einziger Fauxpas, und der Gelegenheitsehemann riskierte, dass er sich ohne Mittel als Verstoßener wiederfand. Zunächst setzte sie jedoch ihre weiblichen Waffen ein, um ihre Eroberungen zu umgarnen. Am Tage der Ankunft an ihrem Wohnsitz offerierte sie dem Neuling als Willkommensgruß einen Korb mit seltenen Parfums, Pudern und kostbaren Stoffen. Gewissermaßen als Vorspiel zu der Glückseligkeit, die ihn erwartete – im Prinzip, denn bei der kleinsten Verärgerung war Schluss mit der Leidenschaft! Sie konnte jeden ihrer Liebhaber jederzeit hinauswerfen. Einer ihrer Gefährten bezahlte sogar mit seinem Leben für die Ungeschicklichkeit, im Zimmer zu laut zu niesen, während die Königin Siesta hielt. Dass ihr Schlaf urplötzlich unterbrochen worden war, brachte sie so in Zorn, dass sie zum König lief und eine exemplarische Bestrafung des Rüpels verlangte!

Die große Liebhaberin Malan Alua war auch von einer krankhaften Eifersucht besessen, was sie zu Exzessen trieb, die ihrem Rang unwürdig waren. Allein der Gedanke, dass die Frauen in ihrer Umgebung mit ihr um männliche Gunstbeweise konkurrieren könnten, erschien ihr untragbar.

Frauen, die sich darin gefielen, Männer zu verführen, hatten höchstes Interesse an absoluter Diskretion, denn die Königin duldete keine Rivalin! Männer, die das Glück hatten, ihr zu gefallen, steckte sie in einen goldenen Käfig und ließ sie rund um die Uhr überwachen. Keiner Vertreterin des schwachen Geschlechts war es erlaubt, sich ihnen zu nähern, mit Ausnahme der Sklavinnen, welche die Hausarbeiten verrichteten. Der für den Moment Erwählte hatte sich von seinen gewöhnlichen Beschäftigungen zu verabschieden und sich ausschließlich auf die Königin zu konzentrieren. Er durfte weder ausgehen noch irgendein Wort mit den anderen Frauen des Hofes wechseln.

Während sie unversöhnlich über die Tugend ihrer Liebhaber wachte, galt dieses Prinzip keineswegs für die Königin von Sanvi selbst. Die jeweiligen Gefährten mussten ihre Seitensprünge und nächtlichen Abenteuer, ohne zu murren, ertragen. Manchmal versuchte sie, den Anschein zu wahren. Sie begab sich dann an einen anderen Ort und trug Sorge, dass das Schäferstündchen sich nicht zu sehr in die Länge zog. So war sie noch vor dem Morgengrauen wieder zu Hause, und die Umgebung – Ehemann wie Dienerinnen – konnte glauben, sie hätte die ganze Nacht in ihrem Zimmer verbracht. Diese Strategie wandte sie systematisch bei Europäern an, die eine Affäre mit ihr hatten. So konnte auf beiden Seiten die Würde gewahrt werden.

Trotz ihres unstillbaren Verlangens nach Männern war Malan Alua von einer Furcht besessen: nämlich schwanger zu werden. Ein ungewöhnliches, Anstoß erregendes Betragen in einer Gesellschaft, in der Leben schenken ein eminent wichtiges Symbol darstellte. Kein Mann hatte das Recht, sie mit seinem Samen zu beflecken, ungeschickte Partner riskierten Verbannung oder den Tod. Wenn sie sich in galanter Begleitung befand, wartete stets eine Dienerin mit einer Schüssel heißen Wassers in der Nähe ihres Zimmers, damit die Königin sofort nach dem Geschlechtsakt eine intime Waschung vornehmen konnte.

Den alten König Ndoufou bestürzte das Benehmen seiner Nichte, und vergeblich versuchte er, sie zur Vernunft zu bringen, indem er sie immer an die ihr auferlegten Pflichten und den der Tradition geschuldeten Respekt erinnerte. Die Sorge des Oberhaupts war nur allzu berechtigt, denn aufgrund der matrilinearen Thronfolgeregelung musste sein Nachfolger von einer der Frauen seiner Familie abstammen. Von den Schwestern oder Cousinen des Königs hing also Blühen oder Vergehen einer Dynastie ab. Auch hielt der König es für unverantwortlich, dass Alua mit ihrem Treiben das Aussterben ihrer Linie riskierte – einer bedeutenden Linie, hatte sie doch den Exodus der Agni angeführt und ihnen mit der Gründung des Königreichs eine neue Heimat geschaffen.

Die heißblütige Messalina besann sich schließlich und wollte ihre Pflicht erfüllen und dem Thron einen Erben schenken. Doch nach zahlreichen erfolglosen Versuchen – zur großen Erleichterung ihrer Liebhaber, die sich nicht mehr vom Tod bedroht sahen –, musste sie sich eingestehen, dass ihr Unterleib verflucht war. Die besten Rezepte der Magier kamen zur Anwendung, doch nichts schlug an. Die Befragungen der Orakel ergaben auch keine Resultate. Dies war ein schrecklicher Schlag, der ihrem Stolz zugefügt wurde, denn sie war die Letzte eines Familienzweiges, in dem es kaum weibliche Nachkommen gab.

Auch für die königliche Familie war dies ein Drama, denn aufgrund von Malan Aluas Sterilität stand zu befürchten, dass eine andere Linie den Thronerben stellen würde. Der Rat der Notabeln unternahm alle Anstrengungen, um ein solches Unheil abzuwenden, er suchte weit und breit, selbst in Ghana, dem Land, woher sie einst gekommen waren, nach entfernten Cousinen des Königs väterlicherseits, die dem Mangel vielleicht abhelfen konnten. Da die Königin für diese Schmach verantwortlich gemacht wurde, geriet sie überall in Misskredit. Für alle lag es auf der Hand, dass die Verhütung, die sie mit geheimnisvollen Absuden seit ihrer Jugend lange Jahre praktiziert hatte, ihre Sterilität bewirkte.

Und war es nicht ein Zeichen einer göttlichen Verdammung? Viele glaubten das. Bei all ihren Kapricen, so meinte man, sollte es niemanden verwundern, dass sie nun, über dreißig Jahre alt, unfruchtbar war. Sehr viel später haben sich einheimische Historiker mit der Frage befasst und die Hypothese aufgestellt, dass die Sterilität aus der Inzucht resultieren könnte, die in Adelskreisen recht verbreitet war. Um solche Schwierigkeiten zu vermeiden, haben übrigens andere Völker ihren Fürstinnen gestattet, ihre Liebhaber außerhalb der königlichen Linie zu suchen, und so die Chance auf gesunde Kinder erhöht.

In Krinjaba würzte ein neues Bonmot die Umgangssprache: »Ich schwöre es auf den Bauch von Alua!« Das sagte man, wenn man seiner Sache nicht so sicher war … Lag in diesem Verhängnis der wahre Grund für ihre Grausamkeit? Hatte das Gefühl einer möglichen Schuld sie verhärtet? Die zweite Hälfte ihres Lebens wurde jedenfalls von einem blutrünstigen Wahn überschattet, dem sie mehr und mehr verfiel. Es begann in dem Augenblick, als ihr Cousin Akassimandu, der Sohn der älteren Schwester des verstorbenen Königs, an die Macht kam. Als hätte eine rasende Wut sich ihrer bemächtigt, ließ sie Sklaven oder unbescholtene Bürger hinrichten, die nichts verbrochen, aber das Pech hatten, ihren Weg zu kreuzen. Selbst Frauen wurden nicht geschont; im

Handumdrehen wurde ihnen der Kopf abgeschlagen, falls die Königin sich auf irgendeine Art beleidigt fühlte. Was die Familien der Opfer angeht, so war es ihnen verboten, auch nur die geringste Klage zu äußern, sonst drohte ihnen das gleiche Schicksal!

Und sie hielt nun die Macht in ihren Händen. Dem neuen König, obwohl im besten Mannesalter, mangelte es an Format. Da er an einer Lähmung litt, die ihn zwang, sich in einer Sänfte fortzubewegen, schien er ungeeignet, seine Amtspflichten zu übernehmen; überdies war er von beklagenswerter Unentschlossenheit und stand völlig unter dem Einfluss von Gruppen, die ihn auf den Thron befördert hatten, um die Macht zu destabilisieren. Zudem wurde weiterhin der Verdacht geäußert, er wäre dem Königreich von den Franzosen aufgedrängt worden, die in der Elfenbeinküste Fuß gefasst hatten, so dass er bei seinem eigenen Volk nicht viel galt und noch weniger bei den umliegenden Fürstentümern, die ihm den Treueid hätten schwören müssen, nun aber den pflichtgemäßen Tribut verweigerten.

In der Gegend von Assinie – einem Küstenort – hatten Kaufleute aus Dieppe 1637 die ersten überseeischen französischen Handelsniederlassungen gegründet. In der Folge wurden zwischen dem Hof Ludwigs XIV. und dem König der Agni diplomatische Beziehungen aufgenommen. Offensichtlich war das Königreich Sanvi für Versailles von mehr als nur bescheidenem Interesse. Davon zeugt der Bericht des Chevalier d'Amon, der 1698 auf Erkundungsmission in das Königreich geschickt wurde: »Die Schwarzen sammeln am Flussufer und an den Stromschnellen Gold. Die Vorkommen sind so reichhaltig, dass man mir versichert hat, zweihundert Männer könnten an einem Tag sechs Kisten von je einem Quadratfuß füllen.« Er empfiehlt, sich schleunigst an der Küste niederzulassen, und fährt fort: »Frankreich sollte den rund fünfzig fragwürdigen holländischen und englischen Schiffen hier den Handel verbieten. Bislang können sie frei schalten und walten und verderben die Profite, indem sie die Ware zu billig verkaufen.«

Mehr als drei Jahrhunderte lang bewerkstelligten die Kontore den Austausch von Manufakturwaren – hauptsächlich Waffen – gegen Goldstaub, Elfenbein, Gummi arabicum und später Palmöl. Während des 19. Jahrhunderts, zur Zeit der kolonialen Eroberungen, entschied die Französische Republik, dort einen Trupp Marineinfanterie zu stationieren und Forts zu bauen, um ihre Stellungen zu schützen. Goldvorkommen und Edelholzbestände, aber auch seine strategische Bedeutung im Handel mit dem Norden der Elfenbeinküste zogen das Reich der Agni in das gefährliche Kielwasser der ewigen Rivalität zwischen Franzosen und Engländern.

Letztere, die in der benachbarten Goldküste (Ghana) Fuß gefasst und dort das Sammeln von Kautschuk unter ihre Kontrolle gebracht hatten, blickten begehrlich auf die Elfenbeinküste, aus der die Franzosen nach dem Senegal und Algerien eine dritte Einflusszone machen wollten. Die Vertreter Frankreichs, die durch den 1843 mit Amon Ndoufou geschlossenen Schutzvertrag im Vorteil waren, rangen dem schwachen Akassimandu die Erlaubnis ab, sich in Aboisso niederzulassen, einem Handelszentrum zwischen Lagune und Ozean.

Zwei ausländische Mächte gierten danach, sich Sanvi einzuverleiben, was nicht nur die politische Eigenständigkeit und Stabilität in Frage stellte, sondern auch den wirtschaftlichen Niedergang befürchten ließ. Im Bestreben, die Folgen dieser Konfliktsituation für ihr Volk abzumildern, hielt Malan Alua es für geboten, die Dinge in die Hand zu nehmen, und sie begann, Akassimandu die anstehenden Entscheidungen zu diktieren. Sie übernahm damit mehr oder weniger die Verwaltung des Königreichs, worin sie übrigens eine gewisse Erfahrung besaß, und niemand war gut beraten, ihre Autorität in Zweifel zu ziehen, nicht einmal die Franzosen. Außerdem bot sie all ihren Einfluss auf, um die Einrichtung englischer und französischer Faktoreien in Assinie so lange wie möglich hinauszuzögern, und bis zu ihrem Tod widersetzte sie sich der Errichtung jeglicher ausländischen Vertretung in ihrer Hauptstadt Krinjabo.

Obwohl der Zusammenhalt des Königreichs höchste Priorität genoss, entschied sich die Herrscherin von Sanvi für eine realistische Politik: friedlicher Widerstand gegen das koloniale Eindringen. Ihr Ziel war es, auf keinen Fall die guten Beziehungen aufs Spiel zu setzen, die ihr Onkel mit den Franzosen vor Ort geknüpft hatte. Und es gelang ihr offensichtlich, einen Gesinnungswandel herbeizuführen, denn der Gouverneur Bayol, der die Region 1886 bereiste, schildert Malan Alua in einem Bericht an das Ministerium für Marine und Kolonien folgendermaßen: »Eine dem König nahe stehende Frau teilt mit ihm die Macht. Dies ist die Prinzessin Elua, die ranghöchste Persönlichkeit des Reichs nach seiner Majestät. Sie ist sehr intelligent und überaus einflussreich.«

Bei allem Respekt, den sie sich verschafft hatte, war Malan Alua vielleicht doch eine gespaltene Persönlichkeit. Während sie mit Kompetenz das Land regierte, drangen Berichte über ihre barbarischen Verbrechen über Sanvis Grenzen. Dem Onkel, den sie lebhaft bewundert hatte, war es mit wohlwollender Ermahnung noch gelungen, ihre Heißblütigkeit zu dämpfen, doch der träge Cousin besaß nicht das Format, um den Exzessen der verbitterten Frau, zu der sie inzwischen wohl geworden war, Einhalt zu gebieten.

Eines Tages, so wird erzählt, hatte sie mit einem Messer auf das schöne Antlitz und den entblößten Körper einer Unvorsichtigen eingestochen, die einem ihrer Liebhaber ein nicht autorisiertes Lächeln entlockt hatte. Wutschnaubend hatte sie die Rivalin anschließend zu Boden geschleudert und sie angeschrien: »Nun werden wir ja sehen, ob du noch einen Hund anlocken kannst!« Das Nächste war die schreckliche Geschichte, wie sie einen Verurteilten lebendig begraben hatte. Man hatte den Unglücklichen bis zum Hals in den Sand eingegraben, dann erteilte sie den Befehl, gebratene Bananenstücke dicht um ihn herum zu platzieren. Davon wurden fleischfressende Ameisen angelockt, die den Kopf des Verurteilten wegfraßen. Noch tagelang glaubten die Leute in der Nachbarschaft, der Wind trüge das schreckliche Echo seiner Schreie zu ihnen herüber.

Als *blahima* war Malan Alua auch mit der traditionellen Gerichtsbarkeit befasst. Den Gerichtstag begann sie grundsätzlich mit einem Besuch der Angeklagten. Doch das geschah nicht aus Mitleid. Wenn einer der Männer ihr gefiel und sie ihn verschonen wollte, ließ sie ihm einen kaum sichtbaren Schnitt auf die Stirn anbringen. Die winzige Blutspur auf dem Gesicht des Verurteilten diente den Richtern als Zeichen, und entsprechend beeilten sie sich, ihn freizulassen. Und auch wenn sich die Königin während der Sitzungen des Tribunals am Nacken kratzte, war die Botschaft eindeutig: Der Kopf eines Schuldigen musste fallen, selbst wenn das Vergehen keine so harte Bestrafung verlangte. Sie schien fast ein orgastisches Vergnügen daran zu finden, den Hinrichtungen beizuwohnen. Wenn ein Kopf in den Sand rollte, diente er ihr als Fußstütze, und in aller Ruhe verfolgte sie weiter das »Spektakel«.

Ihr Privatleben war ein einziges Theater dramatischer

Episoden. Wie bei dem Fall, als sie erfuhr, dass ihr Gefährte sich weiterhin mit seiner legitimen Ehefrau getroffen und diese ein Kind zur Welt gebracht hatte. Malan Alua unterdrückte die nagende Eifersucht und wartete auf den Augenblick ihrer Rache. Ein paar Tage später, und dies war sicher kein Zufall, begegnete sie der jungen Mutter in der Stadt. Sie grüßte sie herzlich, als wäre nichts geschehen, so wie es wohlerzogene Nebenfrauen zu tun pflegen, und beglückwünschte sie zu ihrer letzten Niederkunft. Anschließend lud sie die Frau zu sich ein, ihr das Neugeborene zu zeigen. Durch den gütigen Tonfall getäuscht, folgte die Naive am festgesetzten Tag der Einladung und wurde warmherzig empfangen. Vertrauensvoll gab sie der Königin das Kind, als diese es auf den Arm nehmen wollte. Plötzlich sprang Malan Alua wie eine Furie hoch, ergriff das Baby an einem Bein und schleuderte es über ihren Kopf, bevor sie den kleinen Körper auf dem Boden zerschmetterte. Dem anwesenden Vater blieb keine Zeit zu reagieren. Nach vollbrachter Tat schrie die vollkommen hysterische Königin ihn an: »Schätze dich glücklich, dass ich dir das Leben lasse. So kannst du damit fortfahren, weitere Kinder zu zeugen und es den Leuten zu offenbaren, dass ich steril bin.«

Das war eine barbarische Tat zu viel. Entsetzen machte sich breit, und das Volk tat seinen Abscheu über ein so monströses Verbrechen kund, rebellierte jedoch nicht offen. Man fragte sich allerdings, worauf der König noch wartete, um ihre Absetzung in die Wege zu leiten, wie es nach einem so schweren Vergehen üblich gewesen wäre. Doch der Staatsrat wagte nicht, etwas zu unternehmen – Malan Alua war zu mächtig. Und so wurde die Geschichte des Königreichs Sanvi noch durch weitere grausame Verbrechen seiner sadistischen Königin befleckt.

Erst gegen Ende ihres Lebens, als sie die fünfzig überschritten hatte, wurde Malan Alua ruhiger. Die Menschenopfer wurden seltener, nicht aber ihre Liebesabenteuer. Bis zu dem Tag, an dem sie den Mann traf, der ihr letzter Gemahl werden sollte – den reichen Pflanzer Adou Ehoui. Dieses Mal war sie auf einen starken Mann gestoßen, der nicht zögerte, sie zu verprügeln, wenn er sie auf diese Weise davon abbringen konnte, die Leute zu quälen. Er lehnte es ab, seine vier Ehefrauen zu verstoßen, und fuhr fort, sie zu besuchen, ohne der Königin den Vorzug zu geben. Und das Wunder geschah. Malan Alua änderte sich. Es wird erzählt, dass die Königin von seinem standfesten Charakter so gefesselt war, dass sie ihm wie ein verliebtes junges Mädchen überallhin folgte, ihn sogar auf seine Pflanzungen begleitete, wenn er die Bauern bei den Feldarbeiten beaufsichtigte.

Und in seinen Armen starb sie im Jahre 1898, zwei Jahre vor ihrem Cousin Akassimandu. Obwohl ihr Ableben allseits große Erleichterung auslöste, hatte Malan Alua das Recht auf ein königliches Begräbnis. Dazu gehörten auch Menschenopfer, die sie auf ihrer Reise zu den Ahnen begleiteten, denn so wollte es die Tradition. Ihr mit Kaolin bestrichener Leichnam war auf einem mit kostbaren Stoffen ausgekleideten Totenbett aufgebahrt, mit Goldstaub bedeckt, und man hatte ihr eine beeindruckende Menge Schmuck angelegt. Alle ihre früheren Ehegatten und Liebhaber waren gekommen und erwiesen ihr zusammen mit ihrem Volk die letzte Ehre. Selbst eine französische Delegation war anwesend. Denn trotz der unseligen Erinnerung, die ihre Herrschaft verdunkelt, ist sie doch die Königinmutter von Sanvi gewesen.

MADAM TINUBU

Geschäftsfrau und Politikerin des 19. Jahrhunderts

Eine außergewöhnlich erfolgreiche Geschäftsfrau, Beraterin des Königs und eine mutige Widerstandkämpferin – das alles war Madam Efunroye Tinubu aus dem Yorubaland im heutigen Nigeria. Sie ist die Erste einer langen Reihe von Geschäftsfrauen, die viel später, in den 1950er Jahren, am Golf von Guinea unter dem Namen Nana Benz bekannt geworden sind (wegen ihrer Vorliebe für Limousinen dieser Marke). Sie waren Frauen von einfacher Herkunft, hatten es im Kleinhandel und durch den Verkauf von Tuch zu Reichtum gebracht, so den sozialen Aufstieg geschafft und gesellschaftliche Achtung erlangt.

Wir befinden uns im 19. Jahrhundert. Nach dreihundert Jahren transatlantischen Sklavenhandels entschied sich der Westen, allen voran Großbritannien, den Export der afrikanischen Bevölkerung zu verbieten. Die Bewegung der Abolitionisten, der religiöse und humanitäre Motive zugrunde lagen, hat bei diesem Sinneswandel eine große Rolle gespielt, zuerst in Großbritannien und anschließend in Frankreich. Doch wie man sich denken kann, ging das Umdenken vor allem auf wirtschaftliche Erwägungen zurück. Der Sklavenhandel, der im 17. und 18. Jahrhundert mit Billigung der europäischen Staaten praktiziert worden war, wurde mit dem Einsetzen der industriellen Revolution, die nach Rohstoffen und Absatzmärkten verlangte, weniger attraktiv und konnte folglich für gesetzlos erklärt werden.

Die Sklaven galten nun nicht mehr als billige Arbeitskräfte und angesichts der neuen Wirtschaftsformen auch nicht mehr als zeitgemäß – so schon der Schotte Adam Smith, der Vater der modernen Ökonomie, in seinem 1776 erschienenen Werk *Der Wohlstand der Nationen*: »Die Erfahrung zu allen Zeiten und in allen Völkern beweist, wie ich glaube, dass die Arbeit eines Sklaven am Ende die teuerste ist, obwohl sie offenbar lediglich seinen Unterhalt kostet. Jemand, der kein Eigentum erwerben kann, kann auch kein anderes Interesse haben, als möglichst viel zu essen und so wenig wie möglich zu arbeiten.«*

In unterschiedlicher Geschwindigkeit kamen die späteren Schutzmächte zu der Einsicht, dass der afrikanische Kontinent durch die Lieferung von Rohstoffen mehr Gewinn abwerfen würde und Konsument der in Europa hergestellten Industrieprodukte werden könnte. So wählte man die Anwendung dreier Strategien: Kommerz, Christentum und Zivilisierung, die es wohl ermöglichen würden, den Kontinent am Rande des Weltmarkts an die Leine zu legen.

Dänemark war im Jahre 1802 die erste Nation, die ihre Beteiligung am Sklavenhandel aus humanitären Gründen offiziell aufkündigte. 1807 folgte England, das überdies dafür plädierte, die Antisklaverei-Gesetzgebung auf ganz Europa auszudehnen. Es sah sich allerdings mit einer Widerstandsfront konfrontiert, bestehend aus Frankreich, Portugal, Spanien und den Vereinigten Staaten, in deren Kolonien die Plantagenwirtschaft noch in großem Umfang üblich war. Da der britische Druck nicht schwächer wurde, unterzeichnete Frankreich 1818 zwar die Konvention, vor den zweifelhaften

* Smith, Adam: *Der Wohlstand der Nationen*, München 1974, S. 319.

Unternehmungen seiner Handelsgesellschaften verschloss es aber seine Augen.

Es fehlte jedoch an Möglichkeiten, um das Verbot des Sklavenhandels allgemein durchzusetzen. In ihrer Eigenschaft als Beherrscherin der Meere hatte die britische Krone eine Schiffsflotte bewaffnet, mit der Aufgabe, die Küsten zu kontrollieren und die Besatzung von in flagranti abgefangenen Schiffe zu zwingen, die Schwarzen freizulassen, und die Sklavenhändler dann zu bestrafen. Ab 1841 schlossen sich weitere europäische Länder halben Herzens der britischen Initiative an und stellten eine internationale Überwachungsflotte zusammen, deren Schiffe auf der Höhe der westafrikanischen Küsten, im Indischen Ozean, vor Amerika und vor den Antillen patrouillierten, um den ungesetzlichen Handel zu verhindern.

Die Kehrseite der Medaille bestand allerdings darin, dass die Kapitäne ihre »Ladung« – Hunderte von Männern, Frauen und Kindern – über Bord warfen, sobald ein Kontrollschiff am Horizont auftauchte, um das Kapern ihres Schiffes zu verhindern. Andere unterwarfen sich der Bezahlung des Bußgelds. Die Sklaven wurden dann auf der nächsten Insel an Land gesetzt und für frei erklärt, waren aber meist gezwungen, dort Arbeitsverträge über acht Jahre – die dann verlängert wurden – abzuschließen, was ihren Status nicht wesentlich veränderte.

Vor der westafrikanischen Küste wurden im 19. Jahrhundert zwar 1.635 Schiffe aufgebracht und rund 160 000 Sklaven befreit, im gleichen Zeitraum transportierte man aber noch über drei Millionen Sklaven nach Übersee. Das Verbot des transatlantischen Handels hatte also nicht automatisch die Abschaffung der Sklaverei zur Folge. Die gewinnträchtige Nachfrage nach Arbeitskräften existierte nach wie vor, ja sie stieg sogar, da der europäische Markt sich in breiter Front den tropischen Produkten öffnete – Tee, Kaffee, Zucker, Kakao –, die nun auch von mittleren und unteren Schichten konsumiert wurden, während sie lange Zeit den Reichen vorbehalten gewesen waren. Die Zuckerrohr- und Kaffeeplantagen benötigten weiterhin starke Arme, um die spektakulär steigende Nachfrage nach ihren Produkten zu befriedigen. Die portugiesische Kolonie Brasilien, die zusammen mit Kuba zu den größten Nutznießern des sogenannten heimlichen Sklavenhandels gehörte, verdreifachte ihre Kaffeeexporte nach Europa, wobei die Produktion in den Jahren 1817 bis 1835 schon um das Zehnfache gestiegen war. Zur Arbeit auf den Plantagen Brasiliens waren zwischen 1811 und 1870 rund 1 200 000 Sklaven eingeführt worden, das sind ungefähr sechzig Prozent der in dieser Zeit nach Amerika deportierten Afrikaner! Kuba hatte ab 1830 in nur vier Jahren den Verkauf an Zucker vervierfacht, der Import an Afrikanern stieg auf der Insel von 14 000 im Jahre 1853 auf 30 500 im Jahre 1859!

In Afrika selbst machte sich die allmähliche Aufgabe des Sklavenhandels in unterschiedlicher Weise bemerkbar. Die Bevölkerung, die durch Sklavenjagden bis ins Hinterland dezimiert worden war, schloss sich in Flüchtlingsgruppen weit von ihrem ursprünglichen Zuhause entfernt zu neuen Gemeinschaften zusammen. Die kleinen Königreiche in den Küstengebieten mussten aufgrund der sinkenden Nachfrage nach Sklaven eine wirtschaftliche Talfahrt hinnehmen, wenn sie nicht auf den Export von Agrarprodukten wie zum Beispiel Palmöl oder Kautschuk umschwenkten. Nachdem sie jahrhundertelang am lukrativen Handel mit menschlicher Ware partizipiert hatten, verlebten sie jetzt die letzten Jahre ihrer Autonomie; bald würden ihre früheren Kunden ihr

Land schlucken. Denn unter dem Vorwand, sie wollten der Missachtung des Sklavenhandelsverbots ein Ende setzen, lagen die europäischen Mächte, die an den afrikanischen Küsten ihre Handelsstützpunkte besaßen, schon auf der Lauer, um sich in einen verbissenen Konkurrenzkampf um die kostbaren Rohstoffe zu stürzen.

Die Geschichte von Madam Tinubu spiegelt diese Zeit wider. Ihre Lebensgeschichte erzählt vom Aufstieg einer Afrikanerin in der Zeit großer Umwälzungen, als die traditionellen Machtstrukturen sich auflösten und eine neue Ordnung sich noch nicht ganz etabliert hatte.

Tinubu stammte aus einem Dorf bei Abeokuta, der Egba-Hauptstadt im Yorubaland. Wie alle Mädchen ihres Alters war sie von klein auf mit dem Handel vertraut, da sie ihrer Mutter beim Verkauf von Maisbrei half. Die schwere Kalebasse auf dem Kopf, begleitete sie die Mutter auf die Märkte, stand mit ihr am Wegesrand und rief den Vorbeieilenden zu, doch von ihrem Brei zu probieren. Über ihren Vater weiß man wenig, nur so viel, dass er vielleicht ein Owu war. Nach einigen Jahren schwerer Arbeit entschloss sich das Mädchen, inzwischen eine junge Frau, ihrem Heimatort den Rücken zu kehren und in Badagry, einer expandierenden Küstenstadt westlich von Lagos, ihr Glück zu versuchen.

Ihre geringen Ersparnisse investierte sie einen Kleinhandel mit Salz und Tabak, von dem sie knapp überleben konnte. Die Tage verbrachte sie mit langen Märschen quer durch die Stadt, immer auf der Suche nach Kunden für ihre Tabakblätter. Dabei kam sie auch zum Hafen, wo sie bald den besten Umsatz erzielte. Von Natur aus neugierig, interessierte sie sich für alles, was um sie herum vor sich ging. Da sie sich nicht weit von den Lagerschuppen aufhielt, wurde sie auf die heimlichen Verhandlungen aufmerksam, die Agenten dort über Lieferungen von Sklaven führten. Der Hafen von Badagry war zu jener Zeit eine der letzten Bastionen der heimlichen Sklaventransporte in Richtung Brasilien und Kuba. Um nicht von den britischen Kontrollschiffen erwischt zu werden, legten die Sklavenschiffe nur kurz an und versorgten sich rasch mit Nachschub.

Tinubu war viel zu unternehmungslustig, als dass sie sich mit ihrem Kleinhandel begnügt hätte. Nur allzu bald kam sie dem Treiben im Hafen auf die Schliche und suchte die Nähe zu den afrobrasilianischen Kreolen, die ihre Gewinne aus dem Weiterverkauf der Sklaven an die europäischen Sklavenhändler zogen. Sie machte eine Reihe jener Großhändler zu ihren Kunden, die ihrer kleinen Tabakverkäuferin allerdings kaum Beachtung schenkten. Bis zu dem Tag, da sie ihnen einen waghalsigen Vorschlag unterbreitete, als sie ihnen nämlich sagte, sie könne sie mit kriegerischen Clans zusammenbringen, die sich auf die Treibjagd von Gefangenen spezialisiert hätten. Ihre Unverfrorenheit zahlte sich aus: Das Angebot interessierte die Wiederverkäufer.

Die junge Frau suchte sofort den Kontakt zu den Sklavenjägern aus der Gemeinschaft der Egba. Dass sie selbst diesem Volk entstammte, erleichterte ihr die Sache. Sie ließ sich in die Kreise der Chefs einführen, die eine Reputation als notorische Menschenjäger besaßen, und erreichte es, ihnen vorgestellt zu werden. Und unter vollem Einsatz ihrer Redegewandtheit konnte Tinubu sie davon überzeugen, dass es von Vorteil für sie wäre, mit ihr Geschäfte zu machen, ja, sie malte die Gewinne in so schillernden Farben, dass ihre zukünftigen Geschäftspartner einen Exklusivvertrag mit ihr abschlossen.

Dank ihrer neuen Tätigkeit als Zwischenhändlerin, die sie übrigens als einzige Frau ausübte, wuchs ihr Wohlstand.

Die Yoruba-Königreiche befanden sich zu jener Zeit im Stadium der Auflösung. Die vormals mächtigen Staaten hatten durch Palastintrigen, blutige interne Konflikte und übertriebenes Expansionsstreben ihren Zusammenbruch herbeigeführt. Angesichts der Engpässe im Sklavenhandel, welche die Preise für erbeutete Sklaven in die Höhe schnellen ließen, waren sie unter diesen Bedingungen schnell zu einem lukrativen Jagdrevier der Sklavenhändler und Menschenjäger geworden.

Tinubu baute ein reibungslos funktionierendes Netzwerk für den Nachschub auf. Dank der Vorschüsse der brasilianischen Großhändler bezahlte sie ihre Lieferanten bar und sofort. Ihr Handelsunternehmen prosperierte im Rekordtempo. Beim Einstieg in den Markt hatte sie den Käufern Lockpreise angeboten, die leicht unter dem Niveau von Badagry lagen, und so eine Klientel von wachsender Bedeutung an sich binden können.

Nachdem sie ein Vermögen gemacht hatte, fehlte nur ein Wink des Schicksals, wie sie ihre außergewöhnlichen Fähigkeiten noch nutzbringender einsetzen konnte. Da brachte 1846 ein erneuter Erbfolgestreit den Thron von Lagos ins Wanken, auf dem König Akintoye saß. Von einem seiner Neffen, Kosoko, auf das heftigste befehdet, hatte er in Badagry Zuflucht gefunden, dem Ort, an dem die nun steinreiche Tinubu residierte, die ihre Unternehmungen inzwischen auf eine breitere Basis gestellt hatte.

Zwar hatte der illegale Sklavenhandel der jungen Frau als Sprungbrett aus ihrer Armut gedient, inzwischen war Tinubu aber erfahren und vorsichtig genug, um zu wissen, dass dieses Geschäft – im Übrigen ein Auslaufmodell – viel zu gefährlich war und sie in arge Bedrängnis bringen konnte. Die Briten, Hauptgegner desselben Handels, bei dem sie früher

Spitzenreiter gewesen waren, hatten in der Region Fuß gefasst und ihre Absicht erklärt, diese von den Sklavenhändlern zu befreien und zu befrieden. Von ihren Küstenforts streckten sie ihre Fühler aus in ein Gebiet, das später ihre blühendste afrikanische Kolonie werden sollte. Noch gaben sie sich als Verbündete der lokalen Herrscher – deren Herren sie bald werden würden –, bestärkten aber gleichzeitig die Handelshäuser in der Errichtung möglichst vieler Faktoreien. So wurde der illegale Handel nach und nach vom legalen – dem Handel mit afrikanischen Agrarerzeugnissen, die gegen europäische Industrieprodukte eingetauscht wurden – überlagert und ersetzt. Wie die meisten europäischen Sklavenhändler wandte sich auch Tinubu einem ehrbareren Handel zu: dem mit Palmöl, das gerade einen Boom erlebte.

Die veränderten Handelsstrukturen hatten die afrikanische Wirtschaft zu einem Umdenken gezwungen; den neuen Bedürfnissen der industriellen Staaten musste Rechnung getragen werden. Zu den althergebrachten Tauschprodukten (Gold, Felle, Elfenbein, tropische Hölzer) kamen neue Erzeugnisse (Palmöl, Erdnussöl, Baumwolle, Kaffee, Kautschuk, Wachs), die von der bäuerlichen Bevölkerung, teilweise auch von Sklaven, produziert wurden. Insbesondere stieg die europäische Nachfrage nach Pflanzenölen und -fetten, die man als Schmiermittel für Maschinen und als Rohstoff für die Seifen- und Kerzenfabrikation sowie ab ungefähr 1870 bei einem aufgrund der Bevölkerungsentwicklung steigenden Bedarf für die Herstellung von Margarine verwandte. In der Lagunenregion im Südosten Nigerias, »Ölfluss« genannt, weil hier die größten Ölpalmenpflanzungen Afrikas lagen, war der Export nach Großbritannien sprunghaft angestiegen. Der Einkaufspreis für Palmöl hatte sich verdoppelt, und die Produktion war von jährlich 2000 Tonnen um 1840 auf mehr als 25 000 Tonnen ab 1855 gestiegen. Die Produktion und der Export der Agrarprodukte begünstigten den Aufstieg niederer sozialer Schichten, wohingegen vom Verkauf der Sklaven nur die Könige, die reichen Notabeln und Großhändler profitiert hatten. Kleinbauern und diversen Zwischenhändlern, aber auch Frauen, die in der Weiterverarbeitung des Palmöls tätig waren, boten sich damit bislang nicht gekannte Chancen.

Wie oben schon angesprochen, flüchtete sich 1846 der von seinem Thron verjagte König von Lagos nach Badagry. Dass die verstorbene Mutter des Königs der gleichen Ethnie angehört hatte wie Tinubus verstorbener Vater, nahm sie zum Anlass, dem König ihre Aufwartung zu machen. Sie stattete ihm also einen Besuch ab, bedauerte ihn wegen seiner Absetzung und bot ihm an, wobei sie auf die zwischen ihnen bestehende Klanverwandtschaft hinwies, sich mit ihrem ganzen Besitz in seine Dienste zu stellen.

König Akintoye hatte den Verlust seines Throns noch nicht verwunden und nahm den Freundschaftsbeweis daher mit größtem Wohlwollen auf. Und Tinubu hielt ihr Wort. Dank ihrer Großmut und ihrer Verbindungen gelang es dem exilierten König, seine Streitkräfte neu aufzubauen und die Unterstützung der Briten zu erlangen, die zu dem Usurpator Kosoko ohnehin ein gespanntes Verhältnis hatten. Fünf Jahre später, 1851, wurde Kosoko von Akintoye vom Thron gestoßen, wobei er auf die Unterstützung einer britischen Marineeinheit zählen konnte, die Lagos unter Beschuss nahm.

Sobald er sich wieder in seine Rechte eingesetzt sah, gab der König seiner Dankbarkeit Ausdruck, indem er Tinubu einlud, sich in Lagos niederzulassen, der Hauptstadt des Yoruba-Königreichs. Gesagt, getan. Sie verlegte den Sitz ihrer Handelsunternehmen dorthin und verschaffte sich als »Nichte« des Königs binnen kurzem eine privilegierte Stellung bei Hof. Durch ihre klugen Ratschläge wusste sie sich beim Herrscher unentbehrlich zu machen und stieg zu einer Schlüsselfigur auf, so dass sie bald als die wahre Inhaberin der Macht galt. Die anderen Ratgeber des Königs hatten übrigens größtes Interesse daran, sich mit ihr gutzustellen, wenn sie ihre Stellung und Pfründe behalten wollten.

Madam Tinubu nutzte ihre neu erworbene Position, um ihre Geschäfte außerordentlich auszuweiten. Bestrebt, ihre Stellung als Großhändlerin für den Palmölexport nach Europa auszubauen, schuf sie ihr eigenes Handelsnetz, das den Verkauf des Öls an die europäischen Handelshäuser und den Verkauf der Importgüter an die lokalen Kunden einschloss. Bei Tinubu liefen die Fäden eines weitverzweigten Vertriebssystems zusammen, ihre Geschäftsbeziehungen erstreckten sich von den großen Handelshäusern über die landwirtschaftlichen Produzenten und Ölpresserinnen bis hin zu lokalen Händlern und Straßenhändlerinnen aus ihrer Heimatstadt Abeokuta, die sie mit dem Verkauf der Stoffe und anderer aus Großbritannien importierter industriell gefertigter Produkte betraute. Nach knapp zwei Jahren lief fast der gesamte Palmölhandel über ihr Unternehmen und machte sie zur führenden Zwischenhändlerin im europäisch-afrikanischen Handel von Lagos und Abeokuta.

Dieses Quasimonopol verschaffte ihr eine für eine Frau bislang unerreichte Macht. Ohne jeden Zweifel war sie eine außergewöhnliche Persönlichkeit. In den zeitgenössischen Berichten über sie wird hervorgehoben, dass man sie als Geschäftsfrau und geniale Verhandlungspartnerin fürchten musste, dass sie mit eiserner Hand die vielen männlichen und weiblichen Angestellten, Kommis und Agenten dirigierte, die unter ihrer Order tätig waren. Selbst die Europäer von

Lagos, kaum allzu großer Sympathien gegenüber den Einheimischen verdächtig, sprachen respektvoll von ihr als »Madam Tinubu«.

Die wie ein Komet aufgestiegene Frau, die sich eine so große Macht verschafft hatte, überdies in Lagos eine Fremde war, irritierte eine Reihe Notabeln; Tinubu mischte sich ihrer Meinung nach ungebührlich in öffentliche Angelegenheiten ein. Aus Furcht, sie würde die strenge Hierarchie der höfischen Ordnung durcheinanderbringen, unternahmen ihre Gegner mehrere Vorstöße, den König vor dem rastlosen Unternehmungsgeist Tinubus zu warnen. Vergebene Liebesmüh. Akintoye hatte absolutes Vertrauen in seine graue Eminenz. Und nach seinem Tod 1853 wuchs ihr Einfluss sogar noch, da der Erbprinz Dosumu sich völlig auf sie stützte. Da er um seine Entscheidungsschwäche wusste, befand der junge Mann es für weiser, sich auf die Frau zu verlassen, deren Schutz sein Vater ihm auferlegt hatte und die er selbst als seine Tante betrachtete.

Die Unruhe, die von dieser umstrittenen Persönlichkeit ausging, und der Machtkampf, den die verschiedenen Fraktionen der lokalen Würdenträger untereinander austrugen, wurden von den britischen Amtsträgern vor Ort aufmerksam verfolgt. Schon seit längerer Zeit suchten sie eine Gelegenheit, die allzu mächtige Frau zu neutralisieren – allein schon ihr erklärter Nationalismus hätte ausgereicht, sie in ihren Augen suspekt zu machen.

Es war eine Tatsache, Tinubu störte. Ihre wirtschaftliche Tatkraft hatte die Profite der europäischen Handelshäuser fühlbar sinken lassen, denn der Palmölhandel fand nur noch zu ihren Konditionen statt. Und auf dem politischen Sektor mangelte es den Briten an Einflussmöglichkeiten. Da der junge König von Höflingen umgeben war, die eher auf seinen Sturz hinarbeiteten, als dass sie sich loyal verhielten, hätte er sich sicherlich hilfesuchend an seine englischen »Partner« gewandt – wäre Tinubu nur jemals von seiner Seite gewichen.

Von einer Person wurde sie ganz besonders gehasst. Das war der britische Konsul von Lagos, Sir Benjamin Campbell, der die Ratgeberin des Königs unerträglich arrogant fand – eine nicht ungewöhnliche Haltung bei Europäern, die alle Schwarzen für arrogant hielten, über die sie keine Kontrolle hatten. In der ambitionierten Tinubu sahen sie einen Bremsklotz für die imperialen Gelüste Großbritanniens auf das anämische Königreich.

Die beträchtliche Zahl an Sklaven, die beim Aufbringen der Sklavenschiffe von der britischen Überwachungsflotte befreit worden waren oder aus Übersee in ihre afrikanische Heimat zurückkehrten, hatte das Problem aufgeworfen, wo diese Menschen angesiedelt werden sollten. Angloamerikanische philanthropische Organisationen hatten Siedlungsgebiete eingerichtet, und zwar in Sierra Leone für ehemalige Sklaven, ob befreit, geflüchtet oder in die Freiheit gesetzt, wenn sie aus britischen Kolonien kamen, und in Liberia, wenn sie aus den USA kamen. Seit den 1830er Jahren kehrten viele ehemalige Sklaven, die aus dem Yorubaland stammten, Sierra Leone den Rücken und gingen zurück in ihr Heimatland, insbesondere nach Abeokuta, Lagos und Badagry. Und die Rückkehrer aus Kuba und Brasilien steuerten ebenfalls das Land ihrer Vorväter an, also auch das Yorubaland.

Während ihres Aufenthalts in Sierra Leona hatten die »Rückkehrer« in den Schulen und Ausbildungsstätten der Missionare Berufe wie Lehrer, Baumeister, Zimmermann, Mechaniker, Schneider, Drucker, Kaufmann oder Pflanzer und ein neues Selbstbewusstsein gelernt sowie die europäische Lebensweise und den christlichen Glauben übernommen. Mit ihren Kenntnissen und Fertigkeiten gaben sie den Städten, die sie aufnahmen, technische und wirtschaftliche Impulse, die ihnen Wohlstand, ja Reichtum einbrachten. So wuchs eine neue dynamische, gebildete Elite heran, ein Modernisierungsfaktor in den festgefahrenen Strukturen. Die britischen Autoritäten beobachteten die Entwicklung mit Wohlwollen und ermutigten die Rückkehrerbewegung. Die energischen Neubürger mit der britischen Lebensweise kamen ihnen wie gerufen, waren sie doch bestens geeignet, ein Gegengewicht zu den afrikanischen Potentaten zu bilden.

Es ist klar, dass die Ansiedlung der Rückkehrer von der heimischen Elite nur schwer toleriert wurde und sie die Überlebenden eines Handels, der beträchtliche Gewinne abgeworfen hatte oder immer noch abwarf, mit Misstrauen betrachtete. Dazu kam, dass die Neuankömmlinge aufgrund ihrer Bildung und Religion zwangsläufig die Ideale von Gleichheit und Freiheit verfochten, Sklaverei und Sklavenhandel somit verdammten, zum Leidwesen der animistischen, hierarchisch verkrusteten Gesellschaft, in der sie sich ein neues Leben einrichten wollten.

Spannungen waren unausweichlich, die Unzufriedenheit entlud sich in Gewaltausbrüchen. Die Abgabe von Land an die Rückkehrer provozierte wiederholt Aufstände. Die alten Eliten mussten nicht nur mit ansehen, wie die Neuankömmlinge sich wichtige Wirtschaftsbereiche eroberten, indem sie in den legalen Handel drängten, sondern sie nisteten sich auch noch in der Politik ein und umwarben den Königshof.

Die Briten hielten die Situation, dass befreite Sklaven mit ehemaligen Sklavenhändlern an einem Ort leben sollten, für zu explosiv. Dem Vertreter der britischen Krone schien sich endlich die Gelegenheit zu bieten, Madam Tinubu loszuwerden. Aufgrund ihrer unrühmlichen Rolle als Lieferantin der Sklavenhändler, die er nicht müde wurde anzuprangern, könnte sie, wie er meinte, unmöglich länger einen so ehrenvollen Platz neben dem König einnehmen. Also verlangte er von Dosumu, sie umgehend aus Lagos zu verbannen.

Tinubu rief ihre Anhängerschaft zusammen und mobilisierte ihre Umgebung, insbesondere jedoch die Gemeinschaft der sie unterstützenden Egba, wobei sie die Allianz betonte, die diese Ethnie mit dem König verband. In ihrer Wut gedachte die Geschäftsfrau dem Konsul einen Denkzettel zu erteilen. Im Laufe des Jahres 1855, als er sich in seinem heimatlichen England im Urlaub befand, entfachte sie in der Stadt eine »spontane« Protestbewegung gegen die Einwanderer aus Sierra Leone und Brasilien.

Indem sie Letztere als Volksfeinde brandmarkte, gewann sie die Zustimmung der traditionellen Elite von Lagos, deren Mitglieder die Feindschaft zu ihr vorübergehend vergaßen und sich mit ihr zusammentaten. Tagelang wütete eine aufgebrachte Menge gegen die Immigranten, warf ihnen mit Vehemenz vor, dass sie das Königreich zerstörten, indem sie nur ihr Eigeninteresse im Auge hatten, dass sie sich bei den Engländern einschmeichelten, um den König zu schwächen, und dass sie die althergebrachte Kultur vernichteten, indem sie ihre Gebote missachteten und ihr Fremdes aufoktroyierten.

Das Ränkespiel brachte unverhoffte Resultate. Bei seiner übereilten Rückkehr fand der britische Konsul die Stadt derart in Aufruhr, dass er vom König, der vielleicht Tinubus Rolle bei dem Geschehen verkannte, zornentbrannt forderte, die Anstifterin des fremdenfeindlichen Komplotts umgehend zu verhaften. Der König lieferte ihm überraschend Tinubus Ehemann aus, der zu den Beschuldigten zählte. Als

Tinubu davon erfuhr, platzte sie vor Wut und eilte in den Palast, um ihrem Unmut Luft zu verschaffen. Wie konnte man ihr eine derartige Kränkung zufügen! Eine bei ihrem Rang nicht hinzunehmende Beleidigung!

Sie stieß die Berater zur Seite, deren Nerven angesichts des britischen Drucks angespannt waren, ebenso die Wachen, die sie zur Vernunft bringen wollten, drang lauthals in den Audienzsaal ein, wo der König sich aufhielt, tadelte ihn öffentlich dafür, dass er den Gatten seiner eigenen »Tante« hatte festnehmen lassen, und verlangte dessen sofortige Freilassung. Wegen dieses Fauxpas, so drohte sie, würde sie ihm ihre Unterstützung entziehen und sich in den Dienst Kosokos stellen, des früheren Usurpators, der seine Ansprüche auf den Thron noch immer aufrecht hielt.

Aus Furcht, sich seine fürchterliche Tante zur Feindin zu machen, wagte der König es nicht, sich über ihr unziemliches Betragen zu beschweren, sondern er gehorchte ihr auf der Stelle. Schließlich verdankte er ihrer Finanzstärke seine Macht. Konsul Campbell aber war auf diesem Ohr taub. Für ihn war es eher eine Frage der Selbstachtung, und er verfügte über ein schlagendes Argument, um den König zur Raison zu bringen: den Einsatz des Kanonenboots ... Der Befehl zur Ausweisung wurde im Mai 1856 gegeben.

Die Entscheidung löste ein wütendes Protestgeschrei bei den Egba aus, Tinubus Landsleuten, aber auch bei zahlreichen europäischen Kaufleuten in Lagos, die alles versuchten, um den Befehl annullieren zu lassen. Das Exil ihrer übermächtigen Handelspartnerin würde sie teuer zu stehen kommen, denn Madam Tinubu hatte Vorschüsse von mehr als fünf Millionen englischer Pfund erhalten, um den Ankauf von Palmöl vorzufinanzieren – schließlich hatte sie das Marktmonopol.

Ihre Handelsunternehmungen fußten auf einem bewährten Kreditsystem, das die einzelnen Arbeitsgänge bis zur Fertigstellung des Endprodukts finanziell absicherte: Sie bezahlte ihre Lieferanten mit Vorschüssen, welche die europäischen Exporteure ihr für den Ankauf der Palmfrüchte, deren Weiterverarbeitung zu Öl, für Transport und Verladung gewährten. Um ihr Unternehmen aufzubauen, hatte sie viele entlegene Dörfer besucht und einen persönlichen Kontakt zu den Pflanzern hergestellt. Es kostete sie harte Verhandlungen, bis die Erzeuger ihr einen Teil der Ernte auf Kredit lieferten und sich mit einer Anfangszahlung in Höhe von einem Drittel des Kaufpreises zufriedengaben. Die Restzahlung erfolgte Wochen später, wenn die europäischen Handelshäuser, nachdem die Ölfässer an sie ausgeliefert worden waren, ihr die noch fälligen Summen zahlten. Da die Bauern so auf einen kontinuierlichen Absatz ihrer Produkte und steigende Erträge vertrauen konnten, schlug die Partnerschaft mit den afrikanischen Vermittlern des Exporthandels zu ihrem Vorteil aus. Sie gab der lokalen Produktion neue Anreize und sicherte die Produzenten über das Kreditsystem finanziell ab. Die Frauengruppen, die für die Ölpressung zuständig waren, erfreuten sich eines wirtschaftlichen Aufschwungs, der ihnen eine weitgehende finanzielle Autonomie ermöglichte. Dank Tinubu, der Pionierin.

Der Transport des Palmöls von den ländlichen Zentren in die Hafenstädte geschah durch Kolonnen von Trägern und Trägerinnen, welche die Ölkrüge auf den Köpfen trugen. Am Zielort angekommen, wurde die Ware den Agenten der Handelshäuser übergeben, die den vereinbarten Restbetrag zahlten, bevor es an das Verladen auf die Schiffe Richtung Europa ging. Nun konnten die Zwischenhändler ihre Träger bezahlen, ihre Verpflichtungen gegenüber den Pflanzern und

Ölpresserinnen begleichen und schließlich eine neue Bestellung aufgeben, indem sie eine Anzahlung auf die zukünftige Transaktion leisteten. Wenn das System ohne Stockungen funktionierte, wenn also die regelmäßige Lieferung ausreichender Mengen und Ehrlichkeit bei der Abwicklung der Geschäfte gewährleistet war, erhielten seriöse Zwischenhändler bei den europäischen Handelshäusern Vorschüsse, und der Kreislauf konnte von neuem beginnen. Die Gewinnspanne hing einerseits von dem Handelsvolumen ab, andererseits aber auch von der Fähigkeit, die Erzeugerpreise gering zu halten.

Madam Tinubu verließ sich auf ein imposantes Zulieferernetz, zuverlässige Agenten, die sie selbst angewiesen hatte, ihre Interessen zu vertreten. Die Unternehmensführung, wozu zum Beispiel gehörte, neue Lieferanten ausfindig zu machen, die das Warenangebot vergrößern konnten, und den Geldtransfer zu den Produzenten in den Dörfern zu organisieren, überließ sie weitgehend ihren Mitarbeitern. Sie selbst kümmerte sich vornehmlich um die Beziehungen zu den europäischen Exporteuren.

In Anbetracht ihres Quasimonopols drohte Madam Tinubus Verbannung nicht nur ihren Gläubigern empfindliche Verluste zuzufügen, der gesamte Palmölhandel hätte einbrechen können. Daher setzten die Kaufleute alles daran, den Herrscher umzustimmen. Ein König, so unabhängig wie er, argumentierten sie, dürfe sich keinesfalls den Anordnungen unterwerfen, die eine fremde Macht gegen eine einheimische Persönlichkeit verhängte. Lokale Würdenträger, die auf die Intervention Tinubus hin einen Posten erhalten hatten und nun fürchteten, dass der Fall der Wohltäterin sie der Vorteile berauben würde, die sie ihr verdankten, schlossen sich ihnen an. Lobbyisten europäischer Geschäftleute intervenierten sogar beim britischen Konsul. Campbell stellte sich ihren Argumenten gegenüber taub und ließ Tinubu unter Bewachung in ihre Heimatstadt Abeokuta abführen, wo sie ihren Wohnsitz zu nehmen gezwungen wurde. Allerdings hatte er sie erst wochenlang suchen lassen müssen, denn unter Mithilfe ihrer Parteigänger war es ihr gelungen, sich unweit von Lagos in der Nähe einer Plantage versteckt zu halten.

Campbell, der glaubte, er hätte seiner »unausstehlichen Eingeborenen« das Handwerk gelegt, hatte sich zu früh gefreut! Tinubu war nicht die Frau, die sich durch eine Niederlage entmutigen ließ. Kaum hatte sie sich in Abeokuta, im Stadtteil der Owu, niedergelassen, da stellte die kämpferische Geschäftsfrau ein neues Unternehmen auf die Beine. Diesmal ging es um Waffen und Munition. In einer Region, in der die Demonstration von Stärke den bevorzugten Zeitvertreib kriegerischer Kleinkönige darstellte, brachten ihr diese Handelsgüter in kürzester Zeit ein Vermögen ein.

In ihrem Geschäft riss man sich um die neuesten, aus England importierten Gewehre: Snider, Winchester, Spencer, Peabody! Wieder kamen ihr Handelsgenie und ihr Gespür für vorteilhafte Beziehungen zum Einsatz, und selbst König Ghezo von Dahomey, eigentlich ein eingeschworener Feind der Egba, zählte bald zu ihren besten Kunden.

Nachdem sie ihre Vertrauten so angeleitet hatte, dass sie die Verwaltung ihres Unternehmens übernehmen konnten, fand sie zu ihrer wahren Leidenschaft zurück: der Politik, dem bevorzugten Terrain zum Einsatz ihrer Talente zur Manipulation. In der luxuriösen Residenz, in der sie Hof hielt, versammelte sich fast die gesamte politische Führung von Lagos um sie, die sich, verbittert über die steigende Einmischung der Briten in die Angelegenheiten ihres Landes, nach Abeokuta zurückgezogen hatte. Aus den leidenschaftlichen

Debatten in Madam Tinubus Salon ging die Oppositionsbewegung gegen den König in Lagos hervor, den man der Schwäche gegenüber den Briten bezichtigte. Lagos wurde im August 1861 britische Kronkolonie, König Dosumu musste seine Unterschrift unter den Annexionsvertrag setzen.

Bekannt geworden ist Madam Tinubu auch als Widerstandkämpferin. Zweimal, 1851 und 1864, als die Bewohner von Abeokuta die Angriffe der Könige Ghezo und Glele von Dahomey zurückschlugen, fand man sie unter den Verteidigern ihrer Heimatstadt.

Abeokuta, Zentrum des Egbalandes im Westen Nigerias mit über hundertfünfzig Dörfern, war durch seine Handelsaktivitäten zu einem Wohlstand gekommen, um den es seine Nachbarn beneideten. Um 1830 hatten Egba, die aus dem kriegszerütteten Yoruba-Königreich Oyo geflohen waren, die Stadt am linken Ufer des Flusses Ogun gegründet, an einem sicheren Ort, der von einem Granitfelsen überragt wurde, und sie Abeokuta getauft, »Unter Felsen«. Eine Palisade von rund zehn Metern Höhe verwehrte den Zugang, nur vier mächtige, geschnitzte Tore führten in die Stadt. Nicht allzu weit von Abeokuta entfernt lag das Königreich Dahomey, berühmt für sein Amazonenheer und berüchtigt für seine Sklavenjagden. Die Versuchung war groß für das kriegerische Reich, die reiche Handelsstadt zu unterwerfen.

König Ghezo (1818–1858) entschied sich für die Strategie, die anvisierte Beute durch einen Angriff auf die Dörfer, die an der Straße nach Abeokuta lagen, zu isolieren und sie dann mittels einer Schlussoffensive einzukesseln und einzunehmen. Doch der Feldzug führte nicht zu dem erwünschten Erfolg, vielmehr machten sich die Krieger aus Dahomey bei einem überraschenden Überfall lächerlich, und sie brauchten einige Zeit, um die Schande zu überwinden. Der

Zusammenstoß ereignete sich 1844 in der Nähe des Dorfes Imojolun, das von einem Sturmangriff von Seiten der Armee des Nachbarstaates bislang verschont geblieben war. Auf dem Rückweg von einem Beutezug im Yorubaland waren Ghezos Truppen von einem heftigen Gewitter aufgehalten worden und hatten sich in eine Waldlichtung zurückgezogen, wo sie, während sie noch ihre Kleidung trockneten, von einer Egba-Patrouille überrascht wurden.

Allgemeine Panik! Bei allem Schrecken über das unerwartete Aufeinandertreffen begriffen die Krieger aus Dahomey schnell, dass ein Angriff zwecklos war, und sie ergriffen die Flucht, wobei sie die auf den Büschen ausgebreiteten Hosen und Hemden im Stich ließen! Noch schlimmer war, dass die königliche Trommel, der Sonnenschirm des Herrschers mit seinen Schutzamuletten sowie weitere geheiligte Insignien der Macht, die ihren Trägern zu schwer geworden waren, in dem Durcheinander verlorengingen. Ghezo sah darin eine überaus schwere Kränkung und dachte seitdem an nichts anderes mehr als daran, die Schmach durch die Eroberung von Abeokuta zu sühnen.

Nach ein paar Jahren des Wartens kam im März 1851 die Zeit für Vergeltungsmaßnahmen: Die Armee von Dahomey zog in eine ihrer blutigsten Schlachten. Rachedurstig hob Ghezo die größte Armee aus, die jemals in Abomey, der Hauptstadt seines Reichs, gesehen wurde. Jedes Mal, wenn er vor dem Manöver seine Truppen inspizierte, rief er den Soldaten mit wütenden Worten die »Sonnenschirm-Schmach« ins Gedächtnis zurück und stachelte sie auf, die Unverschämten in Stücke zu hauen. Die Amazonen, das Elitekorps seiner Armee, schäumten vor Ungeduld, besessen von der Idee, die Egba-Kämpfer in Grund und Boden zu stampfen.

Als Trommelschall und Kriegsgesänge ertönten und die Truppen von Dahomey sich in Marsch setzten, schickten die Bewohner der Grenzdörfer Boten zu den Egba, um sie zu warnen. Die hatten nicht mit einem Angriff gerechnet, waren daher nicht vorbereitet und machten sich nun in aller Eile daran, die Befestigungsanlagen zu verstärken, welche die Stadt schützten. Seit längerer Zeit waren sie nicht mehr repariert worden. Zwischen den dicken Stämmen taten sich Lücken auf, welche die Verteidigung zu schwächen drohten. Die Egba-Armee hatte sich stets den Feinden überlegen gezeigt, so dass man keinerlei Vorsichtsmaßnahmen getroffen hatte und einen Angriff, noch dazu mitten in der Trockenzeit, für undenkbar hielt. Tag und Nacht fällten Männer und Frauen nun Baumstämme, flochten dicke Seile aus Lianen und arbeiteten ohne Unterlass an der Befestigung der Wälle.

Und dann donnerten eines Morgens an einem der Stadttore die Kanonen und versetzten die Bevölkerung in Angst und Schrecken. Der Feind kam näher, Späher kündigten ihn an. Da bekannt geworden war, dass die vorrückenden Truppen in den Dörfern Massaker anrichteten, drängten viele mit ihrer gesamten Habe zum östlichen Stadttor, das in den Wald führte, und flohen in alle Richtungen. Wer in die Gewalt der Dahomeyer, der berüchtigten Sklavenjäger, geriet, musste sich darauf gefasst machen, dass er entweder als Gefangener verkauft wurde oder als »Menschenopfer« sein Ende fand. Zu den Bestattungsritualen für die Würdenträger von Dahomey gehörte ein Ehrengeleit von »Begleitern« – deren Köpfe dann reihenweise zu Boden rollten …

Innerhalb der Stadt eilten Frauen, die sich von der Panikstimmung nicht hatten mitreißen lassen, von Haus zu Haus. Sie taten alles, um die noch verbliebenen Bewohner zum

Widerstand zu ermutigen. Überall hörte man sie mit lauter Stimme rufen: »An die Macheten! An eure Macheten!«

Als sich am 3. März, einem Montag, der Frühnebel auflöste, blickten die Bewohner Abeokutas dem Feind ins Angesicht. Die Armee von Dahomey hatte unmittelbar vor den Wällen ihrer Stadt Aufstellung genommen. Ein Bataillon der Egba marschierte aus dem Stadttor heraus, um sich den Angreifern zu stellen. Es wurde von einem Pfeilhagel empfangen und musste sich hinter das Stadttor zurückziehen, das man alsbald verbarrikadierte.

Wahrend der Anblick einer Division Amazonen, in Pluderhosen und mit rasiertem Kopf, die zur Verteidigung der Stadttore abkommandierten Soldaten noch ablenkte, rannten die Kriegerinnen auch schon los, um die Festung zur erstürmen. Vor dem Wall waren Gräben ausgehoben und mit Stacheln und angespitzten Nägel sowie einer Schicht spitzer Steine angefüllt worden. Doch die Amazonen schienen nichts davon zu spüren, wenn auch ihre Füße bluteten. Vielmehr kletterten sie mit außergewöhnlicher Geschicklichkeit die Palisade hoch, wobei sie Unebenheiten in den Stämmen, aus denen der Wall errichtet worden war, als Leiter benutzten.

Ohne sich von den Schüssen abschrecken zu lassen, die von den Höhen der Wälle abgefeuert wurden und einen Teil ihrer Kameradinnen tödlich trafen, die dann in die Tiefe stürzten, drängten sie unaufhaltsam vorwärts. An ihren Hüften trugen sie furchterregende Waffen, vor allem die langen Entermesser, die aussahen wie Rasiermesser und in dem schrecklichen Ruf standen, sie könnten einen Mann in zwei Hälften schneiden! Oben angekommen, sprangen sie wie die Katzen zu Boden und warfen sich in blutige Zweikämpfe. Nach einem ersten Erstaunen, dass sie es mit Frauen zu tun hatten, wurden die Verteidiger von einer rasenden Wut ergriffen, dass man sie so demütigte; trotzdem konnten sie den Angriff nur unter Aufbietung aller Kräfte abwehren.

Währenddessen organisierte Madam Tinubu hinter den Wällen den Widerstand. In der Zeit vor diesem ersten Angriff hatte sie noch als Ratgeberin König Akintoyes am Hof von Lagos gelebt. Als die Nachricht zu ihr drang, dass ihrer Heimatstadt ein Angriff der Armee von Dahomey drohte, eilte sie schleunigst herbei, um den Verteidigern von Abeokuta – denen auch die Missionare und die Briten hilfreich zur Seite standen – ihre Unterstützung anzubieten.

Gegen die besser vorbereiteten Dahomeyer in die Schlacht zu ziehen erwies sich als ein harter Kampf. Während der Trockenheit herrschte glühende Hitze, und die vor Durst ermatteten Krieger fühlten ihre Widerstandskraft schwinden. Tinubu stellte eine Kette freiwilliger Trägerinnen auf, die sich unter Lebensgefahr auf das Schlachtfeld wagten. Die einen waren mit Kalebassen voller Wasser beladen, die anderen mit Behältern voller Schießpulver; eine dritte Gruppe brachte Nahrung, immer auch in dem Bewusstsein, dass sich unter den Kriegern ein Vater, ein Bruder, ein Ehemann, ein Sohn, ein Freund oder ein Neffe befand. Tinubu selbst eilte zwischen den Linien der Egba hin und her, wich den Kugeln aus, die ihr um die Ohren pfiffen, und erwies sich als wahre Schutzpatronin, denn sie steckte den Soldaten Maisklöße zu, die sie vorher rasch geformt hatte, damit die Krieger sie sofort herunterschlucken und weiterkämpfen konnten.

Als der Abend nahte, ging der Armee von Dahomey vor Abeokutas Mauern der Glauben an ihre Unbesiegbarkeit verloren. Ihr Rückzug war erbärmlich, hinterließ sie auf dem Schlachtfeld doch mehr als dreitausend getötete Krieger und mehr als tausend Amazonen. Als das Ende der Schlacht bekannt wurde, versammelten sich die Frauen aus Abeokuta, Tinubu an der Spitze, beim Haupttor der Stadt. Trotz der Toten, die ihre Familien zu beklagen hatten, bildeten sie ein Ehrenspalier und empfingen die erschöpften Kämpfer mit jubelnden Rufen: »*Muso! Muso!* Sieg! Sieg!«

Die Jahre vergingen, doch Dahomey vergaß den Schimpf der Niederlage nicht. Dreizehn Jahre später, fast auf den gleichen Tag, beschloss König Glele (1856–1889), Ghezos Nachfolger, die Hauptstadt der Egba wiederum anzugreifen. So kam es, dass am Morgen des 15. März 1864 zehntausend Krieger aus Dahomey vor den Toren von Abeokuta standen.

Dieses Mal war der Überraschungseffekt gelungen. Als gewiefter Taktiker hatte der König den Großteil der an der Straße nach Abeokuta gelegenen Dörfer nach und nach erobert und hermetisch abgeriegelt, so dass die Bewohner nicht fliehen konnten, um die Egba in der Hauptstadt zu warnen. Diese glaubten ihre Stadt verloren. Glücklicherweise war Madam Tinubu, seit ihrer Ausweisung aus Lagos Waffenhändlerin in Abeokuta, im Besitz eines reichen Waffenlagers. Sie stellte es für die Verteidigung ihrer Heimatstadt zur Verfügung und belieferte die Truppen mit allen möglichen Waffen und der entsprechenden Munition. Um die Angreifer auf Distanz zu halten, bot sie den Armeeführern sogar mehrere Kanonen der Marke Krupp an, die sie von holländischen Händlern gekauft hatte. Sie selbst richtete in der Nähe einer Elitetruppe, die an einem Stadttor, das der Kampflinie am nächsten war, eingesetzt war, zusammen mit anderen Frauen einen Versorgungsposten für die Verwundeten ein.

Der Ort diente ihr auch als Beobachtungsposten. Wenn sie eventuelle Deserteure erspähte, forderte sie diese in scharfem Ton auf, zurückzugehen und weiterzukämpfen, um ihre

Stadt und ihre Familie zu verteidigen. Die wenig tollkühnen Soldaten, beschämt, dass eine wachsame »Tantie«* ihre Flucht entdeckt hatte, begriffen schnell, dass es für sie keine andere Möglichkeit gab, als neuen Mut zu schöpfen und sich wieder der Truppe anzuschließen. Andere Frauen liefen in Trupps die Wälle entlang und ermutigten die Männer an den Verteidigungsposten, im Widerstand nicht nachzulassen. Als sie sich gerade anschickten, mit ein paar Soldaten zu sprechen, flog der abgeschlagene Kopf einer Amazone durch die Luft und rollte ihnen direkt vor die Füße. Die Widerständlerin, die den Trupp anführte, spießte den Kopf auf eine Lanzenspitze, und wie ein Bienenschwarm schwirrten die tapferen Frauen durch die Stadt, ließen einen Kriegsschrei hören und riefen den Männern im Vorbeilaufen zu: »Seht her, Soldaten! Das sind die Frauen, die gegen euch kämpfen! Wollt ihr euch von den Hündinnen aus Dahomey erniedrigen lassen?!« Und die Soldaten, aufgeputscht durch die streitbaren Frauen, drückten auf den Abzug ihrer Gewehre, bereit, die Angreifer bis auf den letzten Belagerer auszulöschen.

Nach zwei Tagen blutiger Kämpfe und trotz des unerhörten Muts der Amazonen musste die Armee von Dahomey sich unter zahlreichen Verlusten erneut zurückziehen. Tinubu kam ruhmbekränzt aus dem Krieg. In Anerkennung für ihren Patriotismus, ihren Mut, ihr finanzielles und persönliches Engagement bei dem entscheidenden Sieg erhoben die Egba-Würdenträger sie in den Rang einer Iyalode, einer Anführerin der Frauen in der Stadt. Dieses Amt gab ihr

* liebevoller Ausdruck für Frauen, denen man Respekt bezeugt

das Recht, an Beratungen über öffentliche Angelegenheiten teilzunehmen. Als erste Frau im Stadtrat übernahm sie erneut ihre Lieblingsrolle als graue Eminenz, wie sie es schon im Schatten des Throns von Lagos getan hatte.

Tinubu, welche die höfischen Intrigen virtuos beherrschte, machte ihren Einfluss mit Nachdruck geltend, indem sie, wie es ihre Gewohnheit war, ihre engsten Verbündeten in Schlüsselpositionen hievte. Ihren größten Erfolg erzielte die Expertin für Nepotismus, als sie 1877 Alake Oyekan, einen ihrer Protegés, an die Spitze von Abeokuta wählen ließ.

Sie starb zehn Jahre später, 1887, auf der Höhe ihres Ruhms. Da sie keine Kinder hinterließ, wetteiferten zahlreiche junge Egba um die Ehre, ihren Sarg durch das trauernde Abeokuta zu tragen. Sie erhielt ein Ehrenbegräbnis, und man feierte sie als die große Dame, die sie war.

Die Erinnerung an die unternehmerische und heroische Frau, die sich selbst ein ungewöhnliches Schicksal schuf, ist noch heute in Nigeria lebendig. Um die Flecken zu tilgen, die ihr Bild, wie man fürchtete, trüben könnten, hat man sie später sogar zu einer Vorkämpferin der Sklavenbefreiung gemacht. Zwei Orte sind nach ihr benannt: der Square Tinubu, die größte Straßenkreuzung in Lagos, und der Iyalode-Platz in Abeokuta.

FRAUEN DES WIDERSTANDS

DIE KAHENA
Königin des Aurès

Wie ein Stern, der am Himmel aufblitzt und den Weg weist, führte sie den Widerstand der Berber gegen die arabische Eroberung Nordafrikas. Die Erinnerung an die Königin der Berber wurde jahrhundertelang in mythischen Erzählungen wachgehalten. Im 14. Jahrhundert, 700 Jahre nach ihrem Tod, berichtet unter anderem der große tunesische Historiker Ibn Khaldun (1332–1406) in seiner *Geschichte der Berber* von der Kahena und ihrem Kampf und macht sie damit unsterblich. Noch heute gilt sie als Symbol für die Würde und den Unabhängigkeitswillen der Berber.

Nach dem Tod des Propheten Mohammed im Jahre 632 n. Chr. beginnt die Expansion der arabischen Herrschaft und der islamischen Religion, die sich schnell auch auf den gesamten nordafrikanischen Raum erstreckt. Binnen kurzem ist die Arabische Halbinsel erobert, in wenigen Jahren sind Palästina und Syrien unterworfen. Ende 639 fallen viertausend islamische Krieger in Ägypten ein. Sie benötigen weniger als drei Jahre, dann haben sie das reiche und fruchtbare Ägypten unter ihre Gewalt gebracht.

Nun steht den Wüstensöhnen der Weg nach Nordafrika offen, in den »perfiden Maghreb«, der von Anhängern polytheistischer Religionen, von Juden und Christen bewohnt wird und nun der neuen Universalreligion einverleibt werden soll. Der Maghreb, ein Land im kulturellen Abglanz des untergehenden spätantiken Byzantinischen Reichs, das den Hellenismus und Rom beerbt hatte, scheint in den Augen seiner Angreifer verwundbar zu sein, denn er besitzt keine starke Armee. Und doch setzt das Gebiet (die heutigen Staaten Tunesien, Algerien und Marokko), Kornkammer des Mittelmeerraums und Einfallstor zu den Ländern der Schwarzen mit dem sagenhaften Reichtum an Gold, Sklaven und Elfenbein, ihnen erbitterten Widerstand entgegen.

Tatsächlich benötigen die Araber länger als ein halbes Jahrhundert, um den Widerstandsgeist der maghrebinischen Bevölkerung endgültig zu brechen. Das Eindringen des Islam erfolgt daher in Wellen, 643 dringen die arabischen Reiterscharen im heutigen Libyen, 647 im heutigen Tunesien ein. 670 wird Kairuan als Hauptstadt der neuen Provinz Ifriqiya gegründet und die Expansion quer durch das Landesinnere nach Westen hin fortgesetzt. Aber erst im nächsten, dem achten Jahrhundert und nach dem Sieg über die Berber kann die islamische Vorherrschaft auch auf das westliche Algerien und Marokko ausgedehnt werden.

Die Araber führen das Schwert zunächst gegen die städtischen Zentren. Die Bewohner müssen – nicht immer sofort – den neuen Glauben annehmen und werden zu erheblichen Steuerzahlungen verpflichtet, genießen dafür aber staatlichen Schutz gegenüber räuberischen Nomadenvölkern. In jener Epoche existieren im Maghreb verschiedene Lebensformen nebeneinander: die städtische mit ihren Händlern und Handwerkern, unter Führung einer kultivierten Bürgerschaft; dann bäuerliche Gemeinden mit einer intensiven Landwirtschaft und weiter im Landesinneren Nomadenvölker, entweder Wanderhirten oder kriegerische Clans, die in der Sahara, den Bergregionen oder den trockenen Savannen im Süden Algeriens und Tunesiens beheimatet sind und dank ihrer Kamele rasch in Orte einfallen können, die reiche Beute versprechen.

Bei den Berbern, die teils Nomaden, teils sesshaft sind, stößt die islamische Expansion auf Widerstand. In Numidien (im heutigen Algerien gelegen), im Herzen des Aurès-Gebirges, ist der Widerstand am stärksten. Die stolzen Berber, Bewohner der Wüste, der Hochebenen und Bergzüge, stellten sich den Eiferern des neuen Glaubens entgegen, um ihre Kultur, ihre Güter und ihre Freiheit gegen die Araber zu verteidigen, die sie als fanatisierte Räuber ansehen. Die Berbervölker stehen in einer langen Tradition des Widerstands. Vierhundert Jahre lang haben sie gegen die Soldaten des Römischen Reichs, gegen die Vandalen und Byzantiner gekämpft. Da würden sie jetzt nicht vor arabischen Reiterscharen kapitulieren.

Auf dem Rückzug von einer Offensive nach Westen, fernab von jeglichem Nachschub, wird das arabische Reiterheer unter Führung von Uqba Ibn Nafi, Statthalter von Ifriqiya und Schlüsselfigur bei der muslimischen Eroberung des Maghreb, 683 von Koceila (Kusaila), dem vermutlich christianisierten Fürsten der Auriba, und seinen Berberkriegern vernichtend geschlagen – Uqba und ein großer Teil der Araber finden den Tod. Koceila hatte sich ihnen 681 unterwerfen müssen und nun die Berbervölker und byzantinische Truppen im Kampf gegen die Invasoren hinter sich gebracht. Überzeugt, er hätte die Gefahr einer Invasion für einige Zeit gebannt, richtet er sich mit seinen Gefährten in Kairuan ein und besetzt weite Gebiete des heutigen Algeriens und Tunesiens. Allerdings kann er seinen Anhängern, die auf das Weiterbestehen ihrer Eigenständigkeit hoffen, nur drei kurze Jahre des Friedens verschaffen. In einer erneuten Schlacht gegen die Umayyaden, so gewaltig, dass sie bis heute in Erinnerung ist, fällt er 688 in der Nähe von Kairuan. Die arabische Revanche ist allerdings von kurzer Dauer: Auf dem

Rückweg werden die Reitertruppen in der Nähe von Barca in der Cyrenaika durch ein byzantinisches Kontingent aufgerieben.

Mit der Niederlage will sich das Umayyaden-Kalifat nicht abfinden. 689 wird in Alexandria eine vierzigtausend Mann starke Armee aufgestellt und in die Berberei geschickt. Sie steht unter dem Befehl des Gouverneurs von Ägypten, Hassan Ibn al-Numan al-Ghassani, der einige Jahre später, 698, die Stadt Karthago erobern und vernichten wird. Nach der Zerstörung durch die Römer war Karthago in alter Pracht neuerstanden, wieder Drehscheibe mehrerer Kulturen und neben Rom und Alexandria zum bedeutendsten Handelszentrum des Mittelmeerraums geworden.

Bei den Berbern ist man bestürzt. Unter den Anführern verbreitet sich Pessimismus. Sie wissen, wenn die Araber irgendwo die Fahne des Propheten hissen, folgen Massaker, Plünderung und Zerstörung. Schon sind nahezu alle griechischen Handelskontore an der Küste unterworfen, und nun scheint dem Aurès das gleiche Schicksal bevorzustehen. Einige Nomadenclans aus den Bergen erwägen sogar, sich zu ergeben. Seit dem Tode Koceilas hat es keinen charismatischen Anführer mehr im Maghreb gegeben. Den Arabern, durch ihre Spione über ihre künftige Beute bestens unterrichtet, erscheint der Sieg schon greifbar nahe. Wird die Berberei fallen?

In dem Moment erscheint eine Frau. Eine Frau, deren außergewöhnliche Aura die Menschen mitreißen und die arabischen Reiterscharen aus dem Maghreb verjagen wird. Man wird sie die Kahena nennen, »die Prophetin«, doch ihre Feinde übersetzen den Namen mit »die vom Teufel Besessene«.

Die Kahena, die mit eigentlichem Namen Dihiya oder

Damija heißt, ist eine junge Adelige der Djerawa aus dem Aurès-Gebirge, einem Volk, das zu den Zanata-Berbern gehört und vermutlich jüdischen Glaubens ist. Schon oft haben die Djerawa die Könige der Berber gestellt. Die ehrgeizige, ein wenig geheimnisumwobene Frau kann nicht mit ansehen, dass die Ihren vor der Bedrohung durch eine fremde Invasion zittern. Aber sie ist noch jung! Wer wird auf sie hören? Wird man sie überhaupt ernst nehmen? Egal! Sie wischt Zweifel und Gründe ihrer Angehörigen beiseite und sucht, von einer unwiderstehlichen Entschlossenheit beseelt, die Clanchefs auf.

Diese sind sich uneins, welche Strategie sie gegenüber den arabischen Angreifern einschlagen sollen. Permanent treffen sie sich zu Geheimsitzungen, auf denen kein Entschluss gefasst wird, während der Feind ohne große Hindernisse seinen Vormarsch fortsetzt.

Dihiya ist es gelungen, in das Zelt vorzudringen, wo sich die Clanchefs erneut versammelt haben. Und den überraschten Männern erläutert sie mutig, dass sie gekommen ist, die Verteidigung des Landes in die Hand zu nehmen. Ein Protestgeschrei erschallt. Ist die junge Frau, deren Vater offensichtlich der letzte Chef der Djerawa war, ein geachteter und mutiger Mann, der den Tod fand, als er Koceila zu Hilfe eilte, denn verrückt? Ist dies der Moment, sich einen solchen Unsinn durch den Kopf gehen zu lassen, wo die Situation doch so ernst ist? Eine derartige Vermessenheit könnte sie das Leben kosten!

Doch selbstbewusst setzt sie sich durch. Sie bringt die Überzeugungen der Chefs ins Wanken. Welche merkwürdige Kraft besitzt die junge Frau, dass die Anführer, die ihren Vorschlägen immer noch skeptisch gegenüberstehen, sich schließlich umstimmen lassen? Wissen sie nicht mehr weiter, oder weshalb hören sie ihr endlich zu? Dafür gibt es keine Erklärung. Überall heißt es, dass ihr Aufstieg blitzartig erfolgte. Mit unzähmbarer Energie ausgestattet, stieg sie bald in den Rang der Königin des Aurès auf.

Als junge Frau eine solche Position zu erringen ist keiner gewöhnlichen Sterblichen möglich! Um das Unerklärliche zu erklären, erzählt man sich, sie würde mit den Geistern reden. Das Gerücht verbreitet sich, sie besitze übernatürliche Kräfte, die sie befähigen, die aus Furcht vor der Niederlage gelähmte Truppe wieder zu entflammen. Sie allein weiß ihnen neuen Mut einzuflößen, sie allein kann sie im richtigen Moment in unbesiegbare Helden verwandeln. Ihre Rede ist anfeuernd, voller Zuversicht. Niemand kann ihr widerstehen. Alle denken noch an die Tapferkeit Koceilas, der stark genug war, die Angreifer zurückzuschlagen. Warum nicht auf diese Magierin vertrauen, die sicherlich unter dem Schutz der Ahnen handelt?

Der Kahena, von nun an als Königin der Berber anerkannt, wird die Macht übergeben. Sie steht unter der Kontrolle des Vereinten Rats der Nomadenführer, doch ihre Entscheidungen will sie allein treffen, und sie gibt ihre Befehle mit einer Autorität, die keinen Widerspruch duldet. Ihr Einfluss erstreckt sich bald auf ganz Numidien. Von ihrer Weisheit und Entschlossenheit beeindruckt, stellen sich auch benachbarte Clanschefs unter ihr Kommando. Sie vereinigt schließlich die Berber von Numidien (heute Algerien), Ifriqiya (heute Tunesien) und von Mauretanien. Dazu kommen noch jene aus dem Fezzan, der Cyrenaika und von Tripolitanien.

Die Muslime sind nun nur noch einige Tagesmärsche von Bagaia entfernt, der alten Römerstadt, die später die Hauptstadt der Berberei geworden ist. Die Königin des Aurès teilt ihre Truppen in mehrere Abteilungen auf, deren Leitung sie den stärksten Clanchefs anvertraut. Dann gibt sie ihnen den Befehl, das gesamte Gebiet zu durchkämmen, jede Siedlung in den Bergen, und sei sie noch so abgelegen, aufzusuchen, um dort jeden Mann zu rekrutieren, der nur eben eine Waffe halten kann.

»Alle gesunden Männer müssen sich unserer Armee anschließen«, erklärt sie ihnen. »Wenn es sein muss, wendet Gewalt gegen die an, die sich weigern, euch zu folgen. Erklärt ihnen, dass unser Land in Gefahr ist und dass ich sie selbst anführen werde, um unsere Freiheit zu verteidigen!« Es wird überliefert, dass die aus den Dörfern verschleppten und für die Armee rekrutierten Bauern, Hirten und Handwerker lautstark ihren Protest äußerten und zur Revolte bereit waren, als man sie ins Heereslager von Bagaia brachte. Was soll es mit der übernatürlichen Macht dieser Frau, von der so viel geredet wird, schon auf sich haben? Sie glauben nicht daran und machen sich darüber lustig. Doch als die Königin erscheint und sie zum Kampf gegen die Muslime aufruft, da verlangen die neuen Rekruten unter dem Jubel einer fanatischen Menge eiligst nach Pfeilen und Lanzen, um in den Krieg zu ziehen.

Die Soldaten des Emirs Hassan Ibn al-Numan al-Ghassani sind inzwischen siegreich vorgerückt und am Wadi Nini im Aurès-Gebirge in Stellung gegangen. Das Schlachtfeld ist beeindruckend. Die Reiter der Kavallerie mit gen Himmel gezücktem Krummschwert und den vergoldeten Schilden, welche die Sonnenstrahlen wie bedrohliche Blitze reflektieren, rücken mit der Infanterie vor, die auf beiden Seiten in Form eines Halbmondes aufgestellt ist. Das nervöse Schnauben der Pferde mischt sich mit dem Gemurmel der letzten Gebete vor dem tödlichen Angriff.

Die Berber, die sich in den Tiefen und Abgründen des Bergmassivs verteilen, wo sie jeden Winkel kennen, beobachten ihren Gegner. Die Kahena, die wie ihre Männer gekleidet ist und die Haare unter einem langen schwarzen Turban verbirgt, befindet sich an der Spitze. Der Einfluss der Prophetin auf die rebellischen Völker erstaunt Hassan, der von den magischen Fähigkeiten, die man ihr zuschreibt, gehört hat. Seine Spione haben ihm zugetragen, sie sei so mächtig, dass der Widerstand der Berber zusammenbräche, wenn sie in der Schlacht fiele. Als der Emir die Königin erspäht, die stolz auf ihrem Pferd vor ihrer Armee reitet, schickt er ihr einen Boten mit dem Vorschlag, sich unter den Schutz des Kalifen zu stellen und den Islam anzunehmen. Die entschiedene Antwort lässt nicht auf sich warten! Das Aufeinandertreffen ist unausweichlich. Auf das Signal ihrer Anführer hin fallen beide Seiten in einem infernalischen Tumult von Schreien und Flüchen übereinander her.

Unter der Wucht der an Zahl überlegenen Gegner weichen die Berber zurück. Doch die Stimme der Kahena erhebt sich aus dem Getümmel und reißt sie mit. Dann strömt eine beeindruckende Zahl von Kämpfern, die sich in den Bergen verborgen haben, von allen Seiten herbei, um das erste Bataillon zu verstärken, dessen absichtlich verkleinerte Stärke den Feind über die tatsächliche Zahl der Aufständischen täuschen sollte. Von den Anfeuerungen ihrer Königin wie entfesselt, führen die Krieger des Aurès einen so stürmischen Angriff, dass die Araber sich am späten Nachmittag in größter Unordnung zurückziehen und Hunderte von Toten und Verwundeten auf dem Schlachtfeld lassen.

Die Sieger, die kaum an ihren Sieg glauben können, fallen wie ein Mann auf die Knie und danken Gott und ihren Schutzgeistern für den Erfolg. Kurz danach machen sie sich an die Verfolgung des Emirs, der versucht, die Reste seiner Armee zu sammeln. Die Kahena gönnt den Flüchtenden keine Atempause. Auf ihrem Streitross verfolgt sie die Feinde bis in die letzten Verschanzungen. In der Gegend von Aïn Beida und Tebessa trifft sie noch einmal auf die Araber, die geschlagen und bis nach Tripolitanien zurückgeworfen werden. Die Gefangenen behandelt sie großzügig; einer von ihnen, Khaled Ibn Yazid, wird sogar ihr Adoptivsohn.

Sie befreit mehrere Festungsanlagen, die von den Muslimen erobert worden waren, und zieht schließlich in Karthago ein.

Auf dem Weg zurück zum Aurès wird die Königin bejubelt. Die Städte, die der arabischen Invasion entkommen konnten, bereiten ihr Empfänge und überreichen ihr prächtige Geschenke. Die Kämpfer werden mit königlichen Festbanketten willkommen geheißen. Sogar der byzantinische Klerus, der dem Patriarchen von Konstantinopel unterstellt ist, will nicht zurückstehen. Mehrere Bischöfe reisen mit großem Pomp an, von einer Abordnung von Gläubigen begleitet, um ihr ihre Anerkennung zu bezeugen.

Die Bewohner der Stadt Bulla Regia bedecken die Straße, auf der die Kahena entlangkommen wird, mit Blumen. Sie ehren sie mit einer Begleitung von hundert reichgeschmückten Jungfrauen und Musikanten, die den Zug anführen. Die Eskorte begleitet sie mit Gesang, Flöten und Tamburinen bis zu ihrer Hauptstadt, wo sie eine wahre Flut von Menschen erwartet, die aus allen Teilen Numidiens herbeigeeilt sind, um sie als Befreierin zu begrüßen.

Während der folgenden fünf Jahre regiert die Kahena mit uneingeschränkter Autorität über die Berber. Dies bringt ihr die Feindschaft einiger sesshafter Clanchefs ein, die den Vorrang der Nomadenkrieger aufgrund von Interessengegensätzen nicht anerkennen wollen. Die Königin schenkt den Misshelligkeiten keine Beachtung. Es kümmert sie auch nicht, dass Verbündete unter den friedlichen Bauerngemeinden in ihr nur eine grausame und despotische Herrscherin sehen.

Im Jahre 702 überstürzen sich die Ereignisse. Die Nachricht verbreitet sich, dass der Umayyaden-Kalif Abd al Malik einen neuen Feldzug gegen den Maghreb vorbereitet. Dazu hat er weitere Reservisten ausheben lassen und die kampferprobten Divisionen aus Syrien seinem Heer hinzugefügt! Insgesamt stehen sechzigtausend kriegslüsterne Männer bereit, begierig darauf, es mit den Berbervölkern aufzunehmen. Und wieder werden sie von Hassan Ibn al-Numan al-Ghassani befehligt, der sich geschworen hat, die »Magierin« für die Schmach seiner ersten Niederlage zahlen zu lassen. Und er hat ein Interesse daran, sein Ziel zu erreichen, denn es heißt, dass der Kalif ihm hat sagen lassen: »Dieses Mal wird ihr Kopf fallen oder der deinige!«

Die Drohung wiegt schwer. Wie Ibn Khaldun überliefert, verfällt die Kahena einem strategischen Irrtum. »Die Araber wollen unsere Städte, unser Gold und Silber, wir aber, wir wollen nur unsere Felder und unsere Weiden. Ich bin daher der Meinung, dass wir sie dann am schnellsten zurückschlagen, wenn wir alles zerstören, was sie an sich reißen wollen«, erklärt sie und wendet eine Taktik der verbrannten Erde an, um so den feindlichen Vorstoß aufzuhalten und zukünftige Eroberungszüge ein für alle Mal zu unterbinden. Überall nur Zerstörung und Ruinen. Damit bringt sie die bäuerliche und die städtische Bevölkerung gegen sich auf, die von der Landwirtschaft, vom Handel und Handwerk lebt, ebenso die Clanchefs, die um ihre Weizenfelder und Olivenhaine fürchten. Abtrünnige wenden sich heimlich an die Muslime und versprechen, den Arabern den Treueid zu leisten, sobald die »Prophetin« entmachtet ist. Die Kahena hatte alles dem Widerstandskampf geopfert, sogar ihre Pflichten gegenüber ihren beiden Söhnen, die von Dienerinnen erzogen worden sind. Sie hatte sich in die erste Schlachtreihe gestellt und das Risiko auf sich genommen, dass ihre Söhne Waisen werden könnten. Und nun setzen die Chefs, die ihr einen glänzenden Sieg verdanken, alles daran, sich vor dem Feind zu krümmen und sie zu verraten.

Als das arabische Reiterheer einige Tage später auf die Anhöhen des Djebal Tansef vordringt, sehen die Soldaten nur eine Feuersbrunst vor sich. In der Ebene, wo die Feuer brennen wie Tausende von Fackeln, könnte man glauben, die Abenddämmerung bräche an, so dicht ist der Rauch. Die traumatisierte Bevölkerung, deren Existenz vernichtet ist, flieht mitten durch die verwirrten Truppen in ein langes Exil an der Küste.

In ihrem Versteck am Fuße des Aurès-Gebirges in der Nähe von Tabarqa – das nach manchen Quellen von ihrem Adoptivsohn verraten wird –, zählt die Kahena ihre letzten Mitstreiter. Die Völker, die sie geeint hat, sind nun aufgrund der von ihr angewandten Strategie zerstritten und ihr nicht mehr alle gefolgt. Als die letzte Schlacht bevorsteht, die Niederlage vor Augen, rät sie ihren Söhnen, zum Islam zu konvertieren – nur so werden sie eine Zukunft haben. An die ihr treu gebliebenen Clanchefs und Verbündeten wendet sie sich mit diesen Worten: »Stützt euch auf die göttliche Kraft, die meinen Arm stärkt. So werden wir das Land retten, das unsere Väter uns überlassen haben und das wir eines Tages an unsere Kinder weitergeben. So werden wir unsere Güter und unsere Freiheit verteidigen! Die Barbaren kennen keine Gnade. Gewalt ist ihr einziges Gesetz. Die Gier, uns auszuplündern, treibt sie, uns zu bekämpfen. Lieber den Tod erleiden als die Sklaverei, die uns erwartet, wenn wir vor ihnen kapitulieren oder diese Schlacht verlieren!« Sie gibt den Befehl zum Angriff und stößt mit einem Wutschrei an der Spitze ihrer Kämpfer auf die feindliche Soldateska, die sie mit dem Krummsäbel in der Faust erwartet. Dieser letzte Kampf ist ungleich und unerbittlich. Ihr wird der Kopf abgeschlagen.

Der Statthalter von Ägypten hält sein Versprechen und schickt dem Kalifen den Kopf der Rebellin als Trophäe. Vorher lässt er ihn von einem grinsenden Reiter auf der Spitze einer Lanze durch die versammelte Menge tragen. Der Körper der Gefallenen, durchbohrt von den Lanzen des Feindes, der dieses Symbol entweihen will, wird in der Umgebung von Bagaia in der Nähe eines Brunnens bestattet, den man später »Bir el Kahena« nennen wird.

So fällt die heroische Widerstandskämpferin der Berber im Jahre 702 auf dem Schlachtfeld. Nachdem ihre Anführerin besiegt ist, werden die letzten Widerstandsnester zerschlagen. Unter der Bedingung, zum Islam zu konvertieren, die arabische Herrschaft anzuerkennen und der Armee ein Kontingent von zwölftausend Kriegern zur Verfügung zu stellen, gewährt Hassan Ibn al-Numan al-Ghassani eine Amnestie. Einem der Söhne der Kahena übergibt er das Kommando über die Djerawa und das Aurès-Gebirge.

Wenige Jahre später, 711, setzen die Araber, zusammen mit den zum Islam bekehrten Berbern, unter der Führung von Tariq, dem Gouverneur von Tanger, nach Spanien über, wo sie das Umayyaden-Reich El-Andalus mit seiner Hauptstadt Cordoba und seiner einzigartigen islamischen Kultur begründen.

DAS HEROISCHE OPFER DER FRAUEN VON NDER

Die Geschichte Afrikas ist reich an großen Taten und Heroismus. Den Senegalesen ist »Talata Nder«, der »Dienstag von Nder«, als ein besonders tragischer Tag in ihrer Geschichte lange Zeit im Gedächtnis geblieben. An jenem unvergessenen Dienstag haben sich die Frauen von Nder, der Hauptstadt des kleinen Königreichs von Walo, die von Sklavenjägern angegriffen wurde, gemeinsam getötet, um nicht in die Hände der Angreifer zu fallen, die sie als Sklavinnen verkauft hätten.

Das Geschehen trug sich im November 1819 zu, unter der Herrschaft von Brak (König) Amar Fatim Mborso Mboj. Walo, an der Mündung des Senegalflusses gelegen, war ein fruchtbares Land, friedliche Wolof-Bauern lebten dort von der Landwirtschaft und dem Handel mit den maurischen Karawanen und mit den Einwohnern von Saint-Louis, der ersten französischen Handelsniederlassung und späteren kolonialen Hauptstadt von Senegal, wohin sie ihre Agrarprodukte verkauften.

Auf der anderen Seite des Flusses, am rechten Flussufer, lag nördlich von Walo das Emirat von Trarza. Von diesen Nachbarn, maurischen Nomaden, wussten die Wolof nie, ob sie als Handelspartner kamen und Waren aus dem Karawanenhandel mit ihnen tauschten, ob sie als Verbündete kamen und dem Königreich Walo in einem internen Konflikt oder gegen einen Angriff von außen beistanden oder ob sie als Feinde kamen und Sklavenjagden veranstalteten. Wobei gesagt werden muss, dass die Krieger des Emirs von Trarza meist Not und Verzweiflung brachten.

In jenem Jahr war auf die heftigen Kämpfe, aus denen die maurischen Krieger und ihre Verbündeten als Sieger hervorgegangen waren, eine Friedenszeit gefolgt. Es war der Beginn der Trockenzeit, und in Nder ging es recht geruhsam zu. Der Brak hatte sich nach Saint-Louis begeben, um eine Verwundung behandeln zu lassen, die er sich bei einer früheren Belagerung der Mauren zugezogen hatte. Die Würdenträger des Königreichs befanden sich wie gewöhnlich auf Reisen, und ein Großteil der Kavallerie begleitete sie.

Dieser Dienstag begann wie ein ganz gewöhnlicher Tag. Bei Sonnenaufgang hatten sich die Männer auf die Felder begeben, die Daba, die traditionelle Hacke, über der Schulter. Andere waren zur Jagd aufgebrochen, wiederum andere hatten den Weg zum nahe gelegenen Guiers-See oder zum Fluss eingeschlagen, wo ihre Fischerboote warteten. Eine Hundertschaft *Tyeddo* (Soldaten), die in der Garnison geblieben waren, putzte in aller Ruhe ihre großen Vorderlader und schwenkte sie stolz in die Luft.

Im Dorf mit seinen runden Häusern waren nur noch Frauen, Kinder und Alte verblieben. Es herrschte das übliche Leben und Treiben. Die Schläge der Stößel klangen wie eine Aufforderung, die Hirse rascher zu stampfen. Die Frauen, die ihre Arbeit verrichtet hatten, unterhielten sich über die Mauern hinweg. Andere versammelten sich um die Getreidespeicher, wo die letzte Ernte gelagert war. Einige hielten ein fröhliches Schwätzchen auf dem Dorfplatz, während die kleinen Kinder lärmend um den Versammlungsbaum liefen, wo die Alten, wenn der Abend gekommen war, sich gewöhnlich leise berieten.

Doch plötzlich zerschnitt ein Schrei des Entsetzens die

Stille. Im gleichen Augenblick erstarb das Lachen, die Stößel fielen zu Boden, die Höfe leerten sich. Alle rannten der Frau entgegen, die, als wäre ein böser Geist ihr auf den Fersen, durch die Tata stürzte, die Ringmauer aus Astwerk und Lehm, welche die Ortschaften im Fall eines Angriffs schützen sollte. In einer Hand noch eine tropfende, fast von Wasser leere Kalebasse, schrie die Frau voller Entsetzen: »Die Mauren! Die Mauren sind da! Sie kommen! Ich war am Seeufer, und ich habe sie durch die Büsche hindurch gesehen. Eine ganze Armee! Mit dem Emir von Trarza! Sie überqueren gerade den Fluss und nicht mehr lange, dann sind sie hier!«

Wehgeschrei erschallte; manche Frauen streckten verzweifelt die Arme gen Himmel, andere drückten die Handflächen an die Schläfen. Sie wussten, welches Los sie erwartete. Die Mauren hatten die Raubzüge wieder aufgenommen und sich im Reich Walo auf Sklavenjagd begeben. Eine große Zahl Männer, Frauen und Kinder würde ihren Familien entrissen, in Saint-Louis an die Sklavenhändler verkauft und auf den überseeischen Zuckerplantagen ihr Dasein fristen müssen. Dieses Schicksal war den Walo-Walo seit Jahrhunderten immer wieder bestimmt gewesen, früher hatten die Mauren sie durch die Sahara verschleppt und an reiche Familien in Nordafrika verkauft, dann waren sie zur menschlichen Ware im transatlantischen Sklavenhandel degradiert worden. Das Königreich Walo hatte so viele seiner Söhne und Töchter verloren.

Diesmal wollten die Reiter aus der Wüste sich die Abwesenheit des Brak und seiner *Tyeddo* zunutze machen. Während sie sich, noch einige Kilometer entfernt, zum Angriff auf Nder formierten, überstürzten sich die Frauen darin, mit den wenigen vor Ort verbliebenen Soldaten den Widerstand zu organisieren. Eiligst wurden die Kinder, von den Älteren angeführt, in die benachbarten Felder geschickt, sich zu verstecken. Dann liefen die Frauen nach Hause, zogen sich die Bubus und Pluderhosen ihrer Männer, Väter oder Brüder über und stülpten sich eine Männerkappe auf ihre aufgelösten Haare. Sie bewaffneten sich mit allem, was ihnen zur Verteidigung dienen konnte: Macheten, Lanzen, Knüppeln und selbst richtigen Gewehren, die sie zum ersten Mal in die Hand nahmen.

Als Amazonen für einen Tag gingen sie in einen verzweifelten Kampf. Dienerinnen, Bäuerinnen, Adelige, Junge, Alte, alle nahmen sie ihren ganzen Mut zusammen für das grausame Aufeinandertreffen. In den Gesängen, welche die Erinnerung an diese außergewöhnlichen Frauen bewahren, versichern die Griots, die Illustratoren so vieler Seiten der Geschichte Westafrikas, dass sie an jenem Tag mehr als dreihundert Mauren töteten. Trotzdem war es ein ungleicher Kampf. Die *Tyeddo* fielen als Erste. Ströme von Blut flossen auf den gestampften Boden. Getötete und Schwerverletzte lagen übereinander.

Angesichts der Kämpferinnen, die, obwohl kaum bewaffnet, an Zahl der feindlichen Truppe überlegen und entschlossen waren, sich keinesfalls zu ergeben, befahl der Emir Amar Ould Mokhtar seinen Truppen den Rückzug. Die Wüstenreiter steckten ihre Säbel ein, nahmen ihre Verwundeten hinten auf die Pferde und zogen sich hinter den See zurück. Nach der ersten Verblüffung darüber, dass Frauen so heftig gegen seine Truppen ankämpften, hatte der Emir begriffen, dass sie trotz aller Tapferkeit am Ende ihrer Kräfte waren und sich nicht mehr lange zur Wehr setzen konnten. Da er nicht das Risiko eingehen wollte, die Ware zu beschädigen, die in unbeschädigter Form einen höheren Preis erzielen würde, beschloss er, später zurückzukehren und die Beute lebendig und unversehrt einzufangen.

Die Frauen aus dem Walo glaubten sich verloren. Niemals würden sie eine zweite Attacke überstehen. Die Soldaten waren gefallen, und der Bote, der sich, sobald der bevorstehende Angriff auf Nder bekannt geworden war, auf den Weg gemacht hatte, um Hilfe zu holen, würde sicher zu spät kommen. Alle Hoffnung war dahin.

Es erhob sich ein großes Jammern, Weinen und Wehklagen. Dann verschaffte sich eine Stimme Gehör. Es war Mbarka Dia, die Vertraute der Linguère (Königin) Faty Yamar. Sie allein beherrschte die Kunst, sich bei den eigensinnigen und hochmütigen Hofdamen, die um die Königin herum waren, Gehör zu verschaffen. Und jetzt lehnte sie sich gegen den Versammlungsbaum, da sie verwundet war, und sprach zu ihren Gefährtinnen: »Frauen von Nder! Ehrwürdige Madchen vom Walo! Richtet euch auf! Richtet eure Kleidung und steckt die Kopfbedeckung fest! Bereiten wir uns auf den Tod vor! Frauen von Nder, müssen wir uns auf ewig vor den Eroberern erniedrigen? Unsere Männer sind weit, sie hören unsere Schreie nicht. Unsere Kinder sind auf den Feldern in Sicherheit, von den hohen Stängeln der reifenden Hirse verborgen. Allah der Allmächtige wird sie schützen. Aber wir, wir armen Frauen, was können wir gegen die erbarmungslosen Feinde tun, die uns erneut angreifen werden? Wo könnten wir uns verstecken, ohne dass sie uns finden? Sie werden uns ergreifen, wie es unseren Müttern und unseren Großmüttern geschehen ist, die uns entrissen wurden, bevor sie uns haben aufwachsen sehen. Sie werden uns auf die andere Seite des Flusses schaffen und als Sklavinnen verkaufen. Ist dieses Schicksal mit unserer Würde zu vereinbaren?«

Das Weinen verstummte, die Klagen wurden leiser.

»Antwortet! So antwortet doch, statt dass ihr mich so niedergeschmettert und tränenüberströmt anseht! Was fließt denn in euren Adern? Blut oder das Wasser aus dem toten Flussarm? Und was wird man unsern Enkeln erzählen und deren Nachkommen? Wollt ihr etwa, dass man ihnen sagt: ›Eure Großmütter sind als Gefangene verschleppt worden‹, oder wäre es nicht besser, wenn sie über uns hörten: ›Eure Ahninnen waren tapfer bis in den Tod!‹?«

Der Tod! Auf dieses Wort folgte ein dumpfer Aufschrei. »Der Tod! Was sagst du da, Mbarka Dia?«

»Ja, meine Schwestern. Es ist besser, wir sterben als freie Frauen, anstatt dass wir als Sklavinnen weiterleben. Diejenigen, die meiner Meinung sind, folgen mir in das große Haus des Brak, wo sonst der Rat der Weisen tagt. Wenn wir alle dort sind, legen wir Feuer … Nichts anderes wird unsere Feinde willkommen heißen als der Rauch, der von unserer Asche aufsteigt. Auf, meine Schwestern! Es gibt keinen anderen Ausweg als den Tod, lasst uns in Würde sterben!«

Die Sonne stand nun hoch am Himmel. Eine angstvolle Stille legte sich über den Ort. Die Verzweiflung hatte alle verstummen lassen. In langsamen Schritten näherten die Frauen sich dem Versammlungssaal, einem großen, imposanten Gebäude aus Astwerk und Stroh mitten zwischen den Häusern. Nicht eine hatte es gewagt, Mbarka Dia zu widersprechen, zu tief saß die Furcht, dass ihre Feigheit ihren Nachfahren zum Vorwurf gemacht werden könnte. Ein letztes Mal blickten sie auf ihr Zuhause, ließen ihren tränenverschleierten Blick schweifen über das kopflose Federvieh, die geplünderten Speicher, die verlassenen Stößel auf der Erde, die umgestürzten Kessel, die aufgebrochenen Häuser und die toten Angehörigen und Nachbarn. Ein Bild der Trostlosigkeit …

So betraten sie das Gebäude. Junge Mütter, die sich nicht

von ihren Neugeborenen trennen wollten, drückten sie an ihre Brüste, um sie zu ersticken. Die Letzte, die sich ihnen anschloss, war eine Hochschwangere. Mbarka Dia schloss die Tür. Mit einer entschiedenen Geste entzündete sie eine Fackel, und ohne zu zittern, schleuderte sie die brennende Fackel gegen die Verkleidung des Astwerks. Das Feuer loderte auf und fraß sich schnell die Wände entlang. Die Frauen saßen eng aneinandergeschmiegt und hatten sich in die Arme genommen. Um sich ein letztes Mal Mut zu machen, stimmten sie die Wiegenlieder und alten Weisen an, die ihnen seit der Kindheit vertraut waren und sie auf ihrem Lebensweg begleitet hatten.

Der Gesang wurde leiser, die Frauen husteten, keuchten. Nur einer von ihnen, der künftigen Mutter, fehlte die Willenskraft für den Opfertod. Ihr Überlebenswille war stärker, sie drängte zur Tür, versetzte ihr einen Fußtritt, und die Tür gab nach. Die Frau stürzte nach draußen, atmete tief ein, bevor sie, vom Qualm halb erstickt, bewusstlos zu Boden sank.

Die jetzt noch lebten, bewegten sich nicht. Sie hatten noch Zeit zu murmeln: »Lasst sie: Sie wird unsere Geschichte bezeugen und sie unseren Kindern erzählen, die es dann wiederum ihren Kindern erzählen werden.« Und sie sangen weiter, verzweifelt um den Mut ringend, in dem brennenden Inferno zu verharren.

Immer leiser wurden die Stimmen … bis sie verstummten. Plötzlich ein ohrenbetäubendes Krachen – der Dachstuhl brach über dem Prasseln der Flammen ein. Dann wieder Stille. Eine furchtbare, bedrückende Stille, welche auch die erschöpften, entsetzten Männer empfing, als sie endlich eintrafen – zu spät für die Rettung. Alle Frauen von Nder waren umgekommen, bis auf eine.

Die mündliche Überlieferung besagt, dass in diesem Augenblick große schwarze Wolken den Himmel überzogen und alles in Dunkelheit stürzten. Als wollten sie den Schmerz der Väter, Söhne und Männer verhüllen, die in eine Trauer und Hoffnungslosigkeit fielen, die weder ihr Wehklagen noch ihre Tränen oder gar die Zeit lindern konnte.

Nach einer anderen Version der mündlich überlieferten Geschichte des Königreichs war es die Linguère Faty Yamar selbst, die den Widerstand gegen die Mauren anführte und sich zusammen mit den Frauen von Nder den Tod gab, um nicht in die Hände der Sklavenjäger zu fallen. Um aber das Fortbestehen der Herrscherdynastie zu ermöglichen, soll sie ihre Töchter verschont haben. Eine der beiden Töchter war Ndete Yalla, die letzte Königin von Walo.

Von diesem Tag an und für lange Zeit zelebrierten die Bewohner von Nder ein Ritual zur Erinnerung an die tapferen Frauen, das unter dem Namen »Talata Nder« bekannt wurde. Es fand jedes Jahr an einem Dienstag im November statt. Im Ort herrschte dann vollkommene Stille. Die Männer gingen weder auf die Felder noch zum Fischfang noch auf die Jagd. Die Frauen wuschen nicht, stampften kein Getreide und kochten nicht. Während des ganzen langen Tages blieben Männer und Frauen, alte und junge, in ihren Häusern, beteten und ehrten das heroische Opfer der Frauen von Nder.

Doch heute ist, wie man mir sagt, Nder, die ehemalige Hauptstadt des Königreichs Walo, das Symbol des Widerstandes, ein kleines Dorf und dem Verfall preisgegeben. Keine Gedenkfeier ruft das tragische Geschehen ins Gedächtnis. Würden unsere Ahninnen nicht eher Respekt verdienen als Gleichgültigkeit, und wäre ihre Tapferkeit es nicht wert, dass die Generationen, die von ihnen abstammen, sich ihrer erinnerten?

DIE MULATTIN SOLITUDE

Märtyrerin der Sklaverei

Am 29. November 1802 wird auf der Insel Guadeloupe eine Frau zum Schafott geführt. Dazu verurteilt hat sie das Frankreich Napoleon Bonapartes, das wieder zum Sklavenhalter geworden ist. Sie ist dreißig Jahre alt. Sie heißt Solitude, die Mulattin Solitude, und zwar wegen ihrer sehr hellen Haut, ein Andenken an die Vergewaltigung einer afrikanischen Gefangenen, an den Füßen gefesselt, auf einem Schiff, das die Antillen ansteuerte.

Erst am Tag zuvor hat Solitude ein Kind zur Welt gebracht, das sofort ihrer Brust entrissen und dem Besitz eines Sklavenhalters zugeschlagen wird. Sie hätte schon sechs Monate früher hingerichtet werden sollen, aber den Kolonialherren lag jegliche Verschwendung fern; der Bauch, der Leben in sich trug, würde einer Plantage zwei weitere Arme einbringen.

Acht Jahre vorher, in der Euphorie der Französischen Revolution, war in dieser Kolonie die Abschaffung der Sklaverei verfügt worden – trotz der Opposition der weißen Pflanzer, die in der Wirtschaft das Sagen hatten. Von ihren Ketten befreit, kehren viele Schwarze den Feldern ihrer Knechtschaft den Rücken und wollen fern von der Tyrannei ihrer ehemaligen Herren ein Leben aufbauen, das ihnen gehörte.

Fünf Jahre turbulenter Debatten der Pariser Abgeordneten waren nötig gewesen, bis man sich eine Meinung darüber gebildet hatte, ob die 1789 proklamierten Menschen- und Bürgerrechte auch für die Neger gelten sollten, die zu jener

Zeit als minderwertige Wesen angesehen wurden. Zudem waren die französischen Humanisten der *Société des Amis des Noirs* (Gesellschaft der Freunde der Schwarzen), die Verfechter der Abschaffung der Sklaverei, nicht so stark wie die englischen Philanthropen, die den Sklavenhandel bekämpften.

Die Vertreter der reichen Pflanzer hatten sich übrigens an die Nationalversammlung gewandt: »Der Sozialvertrag, der für die Bewohner der französischen Nation beschlossen wurde, kann nicht universell angewendet werden: Die Neger und die Farbigen sind niemals Teil der französischen Nation gewesen. Sie sind Fremde, die aus den entferntesten Ecken hergeholt worden sind, die die Siedler französischen Händlern abgekauft haben. Können sie da einem Vertrag unterliegen, der für freie Menschen gemacht ist? (...) Den Sklavenhandel abschaffen, das zöge die Aufgabe unserer Kolonien nach sich, das brächte eine äußerst kritische Situation für unsere Marine und unseren Handel und würde zur Schließung unserer Fabriken selbst in Frankreich und folglich zur Arbeitslosigkeit der Hälfte der französischen Arbeiter führen. Die Abschaffung des Sklavenhandels würde also nicht nur den Ruin der Siedler bedeuten, sondern auch eine Katastrophe für die nationale Ökonomie.« Die Lobbyarbeit für die Sklaverei stößt auf offene Ohren. Die Kolonien werden einer internen Autonomie unterstellt, die den Status quo aufrechterhält.

Vor Ort haben verschiedene Teile der Bevölkerung die Proklamation der »natürlichen und unveräußerlichen Menschenrechte, und die sind Freiheit, Eigentum, Sicherheit und Widerstand gegen Unterdrückung« sehr wohl vernommen. Und vor allem der erste Artikel hat sich ihnen eingeprägt: »Die Menschen sind und bleiben von Geburt frei und gleich an Rechten.« Sie hegen keinerlei Zweifel, dass er auch auf sie angewendet werden kann. Sie sind mehrheitlich freie oder befreite Schwarze, die die Diskriminierung der Weißen an den Rand der Gesellschaft drängt. Sie leben von ihrem Handwerk, vom Kleinhandel, von ihren Plantagen, und manche von ihnen sind durch ihre Arbeit sogar zu einem gewissen Reichtum gekommen. Unter ihnen sind gebildete Leute, die die Zeitungen lesen und wissen, was anderswo passiert. Sie richten eine Petition an die verfassunggebende Versammlung, die ihr Anwalt vorliest: »Die Farbigen sind freie Menschen und Bürger Frankreichs. Wir bitten nicht um eine Gunst. Wir fordern die Menschen- und Bürgerrechte. Ich frage mich, mit welchem Recht die Weißen eine so große Anzahl farbiger Menschen, die frei sind, Eigentum besitzen und der Steuerpflicht unterliegen, ausgeschlossen haben.«

Zur Zeit der Französischen Revolution wird die Bevölkerung auf Guadeloupe auf fast hunderttausend Sklaven, vierzehntausend Weiße sowie mehr als dreitausend Mulatten und freie oder befreite Schwarze geschätzt. Die Franzosen kamen 1635 auf die Insel, brachten die indianischen Völker um, die sie gastfreundlich empfangen hatten, und ließen Afrikaner herbeischaffen aus Ghana, Togo, Dahomey (dem heutigen Benin), der Elfenbeinküste, aus Nigeria und teilweise auch aus Kamerun, Gabun, dem Kongo und Angola, die sie zur Bewirtschaftung ihrer Zuckerrohr-, Tabak-, Kaffee-, Baumwoll-, Kakaoplantagen und ihrer Lebensmittelkulturen benötigten.

In der sich bildenden Gesellschaft Guadeloupes stehen die Franzosen an der Spitze einer Pyramide, die durch eine Trennungslinie zwischen *grands blancs* (großen Weißen) und *petits blancs* (kleinen Weißen) gekennzeichnet ist. Zu Ersteren gehörten diejenigen, deren »von« im Namen die adelige Abstammung anzeigte, dann die Abkömmlinge aristokratischer Familien, die aus Enttäuschung über die Metropole oder wegen ihrer jugendlichen Eskapaden in die Kolonien emigriert waren. Dann kamen Großkaufleute, reiche Bourgeoisie, Beamte, Offiziere und ehemalige Kapitäne der Sklavenschiffe. Die Landgüter der Plantagenbesitzer – *habitations* genannt – bestanden aus der Plantage mit dem Herrenhaus und seinen Nebengebäuden, den Unterkünften der Arbeiter und den Viehställen. Auf den Zuckerrohrplantagen gab es außerdem noch Gebäude, die der Herstellung von Zucker und Rum dienten: Manufaktur, Mühle, Fabrik, Lager und Werkstätten.

Während die Besitzer von Kaffeeplantagen und Lebensmittelkulturen, die nur eine begrenzte Zahl Arbeitskräfte beschäftigen, eher zur Mittelschicht gehören, bildet die Zuckeraristokratie eine geschlossene Gesellschaft, die über Plantagen mit hundert bis dreihundert Sklaven herrscht. Der allmächtige Herr spricht sein eigenes Recht und besitzt sein Gefängnis, seine Krankenstation, seine Kapelle. Keine äußere Macht hat Einfluss auf ihn; über die Sklaven herrscht er mit Hilfe von Aufsehern, Verwaltern, Vorarbeitern und einer Miliz. Diese besteht ursprünglich aus allen weißen Männern im Alter, in dem sie eine Waffe tragen können, das heißt zweitausendzweihundert Mann, öffnet sich ab 1785 aber auch befreiten Schwarzen.

Auch die Gemeinschaft der Sklaven ist alles andere als homogen. Einmal gibt es die Haussklaven (Dienerinnen, Näherinnen, Diener, Köche), die besser behandelt, besser ernährt und besser gekleidet werden und alles daran setzen, in ihrer privilegierten Stellung, die sie der Nähe zu den Weißen verdanken, zu verharren und nicht zu den Negern auf den Feldern zurückgeschickt zu werden, denen sie sich überlegen fühlen. Dann die Arbeiter in der Zuckerfabrikation, die Handwerker (Böttcher, Zimmerleute, Maurer, Schmiede) und die kleinen Erzeuger, die auch Aufseher sein können (Fischer, Lebensmittelproduzenten, Jäger).

Die »Neger mit der Hacke« oder »Feldneger«, die mehr als neunzig Prozent der Schwarzen auf der Plantage ausmachen, arbeiten das ganze Jahr über von vier Uhr morgens bis zum Sonnenuntergang. Sie pflügen das Land, schneiden das Zuckerrohr, ernten den Maniok, bessern die Wege aus, reinigen die Bewässerungsgräben, sammeln Ofenholz oder Stroh für die Tiere, kümmern sich um Dünger und Aussaat. Und das alles unter der drohend geschwungenen Peitsche, die wie ein Damoklesschwert ihr Leben bestimmt.

Die *petits blancs* stellen etwas weniger als die Hälfte der europäischen Bevölkerung der Insel dar. Ehemals Marinesoldaten, sind sie Aufseher, Vorarbeiter auf den Plantagen, kleine Pflanzer, Handwerker oder Ladenbesitzer in den Städten und Häfen geworden. Dem Dünkel und der Geringschätzung der *grands blancs* bringen sie Abscheu, ihrem Reichtum Neid entgegen, die Sklaven behandeln sie grausam, und Farbige, die ihnen im Handel und Handwerk Konkurrenz machen, sind ihnen ein Gräuel. Was die weißen Frauen angeht, so kommen sie meist aus der Pariser Gosse oder aus dem Gefängnis, gelangen aber, indem sie den Boden der Antillen betreten, wieder in den Stand der Unschuld, was es ihnen ermöglicht, dank vorteilhafter Verbindungen zu vornehmen Damen der kreolischen Gesellschaft aufzusteigen.

Innerhalb der nichtweißen Bevölkerung legen die »farbigen Leute«, Abkömmlinge des *ius primae noctae*, das die Herren bei den jungen Negerinnen in Anspruch nehmen, Wert auf ihren Unterschied zu den anderen freien Schwarzen, betrachten sie die Tropfen weißen Bluts in ihren Adern doch wie einen Schlüssel zum sozialen Aufstieg. Gleichwohl sind sie nicht alle frei, diesen Status muss ihnen ihr Erzeuger erst gewähren. Da man unter Ludwig XIV. fürchtete, vermehrtes »Mischblut« würde die soziale Hierarchie ins Wanken bringen, erließ Colbert 1685 den *Code Noir*, der den Sklavenstatus festlegte. Beziehungen zwischen den Rassen wurden geächtet, und die Vaterschaft eines Mulatten wurde als ehrenrührig erachtet. Weiße, die sich einer Mesalliance schuldig machten, riskierten den Verlust ihrer Rechte und konnten ihren farbigen Abkömmlingen keine Werte übertragen.

Da diese Maßnahmen das exotische Verlangen der Kolonialherren nicht eindämmten, gaben die französischen Gesetzgeber schließlich den Farbigen die Schuld, und legten fest, dass ihr Status sich nach dem ihrer Mutter richtete – sie galten nicht mehr als frei, wenn diese es nicht schon war. Dann wurde ihnen der Zugang zu öffentlichen Ämtern, bestimmten vereidigten und freien Berufen wie Rechtsanwalt, Arzt, Goldschmied oder Apotheker untersagt. Sie waren gehalten, den Weißen nicht unter die Augen zu kommen, mussten sich auf dem Schiff oder im Theater im Abseits halten; in der Kirche empfingen sie als Letzte das Abendmahl. In ein so starres System der Abhängigkeit gezwängt, kam begreiflicherweise der Gedanke an eine Revolte auf, als ihnen bewusst wurde, dass die Erklärung der Menschenrechte nicht auf sie gemünzt war.

Die ersten Aufstände brachen 1790 in der französischen Kolonie Saint-Domingue aus (heute Haiti), wo die Ordnungskräfte eine Erhebung von zweihundertfünfzig Mulatten im Blut ertränkten. Auf Guadeloupe wurden die Anführer öffentlich hingerichtet, was aber nicht verhinderte, dass es von 1790 bis 1792 zu weiteren sporadischen Aufständen kam, die in der kaum an schwarze Revolten eines solchen Ausmaßes gewöhnten Metropole ziemliche Bestürzung auslösten.

Nachdem 1792 die Republik ausgerufen worden war, fand sich die gesetzgebende Versammlung schließlich dazu bereit, Farbigen sowie freien und freigelassenen Schwarzen das Recht auf die französische Staatsbürgerschaft zuzugestehen.

Während jener Zeit litt Solitude, in Gefangenschaft auf ihrer Plantage, noch wie alle anderen Sklaven an den ihr auferlegten Beschränkungen. Jedoch nicht mehr sehr lange, denn die Umwälzungen der Französischen Revolution begannen bald die festen Strukturen des Unterdrückungssystems zu erschüttern. Das Stück vom Sterben des Ancien Régime wurde auch im kleinen Theater der Karibischen Inseln gespielt, mit den reichen weißen Pflanzern in der Rolle der Royalisten und den *petits blancs* in der Rolle der Patrioten, wobei beide Lager ihre Sklaven bewaffneten und sie in die vordersten Linien der Front stellten.

Da Neuigkeiten von der Metropole zwei Monate per Schiff brauchten, verbreitete sich die Nachricht von den Ereignissen in Frankreich in den Überseegebieten mit zeitlicher Verzögerung. Als die Enthauptung Ludwigs XVI., die im Januar 1793 stattgefunden hatte, bekannt wurde, ließen auch die lokalen Repräsentanten der Schreckensherrschaft die Köpfe rollen. Ganze Pflanzerfamilien wurden umgebracht, ihre Güter, wie auch diejenigen des Klerus, von den weißen Mitgliedern des republikanischen Konvents konfisziert. Dazu ist zu sagen, dass die Ordensleute auch Plantagenbesitzer waren und sich wie andere Sklavenhalter der Peitsche bedienten; die Barmherzigen Brüder besaßen zwei Zuckerfabriken und hundertachtzig Sklaven, die Dominikaner zwei Zuckerfabriken und achtzig Sklaven und die Jesuiten eine große Plantage mit dreihundertzwölf Sklaven.

Von den republikanisch eingestellten kleinen Weißen verfolgt, suchte die Inselaristokratie teilweise ihr Heil in der

Flucht auf die Nachbarinsel Martinique, die damals von den Engländern beherrscht und somit von den revolutionären Idealen nicht berührt wurde. In der herrschenden Anarchie kehrte ein Teil der Sklaven den Arbeitsstätten wagemutig den Rücken und floh zu Orten, wo die neuen Ideen wie Freiheit und Gleichheit Anklang fanden; andere machten sich auf den Weg in weit entfernte Berge. Letztere wurden *marrons* genannt, nach *cimarron* (spanisch: derjenige, der seinen Herrn flieht). Denn unter der republikanischen Flagge hatte der Peitschengriff nur die Farbe der Trikolore angenommen, und die Schiffe brachten weiter ihre Tonnage menschlicher Fracht, wobei der französische Staat den Sklavenhandel durch Prämien noch ankurbelte.

Dann die Abschaffung der Sklaverei! Der Konvent beschließt am 4. Februar 1794, dass »alle Menschen, die in den Kolonien leben, ohne Unterschied der Hautfarbe, französische Bürger sind und alle in der Verfassung garantierten Rechte genießen«, und beauftragt einen neu ernannten Kom

missar, das Abschaffungsdekret nach Guadeloupe zu bringen. Mit tausend Mann schifft er sich in Brest ein, vergisst auch nicht, eine Guillotine mitzunehmen, mit deren Hilfe er die Insel von ihren royalistischen Siedlern befreien will. Aber die Kolonie ist – was man in der Metropole noch nicht weiß – seit zwei Monaten in der Hand von viertausend englischen Soldaten, die sich dort dank der Unterstützung des letzten Häufleins örtlicher Royalisten etabliert haben. Seit der Ausrufung der Republik sieht sich Frankreich einer Koalition europäischer Reiche und Königtümer gegenüber, die bereit sind, alles für eine Rückkehr zur Monarchie zu tun. Darunter auch England, Herrin des Seehandels und gierig auf die französischen Zuckerinseln.

Durch vorgebliche Fischer, deren Boote vor der Küste

Guadeloupes kreuzen, von der feindlichen Besetzung in Kenntnis gesetzt, landet Victor Hugues, unbemerkt von den englischen Fregatten, am 7. Juni 1795 in Le Gosier und stürzt sich, den Überraschungseffekt ausnutzend, auf die englische Garnison. Dann zieht er in Pointe-à-Pitre ein, wohl wissend, dass seine Truppen von dem unverhofften Kampf und dem gelben Fieber geschwächt sind und den Okkupanten allein nicht vollständig niederschlagen können. Er nimmt auf der Place de la Victoire Aufstellung, verkündet die Befreiung der Sklaven: »Eine republikanische Regierung duldet weder Ketten noch Sklaverei; daher hat der Nationalkonvent feierlich die Freiheit der Neger dekretiert (...)«, und ruft die Menge dazu auf, als Freiwillige zu den Fahnen zu eilen und das Vaterland zu verteidigen. Dann gibt er den Versammelten bekannt – was seiner Aufforderung nur noch mehr Gewicht verleiht –, dass jeder Mann, der zehn weitere mitbringt, zum Korporal befördert wird, mit mehr als zehn zum Sergeanten, mit fünfundzwanzig zum Leutnant, mit fünfzig zum Oberleutnant, mit hundert und mehr zum Hauptmann. Ein Verfahren, das dem revolutionären Usus, wie es scheint, vollkommen entspricht, wo Fünfundzwanzigjährige zum General ernannt wurden.

Die Neuigkeit von der Abschaffung der Sklaverei verbreitet sich wie der Blitz über die Insel. Kaum haben die Trommeln und Hörner die Nachricht zu den abgelegensten Plantagen gebracht, da haben die Sklaven den Feldern den Rücken gekehrt und sind nach Pointe-à-Pitre geeilt, um sich dem allgemeinen Jubel anzuschließen. An jenem Abend ist Solitude unter den Tausenden armer Schlucker, die ungläubig und mit Tränen in den Augen auf dem Platz über das Dekret der Republik reden. Sie sieht Männer außer sich vor Dankbarkeit, die sich aus der Menge winden und zum Podium drängen, wo der weiße Anführer feierlich zum Volk spricht. So kommt es, dass dreitausend Sklaven mit nackten Füßen und durchlöcherten Hosen sowie Hunderte von Freien dem Ruf von Victor Hugues folgen, der sie in die Farben der Republik kleidet und aus ihnen sein erstes Bataillon der schwarzen Sansculotten* formt.

Die Armee der Neubürger wird nach intensiver Ausbildung gegen die englischen Besatzer eingesetzt und befreit Guadeloupe nach sechs Monaten erbitterter Kämpfe. Was dem Kommissar der Republik erlaubt, sich seinen wahren Feinden zu widmen, den Konterrevolutionären, die erschossen werden oder wagenweise auf die Guillotine geschickt.

Kraft der Schnellverfahren eines zu diesem Zweck geschaffenen Standgerichts werden ungefähr tausend monarchistische oder für monarchistisch gehaltene Hälse durchtrennt, bis in die letzten Winkel der Insel.

Nachdem sie ihr Land zurückerobert haben, erwarten die Bewohner Guadeloupes, dass das Befreiungsdekret Anwendung findet, erkennt Frankreich in ihren Augen damit doch an, dass der Wohlstand der Kolonie auch der Arbeit der Neger zu verdanken ist. Als französische Bürger muss ihre Existenz amtlich beurkundet werden, denn bisher bezeichnen nur ein Vorname, eine Kennnummer sowie die Initialen ihres Herrn, die mit einem glühenden Eisen in ihre Haut gebrannt worden sind, ihre Identität. Massenhaft strömen sie zu den Standesämtern. Die weißen Verwaltungsangestellten erwarten sie stehenden Fußes, die Feder in der Hand. Wie sollen sie dieser konturlosen Woge schwarzer Gesichter, die sie nur

* Name für die Freiwilligen aus dem einfachen Volk, die sich zur Verteidigung der Republik zu den Fahnen meldeten

als Arbeitstiere betrachtet haben, die Bürgerkonkarde überreichen?

Unter Hohngelächter werden die Familiennamen in den Registern für die Ewigkeit festgehalten, wobei man die Namen der weißen Siedler so weit wie möglich vermeidet. Baumnamen: Prunier (Pflaumenbaum), Pommier (Apfelbaum), Manguier (Apfelbaum); Blumen- und Tiernamen: Rosette, Corbeau (Rabe), Zebu. Der Nächste bitte! Ein Blick ins Wörterbuch: Châtaigne (Kastanie), Chalumeau (Strohhalm), Chérubin (Cherub), Fantaisie (Fantasie), Jolicœur (Schönherz). Der Nächste bitte! Berühmte Persönlichkeiten: Hannibal, Darius, Cicero, Cato, Karl der Große, Ninon, Minerva. Verschiedene Anagramme: Etilagé für *égalité* und Etrebil für *liberté*. Der Nächste bitte! Ortsnamen: Bordelais, Nankin. Namen von Persönlichkeiten in umgekehrter Form: Gélambé für Bélanger. Aneinandergereihte oder frei erfundene Vornamen: Fetnat, eine Parodie auf *Fête Nationale* (Nationalfeiertag), für diejenigen, die am 14. Juli geboren sind. Ja, ein guter Scherz, die schwarzen Analphabeten, die die Republik ihnen als Mitbürger aufzwingen will, mit den Namen dem Spott und der Lächerlichkeit preiszugeben!

Solitude braucht keinen Namen. Die anderen haben sie immer »Mulattin Solitude« genannt. Sie wird um 1772 geboren, auf dem Landgut des Pflanzers Du Parc, in der Gemeinde Capesterre. Dieser hat ihr den Vornamen Rosalie gegeben, weil im selben Moment, als sie den ersten Schrei tat, eine alte Sklavin dieses Namens starb. Als er später ihre helle Haut, ihr hübsches Gesicht und ihre glatten Haare sah, entschied der Herr, dass sie bestens geeignet wäre, bei Tisch zu servieren. Ihre Mutter war Afrikanerin und von einem Seemann an Bord des Schiffs, das sie den Ihren entrissen hatte, vergewaltigt worden.

Eines Tages trennte man sie. Solitude sollte im Herrenhaus erzogen werden, und ihre Mutter durfte sich ihr nicht mehr nähern. In ihrer Verzweiflung entkam die arme Frau eines Nachts den Wachhunden und ergriff die Flucht. Daraufhin mauerte sich das Kind, das vorher schon wenig gesprochen hatte, im Schweigen ein und antwortete nur, wenn es dazu gezwungen wurde. Man brachte ihr Französisch bei, Nähen und die Harfe spielen, damit sie mit der nur wenig älteren Tochter des Herrn spielen konnte. Diese amüsierte sich schon in früher Kindheit damit, sie heftig auszupeitschen – sie stieg auf ihren Rücken und rief: »Los, sei ein Pferd!« Später musste Solitude auf einer anderen Plantage arbeiten und noch später auf einem Zuckerrohrfeld.

Als sie 1794 ihre Freiheit gewonnen hat, macht sie keine Anstalten, sich dem Rahmen anzupassen, den die Republik ihren schwarzen Bürgern bietet. Sie schließt sich einer Gemeinschaft entflohener Neger an, die sich im Camp von Goyave, in den Bergwäldern, verschanzt hat. Was sie in der Hölle der Plantagen erlebt hat, möchte sie in den Tiefen ihres Gedächtnisses begraben, weiß aber, dass sie es niemals vergessen kann. Seien es die Vergewaltigungen durch die Sklavenhalter, Vorarbeiter und Aufseher, die sich auf den perlmutt schimmernden Körper gestürzt haben, ohne dass sie ihren Stolz brechen konnten, selbst wenn ihre schwarzen, tieftraurigen Augen davon gezeichnet sind. Seien es die heimlichen Abtreibungen, bei denen sie unter den Händen der Engelmacherin oder durch mehr oder weniger wirksame Pflanzen ihr Leben riskierte.

Sie erinnert sich der kleinen Negerin – nur fünfzehn Jahre war sie alt und so viele Male missbraucht. Es zärtlich küssend, hatte sie eine Spitze in den Schädel ihres Babys gebohrt, um ihm die entsetzliche Sklaverei zu ersparen. Der Herr war so wütend gewesen über den Verlust der künftigen Arbeitskraft, dass alle Sklaven bei der Hinrichtung zusehen mussten. Stunden hatten sie dagestanden und auf den nackten Körper geblickt, der an einen Pfahl gebunden und mit gezuckerter Melasse bedeckt war. Damit sie die Folterung durch die Kolonnen fleischfressender Ameisen, durch die über sie herfallenden Fliegen, Wespen und Bienen nicht spürte, die sie nach und nach aufzehrten, stieß die Unglückliche bis zu ihrem letzten Atemzug Verwünschungen aus gegen ihren Herrn.

Solitude kannte das Arsenal, dessen man sich bediente, um die Widerspenstigen zu unterwerfen: Ketten, Fußketten, Fesseln, Halseisen, Abschnürbinden, stachelige Eisenhalsketten, die das Schlafen unmöglich machten, Kerker, Galgen und auch jene Blechmasken, die den Mund bedeckten und bewirkten, dass der ausgehungerte Sklave nicht einmal an einem Stück Zuckerrohr lutschen konnte. Sie hatte gelernt, den inneren Aufruhr niederzukämpfen, der sie befiel, wenn sie sah, mit welchem Genuss der Herr einen glühenden Speer in das Hinterteil eines Negers spießte. Oder wenn man eine Mutter zwang, den blutigen, mit der Rindersehne wund geschlagenen Körper ihres Sohnes mit einer Mischung aus Salz, Piment, Pfeffer, Zitrone und heißer Asche einzureiben. So stieg der Schmerz und gleichzeitig wurde verhindert, dass der Wundbrand das menschliche Kapital vernichtete. Sie hatte das Blut hervorspritzen sehen, wenn der Weiße ein Handgelenk verstümmelte, einen Fuß abhieb, ein Ohr abschnitt oder die Geschlechtsteile eines Vermessenen herausriss, des es gewagt hatte, dem Paradies seines Besitzers zu entfliehen. Und dann das Aufhängen. Jede Plantage hatte einen großen Baum, der nur darauf wartete, dass sich der Strick um einen schwarzen Hals zog.

Nur manchmal hatte sie die Augen geschlossen vor dem Unerträglichen: Wenn ein lachender Vorarbeiter brennendes Wachs, siedendes Schweineschmalz oder kochenden Zuckersirup auf einen entblößten, schreienden Neger gegossen hatte, der mit vier Pflöcken am Boden festgehalten wurde. Sie hatte ihre unglücklichen Kameraden beweint, die lebend in Backöfen gebraten oder in Tonnen festgenagelt wurden, die man dann einen Abhang hinabrollte. Sie hatte sich die Finger blutig gebissen, als sie das Entsetzen der gefesselten Männer sah, wenn ihnen ein explosiver Puder in Mund und Anus gestopft und die herausschauende Kordel angezündet wurde. Sie hatte die Erniedrigung derer gesehen, die ihre Exkremente essen, Urin trinken und den Speichel anderer Sklaven herunterschlucken mussten, weil sie einem Weißen unbotmäßig geantwortet hatten. O, Respekt den kühnen Giftmischerinnen, deren farb- und geruchlose Pflanzensude, in die Suppe gerührt, einen verfluchten Sklavenhalter in wenigen Stunden vom Leben zum Tode beförderten. Bis es so weit war, das Rückgrat beugen. Bloß, um am Leben zu bleiben und eines Tages das Ende von all dem zu erleben.

Die Euphorie über die Abschaffung der Sklaverei war von kurzer Dauer. Wie hätte man die durch die Befreiung der Sklaven brachliegende Landwirtschaft auch wieder in Gang bringen können? Nach einhundertsechzig Jahren unbarmherziger Unterdrückung weigerten sie sich nun, unter den gleichen Bedingungen zu arbeiten. Manche vernichteten die Ernten, andere rechneten mit den Besitzern ab, die sie misshandelten, und töteten des Nachts die gefleckten Riesendoggen, die ihre Zähne in den Rücken der Flüchtenden schlugen.

Um Arbeitskräfte auf die Plantagen zurückzubringen, führt der Kommissar der Republik die Zwangsarbeit ein. Die gerade Freigelassenen, die nicht zur Armee gehören, werden aufgefordert, sich wieder in ihren alten Betrieben einzufinden, bei Weigerung droht ihnen Gefängnis. Man verspricht jedoch, die Besitzer anzuhalten, sie zu bezahlen, und dies unter amtlicher Aufsicht. Eine Maßnahme, deren Wirksamkeit niemals bewiesen werden konnte. Egal, es ist keine Sklaverei mehr, und die todbringenden Strafen sind abgeschafft. Viele dieser Arbeiter sehen mit Genugtuung, wie ihre ehemaligen Herren deportiert oder enthauptet werden. Darüber hinaus sind die den Royalisten entrissenen Plantagen ins Eigentum der Republik überführt worden, was sie Einführung eines für die schwarzen Bauern vorteilhafteren Pachtsystems möglich gemacht hat. Also …

Allerdings sind die ehemaligen Sklaven keine homogene Masse. Die aktivsten Leute dieser Gemeinschaft, mehrheitlich von den revolutionären Ideen begeistert, sind in die Armee eingetreten und erfreuen sich einer gewissen Achtung, die sie als eine moralische und soziale Aufwertung erleben. Im Übrigen hat sich eine Reihe von denen, die in den Wirren der Revolution von den Plantagen geflohen sind, als Bauern auf einem Stück Land niedergelassen. Andere haben sich in den Ortschaften selbständig gemacht, als Handwerker sind sie mit einem neuen Status in der Anonymität der Städte untergetaucht. Die größten Widerständler haben sich für das Leben als Flüchtlinge im Untergrund entschieden.

Denn die Autoritäten der Insel sehen mit Misstrauen die eigenständigen Gruppierungen der Schwarzen, die sie der Flucht vor Freiheit, Gleichheit, Brüderlichkeit und Zwangsarbeit verdächtigen.

Fern aller Verwaltung haben sie sich Hütten aus Zweigen und Bretterbuden gebaut und unter dem Blattwerk undurchdringlicher Wälder ihre Ignambeete angelegt. In der Stadt erzählt man sich, dass sie des Nachts von ihren Bergen herabsteigen, die Ernten stehlen und Zicklein entwenden, um ihre frugale Verpflegung zu verbessern. Es heißt auch, dass Rebellen, die sich die Pflanzer oder Aufseher vornehmen, um frühere Misshandlungen zu rächen, in ihren Lagern Zuflucht finden. Auch die Armee jagt sie unentwegt, dezimiert die organisierten Banden und umherziehenden Gruppen.

Im Februar greift der neue Befehlshaber der weißen Nationalgarde, General Desfourneaux, überraschend das Camp von Goyave an, fast alle *marrons*, die sich dort mit Frauen und Kindern befinden, kommen im Granatenhagel um. Solitude und ein paar andere sind knapp entkommen. Sie war auf halbem Weg zum Camp, als sie hörte, wie die Wächter, die an den Berghängen postiert waren, um Eindringlinge aufzuspüren, mit ihren Fechterschneckenhörnern Signale gaben. Sie ahnte die Gefahr und flüchtete sich tief in den Wald. Nach dem Blutbad war sie auf den Berg gestiegen, hatte die Überlebenden getröstet, die Toten begraben und eine neue kleine Gruppe gebildet, die in den nächsten vier Jahren mit den Milizen von einem Ende der Insel zum andern Katz und Maus spielte.

Währenddessen nahm die Geschichte ihren Lauf. 1799 bemächtigt sich in Frankreich ein junger General, fünfundzwanzig Jahre alt und mit dem Charisma des Kriegshelden, der Macht. Als Retter der Republik gefeiert, macht sich Napoleon Bonaparte an die Neugestaltung des Landes. Die Ordnung in den Kolonien wiederherstellen, das heißt für ihn aber, die Sklaverei wiedereinsetzen. Seine Gattin, Marie-Josèphe (genannt Joséphine) Rose Tascher de la Pagerie, verwitwete de Beauharnais, ist eine Tochter von Plantagenbesitzern aus Martinique und hat ihm die Probleme der Zuckerwirtschaft nahe gebracht. Ein Haudegen wird für diese Mission bestimmt: der Konteradmiral Lacrosse.

Bei seiner Ankunft in Pointe-à-Pitre im Mai 1801 entschließt er sich mit einem großen Rundumschlag, die Kolonialarmee und die Inseleliten unschädlich zu machen. Sein Ziel: die Personen, die des Widerstands gegen die Wiedereinführung der Sklaverei verdächtig sind, zu neutralisieren. Das Beispiel des schwarzen Generals Toussaint Louverture von Haiti, der 1800 Saint-Domingue eingenommen hatte, hat Frankreich traumatisiert. Man will auf keinen Fall dulden, dass Guadeloupe auf die gleiche Katastrophe zusteuert, und nicht zusehen, wie sich eine schwarze Macht etabliert. Unter dem Vorwand einer Verschwörung lässt er mehrere antillanische Offiziere, die aufgrund ihrer militärischen Leistungen geschätzt werden, festnehmen und deportieren. Die schwarzen Truppen hatten sich in zahlreichen Schlachten gegen die Engländer ausgezeichnet und wurden von der Bevölkerung bewundert. Manche der farbigen Offiziere hatten in Frankreich gedient, wo sie sich in der Kriegskunst perfektionierten. Immer häufiger gibt es nun willkürliche Verhaftungen, Demütigungen und überstürzte Deportationen nach Madagaskar, New York oder Frankreich. Diese rassistische Verletzung der militärischen Hierarchie zu Lasten der höchsten antillanischen Offiziere provoziert eine erste Revolte der Soldaten. Sie wird durch standrechtliche Erschießungen niedergeschlagen.

In der Bevölkerung steigt die Spannung mit der Einkerkerung mehrerer farbiger Honoratioren, die im lokalen Umfeld tätig sind und als Feinde der Regierung angeklagt werden. Schließlich bringt der Versuch, einen der jungen und beliebtesten Offiziere zu verhaften, Pointe-à-Pitre in Aufruhr. Rechtzeitig gewarnt, gelingt Joseph Ignace, einem ehemaligen Zimmermann, der nach einer brillanten militärischen Laufbahn Hauptmann des ersten Bataillons der Kolonie geworden ist, die Flucht. Aber die Neuigkeit schlägt ein wie eine Bombe. Ein Teil der Infanterie zieht durch die Straßen der Stadt, hinter ihnen Hunderte von Bauern, die von ihren Zuckerrohrfeldern herbeigeeilt sind, als sie gehört haben, dass ihr Held in Gefahr ist. Diese Männer haben mit ihrem Blut dafür bezahlt, dass Frankreich kein Stück seines Kolonialreichs verloren hat!

Als die aus Weißen bestehende Nationalgarde gegen die wütende Menge vorrückt, wird die Tragödie durch das schnelle Eingreifen zweier antillanischer Offiziere gerade noch verhindert, indem es Oberst Magloire Pélage gelingt, die Gemüter zu beruhigen. Verärgert über die brutalen Methoden des Repräsentanten Bonapartes (der sich nach Basse-Terre geflüchtet hat, dem Verwaltungszentrum Guadeloupes, bevor er von der Insel flieht), beschließen das Volk, die Armee und eine Anzahl weißer Honoratioren, einen Interimsregierungsrat zu gründen, der aus drei weißen Kaufleuten und einem Mulatten besteht, unter dem Vorsitz von Pélage. In seinen Schreiben an den Konsul Bonaparte betont er unermüdlich seine Treue zu Frankreich und erklärt, dass der Rat die einzig mögliche Antwort auf das höchst ungerechte Verhalten seines Gesandten ist.

Von Paris aus gesehen erscheint die Situation als eine nicht hinnehmbare Rebellion. Bonaparte beordert den General Antoine Richepance, die Meuterei niederzuschlagen, die Herrschaft Frankreichs über Guadeloupe wieder zu errichten und die unverschämten Neger, die es gewagt haben, sich seiner Macht zu widersetzen, zur Ordnung zu rufen, das heißt, zurück in die Ketten der Sklaverei. Eine Flotte von zehn Schiffen mit einem Expeditionskorps von fast viertausend Mann läuft am 4. Mai 1802 die Reede von Pointe-à-Pitre an. Die Einwohner von Guadeloupe wissen nicht, was sie erwartet. Legalisten, die sie sind, versammeln sie sich in Massen am Hafen, unter den Klängen der von der Kolonialarmee gespielten Marschmusik. Sie sind überzeugt, dass der verständnisvolle Bonaparte ihnen einen gerechteren Bevollmächtigen schickt.

Kaum gelandet und ohne auf den Salut der antillanischen Soldaten zu reagieren, nehmen die Franzosen die strategisch wichtigen Forts in Besitz, die von der örtlichen Garnison bewacht werden. Das ist der Moment, in dem die in der Menge erstaunter Zuschauer versteckte Solitude beschließt, in den Maquis zu verschwinden. Am Abend stellen sich alle schwarzen Bataillone außerhalb der Stadt zur Truppenparade auf. Richepance befiehlt, die Gewehre auf den Boden zu legen. Eine Anzahl bewaffneter Infanteristen und Offiziere stiehlt sich in der einbrechenden Nacht davon. Die Deserteure – es sind einhundertundfünfzig, darunter der Hauptmann Ignace – beschließen, sich nach Basse-Terre durchzuschlagen, das sie für sicherer erachten.

Auf dem Exerzierplatz hat gerade der letzte schwarze Soldat sein Gewehr abgelegt, als sich das Expeditionskorps auf die Männer stürzt, ihnen die Uniform vom Körper reißt, sie mit Fußtritten traktiert und in den Laderaum der Fregatten schleift, wo sie in Ketten gelegt werden. Als es Mitternacht schlägt, existiert die stolze Kolonialarmee nicht mehr, und ihre tapferen Soldaten sind wieder Sklaven geworden. Ein Flüchtling, der die ganze Nacht durch die Wälder gelaufen und den Rest des Wegs in einem Fischerboot hinter sich gebracht hat, erreicht in Panik Basse-Terre. Stotternd vor Aufregung berichtet er dem Garnisonskommandanten, was er gesehen hat. Der Infanterieoberst Louis Delgrès begreift sofort die Gefahr. Die diffusen Gerüchte, dass die Sklaverei wieder eingeführt wird, erweisen sich also als wahr?

Aufgebracht über den Widerruf des französischen Staates bezüglich der Abschaffung der Sklaverei entlässt der sechsunddreißigjährige Intellektuelle, ein Mulatte aus Martinique, der von den Ideen der Aufklärung erfüllt ist und zeitweilig Gedichte schreibt und Geige spielt, die Garnison und die weiße Nationalgarde, die unter seiner Verantwortung stehen, mit den folgenden Worten: »Teure Freunde, man will uns unsere Freiheit nehmen. Mögen wir uns als Menschen mit Herz zu verteidigen wissen und den Tod der Sklaverei vorziehen!« Die antillanischen Offiziere schließen sich ihm spontan an. Bevor sie Basse-Terre räumen, stellen sie Batterien an der Küste auf, um eine eventuelle Landung von Richepance zu verhindern. Deserteure treffen aus Pointe-à-Pitre ein, unter ihnen auch Ignace und seine Gruppe. Einige ziehen weiter in die Nachbarorte, um die Bewohner von dem Geschehen zu unterrichten.

Am 10. Mai 1802 ist eine Proklamation von Delgrès mit dem Titel »An die ganze Welt! Der letzte Schrei der Unschuld und Verzweiflung« an allen Bäumen und Mauern in Basse-Terre angeschlagen: »Eine Klasse Unglücklicher, die man vernichten will, sieht sich gezwungen, ihre Stimme zu erheben und der Nachwelt, wenn sie verschwunden sein wird, von ihrer Unschuld und ihrem Verhängnis Kunde zu bringen. Unsere alten Tyrannen erlaubten einem Herrn, seinem Sklaven die Freiheit zu geben, und nun spricht alles dafür, dass jetzt im philosophischen Zeitalter noch Menschen existieren, die schwarze oder von den Schwarzen abstammende Männer nur in Sklavenketten sehen wollen. (...) Der Widerstand gegen die Unterdrückung ist ein Naturrecht. Die Gottheit selbst kann nicht beleidigt sein, dass wir unsere Sache verteidigen: Es ist die Sache der Gerechtigkeit und der Menschlichkeit.«

Sein Plädoyer klingt wie ein Aufruf, sich dem Kampf anzuschließen. Aus der Umgebung und von den benachbarten Plantagen kommen Arbeiter, Bauern, friedliche Familienväter, Frauen, Jugendliche in Gruppen. Sie sind mit Knüppeln, Spießen und Messern bewaffnet. Richepances Fregatten, die nicht anlegen können, setzen die Berge, wohin sich die Aufständischen zurückgezogen haben, einem starken Bombardement aus; später schiffen sie ihre Truppen an einem weiter entfernten Ort aus. Seit der Ankunft des weißen Chefs macht sich Pélage, der ehemalige Vorsitzende der Interimsregierung, ganz klein, denn er will seinen Kopf behalten. Als disziplinierter Soldat beruft er sich auf den Treueid, und, wie Judas, führt er die französischen Soldaten sogar durch die Berge bis zu der Stelle, wo sein alter Regimentskamerad vermutlich Schutz gesucht hat.

Unter den Frauen, die an der Seite der Männer in diesem ungleichen Guerillakrieg kämpfen, die Munition transportieren, Verwundete pflegen und verängstigte Kinder trösten, ist Solitude, eine Pistole in der Hand. Als das Gerücht vom Widerstand zu ihr gedrungen ist, hat sie mit den Ihren den Schlupfwinkel verlassen und sich der armseligen Streitkraft von Kommandant Delgrès angeschlossen. Sie ist schwanger von ihrem Kameraden, einem *marron*, der denselben Kampf führt wie sie und bald von einer Granate getroffen wird. Marthe-Rose, die Gefährtin von Delgrès, ist auch da mit ihrem Säbel.

Bei der fünfzehntägigen blutigen Belagerung hat Richepance in dem unwirtlichen Terrain beträchtliche Verluste erlitten und fordert weiteren Nachschub aus Pointe-à-Pitre an. Der Anführer der Aufständischen weiß, dass er die Festung Saint-Charles, in die er sich mit seinen vierhundert Freiwilligen, Bauern wie *marrons*, zurückgezogen hat, nicht mehr lange halten kann. Eines Nachts, gegen drei Uhr morgens, überlisten sie die Wachen der erschöpften Belagerer und fliehen in einen undurchdringlichen Wald, wobei die Geräusche ihrer Schritte vom Rauschen eines Flusses verschluckt werden.

Ignace zieht mit ungefähr hundert Mann in Richtung Pointe-à-Pitre. Seine Mission: neue Streitkräfte sammeln, um die französische Offensive zurückzuschlagen. Denn sobald die Leute begreifen, dass die Weißen die Sklaverei wieder einzuführen beabsichtigen, erheben sich die Dörfer; Widerständler wollen sich den Rebellen anschließen, andere greifen die erwartete Verstärkung an, um so deren Eintreffen im Lager der Aufständischen hinauszuzögern. Das Unternehmen von Ignace geht am 25. Mai 1802 in den Vororten von Pointe-à-Pitre zu Ende. An einer ungeschützten Stelle tappt er in die Falle und wird mit seinen Kampfgefährten von einer französischen Kolonne bombardiert, die ihm auf den Fersen war. sechshundertfünfundsiebzig zerfetzte Leichen von Frauen und Männer werden vom Ort des Martyriums geborgen; den Kopf von Ignace stellt man, auf eine Lanze gespießt, an der Place de la Victoire aus, zweihundertfünfzig Gefangene werden öffentlich füsiliert.

Nach fünf Tagen vergeblichen Wartens weiß Delgrès, der sich in einem befestigten Herrenhaus in Matouba verschanzt hat, dass Ignace' Strategie gescheitert ist. Als Richepance vom Tod des Rebellen erfährt, der für seine Nachhut eine Gefahr hätte darstellen können, belagert er mit seinen eintausendachthundert Soldaten den bewaldeten Berg, den die Aufständischen in ihrer Gewalt haben. Der Anführer der Freiheitskämpfer versammelt seine Leute, vielleicht fünfhundert Personen, und bittet diejenigen, die sich zurückziehen wollen, dies jetzt tun, um kein Risiko einzugehen. Dreihundert Unbeirrbare schützen ihn mit ihrem Körper. Er lässt die Plantage verminen und stellt sich mit ein paar Männern dem Feind in den Weg, um den Vormarsch zu verlangsamen. Es kommt zu einem heftigen Schusswechsel. Delgrès wird am Knie verletzt. Die Aufständischen sind bald umstellt. Sie ziehen sich zurück zum Herrenhaus. Dort erwarten sie ihre Feinde zu einem letzten Rencontre.

Als die Franzosen bei den Kaffeebäumen erscheinen, die das Gut eingrenzen, werden sie mit einem Bleihagel empfangen. Rund um die Plantage schlagen die armen Neger sich für eine Sache, die sie verloren wissen. Nur für ihre Würde als freie Männer und Frauen. Unter der Terrasse sind Fässer versteckt worden. Eine Pulverspur schlängelt sich unauffällig ins Erdgeschoss des Gebäudes, führt unter der schweren, geschlossenen Tür her und endet in einem kleinen Haufen zwischen Delgrès und seinem Adjutanten, die auf einem Sofa sitzen. Sie haben beide einen brennenden Rechaud an ihrer Seite. Die dreihundert Märtyrer halten sich an der Hand, die Frauen drücken ihre Kinder an sich. Ein letzter Ruf: »Lieber den Tod als die Sklaverei!«, dann herrscht Stille. Als die französische Vorhut am 28. Mai 1802 um drei Uhr dreißig nachmittags ihren Fuß in das Haus setzt, die Seitengewehre im Anschlag, bricht eine schreckliche Explosion los. Im Donner rötlicher Eruptionen werden weiße und schwarze Körper durch die Luft geschleudert. Zerfetzt fallen sie auf die Trümmer, wie großes Geflügel, das man zerstückelt hat.

Unter den in Stücke gerissenen Leichen hat Solitude das Blutbad wunderbarerweise überlebt, wenn auch verletzt, zusammen mit einer Handvoll Widerstandskämpfer. Ihre Schwangerschaft schützt sie vor dem Strick, doch nur für ein paar Monate … Denn die Unterdrückung, die über die Antillaner hereinbricht, taucht die Insel in ein Blutbad. Fast ein

Jahr lang werden alle, die mit dem Aufstand sympathisiert haben, erbarmungslos gejagt, von einer Militärkommission verurteilt, nach ihrer Erhängung noch achtundvierzig Stunden am Galgen dem Verfaulen anheim gegeben, zu Dutzenden an den Stränden erschossen, auf öffentlichen Plätzen lebend auf den Scheiterhaufen geworfen. Man schätzt, dass ungefähr zehntausend Menschen Opfer des Aufstandes und der Repression geworden sind, einschließlich der Deportierten und derer, die hingerichtet wurden, weil sie nicht wieder in die Sklaverei zurückkehren wollten.

In nur einer Woche wurden die schwarzen Bürger von Guadeloupe wieder Sklaven, dem Besitz ihrer alten Herren zugeschlagen oder, wenn diese nicht zu ermitteln waren, zugunsten der Behörden an andere Sklavenhalter verkauft.

Am 11. Juni 1802 wird die Kämpferin Marthe-Rose, die Frau von Delgrès, auf einer Trage zum Henker gebracht. Sie hatte sich bei der nächtlichen Flucht nach Matouba das Bein gebrochen, konnte mangels medizinischer Versorgung nicht laufen, wurde in ihrem Versteck aufgefunden und zum Tod durch den Strang verurteilt. Am 19. November ist es an der Mulattin Solitude, auf das Schafott zu steigen. Solitude, die für die Freiheit gekämpft hat, hinterlässt ein Kind in der Sklaverei: das Neugeborene, das sie einen Tag zuvor geboren hat. Die Menge, die sie zum Galgen begleitet, ist riesig und schweigt. Aber sie liest alles in ihren Blicken. Nicht weinen, nicht einmal eine flüchtige Träne, aus Furcht, als Rebell bezichtigt zu werden. Das Rückgrat beugen. Bloß, um am Leben zu bleiben und eines Tages das Ende von all dem zu erleben. 1848 wird es sein. Die zweite Abschaffung der Sklaverei.

HARRIET TUBMAN
»Moses« der Schwarzamerikaner

Als ein Symbol für Mut und Freiheit hat Harriet Tubman nichts von einer Pasionara, die die Menschen ermahnt, die Fesseln der Unterdrückung und Tyrannei abzuwerfen. Ihr Charisma verdankt sie etwas anderem. Wer sie getroffen hat, beschreibt sie als eine kleine Frau mit einem Lächeln um den zahnlosen Mund und einer eingedrückten Stirn, die verunstaltet wurde, als ein Aufseher ihr, als sie zwölf Jahre alt war, ein Eisengewicht von einem Kilo an den Kopf warf, weil sie sich weigerte, ein Seil zu halten, an dem ein des Fluchtversuchs beschuldigter Sklave gehängt werden sollte.

Auf der Baumwollplantage in Dorchester County, Maryland, wo sie zwischen 1819 und 1823 geboren wird, ist Araminta Ross eins der elf Kinder ihres Vaters, Benjamin Ross, und ihrer Mutter, Harriet Greene, die überleben. Fast alle ihre Brüder und Schwestern sind vom Herrn verkauft worden. Sie leben am Rande der Plantage, in einer Bude ohne Fenster, eiskalt im Winter. Wenn die Nächte am kältesten sind, schläft sie nah am Feuer und versucht, nicht tief einzuschlafen, damit sie ihre Finger und Zehen in die heiße Asche im Kamin tauchen kann, so dass sie nicht erfrieren. Ihre Eltern sind als Sklaven geboren worden, ihre Großeltern aber waren Afrikaner. Sie gehört damit zur zweiten Generation amerikanischer Schwarzer. Araminta ist der Vorname, den der Herr bestimmt hat. Später, als sie aus dem verfluchten Süden geflohen ist, legt sie ihn sofort ab und nimmt den Namen ihrer Mutter an, Harriet.

Ab dem Alter von fünf Jahren muss Araminta arbeiten. Von Sonnenaufgang bis Sonnenuntergang hilft sie den Dienerinnen bei verschiedenen häuslichen Tätigkeiten und passt auf die Kleinen einer weißen Familie auf, an die ihr Herr sie verliehen hat. Schon an ihren ersten Arbeitstagen macht sie Bekanntschaft mit der Peitsche, weil ihre Herrin meint, sie begreife nicht schnell genug und sie sei nicht geschickt genug. Und so vergeht die Zeit, zwischen Schlägen, Schikanen und der anstrengenden Arbeit in den Baumwollfeldern, wohin man sie anschließend schickt. Sie lernt dort, ihren Körper zu stählen, Ausdauer zu trainieren und die Peitsche auszuhalten.

Sie ist jetzt ungefähr dreiundzwanzig Jahre alt und noch immer nicht verheiratet. Es stimmt, dass sie auf die Männer von der Plantage kaum anziehend wirkt mit ihrer übel zugerichteten Stirn, ihrem eigenbrötlerischen Charakter und ihrer finsteren Miene. Aber das geht nicht. Die Sklavinnen werden als Legehennen betrachtet, die kleine Neger produzieren sollen, damit die Plantage ihres Besitzers bewirtschaftet werden kann. Man verheiratet sie an einen Mann im reifen Alter, einen freigelassenen Schwarzen namens John Tubman. Sie ist vor allem sein Hausmädchen, manchmal auch seine Gefährtin. Und dann, um 1849, erfährt sie von den Haussklaven – die im Herrenhaus arbeiten –, dass der Herr sie mit einer Anzahl anderer Sklaven an einen Sklavenhändler verkaufen will, der in den tiefen Süden unterwegs ist und den man nur tot wieder verlässt. Der Schwarze war damals eine Ware, mit der man handelte, wenn man flüssige Mittel brauchte. Und familiäre Bindungen spielten da keine Rolle. Nur das Interesse des Herrn zählte. Die Kinder wurden ihren Müttern entrissen, die Männer ihren Frauen und die Frauen ihrem Heim.

Harriet denkt nur an eins: fliehen! Sie offenbart sich

ihrem Mann. Aber der möchte keine Probleme bekommen. Und dann gefällt ihm sein Leben, so wie es ist, denn er ist frei und nicht harter Knechtschaft unterworfen. Sie spricht mit ihm nicht mehr darüber, aus Angst, er könne sie schließlich verraten. Und eines Abends begibt sie sich, unbemerkt von aller Bewachung, auf einen Weg, von dem sie glaubt, er führe nach Norden. Als sie klein war, hat sie oft ihren Vater in die benachbarten Wälder begleitet, wo sie Kaninchenfallen aufstellten, und er hat ihr eine Menge beigebracht. Sie versteckt sich in der Tiefe der Wälder, sie schläft tagsüber, fern von den Plantagen, den bewaffneten Patrouillen, die auf Pferden jeden Quadratmeter Bodens durchstreifen, und den scharfen Hunden, die dressiert sind, die Spur der Flüchtenden aufzunehmen. Nachts kämpft sie sich über die Berge und durch die Sümpfe, mit dem Polarstern als einzigem Orientierungspunkt.

Irgendwann kommt sie – sie weiß es nicht, weil sie die Schilder nicht lesen kann – nach Pennsylvania, wo man gegen die Sklaverei ist. Sie befindet sich in einer anderen Welt als derjenigen, die hinter ihr liegt: Die Schwarzen verfügen hier über eine größere Freiheit und haben ein Anrecht auf bezahlte Arbeit, selbst wenn sie ausgebeutet werden. Sie bleibt in Philadelphia, findet eine Unterkunft und eine Stelle als Wäscherin. Sie könnte ihr neues Leben genießen, aber Harriet ist besessen von dem Gedanken an ihre Familie, noch in Gefangenschaft auf Marylands Plantagen. Wenn sie die einsamen Wege wiederfände, die sie in den Norden geführt haben, warum dann die Sache nicht noch einmal wagen?

Sie verdoppelt ihren Arbeitseifer, schreckt vor keiner Tätigkeit zurück, um das für die Vorbereitung ihres Unternehmens notwendige Geld zu sparen. Sie braucht Lebensmittel für sie selbst und für diejenigen, die mit ihr kommen werden, denn niemals würde sie eine Entschädigung verlangen, wenn sie jemanden in die Freiheit führt. Endlich hält sie den Zeitpunkt für gekommen, sie zieht Männerkleidung an und geht auf ihre lange, gefährliche Reise über die Mason-Dixon-Linie, die die Sklavenhalterstaaten des Südens vom Norden trennt, der den Abolitionismus auf seine Fahnen geschrieben hat.

Einem Journalisten, der sie am Ende ihres Lebens über ihre außergewöhnliche Geschichte befragt, antwortet Harriet Tubman: »Als ich im Wald herumirrte und kein Stern am Himmel mir auf meinem Weg leuchtete, betete ich, und im Innern meines Herzens hörte ich Gottes Antwort: ›Geh nach links. Geh nach rechts. Lauf am Fluss entlang, geh über die Brücke.‹ Und ich gehorchte.«

Im Dezember 1850 kommt sie als alte Frau verkleidet zurück in ihre Heimat und sieht, unter tausend Vorsichtsmaßnahmen, die Ihren wieder, die von ihrem Mut begeistert sind. Wie jede unterjochte Gemeinschaft hatten auch die Schwarzen ihren Verhaltenscode: niemals einen Fluchtplan verraten und einem Sklaven auf der Flucht helfen. Harriet überredet ihre Schwester, mit ihr fortzugehen, ebenso ihre Schwägerin und deren zwei Kinder. Sie hätte auch noch einmal versucht, ihren Mann zur Flucht zu bewegen, erfährt aber, dass er eine andere Frau gefunden hat, was ihr schweren Kummer bereitet. Einige Tage später lässt sie dem Sohn ihrer Schwester eine Nachricht zukommen, sie mögen sich an einem bestimmten Ort am Flussufer einfinden. An besagtem Tag begeben sich die beiden Frauen dorthin, ein Boot wartet auf sie. Sie rudern ans andere Ufer, über die Chesapeake Bay, wo Harriet sie in Empfang nimmt. Unterwegs von versteckten Häusern zu verborgenen Schlupfwinkeln, bringt sie die Frauen mit den Kindern nach Philadelphia.

Als sie zwei oder drei Jahre später wieder über finanzielle Mittel verfügt, bricht sie erneut nach Maryland auf, diesmal mit dem Plan, ihren älteren Bruder, Ben Ross, zu befreien und ihre alten Eltern. Eine Nachbarsfamilie kommt mit. Bald flüstert man in den Sklavenquartieren ihren Namen, und hinter vorgehaltener Hand spricht man von einer Geheimorganisation, die den Schwarzen hilft, in die Nordstaaten zu fliehen, wo es keine Sklaverei gibt.

Pennsylvania ist einer der aktivsten Staaten im Kampf gegen die Sklaverei, und wie es heißt, wurde *Underground Railroad* dort gegründet. Die meisten weißen Mitglieder sind Methodisten und vor allem auch Quäker, Mitglieder der Sekte, die für striktes moralisches Handeln und das Prinzip der Solidarität eintritt. In Philadelphia wird Harriet von den schwarzen Abolitionisten angesprochen, die von ihrer außerordentlichen Kühnheit gehört haben. Sie sind zunächst vorsichtig, wollen ihre Verschwiegenheit testen, erzählen ihr dann aber von ihrer Unternehmung. Von diesem Augenblick an widmet sie ihr Leben dem Ziel, anderen die Freiheit wiederzugeben.

Underground Railroad ist eine Fluchthilfeorganisation, die von weißen Abolitionisten und freien Schwarzen ins Leben gerufen wurde, um den Sklaven die Flucht aus den Südstaaten zu ermöglichen. Sie besteht aus einem Netz selbstloser Menschen, die im Norden wie im Süden operieren, die Flucht der Sklaven vorbereiten, sie über die in Frage kommenden Wege informieren, sie verstecken, bis der Fluchthelfer eintrifft, der sie mitnimmt und sie mit Nahrungsmitteln versorgt. *Underground Railroad* ist auch ein Netzwerk geheimer Wege in den Norden, sicherer Verstecke, verlassener Scheunen, von Fuhrwerken, auf denen Flüchtlinge unter Jutesäcken verborgen werden, entlegenen Heuschobern,

Pfarrhäusern, vertrauenswürdigen Häusern und gastlichen Städten, wo die Flüchtlinge gefahrlos rasten können. Die Organisation ist von den 1830er Jahren bis in die 1860er aktiv und hat rund hunderttausend Schwarzen die Flucht in den Norden der Vereinigten Staaten und nach Kanada ermöglicht.

Noch heute hat der Name *Underground Railroad* für die Schwarzamerikaner Symbolcharakter. Als um 1830 die ersten Dampfeisenbahnen in Nordamerika fuhren, inspirierte das neue, schnelle Transportmittel die Schwarzen zu Träumen von einer Reise in die Freiheit. Deshalb hat sich die Fluchthilfeorganisation den Namen *Underground Railroad* gegeben. Ihre Mitglieder hatten einen Code ausgearbeitet, der dem Eisenbahnjargon entlehnt war. So konnten geheime Informationen zu den Fluchtplänen weitergegeben werden, und die Adressaten konnten sie entschlüsseln, ohne dass indiskrete Ohren etwas mitbekamen.

Denn es war unabdinglich, diejenigen, die ausersehen waren, in die Freiheit zu fliehen, bei der Vorbereitung ihrer Flucht genau über die Etappenziele, Treffpunkte und Kontaktpersonen zu informieren. Wenn sich also Sklaven unterhielten und die Worte *journey*, *station* oder *baggage* fielen, war die Botschaft klar. Das Wort *conductor* bezeichnete den Fluchthelfer oder Begleiter, der die Fliehenden von einem Etappenziel zum nächsten brachte, mit *cargo* oder *passenger* waren diejenigen gemeint, die flüchten wollten, *station* bezeichnete die geheimen Zufluchtsstätten und sicheren Plätze, zu denen die Fliehenden geführt wurden, und *station master* einen Verantwortlichen im Netzwerk.

Harriet arbeitet innerhalb von *Underground Railroad* als *conductor*, das heißt, sie führt Sklaven. Sie ist wieder unterwegs zwischen Maryland und der Grenze zu den Nordstaaten, aber nur zweimal im Jahr, damit sie nicht auffällt. Wenn sie irgendwo im Süden auf Weiße trifft, tut sie so, als hätte sie nicht ihre fünf Sinne beisammen. Sie redet und lacht wirr. Die Leute sehen in ihr eine Irre. Eine alte, verrückte, also harmlose Negerin. Sie ändert oft die Strecke und führt ihre Unternehmungen vornehmlich im Winter durch, weil dann die Nächte länger sind und bei der Kälte weniger Suchtrupps der Sklavenbesitzer durch die Gegend streifen.

Die Flucht beginnt in der Regel am Samstagabend, weil die Sklaven am Sonntag, ihrem Ruhetag, ihre Gefährten in der Nachbarschaft besuchen dürfen. Daher bemerken die Besitzer das Verschwinden meist erst am Montag. Die Steckbriefe können somit frühestens am Dienstag erscheinen, so dass Harriet einen großen Vorsprung hat, fast am Ziel anlangt, bevor die Aufmerksamkeit der Weißen auf die Flüchtlinge gelenkt und das Signal zur Jagd auf die Sklaven gegeben wird.

Allen, die mit ihr gehen wollen, zwingt Harriet eine eiserne Disziplin auf. Sie kann kein Risiko eingehen. Wenn sie gefangen genommen würden und ein Flüchtling unter der Folter ein Versteck oder die Namen der Helfer verriete, wären die ganze Organisation und das Leben unentbehrlicher Mitglieder in Gefahr. Wenn sie eine Familie mit kleinen Kindern führt, mischt sie ein bisschen Schlafpulver in das Wasser für die Kinder, damit sie ruhig bleiben und vor allem nicht weinen. Und wenn von den Sklaven jemand vor Entmutigung jammert, wenn jemand davonlaufen oder zurückkehren will, weil die ungewisse Zukunft oder der gefahrvolle Weg ihn in Panik versetzt, dann bringt sie ihre Waffe in Anschlag: »Mein Bruder, du gehst weiter, oder du stirbst. Wenn du tot bist, kann du nämlich nicht sprechen.«

»Ich habe niemals von meiner Waffe Gebrauch machen

müssen«, sagt sie später, als sie ihr Leben erzählt, »aber einmal war es fast so weit, und ich hätte nicht gezögert, denn das Leben zu vieler Menschen stand auf dem Spiel. Wir waren zwei Nächte unterwegs, als ein Mann klagte, dass er erschöpft wäre, dass seine Füße wund und geschwollen wären, dass er keinesfalls weiterlaufen könnte, dass er zu seiner Plantage zurückkehren und dort sterben wollte, wenn es sein müsste. Die anderen haben versucht, ihn davon abzubringen. Sie haben ihm ein Fußbad bereitet, ihn gestärkt, aber vergeblich, er wollte zurück. Da habe ich den Jungen gesagt, sie sollten ihre Pistolen ziehen und ihn erschießen. Das hätten sie umgehend getan, aber als er das hörte, sprang er auf und lief so frisch und munter weiter wie alle anderen. Niemals hätte ich ein so gefährliches Unternehmen wegen eines Feiglings aufs Spiel gesetzt.«

Das Risiko war in der Tat groß, vor allem nach 1850, als das Gesetz über flüchtige Sklaven es jedem *Federal Marshal* erlaubte, flüchtige Sklaven zu verhaften und wieder zu ihren Besitzern zu bringen. Abgesehen vom Lynchen und anderen den Schuldigen und ihren Helfern zugedachten Strafen gab das Gesetz Anlass zu erheblichem Missbrauch: Zahlreiche freie oder befreite Schwarze, die unglücklicherweise in den Sklavenhalterstaaten unterwegs waren, wurden gekidnappt und, als wären sie Flüchtlinge, Müßiggänger oder Vagabunden gewesen, in die Sklaverei überführt, ohne dass man ihre Ausweispapiere zur Kenntnis genommen oder ihnen die Möglichkeit gegeben hätte, ihren Status als freie Menschen zu beweisen.

Seit jener Zeit führten die Fluchtwege hauptsächlich nach Kanada, das eine gemeinsame Grenze mit Pennsylvania hatte. Die Nordstaaten waren zu unsicher geworden, denn der *Fugitive Slave Act* gestattete es den Sklavenjägern, die Grenzen zu überschreiten und diejenigen, die sich auf »freiem« Boden glaubten, in die Südstaaten zurückzubringen. Und selbst wenn die Sklaverei in den Nordstaaten nicht praktiziert wurde, war man dort noch lange nicht für die Integration der Schwarzen, die sich daher einer rigiden Rassendiskriminierung gegenübersahen. Deshalb auch die Beflissenheit mancher Nordstaaten, die Neuankömmlinge im Namen einer *entente cordiale* ihren Verfolgern zu überantworten. Ganz anders in Kanada. Dort lehnte man es nicht nur ab, die Sklaven zurückzuschicken, sondern man untersagte auch die Einreise der amerikanischen Sklavenjäger.

Trotz der im Vergleich zum heißen Klima, das sie im Süden gewöhnt waren, strengen Winter, waren die Sklaven bald von Kanada begeistert – als einem Ort, an dem Schwarze leben konnten, ohne fürchten zu müssen, gefangen genommen oder bestraft zu werden. In der Geschichte des schwarzen Amerika ist dieses Land, das die Lieder der Hoffnung als Gelobtes Land feiern (als Gegenbild zu dem mit Ägypten gleichgesetzten Süden), während des langen Freiheitskampfes religiös überhöht worden. Das Wunschziel Kanada wurde mit dem biblischen Kanaan gleichgesetzt, in das Moses die Juden führte, nachdem er sie der Sklaverei entriss, der sie in Ägypten unterworfen gewesen waren. Davon zeugen auch viele Negrospirituals, die die Schwarzen auffordern, den Blick auf den Großen Bären oder Polarstern zu richten – der laut Martin Luther King »in der Finsternis leuchtet und den Weg ins Paradies weist«.

Kanada hatte sich schon zur Zeit des Amerikanischen Unabhängigkeitskrieges (1775–1783), als die weißen Siedler Amerikas sich von der englischen Bevormundung befreien wollten, als Gastland für die Schwarzen erwiesen. Die Schwarzen wurden in den Krieg mit hineingezogen, und

Tausende von ihnen waren dem Appell der Briten gefolgt, auf ihrer Seite zu kämpfen. Um sie zu motivieren, hatten die Briten versprochen, ihnen nach dem Krieg die Freiheit zu geben, ihnen ein Stück Land zu schenken und Verpflegung für drei Jahre, um über die Runden zu kommen. Aber die Amerikaner siegten. Die Schwarzen in New York, sofern sie vor der Kapitulation die englische Sache verfochten hatten, erhielten tatsächlich von einer britisch-amerikanischen Kommission Freiheitsurkunden. Alle anderen aber flohen in Massen in die englische Kolonie Kanada, um der Rache ihrer ehemaligen Besitzer zu entgehen. Die ersten Auswanderungen hatten Neuschottland und Neubraunschweig zum Ziel, wo sich bei der Gründung der Vereinigten Staaten mehr als dreitausendfünfhundert Schwarze niederließen. Für die englandtreuen Schwarzen war dies einmal mehr eine illusorische Freiheit, denn sie sahen sich Rassismus, Armut und harten Wintern gegenüber. Die meisten erhielten natürlich kein Land, wurden Handlanger bei öffentlichen Arbeiten oder beim Straßenbau oder Angestellte bei den Weißen. Die enttäuschende Lage veranlasste 1792 eine Anzahl befreiter Schwarzer, sich in Halifax einzuschiffen und nach Westafrika zu segeln, wo sie an der Gründung von Freetown beteiligt waren, der Hauptstadt von Sierra Leone. 1793 erließ der Gouverneur von Oberkanada (heute Ontario) ein Gesetz über die Abschaffung der Sklaverei und sagte allen Schwarzen auf kanadischem Boden zu, dass sie als frei gelten würden. Die Einwanderung nahm wieder zu, aber die Lage der Schwarzen änderte sich nicht, bis die englische Krone 1834 im ganzen Empire, wozu auch Kanada gehörte, die Abschaffung der Sklaverei verfügte.

Danach beteiligten sich die Kanadier noch aktiver an der Antisklaverei-Bewegung und schufen Zufluchtsorte für *Un-*

derground Railroad. Zehntausende von Schwarzen machten sich auf den beschwerlichen Weg, um der Brutalität der Südstaaten oder der rassistischen Diskriminierung im Norden zu entkommen, entweder auf sich selbst gestellt oder mit der Hilfe der Geheimorganisation. Einer ihrer wichtigsten Grenzübergänge war ein Fluss in der Nähe der Niagarafälle zwischen dem Erie- und dem Ontariosee. Der Ort war überaus gefährlich, da voller Häscher, die entlang der amerikanischen Grenze patrouillierten. Die Flüchtlinge mussten unter anderem eine Hängebrücke überqueren, um auf die kanadische Seite zu gelangen. Mehr als dreißigtausend Schwarze überwanden diese Hindernisse und fanden Zuflucht in den Dörfern und Städten der Niagara-Region. Sie erhielten Land, bauten ihre eigenen Bauernhöfe und betrieben Landwirtschaft.

Die Stadt Sainte Catherines in Ontario verdankt ihren Ruhm der Tatsache, dass sie eine wichtige Landungsbrücke des *Underground Railroad* gewesen ist. In der Nähe der Niagara-Fälle gelegen, war sie eins der Tore nach Kanada, und ebendort gründete Harriet Tubman ihre neue *station.* Sie lebte hier von 1852 bis 1857, und in jenen Jahren war ihr Leben jenseits der Grenze in größter Gefahr. Sie hatte ein Zimmer gemietet, und zwar in der Nähe der Methodistenkirche von Salem, wo sie als Dienstmädchen arbeitete, um Geld für ihre Reisen sowie für die Unterkunft und Verpflegung von Flüchtlingen zu verdienen, die sie bei sich beherbergte. Ein paar weiße Methodistengemeinden beteiligten sich an der Aufnahme der Schwarzen, allerdings waren es nur wenige. Sobald sich die Schwarzen daher dauerhaft niedergelassen hatten, sammelten sie Geld für den Bau ihrer eigenen Kirchen. Dort wurde die Unterstützung der Flüchtlinge koordiniert, dort kamen sie in Kontakt mit den Gemeindemitgliedern, die ihnen halfen, in der neuen Welt zurechtzukommen und in den religiösen Gemeinschaften, bei der kanadischen Armee oder bei Kaufleuten Arbeit zu finden.

Bei neunzehn Reisen, die sie von 1850 bis 1860 unternimmt – elf davon von Kanada aus –, entführt Harriet Tubman Maryland mehr als dreihundert Menschen. Da sie die geheimen Wege und Verstecke genau kennt, schlüpft sie immer durch die Maschen des Netzes, wobei ihr auch zugute kommt, dass sie entlang der Strecke von Delaware bis zur Region der Großen Seen eine Helferkette aufgebaut hat. Sobald das Verschwinden eines Sklaven an den Baumstämmen angeschlagen wird, eilen ihre Komplizen herbei und reißen die Steckbriefe ab, damit die Nachricht keine Verbreitung findet. Ihr großer Stolz: niemals einen *passenger* verloren zu haben. Kein Flüchtling wird unterwegs im Stich gelassen – weder schwangere Frauen noch Kranke oder Verwundete. Alle *packages* erreichen den sicheren Hafen, jenseits der Schicksalsgrenze zwischen Horror und Freiheit.

In den Südstaaten, die den flüchtigen Sklaven den Krieg erklärt haben, suchen Polizisten, Soldaten und Milizen selbst auf den engsten Pfaden fieberhaft nach dieser schändlichen Frau. Von der Gemeinschaft der Sklaven, die in den der Fron unterworfenen Juden das Spiegelbild ihrer Situation in Amerika zu sehen meinen, wird sie als Moses des schwarzen Volkes gerühmt. Auf ihren Kopf wird ein zweifaches Lösegeld ausgesetzt in einer Höhe, die niemals zuvor für einen Schwarzen erreicht wurde: vierzigtausend Dollar von Seiten der Pflanzer und zwölftausend vom Staat Maryland! Vergebliche Mühe! Das Beispiel von Harriet Tubman beflügelt die Abolitionisten, die ihre Mitwirkung bei der Fluchthilfe intensivieren. Manche begeben sich in den Süden und informieren die Sklaven heimlich über ihre Fluchtmöglichkeiten.

Andere geben bei Kontrollen vor, sei seien die Besitzer der Schwarzen, die man auf den Fluchtwegen oder in den Zügen in ihrer Begleitung findet.

Der Reverend Calvin Fairbank beschreibt 1847 in seinem Tagebuch, wie er als *conductor* tätig war: »Ich führte sie, geleitet vom Polarstern, unter Missachtung der Gesetze von Virginia und Kentucky. Die Wälder durchquerten wir meist nachts (…). Die Mädchen waren wie Frauen gekleidet, die Männer und Jungen waren als Dienstboten verkleidet; die Männer trugen Frauenkleidung und die Frauen Männerkleidung. Wir gingen zu Fuß, nahmen Pferde, Einspänner, Kutschen, Fuhrwerke, wir verbargen uns unter Heu, Stroh, alten Möbeln, Kisten und Säcken … Wir überwanden Flüsse, indem wir schwammen, wobei uns das Wasser bis zum Kinn ging, oder im Boot, im Kanu oder auf Flößen und oft auf einem Baumstamm. Und ich habe nie geduldet, dass auch nur ein Einziger ergriffen worden wäre!«

Im Juni 1863 stehen sich die Nord- und die Südstaaten im Sezessionskrieg gegenüber. Da die Kriegsursache, die Befreiung der Sklaven, auch sie betrifft, hat Harriet sich dem Kampf angeschlossen. Sie lebt nicht mehr in Kanada, sondern in der Stadt Auburn, im Staat New York, zwischen Rochester und Syracuse. Die weißen Quäker haben ihr dort zu einem kleinen Haus verholfen, das sie mit ihrer Familie bewohnt. Sie ist nun gut vierzig Jahre alt, und fast die Hälfte ihres Lebens hat sie auf gefährlichen Straßen, in Kälte und Angst, ihr Leben riskiert, ist verantwortlich gewesen für das Leben der Männer, Frauen und Kinder, die sie so oft auf gewagten Wegen in die Freiheit geführt hat. Sie geht nach Südcarolina und tritt in die Unionsarmee ein, wo sie erst als Köchin dient, später als Sanitäterin im Hospital von Hilton Road, wo Kriegsverwundete versorgt werden.

Aber sie hilft auch den ausgehungerten und fast schon dem Untergang geweihten Sklaven, die von den im Krieg verwüsteten Plantagen geflohen sind, bevor ihre »Befreier« eintrafen. Sie kommen massenhaft in die Lager des Nordens, um Schutz zu suchen. Harriet kümmert sich um sie, versorgt sie mit Lebensmitteln und weiht diejenigen, die dem verfluchten Leben entfliehen wollen, in die Fluchtwege ein. Die anderen gehen zur Bundesarmee. Sie tritt in die Dienste von Oberst James Montgomery als Kundschafterin. Zusammen mit befreiten Sklaven, die sich in der Gegend auskennen, bildet sie einen Spionagetrupp, der Montgomery über die Truppenbewegungen auf dem Gebiet der Konföderierten informiert. So können die Unionisten die feindlichen Posten umzingeln und am Combahee River einen entscheidenden Angriff einleiten. Dieser Initiative folgen andere, und bald stellt Harriet ein Kommando schwarzer Soldaten zusammen zur Befreiung von Sklaven, die noch auf ihren Plantagen gefangen halten werden. Bei einem ihrer Vorstöße befreien sie auf einen Schlag siebenhundertsechsundfünfzig Sklaven! Diese Heldentat, die selbst in England bekannt wird, bringt ihr den Namen »General Tubman« ein. In London lässt Königin Viktoria ihr einen Orden zukommen.

Als sie eine Kolonne schwarzer Soldaten in Nordcarolina führt, begegnet Harriet demjenigen, der ihr zweiter Ehemann wird, einem Soldaten namens Nelson Davis. Sie heiraten nach dem Krieg, 1869. Die Abschaffung der Sklaverei 1865 durch den 13. Zusatzartikel zur Verfassung der Vereinigten Staaten hat den Status der Schwarzen in der Gesellschaft Amerikas unglücklicherweise nicht verbessert. Harriet führt ihren unermüdlichen Kampf für die Ihren fort, indem sie weiterhin als Köchin und Wäscherin arbeitet, um für deren Lebensunterhalt aufkommen zu können. Denn die amerikanische Armee hat sich geweigert, die Dienste dieser armseligen Negerin anzuerkennen. Dem Bataillon unbekannt! Gleichwohl schildern die Berichte des weißen Generals, dem ihre Einheit unterstand, ihren außergewöhnlichen Mut, wenn sie die feindlichen Linien überwand und Nachrichten ausspionierte, die das Leben nicht weniger Unionssoldaten retteten.

Wie auch immer, sie hat kein Anrecht auf eine Pension. Bei der Demobilisierung will man ihr nicht einmal das Eisenbahnticket bezahlen, damit sie mit den Truppen nach Hause fahren kann. Großzügigerweise bietet die Armee ihr eine Mitfahrgelegenheit an, in einem Gepäcktransport, der nach Auburn abgeht, ihrem Wohnort. Es ist wahr, dass die Armee sich lange Zeit als eine unerschütterliche Bastion des Rassismus erwiesen hat, und die Schwarzen wissen das, in den Konflikten ihres Landes haben sie immer einen schmerzlichen Tribut gezahlt; erinnern wir daran, dass hundertsechsundachzigtausend schwarze Soldaten im Bürgerkrieg für die Union gekämpft haben.

Zurück in Auburn, kämpft Harriet für die Gleichberechtigung der Schwarzen. Sie sammelt auch Geld, um für die Kinder der ehemaligen Sklaven aus dem Süden Schulen zu errichten. Ihre Heldentaten, ihr außergewöhnlicher Mut und ihre Herzensgüte sind im ganzen Land bekannt. Überall wird sie von afroamerikanischen Gemeinschaften gebeten, über ihre Aktivitäten beim *Underground Railroad* und im Bürgerkrieg zu berichten. Sie hat niemals lesen und schreiben gelernt, und ihr Englisch ist nicht perfekt. Aber ihre Sprache sprüht vor Leben, wenn sie ihre Geschichte in ihren eigenen Worten erzählt. Ihr Zeugnis als Widerstandskämpferin reißt die Zuhörer mit, die Leute hören dem lebenden Monument ihrer Geschichte ehrfurchtsvoll zu. Sie setzt sich auch für das

Wahlrecht der Frauen ein. 1869 wird ihr großartiger Kampf für die Freiheit in einer Autobiografie verewigt, die Sarah Hopkins Bradford aus Harriet Tubmans Erinnerungen zusammenstellt. Seither sind ihr zahlreiche Werke gewidmet worden.

Sie hat niemals Kinder gehabt und ihr Leben anderen Menschen geweiht. Die bescheidenen Honorare, die das Buch ihr einbringt, verwendet sie 1908 dazu, ein Altenheim für arme Schwarze zu gründen. Ein letzter Kampf für die Würde ihrer Leute. Dorthin zieht sie sich im hohen Alter zurück, als sie keine Kraft mehr zum Arbeiten hat. Und dort geht ihr Leben zu Ende. Am 10. März 1913, im Alter von dreiundneunzig Jahren und so arm, wie sie immer war. Die Rente als Witwe eines Sezessionskriegsveteranen betrug nur zwanzig Dollar pro Monat! Bei ihrer Beerdigung erwies ihr die Armee, zweifellos beschämt ob ihrer Engstirnigkeit, militärische Ehren. Die Stadt Auburn hat ihr ein Denkmal errichtet und hält durch die Stiftung »Harriet Tubman Home«, die auf dem Gelände ihres ehemaligen Wohnsitzes gegründet wurde, die Erinnerung an ihre große Bürgerin wach. 1944 wurde ein Schiff der Marine von Eleanor Roosevelt auf ihren Namen getauft, und in neuerer Zeit ist ein Gedächtnistag zu ihren Ehren von der amerikanischen Regierung festgesetzt worden.

So war der Moses, der aus dem Norden gekommen ist, um sein Volk aus den Klauen des Südens zu reißen, eine schwarze Frau. Wie es heißt, hat ihr außergewöhnliches Leben einen Sklaven zu dem berühmten Negrospiritual inspiriert, das mit Louis Armstrong die Welt erobert hat: »Go down Moses, way down in Egypt's land … Let my peoples go …«

PROPHETINNEN UND MESSIANISCHE BEWEGUNGEN

NONGQAWUSE
Die tragische Prophetin der Xhosa

Die Geschichte liefert nicht nur Helden, deren Taten nachahmenswert sind. Ein tragisches Beispiel dafür ist die schreckliche Viehtötung, die in der Mitte des 19. Jahrhunderts die Selbstauslöschung eines Teils der Xhosa in Südafrika bewirkte. Eine Frau steht im Zentrum dieser Tragödie: die Prophetin Nongqawuse, die für manche eine teuflische Verräterin, für andere eine zu Unrecht diffamierte Heldin des südafrikanischen Nationalismus ist.

1856 lebte im Land der Gcaleka-Xhosa, das zum noch unabhängigen Teil von Xhosaland gehörte, ein junges Mädchen. Sie hieß Nongqawuse, war ungefähr fünfzehn Jahre alt und Waise. Es ist möglich, aber nicht bewiesen, dass ihre Eltern in einer Schlacht gegen die Engländer fielen und das Mädchen ihre Ermordung mit ansehen musste. Nongqawuse kam zu einem Mann namens Mhlakaza, dem Bruder ihres verstorbenen Vaters. Mhlakaza hatte lange in der Kapkolonie bei Christen gelebt, sich als erster Xhosa taufen lassen – unter dem Namen Wilhelm Goliath – und war dann, vom Christentum enttäuscht, ins Xhosaland gegangen und ein bekannter Seher und Prediger geworden, der eine besondere Affinität zu Visionen hatte. Vielleicht diente Nongqawuse ihm gelegentlich als Medium, denn man sagte, sie hätte die Gabe, mit den Vorfahren Kontakt aufzunehmen. Die Verehrung der Ahnen gehörte zur Kultur der Xhosa; sie waren von dem Glauben durchdrungen, die Ahnen als Vermittler zwischen den Menschen und den Geistern könnten durch eine lebende Seele gehen und aus ihr sprechen, um den Menschen ihre Botschaften zu überbringen. Mit der um 1800 beginnenden Missionierung waren auch die Vorstellung von der Wiederauferstehung der Toten und die christliche Eschatologie bekannt geworden.

Die Xhosa befanden sich zu jener Zeit in einer äußerst schwierigen, ja verzweifelten Situation. Einmal hatten sie sich der Buren erwehren müssen, die ihr Land besiedeln wollten, dann aber nach Norden weitergezogen waren. Dann hatten sie mehrere grausame Kriege gegen die kolonialen Besitzansprüche der Engländer geführt, 1853 eine letzte schwere Niederlage und große Verluste an Land und Vieh hinnehmen müssen. Schließlich hatte es von 1850 bis 1853 eine Dürre gegeben, und 1854 war auch noch eine verheerende Viehseuche ausgebrochen.

An einem Aprilmorgen des Jahres 1856 ging Nongqawuse in Begleitung ihrer ungefähr acht bis zehn Jahre alten Cousine Nombanda von der Homestead ihres Onkels in der Nähe der Mündung des Gxarha River in den Indischen Ozean, östlich des Kei River, auf die Felder, um die Vögel zu verscheuchen. Als sie dort ruhig ihrer Tätigkeit nachgingen, hörte Nongqawuse, wie zwei Fremde, die in einem nahe gelegenen Gebüsch standen, ihren Namen riefen und ihr folgende Botschaft mitteilten: »Sag ihnen, dass das ganze Volk von den Toten auferstehen wird und alles jetzt lebende Vieh geschlachtet werden muss, da es von vergifteten Händen aufgezogen worden ist, denn es gibt Leute, die mit Hexerei zu tun haben. Die Felder sollen nicht bestellt werden, aber es müssen Vorratsgruben für viel neues Korn gegraben, neue Häuser gebaut und große, feste Viehumhegungen errichtet werden. Stellt neue Milchgefäße her und webt viele Türen aus *buka*-Wurzeln. So sagt der Chief Napakade, der Abkömmling von Sifubasibanzi. Das Volk muss von seiner Hexerei lassen, denn es wird bald von Wahrsagern geprüft werden.«

Zu Hause wollte niemand den Mädchen glauben, als sie berichteten, was geschehen war. Am nächsten Tag gingen sie wieder zu den Feldern, verscheuchten die Vögel, und wieder erschienen die Fremden und fragten Nongqawuse, ob sie ihre Botschaft überbracht habe und wie sie aufgenommen worden sei. »Niemand hat uns zugehört«, erwiderte das Mädchen. »Sie sagen, wir erzählen Lügengeschichten.« Daraufhin befahlen ihr die Fremden, ihrem Onkel Mhlakaza mitzuteilen, er solle in vier Tagen, nachdem er ein Tier getötet und sich gereinigt habe, zu ihnen kommen. Dieser ließ sich alles genauestens berichten, erkannte aus der Beschreibung des Mädchens, dass einer der Fremden sein Bruder war, Nongqawuses verstorbener Vater, und tat wie ihm geheißen. Die Fremden zeigten sich ihm aber nicht, sprachen auch nicht zu ihm, sondern übermittelten ihm ihre Botschaft durch Nongqawuse. Sie verkündeten, dass sie die mächtigen Männer seien, von denen die Leute früher gesprochen hätten, dass sie den Xhosa Hilfe bringen würden, um die Weißen aus dem Land zu vertreiben, und damit dies geschehen könne, müssten sie sich der Hilfe würdig erweisen. Dies könnten sie, indem sie ihren Befehlen gemäß handelten, und zwar erstens, dass sie aller Hexerei entsagten, und zweitens, dass sie ihr gesamtes Vieh töteten, dann würden sie neues Vieh erhalten, das frei von jeder Krankheit sei.

Auf dem Hintergrund des Ausmaßes der Viehseuche, die zwei Drittel ihrer Rinderherden zerstörte – eine Katastrophe für ein Volk, dessen wirtschaftliche Basis die Viehzucht war –, und der Überzeugung, dass Krankheiten durch Hexerei verursacht würden, war diese Botschaft von enormer

Glaubwürdigkeit und Logik. Mhlakaza und Nongqawuse verloren also keine Zeit, um das Gehörte bei den Xhosa und den Chiefs zu verbreiten, wobei es Mhlakaza übernahm, Nongqawuses Worte zu erläutern und zu interpretieren.

Das alte Vieh sei verhext, erklärte er, das neue Vieh, das die Männer bringen würden, dürfe nicht damit in Kontakt kommen. Deswegen müsse alles Vieh getötet, alles Korn und alle Zauberamulette müssten vernichtet werden, ebenso wie ihre Kupferarmringe, ihre Kleidung, Kochtöpfe, Hacken, ihr ganzer Besitz. Sie selbst seien unrein und müssten sich drei Tage absondern und durch gewisse Opferhandlungen reinigen.

Die »neuen Leute« – das heißt, die wiederkehrenden Ahnen – hätten große Mengen Vieh und Pferde und wären in die Felle wilder Tiere gekleidet. Sie würden den Xhosa eine neue Welt bringen, eine Welt der Zufriedenheit und des Überflusses. Niemand würde mehr, so sagte Nongqawuse, ein sorgenvolles Leben haben, jeder würde bekommen, was immer er wünschte. Alles wäre dann im Überfluss vorhanden. Wem Arm oder Bein fehlte, der würde dies wiederbekommen, Blinde würde wieder sehen, Alte wieder jung. Vieh, Pferde, Schafe, Ziegen, Hunde, Geflügel und jedes andere Tier, das sie sich wünschten, Kleidung und alles, was sie essen wollten, das Gleiche, was die Engländer essen, und der gesamte Hausrat würden aus dem Boden kommen. Eine solche Prophezeiung musste elektrisierend wirken auf ein Volk, das sein Land, seine Existenzgrundlage und seine Eigenständigkeit verloren hatte.

Früher als andere Regionen des Kontinents ist die Bevölkerung Südafrikas mit den kolonialen Gelüsten der europäischen Mächte und der Niederlassung europäischer Siedler konfrontiert worden. Die Buren, Nachfahren der Holländer, die seit der Mitte des 17. Jahrhunderts am Kap der guten Hoffnung siedelten, stießen seit 1779 mit ihren Viehherden an den Great Fish River vor, ins Gebiet der Xhosa, deren Land sie für sich beanspruchten, und im gleichen Jahr kam es aufgrund dieses Expansionsstrebens zum ersten bewaffneten Konflikt zwischen Schwarzen und Weißen, dem 1811 ein weiterer Krieg folgte, nun gegen Buren und Briten. Letztere übernahmen 1814 auch offiziell die Kapkolonie, in der sie schon längere Zeit militärisch agierten. Im Zuge der politischen Veränderungen in Europa aufgrund der napoleonischen Kriege hatte die Ostindische Kompanie die Verwaltung an die britische Krone abgetreten – ein unverhoffter Glücksfall für London, das so den Seeweg nach Indien kontrollierte. Immer mehr englische Siedler kamen ins Land, was den Druck auf die afrikanische Bevölkerung, aber auch auf die Buren erhöhte. 1822 entschieden die Briten sich für Englisch als offizielle Sprache der Kolonie und vertieften damit die kulturellen Gegensätze zwischen den beiden weißen Gemeinschaften. Sie etablierten die englische Gerichtsbarkeit, regelten die Aneignung von Land, verbesserten die rechtliche Stellung freier Schwarzer und schafften die Sklaverei ab – eine weitere Provokation der Buren, denen Sklaven aus Madagaskar, Angola, Dahomey und Indien, aber auch Xhosa, die sie in den Kriegen gefangen genommen hatten, als Arbeitskräfte für die Land- und Weidewirtschaft dienten. Um der englischen Schutzmacht zu entfliehen, die sich um die von den Buren als Untermenschen eingestuften Schwarzen so sehr sorgte, zogen sie weiter nach Osten. In einer Wanderungsbewegung, der Große Treck genannt, zogen zwischen 1835 und 1850 über fünfzehntausend Buren zunächst nach Natal, besiegten dort die Zulu und gründeten 1838 die Burenrepublik Natalia, die aber 1843 von den Briten annektiert wurde. Das löste einen Exodus nach Westen aus, wo die Buren den Oranjefreistaat gründeten und, unter Einsatz von Waffen und Gewalt, die Region Transvaal kolonisierten. In den Burenrepubliken praktizierten die Einwanderer, obwohl sie in der Minderheit waren, eine Rassendiskriminierung, die strenger war als sonstwo am Kap und das Vorspiel darstellte zur Apartheidpolitik des 20. Jahrhunderts.

Die Xhosa, ein einst aus Zentralafrika eingewandertes Bantu-Volk, das Ackerbau, Viehzucht und das Schmiedehandwerk betrieb, lebte in lockeren Klanzusammenschlüssen ohne übergreifende Verwaltungsstrukturen, die Herrschaft ihrer Chiefs war eher nominell. Zunächst mit den burischen Siedlern konfrontiert, mussten sie sich ab 1811 der Briten erwehren, die den Fish River zur Grenze zwischen Kapkolonie und Xhosaland erklärten und zwanzigtausend Xhosa über den Fluss zurückdrängten. 1817/20 kam es zu einer weiteren kriegerischen Auseinandersetzung mit den Engländern, dem sogenannten Zweiten Grenzkrieg, der den Grenzverlauf mehr oder weniger bestätigte und zu einer breiten Niederlassung englischer Siedler an der Grenze führte. 1834 führte die Ermordung eines Xhosa-Chiefs durch einen englischen Trupp zum Dritten Grenzkrieg, der die Grenze zum Kei River vorschob, also auch das Xhosaland vom Fish River bis zum Kei River zu britischem Besitz erklärte, was aber von der Regierung in London nicht anerkannt wurde, die in gewisser Weise den Xhosa recht gab. 1846 wurde ein Xhosa, der eine Axt gestohlen hatte und von Khoikoi-Polizisten abgeführt wurde, von den Xhosa befreit, die Khoikoi wurden ermordet – Anlass für den sogenannten Axtkrieg, der erst 1848 mit der Kapitulation der Xhosa-Chiefs beendet werden konnte. Danach erklärte der Gouverneur die Zurückhaltung der Regierung für nichtig und annektierte aufs Neue das Xhosaland bis zum Kei River, das Territorium der Ngqika-Xhosa, das nun Britisch-Kaffraria hieß und von englischen Siedlern besetzt wurde. 1850 wurde der Xhosa-Chief Sandile von den Engländern wegen Unbotmäßigkeit abgesetzt und durch einen englischen Beamten ersetzt. Als Sandile verhaftet werden sollte, kam es zu einem allgemeinen Aufstand, dem längsten und brutalsten Krieg, der in Südafrika bis dato geführt worden war. Erst 1853 konnten die Engländer ihn aufgrund ihrer überlegenen Waffentechnik niederschlagen. Kaffraria wurde zur Kronkolonie erklärt. Schon damals gab es einen Propheten, der verkündete, dass alle im Krieg getöteten Xhosa wiederauferstehen würden.

Als sie von den Prophezeiungen Nongqawuses erfuhren, schickten die Xhosa-Chiefs Emissäre, die den Wahrheitsgehalt der Botschaften überprüfen sollten und ihnen Glauben schenkten. Sarhili, seit über zwanzig Jahren Chief der Gcaleka-Xhosa und gleichzeitig Oberhaupt aller Xhosa, schickte seine Ratgeber, die den Chiefs unter britischer Oberherrschaft die Mitteilung zukommen ließen, das Vieh sei verhext und sie müssten es opfern für anderes, das sie von den »neuen Leuten« bekommen würden. Im Juli 1856 unternahm er die lange Reise von seiner Residenz zum Gxarha, um sich selbst ein Bild zu machen. Die Stimmen, die zu Nongqawuse sprachen, redeten, so hieß es, auch mit ihm, so dass er sich ihren Anordnungen fügte, den Xhosa den Befehl erteilte, Mhlakaza zu gehorchen, als Zeichen für alle seinen Lieblingsochsen, ein im ganzen Xhosaland berühmtes Tier, töten ließ und den Prophezeiungen damit einen quasi offiziellen Status verlieh. Sarhili war ein religiöser Mann, hatte immer auf Seher und Wahrsager gehört und kürzlich seinen Sohn verloren, den Nongqawuse ihm eventuell zeigte. Das große Schlachten nahm nun seinen Lauf, während immer mehr Menschen zu Nongqawuse kamen und die Fremden sehen wollten.

Nongqawuse sah die »neuen Leute« nach wie vor regelmäßig, manchmal sogar zu Hause, wenn es dunkel war. Nicht immer war sie in der Lage, mit ihnen zu reden, dann übernahm Nombanda ihre Rolle. Die vielen Besucher wurden nicht alle gleich behandelt, die meisten mussten sich mit einem Aufenthalt in Mhlakazas Hof und einer Ansprache der Prophetinnen begnügen. Nur die Privilegierten, zum Beispiel die Chiefs, durften die Mädchen zu den »neuen Leuten« begleiten, keinesfalls aber mit ihnen sprechen, das blieb Nongqawuse vorbehalten. Entweder gingen sie mit den Besuchern an die Stelle, wo sie zuerst ihre Vision gehabt hatte, oder zur Mündung des Gxarha River – bei Nebel oder einbrechender Dunkelheit. »Als sie abwartend dastanden, hörte man sie sagen: ›Seht auf das Meer!‹ Und als sie in die Fluten sahen, schien es ihnen, als wären dort wirklich Leute, dort brüllten Rinder und Ochsen, und eine schwarze Masse kam und ging, bis sie am Horizont verschwand, in den Meeresfluten. Da glaubten die Leute. Die Armee in der See kam nicht an die Ufer, um mit den Chiefs zu reden. Was sie sagten, hörte niemand anders als nur Nongqawuse.«

Schnell verbreitete sich die Nachricht von den Geschehnissen am Gxarha River im ganzen Xhosaland. Es hieß, man habe die Hörner von Rindern hinter Büschen hervorlugen sehen und aus einer unterirdischen Höhle Vieh ungeduldig brüllen und Viehhörner an die Decke klopfen gehört; heroische Ahnen seien aus dem Indischen Ozean aufgetaucht, zu Fuß oder auf dem Rücken von Pferden, hätten sich den Menschen gezeigt und seien wieder versunken, manchmal seien sie in wilder Jagd durch die Luft gebraust und hätten sich in Schlachtordnung aufgestellt, und die Prophezeiungen würden sich mit dem Vollmond im Juni 1856 erfüllen. Das überzeugte viele, insbesondere in den Regionen, die von der Viehseuche betroffen waren. Die Menschen bauten neue Häuser. Sie vergrößerten die Pferche. Sie warfen ihr Arbeitsgerät fort und kauften neues. Sie entledigten sich ihrer Kupferarmringe, ihres Schmucks und ihrer Amulette. Sie zerstörten die Erntevorräte in den Kornspeichern, die sie den Winter über hätten ernähren sollen. Tag für Tag wurden Hunderte von Rindern getötet, ein Teil des Viehs wurde zu Niedrigpreisen verkauft, an die Weißen oder an benachbarte Clans, ein Teil aber auch noch am Leben gelassen.

Als die erwartete Wende im Juni ausblieb, gerieten Nongqawuse und Mhlakaza unter Druck und legten den Vollmond im August als den »Tag der Wunder und Bedrohungen« fest. »Wenn der große Tag kommt«, versprach das Mädchen, »werden zwei Sonnen erscheinen. Sie werden gegeneinander stoßen und den Himmel verfinstern. Dann wird ein ungeheurer Sturm losbrechen, dem nur die neu erbauten Häuser standhalten können.« Die gerechten Toten – nicht die lasterhaften – und das neue Vieh würden an den Mündungen dreier Flüsse, darunter der Kei River, aus der Erde aufsteigen. Sie würden weiße Tücher und neue Kupferarmringe tragen. Die Engländer und ihre Kollaborateure würden ins Meer gestürzt. Das Meer würde sich auftun, sie verschlingen und durch eine Gasse zu ihrem Ursprungsort tragen. Als wieder nichts geschah, war die Enttäuschung immens, und erste Zweifel wurden laut. Chief Sarhili verbot das weitere Schlachten von Vieh, hob das Verbot bald darauf aber wieder auf.

Nongqawuse ließ sich durch die Nichterfüllung der Prophezeiungen nicht aus der Fassung bringen und erklärte sie damit, dass nicht alle Xhosa dem Gebot der Ahnen gefolgt wären und das Vieh rituell geschlachtet werden müsste. Insbesondere die Xhosa, die ihr Vieh verkauft hatten, würden dem Volk schaden. Sarhili stattete der Prophetin wiederum einen Besuch ab und ließ sich überzeugen, dass er die »neuen Leute« im Meer gesehen hatte. Daraus entstanden die Gerüchte, er hätte seinen verstorbenen Vater gesehen und dieser ihm einen Wurfspieß gegeben, und die »neuen Leute« wären in Booten an der Mündung des Kei River erschienen und hätten dem Chief erklärt, sie kämen, um die Unabhängigkeit der Xhosa wiederherzustellen, und die Xhosa sollten bis dahin weiter ihre Tiere töten. Dieser durch das Oberhaupt aller Xhosa beglaubigten Aufforderung wurde weitgehend Folge geleistet, insbesondere auch von den Xhosa in Britisch-Kaffraria, die sich von neuen strengen Verwaltungsvorschriften der Briten zusätzlich provoziert fühlten. Die Briten versuchten die Viehtötung zu verbieten, erreichten damit aber nur, dass sie den Xhosa-Chief, der ihnen das Recht der Einmischung absprach, in seiner Haltung bestärkten. Als der Gouverneur ein englisches Schiff in das Mündungsgebiet des Kei River sandte, glaubten die Xhosa, sie sollten angegriffen werden, und hielten die ausbleibende Attacke für ein Werk der »neuen Leute« – was den Glauben an die Prophezeiungen weiter festigte und viele dazu brachte, zu Beginn der Regenzeit auf die Aussaat zu verzichten. Im Dezember 1856 begann der Hunger, es gab erste Tote. Betroffen waren vor allem Alte und Kinder. Da die Bevölkerung sich hauptsächlich von Fleisch und Tierprodukten ernährte, konnte das Nahrungsdefizit nicht ausgeglichen werden. Die Küstenbewohner, die sich nun ausschließlich von Fisch ernährten, erkrankten und starben an Dysenterie.

Ein Engländer, der im Dezember 1856 durch Britisch-Kaffraria reiste und in der Gegend von East London unterwegs war, berichtete, dass er nicht ein einziges Stück Vieh und keinen einzigen Hektar kultiviertes Land auf achtzig Meilen Entfernung gesehen hätte. Als er einige Einwohner auf dem Weg traf, notierte er, dass »die Frauen der Kaffer noch entfesselter sind in ihrem Glauben an die Prophetin als die Männer«. Sein Bericht enthält auch die zahlreichen Gerüchte, die angesichts der denkwürdigen Ereignisse in der Region zirkulierten. So auch diese Geschichte, die er in einem Dorf hörte: »Ein Kaffer, der sich dem Gebot widersetzte, wollte trotzdem sein Land bestellen. Doch kaum hatte er seine Hacke in den Boden geschlagen, wurde er von einer Lähmung erfasst und blieb dort den ganzen Tag gekrümmt stehen, den Arm am Hackenstiel erstarrt. Man musste am Abend die junge Prophetin kommen lassen, damit der Fluch aufgehoben werden konnte und der Mann seine Bewegungsfreiheit zurückerhielt!«

Nongqawuse und Nombanda hatten noch keinen neuen Tag der Erfüllung bekanntgegeben, sondern darauf bestanden, dass der örtliche Chief, Ntixo, der den Prophezeiungen nicht glaubte, nach Gxarha zurückkehren müsste, denn die »neuen Leute« wollten ihn sprechen. Als der Chief eintraf, nahmen viele an, der Vollmond im Dezember wäre der besagte Tag, und intensivierten die Schlachtungen, doch wiederum geschah nichts. Nun besonders misstrauisch, zwang Chief Ntixo Mhlakaza, ein Treffen mit allen Chiefs und den »neuen Leuten« zu veranstalten, und sandte einen Vertrauten, die Vorbereitungen auszuspionieren. Nongqawuse verkündete daraufhin, die »neuen Leute« hätten sich, beleidigt über dieses Misstrauen, zurückzogen, würden aber wiederkommen, wenn die Xhosa auch ihr letztes Vieh noch schlachteten. Anfang Februar suchte Sarhili noch einmal Nongqawuse und Mhlakaza auf. Selbst wenn er nun vielleicht die

Wahrheit ahnte, verkündete er den Xhosa doch, dass sie in den kommenden acht Tagen nach seiner Rückkehr in seine Residenz ihr letztes Vieh schlachten müssten, bis auf eine Kuh und eine Ziege. Am achten oder am neunten Tag würde die Sonne spät aufgehen, blutigrot, und gleich wieder untergehen, es würde schwarz wie die Nacht werden. Ein Sturm würde sich erheben, und die Toten würden auferstehen. Daraufhin brach allgemeine Endzeitstimmung aus, die Häuser wurden sturmfest gemacht, Witwen und Witwer begaben sich zu den Gräbern ihrer verstorbenen Ehepartner.

Am 16. Februar 1857, dem achten Tag, warteten die Xhosa vor ihren Häusern auf den Sonnenaufgang. Die Sonne ging wie gewöhnlich auf. Am 17. Februar warteten sie wieder, bis weit in den Nachmittag, doch es wurde nicht finster, und kein Toter war auferstanden. Da erst begannen sie zu verzweifeln, weil ihnen bewusst wurde, dass die Prophezeiungen falsch waren. Nongqawuse erklärte die Nichtauferstehung damit, dass die »neuen Leute« nichts mit der Aufdringlichkeit der Xhosa zu tun haben wollten und erst dann kommen würden, wenn sie es für richtig hielten. Andere Anhänger der Prophetin gaben, wie schon vorher, den Ungläubigen die Schuld an dem Unglück, da sie ihr Vieh nicht geschlachtet hatten. In einem Bezirk von Britisch-Kaffraria waren dies beispielsweise rund drei Prozent der Bewohner, oft Leute, die mit den durch den Kolonialismus neu erschlossenen Handelsstrukturen in Kontakt und so zu Wohlstand gekommen waren.

Wenige trockene, bittere Zahlen genügen, um die Folgen des Desasters begreiflich zu machen: 400 000 Stück Vieh abgeschlachtet, ein ganzes Volk buchstäblich dezimiert. Ungefähr 40 000 Menschen starben am Hunger. In Britisch-Kaffraria zum Beispiel sank die Bevölkerung von über

100 000 auf knapp 30 000. Viele schleppten sich in die weißen Siedlungen und Städte, bettelten um Nahrung oder ließen sich in ihrer Ausweglosigkeit zur Arbeit in der Kapkolonie anwerben. Der Widerstand der Xhosa gegen die Briten war endgültig gebrochen. Das unabhängige Xhosaland hörte auf zu existieren und fiel den britischen Siedlern und der Kolonialverwaltung wie eine reife Frucht in den Schoß.

Was noch fehlt, sind die Ursachen des Dramas. Fast alle Xhosa glauben heute, dass die Briten die Verantwortung dafür tragen. Der Gouverneur der Kaprepublik, George Grey, hat, wie sie meinen, Nongqawuse zu ihren Prophezeiungen gedrängt (indem er die Fremden schickte). Ein Argument dafür ist das cui bono. Nicht nur, dass die Briten so ihre Herrschaft über Xhosaland errichten konnten, dass sie das für die weißen Farmer so dringend benötigte Land und die in Stadt und Land benötigten Arbeitskräfte erhielten, sie profitierten auch – ebenso wie die benachbarten Clans – durch den Ankauf von Vieh zu Spottpreisen, konnten große Menge Häute erwerben und diese gewinnbringend im Lederhandel umsetzen. Ein weiteres Argument liegt in der offensichtlichen Gleichgültigkeit der weißen Siedler und der britischen Kolonialverwaltung gegenüber der Katastrophe. So freuen sich zum Beispiel die Herausgeber der *King William's Town Gazette* in der Ausgabe vom 14. August 1856 ganz offen über die Folgen der Viehtötungen, da »die Eingeborenen im Zustand der völligen Entkräftung und Aushungerung folgsam und unterwürfig sind, während sie sich als Freie und bei bester Gesundheit als überheblich und unbotmäßig erweisen«. Manche Siedler glaubten, dass sich hinter dem Abschlachten in Wahrheit ein Ablenkungsmanöver der Xhosa-Chiefs verbarg, die einen neuen Krieg vorbereiteten, und zwar mit »freiwillig hungernden Truppen, die dann umso ungestümer angreifen«! Der Gouverneur unternahm nichts gegen die Verbreitung der Prophezeiungen, vielmehr gab er mit der Einführung seines rigiden Verwaltungssystems und der Entsendung des Schiffs dem Glauben daran einen neuen Impetus. Nach den Viehtötungen veranlasste er keine Hilfe durch eventuelle Lebensmittellieferungen, sondern tat alles, um die Xhosa von ihrem Land zu vertreiben, und ließ sie in die Kapkolonie transportieren, wo sie zu Billigarbeitern degradiert wurden, unter anderem im Straßenbau. Die Chiefs ließ er verhaften und nach Robben Island deportieren. Er hat eine Mitschuld, ist aber wohl nicht der Initiator der Katastrophe.

Andere sehen in Nongqawuse eine Galionsfigur des Widerstands der Xhosa gegen die Weißen und in den Viehtötungen einen verzweifelten Kreuzzug gegen die erdrückende Präsenz der Fremden. Der außerordentliche Erfolg ihrer Prophezeiungen wird erklärt mit der großen seelischen Not der Xhosa angesichts der unbarmherzigen Härte, mit der die Siedler und die Kolonialmacht gegen sie vorgingen. Sicherlich ist die brutale Durchsetzung der Kolonialherrschaft einer der Gründe für die breite Akzeptanz, die Nongqawuse fand, aber bei weitem nicht der einzige. Die neuere historische Forschung, die sich auf die mündliche Überlieferung der Xhosa ebenso stützt wie auf die Akten der Kolonialverwaltung und der Missionen, sieht auch in der durch eine Lungenkrankheit der Rinder hervorgerufene Viehseuche eine wesentliche Ursache, die in den Augen der Xhosa durch Hexerei verursacht worden war. Von daher wird die Konsequenz verständlich, mit der sie sich des Viehs entledigten, sei es durch Tötung, Verkauf oder später rituelles Schlachten, bevor das neue Vieh eintreffen würde. Auf dem Hintergrund der traumatischen Erfahrungen von Krieg, Niederlage, kolonialen Übergriffen, Verlust von Vieh und Existenz erschienen den Xhosa Prophezeiungen, die ihre traditionellen Überzeugungen aufnahmen, durchaus plausibel. Chiliastische Vorstellungen – die Wiederkehr der Toten und die einer neuen, vollkommenen Welt – waren in der Xhosa-Religion tief verankert und wurden durch ihre Fusion mit der christlichen Eschatologie quasi bestätigt – die Namen Napakade (der Ewige) und Sifubasibanzi (der Breitbrüstige) weisen auf Gott und Jesus Christus und entstammen vielleicht dem Bedürfnis nach mächtigeren Gottheiten, als sie in der traditionellen Religion zur Verfügung standen. Wenn auch noch niemand die Wiederkehr so vieler Toten gesehen hatte, wie Nongqawuse ankündigte, gab es doch durchaus Menschen – die Seher und Wahrsager –, die in der unsichtbaren Welt gewesen und zurückgekehrt waren, so dass es für die Xhosa alles andere als befremdlich war, die Wiederkunft ihrer Eltern und aller anderen Vorfahren zu erwarten. So beruhte der fatale Erfolg der Prophezeiungen weder auf einem Aberglauben noch auf einem kollektiven Wahn. Vielmehr gab Nongqawuse den Xhosa eine einleuchtende Erklärung für die traumatischen Ereignisse und lieferte ihnen eine begründete Handlungsanleitung für eine bessere Zukunft – die tragischerweise in eine Katastrophe mündete.

Mhlakaza starb am Hunger, doch Nongqawuse überlebte. Sie kam in die Hände der Engländer – sonst hätte man vermutlich blutige Rache an ihr genommen. Im Oktober 1858 wurde sie per Schiff nach Kapstadt verbracht, wo man sie in ein Frauengefängnis steckte. Von dort aus verliert sich ihre Spur bis zum Jahre 1905, als sie nach dem Zeugnis eines britischen Kolonialbeamten auf einer Farm im Bezirk von Alexandria in der Nähe von Port Elizabeth lebte, und zwar unter dem Namen Victoria Regina. 1938 erfuhr ein Journalist von ihren ehemaligen Nachbarn, dass sie verheiratet gewesen war und zwei Töchter gehabt hatte. Kurze Zeit wohnte sie in Port Elizabeth, als die dortigen Xhosa aber herausfanden, wer sie war, musste sie um ihr Leben fliehen. Bis zu ihrem Tod pflegte sie die Leute zu warnen, dass die Rache Gottes über sie kommen würde.

Heute, nachdem die schwarze Bevölkerung Südafrikas wieder über sich selbst bestimmen kann, ist die Diskussion um die umstrittene Heldin noch lange nicht beendet. Trotz aller Vorbehalte ist ihr Grab in der Umgebung von Alexandria mit einem Denkmal versehen worden und gilt als Sehenswürdigkeit. Auch an den Stätten, an der Nongqawuse ihre Visionen hatte, soll an sie erinnert werden.

DONNA BEATRICE

Die kongolesische Jeanne d'Arc

Die junge kongolesische Christin, um 1682 geboren, glaubt felsenfest, sie sei von Gott inspiriert. Sie gründet eine afrikanische Kirche und ermutigt ihre Landsleute, sich gegen den wachsenden Einfluss der europäischen Missionare zu wehren. Damit wird sie im politischen Ränkespiel zu einer solchen Bedrohung, dass der König sie zum Tode verurteilt. Sie stirbt auf dem Scheiterhaufen.

Zu Beginn des 18. Jahrhunderts ist das alte Königreich Kongo, das sich zu jener Zeit vom Norden Angolas bis in die jetzige Demokratischen Republik Kongo erstreckt, Schauplatz eines erbitterten Machtkampfs zwischen zwei rivalisierenden Clans, die beide Anspruch auf den Thron erheben: der Clan von Kimpanzu, der schon mehr als zehn Könige gestellt hat und die verlorene Oberherrschaft zurückzugewinnen trachtet, und der Clan von Kimulazu, welcher Kimpanzu die Krone entrissen hat.

Das Königreich Kongo war gegen Ende des 14. Jahrhunderts entstanden und lange Zeit eines der mächtigsten Zentralafrikas. Leo Frobenius schrieb 1933 in seiner *Kulturgeschichte Afrikas,* dass die europäischen Seefahrer des späten Mittelalters – die ersten kamen 1483 – »im Königreiche Kongo eine Überfülle von Menschen, die in ›Samt und Seide‹ gekleidet waren, eine bis ins kleinste durchgeführte Ordnung großer, wohl gegliederter Staaten, machtvolle Herrscher, üppige Industrien – Kultur bis in die Knochen«* entdeckten!

Südlich des Kongoflusses und am Rand der Waldregion gelegen, profitierte das Reich von den günstigen Umweltbedingungen, die eine prosperierende Landwirtschaft, Palmölherstellung und – dort, wo das Fehlen der Tsetsefliege es zuließ – auch Rinderzucht erlaubten, sowie von seinen Rohstoffen wie Gold, Kupfer und Eisenerz, aber auch Elfenbein und Salz aus den Salinen der Hafenstadt Pinda und aus der ans Meer grenzenden Provinz Ambriz. Weitere Handelsobjekte neben diesen Gütern waren Schmuck und Raphiastoffe. Die Technik der Eisenverarbeitung, die in Afrika lange vor dem ersten Jahrtausend unserer Zeitrechnung verbreitet war, ermöglichte die Herstellung von Werkzeugen und Waffen, und so konnte die Oberhoheit des Königreichs in der Region bis zur Ankunft der Europäer abgesichert werden. Mit der Ankunft der Portugiesen kam es zu einer Handelsallianz, insbesondere in Bezug auf Elfenbein und Sklaven.

Die Ankunft der europäischen Missionare markierte eine Zäsur in der Geschichte des Königreichs Kongo, das rund drei Millionen Einwohner hatte. Die Missionare kamen am Ende des 15. Jahrhunderts mit den ersten portugiesischen Karavellen, die an den afrikanischen Küsten Anker warfen, und trafen im Königreich auf ein sehr empfängliches Terrain für ihre Evangelisierungskampagnen. Sie begannen mit dem König, dem Adel und den Bewohnern der Städte. Seit 1491 bekannte sich die königliche Familie zum Christentum, gefolgt von der lokalen Aristokratie, die es im Interesse des Machterhalts für höchst ratsam hielt, sich den Praktiken ihres Oberhaupts anzuschließen. Sie ließen sich also eiligst

* Frobenius, Leo: *Kulturgeschichte Afrikas*. Repr. d. Ausg. 1954. 2. Aufl., Wuppertal 1998, S. 13.

taufen, im Gegensatz zu der ländlichen Bevölkerung, die den alten Religionen treu blieb. Die sozialen Trennlinien verliefen zwischen der königlichen Familie und dem in der Stadt lebenden gebildeten Adel einerseits, den auf fünf Provinzen verteilten Dorfbewohnern und den Sklaven andererseits. Die Schlüsselpositionen blieben auf die Familie und das Gefolge des Herrschers beschränkt, der daraus seine Provinzgouverneure wählte. Da es sich aber um ein Wahlkönigtum handelte, das unter der Kontrolle eines königlichen Rates aus Vertretern der bedeutendsten Clans stand, waren Auseinandersetzungen um die Nachfolge keine Seltenheit.

Dank ihrer Rolle als Ratgeber des Königs und der Mächtigen mischten sich die Missionare immer mehr in die inneren Angelegenheiten des Landes. Einer ihrer treuesten Zöglinge war der König Afonso I., »der von der Lektüre der heiligen Schriften so gebannt war, dass er über seinen Büchern einschlief und das Essen vergaß«. Während seiner Regierungszeit von 1506 bis 1543 machte er den Katholizismus zur Staatsreligion, taufte seine Hauptstadt Mbanza Kongo in San Salvador um und öffnete großzügig sein Land seinem »Freund«, dem König von Portugal, mit dem er einen umfangreichen, mitunter konfliktbelasteten Briefwechsel führte. Durch dieses Tor strömten Missionare, Händler und Abenteurer unterschiedlichster Herkunft ins Land. Die Orden antworteten umgehend auf den Ruf, sicher auch wegen der Privilegien, die sie dank der Nähe zum Herrscherhaus genossen. So kamen im Laufe der Jahre Franziskaner, Jesuiten, Kapuziner, Dominikaner, Augustiner, Calvinisten und andere.

Die Einführung von Elementen der christlich-abendländischen Kultur führte zu Veränderungen in der einheimischen Gesellschaft, die sich besonders auf religiösem Gebiet, der Erziehung, in der Regierung und Verwaltung, aber auch in der Züchtung von Pflanzen bemerkbar machten. In seiner Begeisterung für die portugiesische Kultur organisierte Afonso I., der »assimilierte« König, beispielsweise die Verwaltung des Königreichs nach portugiesischem Vorbild. Er eröffnete Schulen für junge Mädchen, selbst in den entlegenen Provinzen, wo der Unterricht von kongolesischen Damen abgehalten wurde, die von den Missionaren ausgebildet worden waren. Da er einen einheimischen Klerus aufbauen wollte, schickte er die jungen Leute zum Studium nach Portugal, darunter auch seinen Sohn Henrique, der in Rom zum Bischof geweiht wurde. Dieser, der schon in jugendlichem Alter nach Lissabon gesandt worden war, zeigte sich als ein brillanter Student, und 1513, im Alter von achtzehn Jahren, hielt er vor den versammelten Kardinälen in Rom eine Rede in lateinischer Sprache. Als erster und jüngster afrikanischer Bischof, der 1518 geweiht wurde, kam er um 1521 in den Kongo zurück. Doch er starb neun Jahre später, ohne eine bedeutende Rolle in der katholischen Kirche gespielt zu haben.

Die Romanze zwischen dem Kongo und Portugal zerbrach an der unterschiedlichen Auffassung über die Lieferung von Sklaven, dem Handelsgut, das die Portugiesen im Königreich ihres »Freundes« am meisten interessierte. Der Verkauf von Sklaven hatte bisher noch keine große Rolle gespielt, da Sklaven – zum Beispiel Kriegsgefangene oder Verschuldete – nur in der Landwirtschaft oder als Bedienstete des Adels existierten. Der König, der die Geringachtung seiner Untertanen nur schwer mit den durch die europäische Religion eingeführten moralischen Prinzipien in Einklang bringen konnte, die offensichtlich keine Anwendung auf Afrikaner fanden, versuchte den von den Portugiesen im großen Stil betriebenen Sklavenhandel auf Fremde und Gefangene zu beschränken. Dabei zog er sich den Hass der weißen Sklavenjäger zu, die ihn Ostern 1540 während der Messe ermorden lassen wollten und ihre Aktivitäten auf das benachbarte Angola ausdehnten.

Aktiv am Sklavenhandel beteiligt waren auch die Würdenträger des Königsreichs. Geblendet von den europäischen Waren, höhlten sie langsam, aber sicher den königlichen Befehl aus. Wenn sie all die schönen Dinge besitzen wollten, für die sie so schwärmten, hatten sie keine andere Wahl: Portugal hatte ein Dekret erlassen, dass allein Sklaven als Zahlung für seine Handelsgüter akzeptiert wurden. Die portugiesischen, französischen, holländischen und andere Handelsschiffe brachten immer verlockendere Waren heran, die extra für diesen Markt produziert worden waren: Repetiergewehre, gusseiserne Waffen, Werkzeug aller Art, aber auch Damastkleidung mit Fransen und Schnürstiefel – dem Klima vor Ort wenig angepasst – sowie Hüte, Spiegel, Glaswaren und Weine! Und nicht einmal der moralische Aspekt der Sklaverei hinderte die Jäger, denn, wie es den Anschein hat, sogar die weißen Priester, die ihre Beichtväter waren, ließen sich in den Sklavenhandel verwickeln!

Die Missionare, die als Berater der Herrscher in den Zentren der Macht ein und aus gingen, stellten zu jener Zeit einen wichtigen Brückenkopf der europäischen Mächte nach Afrika dar. Indem sie zu weit entfernt liegenden Reichen und Gemeinschaften vordrangen, erfuhren sie vieles über die Verhältnisse im Innern des Kontinents, was den Kaufleuten, Reisenden und kolonialen Repräsentanten verborgen blieb. Sie arbeiteten teilweise eng mit den europäischen Handelsniederlassungen oder Hauptstädten zusammen und informierten sie über geografische, wirtschaftliche, politische und soziokulturelle Gegebenheiten der Reiche, in denen sie sich niedergelassen hatten, deren Stärken und Schwächen sie genau kannten. Daher stießen sie vielerorts auf Misstrauen oder gar Ablehnung, die sie mit ihrem Bekehrungseifer und ihrer Zurschaustellung kultureller Überlegenheit ohnehin schon herausforderten.

Nach dem Tode Afonsos I. führten die Auseinandersetzungen des Königsreichs mit den Portugiesen sowie eine fortwährende Cliquenwirtschaft innerhalb der weitläufigen Königsfamilie und ihrer Rivalen zur politischen Destabilisation. Immer ging es dabei auch um den expandierenden Sklavenhandel, der ganze Landstriche entvölkerte. Zur Zeit unserer Geschichte, im beginnenden 18. Jahrhundert, hatte die wachsende Zahl von Thronprätendenten den Abfall von der Zentralgewalt beschleunigt und zu einer Zerstückelung des Königreichs in einander feindliche Provinzen und Dörfer geführt. Der ungehinderte Zugang zu Feuerwaffen, Kriege gegen Portugal oder mit Portugal gegen Nachbarreiche, Bürgerkriege, Rebellionen und Aufstände ließen Hungersnöte und Epidemien ausbrechen. Die niedergeschlagene Bevölkerung wusste nicht mehr, welchen Heiligen sie anrufen sollte, um den Zorn der Götter zu besänftigen. Wie konnte man den Frieden zurückbringen?

1704, als Not und Bedrängnis am größten waren, begannen plötzlich Gerüchte zu zirkulieren über eine außergewöhnliche Frau. Sie gab den Verzweifelten neue Hoffnung, hieß es. Schon früher waren in schwierigen Momenten der Geschichte Propheten aufgetaucht und hatten zur Wiederherstellung des Reichs aufgerufen, doch das war nur ein Aufflackern gewesen. Dieses Mal ist es eine junge Frau im Alter von zweiundzwanzig Jahren, von der man spricht. Sie heißt Kimpa Vita und sagt, sie habe vom Heiligen Antonius, dem

Schutzpatron der Schiffbrüchigen und Leidenden, den Auftrag erhalten, ihr Volk zu versammeln, um dem Chaos ein Ende zu bereiten und dem Königreich zur alten Größe zu verhelfen.

Wie wir in der Geschichte der Prophetin Nongqawuse gesehen haben, drücken die Erweckungsbewegungen und Endzeiterwartungen, welche die dunklen Perioden der afrikanischen Geschichte umranken, die Verzweiflung der unterdrückten, traumatisierten Bevölkerung aus. Sie sind häufig eine Reaktion auf das gewaltsame Eindringen der Weißen, oder die Aufrufe und Prophezeiungen werden von der Bevölkerung, die ihrer Selbständigkeit, Selbstachtung und der Mittel zur Selbstversorgung beraubt worden ist, so interpretiert. Wer verzweifelt eine Antwort auf die Fragen sucht »Warum sind die Weißen gekommen, und warum haben sie uns alles fortgenommen?«, ist aufnahmebereit für apokalyptische Visionen, die ein schnelles Verschwinden der Unterdrücker versprechen. Das erklärt die Flut an Zauberern, Propheten, Priesterinnen und anderen Wundertätern, die sich ihren Landsleuten als von einer heiligen Mission erfüllt vorstellen und lange Märsche überallhin unternehmen, um möglichst viele Anhänger zu gewinnen.

Handelt es sich um religiöse Abweichler, so fordern sie entweder die Abkehr vom Christentum, das in ihren Augen mit dem Unglück der Kolonisierung oder anderer Naturkatastrophen zusammenfällt, oder sie wollen den »wahren« christlichen Glauben wiederherstellen – als Opposition gegen die Weißen. Das Christentum predigt zwar die Gleichheit aller Menschen und gibt vor, Gott kenne keinen Unterschied zwischen den Seinen, doch haben die Europäer im Namen ihrer rassischen Überlegenheit den Menschen eine Ungleichheit aufgezwungen. Von daher ergibt sich die Notwendigkeit, das Christentum neu zu interpretieren, ein afrikanisiertes Christentum zu konzipieren, in dem die Schwarzen nicht mehr die Unterlegenen sind, sondern über die Weißen dominieren, die ihre Welt zerstört haben, und so endlich wieder die Freiheit zu erlangen. Da die Europäer es meist nicht ertragen konnten, dass die von ihnen »Beherrschten« den Widersprüchen ihres Herrschaftsverhaltens auf die Schliche kamen, bekämpften sie diese Sekten auf das heftigste.

Kimpa Vita, die einer aristokratischen Familie aus der Provinz Bakongo entstammte, erhielt wie alle jungen Adeligen der Zeit eine katholische Erziehung. Denn um des Königs und der Teilhabe an der Macht willen hatte auch ihre Familie die Religion der neuen weißen Verbündeten angenommen, welche gekommen waren, die Bevölkerung mit Gewalt zu bekehren.

An der Spitze ihrer Anhänger zog Kimpa Vita, die ihren Taufnamen Donna Beatrice angenommen hatte, durch die Dörfer, die nach San Salvador führten, der Stadt mit den zwölf Kirchen, der alten Hauptstadt des Königreichs, die durch die Kriege verwüstet und von den Bewohnern verlassen worden war. Schlank, in ein grünes Tuch aus Raphiavelours gekleidet und eine Krone aus geflochtenen Fasern auf der Stirn, wanderte sie rastlos von einer Provinz zur anderen. Ihre feinen Züge waren heiter. Überall wollten die Leute ihr die Hand drücken, und überall auf ihrem Kreuzzug erzählte sie mit ernster und gesetzter Stimme von dem Wunder, das sie auserkoren hatte, ihr dezimiertes Volk zu erwecken.

»Ich lag krank danieder und wäre beinahe gestorben. Eines Abends, als ich vor Fieber zitterte, sah ich im Traum einen Bruder, der wie ein Mönch gekleidet war. Er sagte mir, er sei der Heilige Antonius, von Gott in meinen Kopf gesandt, um mich zum Beten anzuhalten und das Volk dazu aufzurufen, vorwärtszuschreiten. Da spürte ich, ohne zu wissen, warum, eine große Erleichterung, und ich fühlte mich wie neugeboren. Ich rief meine Eltern und sagte ihnen, welchen göttlichen Befehl ich erhalten hatte. Dann verteilte ich all meine Habe, um zu zeigen, dass ich auf weltliche Dinge verzichte, und ich machte mich auf den Weg, um die mir aufgetragene Pflicht zu erfüllen. Niemals hätte ich früher so zu Fremden sprechen können, doch heute lauscht ihr meiner Botschaft und folgt mir vertrauensvoll!«

Sie hält ihre Getreuen zum Gebet an, fordert sie auf, den Fetischen zu entsagen und auch die kleinen Kreuze zu zerstören, die ihnen durch die neue, fremde Religion aufgezwungen wurden. Sie verkündet die Ankunft einer neuen Zeit und die Wiedergeburt eines Königreichs, in dem das Volk kein Elend mehr kennen wird. Und es sind viele, die sich um sie scharen, die in ihren Worten den Funken Hoffnung suchen, der ihnen hilft, das Schreckgespenst des Unglücks zu verscheuchen. Bereitwilligst nehmen die Dorfbewohner die Worte der jungen Frau auf, erzählt sie ihnen doch von einer Religion, die ihnen näher ist, in der die Engel nicht nur weiß und im Himmel auch Schwarze zu finden sind – während doch der Glaube, den die Weißen predigen, kaum dem Seelenheil der Schwarzen entspricht.

»Der Tag des Gerichts ist nahe!«, verkündet sie. »Gott wird uns schreckliche Strafen auferlegen in seinem Zorn. Ihr plappert das Salve Regina nach und wisst nicht einmal, warum! Man verlangt von euch, während der Fastenzeit zu fasten, wo ihr schon durch die Hungersnot entkräftet seid! Wenn ihr von euren Sünden reingewaschen werden wollt, genügt es, dass ihr euch in den Regen stellt. Die Beichte ist da völlig nutzlos … Die guten Werke sind vergeblich … Nur die Absicht zählt vor Gott … Meine Brüder, nehmt euch so viele Frauen, wie ihr wollt, wenn es unseren Gebräuchen entspricht!«

»Das wirkliche Heilige Land ist im Kongo«, sagt sie an anderer Stelle. »Die wirklichen Stifter der katholischen Religion sind von unserer Rasse, der schwarzen Rasse. Jesus Christus ist in San Salvador geboren, doch die Weißen sprechen von Bethlehem! Getauft wurde er in Sundi, das man Nazareth heißt. Wisset, dass Jesus Christus, die Madonna und der Heilige Franziskus alle aus dem Kongo stammen! Wir verlangen, dass alle Missionare, die sich unserer Reichtümer zum alleinigen Profit der Weißen bemächtigen, den Kongo verlassen. Sie sind Gegner unseres mächtigen Königreichs. Der Heilige Antonius ist unsere Zuversicht. Er allein hört uns und wird uns helfen, unser Land wiederaufzubauen.«

Angesichts der Not und des Elends, das sie schon so lange erlitten hatten, neigten viele einfache Leute dazu, den fremden Ratgebern die Schuld am Fehlverhalten ihrer Könige zu geben. Wer weiß, so dachten sie, ob die europäischen Priester unter dem Deckmantel der Nächstenliebe in Wirklichkeit nicht eher an der Schwächung des Königreichs arbeiteten, indem sie den Adel mit ihren Ratschlägen gegeneinander aufhetzten und alle in die Katastrophe stürzten?

»Auf nach San Salvador!«, befahl Donna Beatrice der verzückten Menge, die ihr einen enthusiastischen Empfang bereitete. »San Salvador, das Symbol unserer verlorenen Einheit, muss aus der Asche neu entstehen. In einem neu bevölkerten San Salvador werden die Wurzeln der abgeschlagenen Bäume sich in Gold und Silber verwandeln. Unter den freigelegten Ruinen werden wir die Adern von Edelsteinen und Edelmetallen finden. In San Salvador werden alle Reichtümer, welche die Weißen uns gestohlen haben, denen gehören, die dem wahren Glauben anhängen und zur Wiedererrichtung des Königreichs beitragen.«

Die Nachricht von den Wundern der »Heiligen« verbreitet sich wie ein Lauffeuer in allen Provinzen des Kongo, von Nord nach Süd, von Ost nach West, und lässt Hoffnung auf ein neues goldenes Zeitalter entstehen. Man erzählt, dass sie Kranke heilt und dass auf ihrem Weg vertrocknete Bäume wieder ausschlagen. Die Anhänger streiten sich um die Reste ihrer Nahrung, da sie überzeugt sind, dass ihnen dadurch eine Gnade zuteil wird. Sogar Aristokraten drängen sich nun um sie! Sie breiten ihre Raphiatücher und Seidencapes auf dem Boden aus, legen sie zu Decken zusammen, auf denen sie ihre Mahlzeiten einnehmen soll. Und dann ist da noch das Freitagsritual. Jeden Freitag versenkt sie sich in eine absolute Andacht, die Christi Tod symbolisieren soll. Sie sagt, sie begebe sich in den Himmel, um bei Gott für die Sache der Schwarzen einzutreten und auch für die Befreiung des Kongo … Am Samstag erfolgt die »Auferstehung«, und sie ist bereit, ihren Weg fortzusetzen, wobei sich auf jeder Etappe ihres langen Marsches neue, immer fanatischere Adepten hinzugesellen.

Von den Massen zur Prophetin erhoben, entschied sich Kimpa Vita, König Pedro IV. aufzusuchen, der sich mit seinem Anhang auf den Berg Kibangu geflüchtet hatte. Sie will ihn überzeugen, nach San Salvador zurückzukehren, in die frühere Hauptstadt des ehemals geeinten Kongo. Als Cousin der einen als auch der anderen Kriegspartei – Pedros Vater war ein Kimpanzu-Prinz, seine Mutter eine Kimulazu-Prinzessin – hatte er in der Thronfolge den dritten Rang inne. Er war zum König auserkoren worden in der Hoffnung, dass seine Linie als Kompromissvorschlag akzeptiert würde, und die Kapuzinermissionare hatten ihn gekrönt, weil sie seine Charakterlosigkeit kannten und überzeugt waren, dass sie ihn manipulieren könnten. Im Bewusstsein seiner umstrittenen Legitimität wagte der ängstliche Pedro IV. es aber nicht, von den Höhen seiner Zitadelle herabzusteigen und sich in der verlassenen alten Hauptstadt einzurichten.

Trotz des Einspruchs der Kapuziner willigt der König ein, die junge Prophetin zu empfangen. Ebenso wie seine Frau und sein oberster General ist auch er von ihrem Charisma und ihrer einleuchtenden Botschaft eingenommen. In diesen Tagen kehren viele nach San Salvador zurück, die seinerzeit dem Inferno entflohen waren. Sie wollen die »Heilige« sehen und berühren. Sie sind gewillt, sich erneut in der Hauptstadt niederzulassen, die Häuser aufzubauen, die Felder vom Unkraut zu säubern und die Gärten zu bepflanzen. Manche der Rebellen erklären sich sogar bereit, sich mit Pedro IV. zu versöhnen. Donna Beatrice schickt daher Hunderte ihrer Anhänger kreuz und quer durch das Königreich, damit sie ihre Botschaft bis in den hintersten Winkel tragen und die Provinzfürsten ermutigen, sich der Friedensbewegung zur Wiederherstellung des Königreichs anzuschließen. Man erkennt sie an den geflochtenen Raphiakronen, die sie auf dem Kopf tragen, und weil sie unter dem Gesang von »Salve Antonia«, einer Nachdichtung des katholischen Chorals »Ave Maria«, durch die Lande wandern. Und sie steigern das Zusammengehörigkeitsgefühl, indem sie die Lehren des Heiligen Antonius verbreiten.

Für die Sekte ist dies ein Bombenerfolg. Menschen, die bisher den traditionellen Religionen angehören, treten ihr massenhaft bei. Aristokratische Clans wenden sich von der katholischen Kirche ab. In weniger als zwei Jahren legt Donna Beatrice die Fundamente zu einer neuen afrikanisierten

Kirche, in der sich katholische Einflüsse mit traditionellen Praktiken mischen. Doch ihre Botschaft ist in erster Linie dazu gedacht, die politische Neuorientierung des Landes auf den Weg zu bringen.

Die Vertreter der römischen Kirche, der einzigen Vermittlerin zwischen Gott und den Menschen, erkennen in der schwarzen Prophetin eine Bedrohung ihrer privilegierten Stellung. »Tragt Sorge, dass Euer Königreich christlich wird, und Eure Macht wird sich ausweiten«, hatten sie zum König gesagt und ihm klar gemacht, dass er sich zur katholischen Kirche bekennen müsste, wenn ihm an der Oberherrschaft über seine Feinde und die revoltierenden Provinzen gelegen war.

Und nun bringt dieses arme Mädchen es fertig, dass ein ganzes Volk sich erhebt, nur indem sie den Einfluss der Fremden im Umkreis des Königs anprangert! Sie will die heidnischen Praktiken wiederbeleben, die sie den Wilden mit so vielen Mühen ausgetrieben haben! Und dann reklamiert sie auch noch einen katholischen Heiligen für sich! Wenn immer mehr Bewohner des Königreichs den christlichen Glauben ablehnen, ist das Ergebnis der missionarischen Mühen, die simplen Seelen einzufangen, ernsthaft in Gefahr.

Die weißen Missionare waren sich des Misstrauens wohl bewusst, das die Bevölkerung ihnen gegenüber hegte. Aber bislang hatten sie sich über die Ursachen keine Gedanken gemacht. Portugiesische Händler, welche die Reichtümer des Königreichs nach Europa und Übersee lenkten … Politische Führer, welche ihre Landsleute für ein Fässchen Schnaps, zwei schwarze Regenschirme und eine Leinenweste auslieferten … Der Hunger, der die Kinder plagte, wohingegen das Königreich früher nur Wohlstand kannte … Wenn auch!

Der Meinungsumschwung der Bevölkerung war viel zu gefährlich, als dass die Missionare hätten tatenlos zusehen können. Die Wiederherstellung eines starken Königtums konnten sie nicht zulassen, das würde den Widerstand beflügeln. Und schließlich lagen die Portugiesen, die das benachbarte Angola unter ihre Oberhoheit gebracht hatten, schon lange auf der Lauer und warteten auf einen günstigen Augenblick, um beide Länder zu einem Kolonialreich zu verschmelzen.

Isoliert auf seinem Berg, weit entfernt von seinen Untertanen, war der König besser zu kontrollieren. Dem schwachen Pedro IV. – der auf die Missionare angewiesen war, um gegen seine Widersacher zu bestehen – ihren Willen aufzuzwingen war für sie ein Kinderspiel. Es war ihnen ein Leichtes, ihn davon zu überzeugen, dass die Popularität von Donna Beatrice ihn in den Schatten stellen und seine Herrschaft in Gefahr bringen würde. Doch der König zögert. Er befürchtet, dass ihre Verhaftung den Volkszorn überkochen lässt. Auf die Dauer hat er den Einflüsterungen der Missionare, die ihn immerzu im Namen des »Gehorsams vor Gott« an seine Pflicht erinnern, nichts entgegenzusetzen. Und so befiehlt Pedro IV., mit der Bewegung aufzuräumen. Donna Beatrice entkommt knapp und flüchtet mit einigen ihrer Anhänger in die Wildnis. Dort bleibt die Gejagte eine Weile, und dort bringt sie ihr Kind zur Welt, den Sohn ihres Weggefährten Barro.

Die Soldaten finden sie, als sie ihr Baby stillt. Der König hat immer noch Skrupel. Er fragt sich, ob sie wirklich so gefährlich ist. Es schien ihr ernst damit zu sein, dass sie den Bewohnern seines Königreichs ein besseres Leben geben wollte. Die Kapuziner hingegen lassen dem König keine Atempause. Sie bedrängen ihn, endlich eine Entscheidung zu treffen. Im Übrigen sind sie empört, dass sie ein Kind hat, da sie sich doch als Jungfrau ausgegeben hat. Der Betrug muss bestraft werden. Sie verlangen vom König, sie hinter Schloss und Riegel zu bringen. Wie Pontius Pilatus kapituliert Pedro IV.

Einer der weißen Priester stellt ein erstes Verhör mit ihr an. Er befragt sie über die Herkunft des Säuglings. Donna Beatrice antwortet ihm: »Ich kann nicht leugnen, dass es mein Kind ist. Doch wie ich es bekommen habe, weiß ich nicht. Ich weiß nur, dass es vom Himmel zu mir gekommen ist, und es wird der Retter unseres Volkes sein.«

Man legt sie in Ketten. Pater Bernardo Di Gallo, der Oberste der Kapuziner, verhört sie ausführlich. Noch immer trägt sie ihr Kind auf dem Arm.

»Wer seid Ihr?«, fragt er sie.

»Ich bin der Heilige Antonius. Ich komme vom Himmel.«

»Und welche Neuigkeiten bringt Ihr von dort oben? Sagt mir, ob es im Himmel Schwarze aus dem Kongo gibt und ob sie dort ihre schwarze Haut haben.«

Leidenschaftslos antwortet sie ihm, dass im Himmel sowohl kleine und auch erwachsene Schwarze weilen, welche die Taufe erhalten haben, doch sind sie weder von schwarzer noch von weißer Hautfarbe, weil es im Himmel keine Farben gibt. Ihre Richter sind wütend. Wie kann sie derart heilige Maximen entweihen! Schwarze im Himmel! Das ist ja die Höhe! Da sie der Ketzerei angeklagt ist, verlangen die Missionare eine exemplarische Bestrafung. Die Todesstrafe. »Zu sterben bedeutet mir nichts«, antwortet Donna Beatrice. »Mein Körper ist nichts anderes als ein wenig Erde. Das hat keine Bedeutung. Früher oder später wird er zu Asche werden.«

Pater Laurent de Lucques, der an der Hinrichtung teilnahm, hat uns den 2. Juli 1706 beschrieben, den Tag, an dem Kimpa Vita, die man später die »Jeanne d'Arc des Kongo« nennen wird, lebendig auf dem Scheiterhaufen verbrannt wurde. Um sie herum steht eine tiefbetrübte Menge und wird von mehreren Reihen Soldaten, bewaffnet mit Kriegsschilden aus Büffelhaut und mit Lanzen und Pfeilen, zurückgedrängt.

»Der Bascamucano, das heißt der Richter, sprach das Urteil über Donna Beatrice. Er sagte, unter dem falschen Namen des Heiligen Antonius hätte sie das Volk durch ihre Ketzereien und Lügen getäuscht. Folglich verurteilten der König, ihr Herr, und der Königliche Rat sie zum Tode auf dem Scheiterhaufen, sie und ihren Gefährten, der sich der Heilige Johannes nennen lässt. Nach dem Urteilsspruch wurden die beiden zum Scheiterhaufen geführt. Sie trug ihr Kind auf dem Arm. Da erhob sich ein großer Tumult in der verzweifelten Menge, doch war sie ohne Mittel, den beiden Verurteilten zu Hilfe zu kommen. Man hatte einen großen Berg Holz aufgeschichtet, auf den beide geworfen wurden. Man bedeckte sie mit Ästen und verbrannte sie lebendig. Da sie damit nicht zufrieden waren, kamen die Männer am nächsten Tag wieder und verbrannten die übriggebliebenen Knochen, bis nur noch feine Asche dalag.«

Diesem Bericht über das Martyrium der Donna Beatrice ist noch hinzuzufügen, dass ihr Tod die Bevölkerung des Königreichs Kongo in tiefe Niedergeschlagenheit stürzte und niemand den Kapuzinern glauben wollte, als sie später verbreiteten, dass die »Frau des Teufels« bereut und vor dem Tod auf dem Scheiterhaufen ihren früheren Überzeugungen abgeschworen hätte.

Die Erinnerung an Kimpa Vita ist auch in der mündlichen Überlieferung wachgehalten worden. Und die Antoniter, die Kirche ihrer Anhänger, erzählten, dass sich an der Gerichtsstätte nach ihrem Tode zwei Brunnen auftaten und tief unten in den Brunnen zwei Sterne leuchteten, einer für Donna Beatrice, der andere für ihren Gefährten Barro.

Nachfahren kongolesischer Sklaven unternahmen 1966 den Versuch, Donna Beatrice durch den Vatikan rehabilitieren zu lassen, doch Papst Paul VI. lehnte ab.

Junge Frau aus Timbuktu, Reich Mali

Zeitgenössische Darstellung einer Sklavin

Harriet Tubman, »Moses« der Schwarzamerikaner

Donna Beatrice, die kongolesische
Jeanne d'Arc

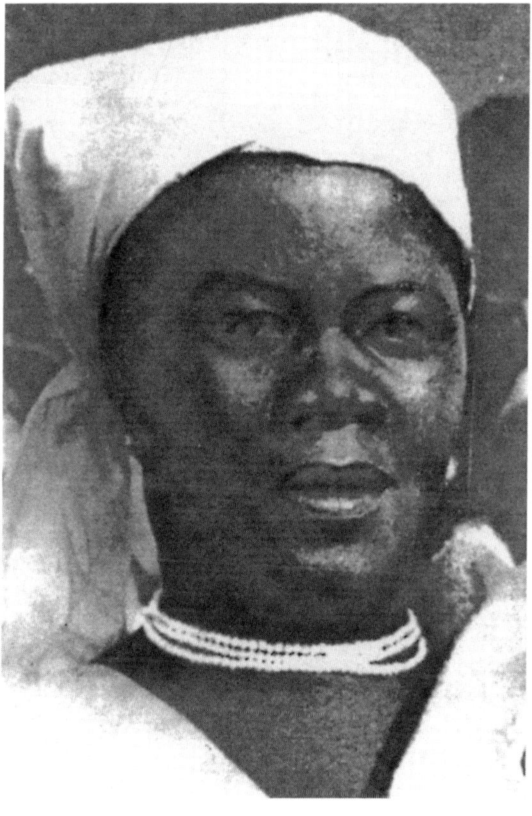

Alice Lenshina, die Gründerin der Lumpa-Kirche in Sambia

Die Amazonen von Dahomey

Herrschersymbol des Königs Glele von Dahomey, der mit seiner Amazonenarmee erfolglos die Stadt Abeokuta angriff, Heimat von Madam Tinubu

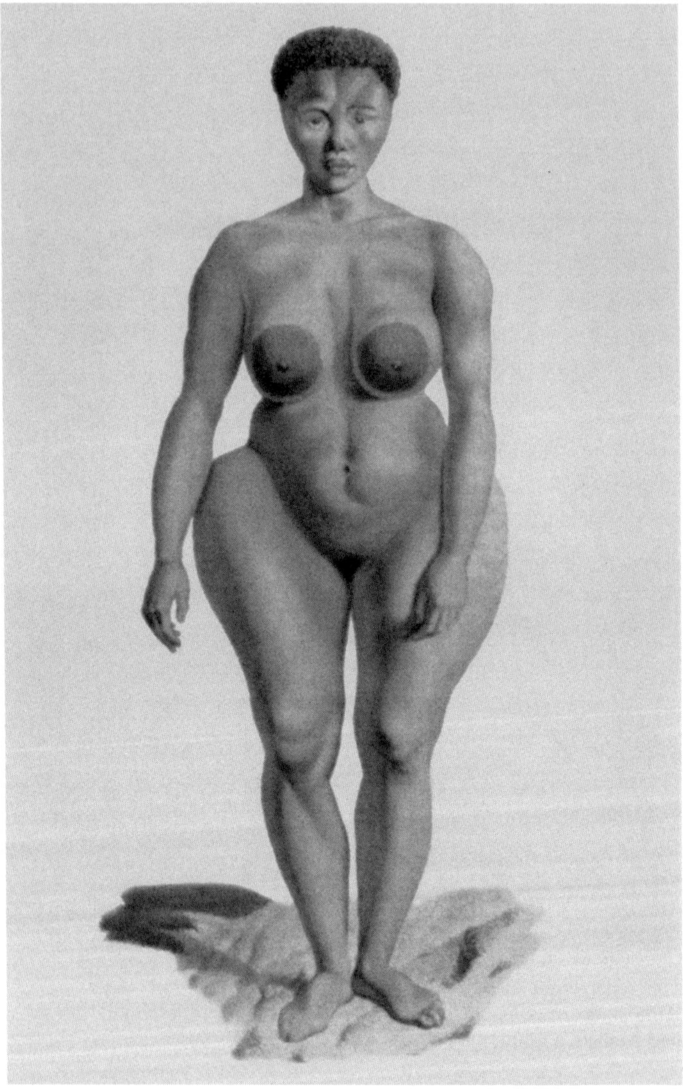

Sarah Baartman, die sogenannte Hottentotten-Venus, als sie von dem Professor Cuvier »erforscht« wurde

Zulu-Frauen, um 1848

Sklaventransport

Khoisan am Kap der Guten Hoffnung

Ausschiffung afrikanischer Sklaven in Brasilien

ALICE LENSHINA

Die Gründerin der Lumpa-Kirche in Sambia

Nordrhodesien 1953. Die britische Herrschaft traumatisiert die Bevölkerung Sambias. Sie wird von ihren Höfen gejagt, aus ihren landwirtschaftlichen Tätigkeiten herausgerissen und muss in den Kupferminen der Weißen arbeiten. Wut bricht sich Bahn, Forderungen nach Unabhängigkeit werden laut. Die Prophetin Alice Lenshina, die mystische Visionen hat, gründet eine chiliastische Sekte, die Ausdruck einer Widerstandsbewegung und bei der schwarzen Bevölkerung enorm erfolgreich ist. Gewalt bleibt nicht aus. Alice Lenshina endet im Gefängnis.

Die Berliner Kongo-Konferenz 1884/85 gab den Startschuss zum Wettlauf der Europäer zu den Reichtümern des afrikanischen Kontinents. Gleichzeitig lieferte die Konferenz das Regelwerk für die Aufteilung Afrikas (mit Ausnahme von Äthiopien und Liberia) unter die europäischen Mächte und segnete eine Eroberungspolitik ab, die drei Jahrhunderte zuvor ihren Anfang genommen hatte. Diese endgültige Teilung, die koloniale Rivalitäten auf ein Minimum reduzieren sollte, stützte sich in den meisten Gebieten auf die Gewalt der Waffen, anders hätte der afrikanische Widerstand nicht gebrochen werden können. Selbst wenn die koloniale Eroberung die sogenannten Einflusszonen, die bisher noch nicht annektiert waren, »befriedet« hätte, so wurde doch die Etablierung der Kolonialverwaltung in vielen Gebieten als rücksichtslos empfunden.

Die Grausamkeit dieses Modus Operandi zeigt sich besonders auf wirtschaftlichem Gebiet. Massive Enteignungen, Konzessionen mit Hoheitsrechten für privatrechtliche Gesellschaften und die systematische Plünderung der Bodenschätze sind typisch für die Vorgehensweise vieler Kolonialverwaltungen. In Nordrhodesien (heute Sambia), einem weiten, dünnbesiedelten Gebiet nördlich der Republik Südafrika und zwischen Angola und Mosambik gelegen, wollte die britische Treuhandschaft nach dem Vorbild des benachbarten Südrhodesiens (heute Simbabwe) und Südafrikas weiße Siedler ansiedeln. Für das Wohl der einheimischen Bevölkerung fühlte die britische Kolonialverwaltung sich nicht zuständig. Von seinen Kolonien erwartete Großbritannien, dessen Kolonialreich aus den fruchtbarsten und an Bodenschätzen reichsten Überseegebieten bestand, eigentlich nur zwei Dinge: dass sie die britische Industrie mit Rohstoffen und Agrarprodukten belieferten und die im Mutterland hergestellten Waren importierten.

Die Verwaltung Nordrhodesiens wurde durch einen Schutzbrief (*royal charter*) einer Handelsgesellschaft übertragen, und zwar der *British South Africa Company* (BSAC) von Cecil Rhodes. Sie stützte sich auf Rechtsvorstellungen der südafrikanischen Apartheid, sicherte sich die Rechte am gesamten Grund und Boden des Landes und zwang die afrikanische Bevölkerung in ein unerträgliches Ausbeutungssystem. Sie vertrieb die Bevölkerung massenweise von ihrem Land, aus ihren Häusern und Wohnsitzen, enteignete ihr Vieh und verbannte sie in übervölkerte Eingeborenenreservate mit wenig landwirtschaftlichem Potential. Gleichzeitig warb sie um europäische Siedler, die sich fruchtbarste Ländereien aussuchen konnten. 1923 erloschen die über den Bergbau hinausgehenden Rechte der BSAC, und Nordrhodesien wurde britisches Protektorat mit einer zivilen Verwaltung.

Die »Entdeckung« der Kupferminen im Jahre 1925 führte zur Niederlassung großer Minengesellschaften in der Förderregion, die *Copperbelt* (»Kupfergürtel«) getauft wurde. Dies war auch mit einer Verdopplung der Zahl europäischer Einwanderer verbunden, die von siebentausend im Jahre 1928 in drei Jahren auf vierzehntausend stieg. Auch dort wurde die afrikanische Bevölkerung vertrieben, damit Platz war für weiße Ansiedlungen. Die Unterdrückung der Einheimischen verschärfte sich weiter, sie mussten nun an die Handelsgesellschaft auch eine Hüttensteuer zahlen, was sie zwingen sollte, in den Minen zu arbeiten. Doch die in Aussicht gestellten Löhne waren so niedrig, dass die meisten Männer es vorzogen, sich in Südrhodesien oder Südafrika nach besser bezahlter Arbeit umzusehen und ihren Familien das Geld für die Steuer zu schicken. Die Wanderarbeit führte oft zur Zerstörung ganzer Gemeinschaften. Doch die Arbeiter hatten kaum eine andere Wahl, denn wer die Steuer nicht bezahlen konnte, landete unweigerlich im Gefängnis. Nach dem New Yorker Börsenkrach von 1929 entließen die Gesellschaften im *Copperbelt*, die sich teilweise mit amerikanischem Kapital finanzierten, 1933 drei Viertel des Personals. siebentausendsechshundert Afrikaner fanden sich wegen Steuerschulden im Gefängnis wieder.

Die Erfahrungen der afrikanischen Soldaten an den europäischen Kriegsschauplätzen der beiden Weltkriege ließen bei vielen den Gedanken an Emanzipation und Unabhängigkeit aufkommen. Wie auch andere Kolonien ihren »Mutterländern« schwarze Truppenkontingente zu stellen hatten, die als – gut sichtbares – Kanonenfutter an vorderster Front kämpften, so schlugen sich zehntausend rhodesische Soldaten auf britischer Seite gegen die Italiener in Äthiopien, gegen die Deutschen unter Rommel in Nordafrika und gegen die Japaner in Burma. Daneben lieferte das Land den Alliierten das kriegswichtige Metall Kupfer.

In einem Krieg, der *a priori* nicht der ihre war, hatten sie an der Seite ihrer Kolonialherren für Demokratie gekämpft und gegen Nazismus und Faschismus, Ideologien, die auf der Negierung der Menschenrechte gegründet waren. Bei ihrer Rückkehr wollten die Schwarzen sich von den Weißen nicht mehr wie Affen behandeln lassen, schließlich hatten sie zur Rettung der Nation beigetragen; und nun sollten sie sich in den Fabriken und Plantagen der Weißen misshandeln lassen! Während ihrer Dienstzeit hatten die afrikanischen Soldaten ihren Horizont erweitert, gesehen, was woanders in der Welt passierte, und Lesen und Schreiben gelernt. Voller Hoffnung auf eine bessere Zukunft waren sie zurückgekehrt, denn die Kolonialverwaltung hatte ihnen, als sie in den Krieg zogen, als Gegenleistung eine Verbesserung ihrer wirtschaftlichen Situation versprochen … nach dem Krieg.

Doch das waren nur Versprechen gewesen. Die Minengesellschaften betrachteten die Arbeiter und deren Familien weiterhin als Sklaven. Sie blieben Tagelöhner im Dienst der Leute, die ihnen ihr Land fortgenommen hatten. Die Ausbeutung der Bodenschätze, die früher den Reichtum ihrer Königreiche ausgemacht hatte, kam jetzt nur den Fremden zugute. Bis in die 1950er Jahre hinein erhielten die Kolonie Nordrhodesien und die britische Metropole nur 12,5 Prozent an jährlichen Tantiemen von der BSA, die, obwohl sie nicht mehr das Land regierte, nach wie vor die Abbaurechte besaß und mit dem Kupfer erhebliche Gewinne erzielte. Daher änderte sich nichts für die schwarze Mehrheit. Sie blieb den Gesetzen der Rassentrennung unterworfen, es war ihr verboten, sich gewerkschaftlich zu organisieren, englischsprachige Schulen oder Kinos, Restaurants und Cafés zu besuchen. Ja, selbst in der Kirche durfte sie nicht auf den gleichen Bänken sitzen wie die Weißen.

In jenem Jahr 1953 führte der aufkommende Nationalismus zu heftigen Zusammenstößen in den Brennpunkten rassischer Auseinandersetzungen. Die afrikanische Bevölkerung wollte sich nicht länger einer weißen Minderheit unterwerfen, die alles kontrollierte. Im Osten Nordrhodesiens, im Land der Bemba, kam es zu Unruhen. Diese Region hatte vor der Kolonisierung glorreiche Zeiten erlebt, damals war sie dank des Elfenbein- und Sklavenhandels mit den Arabern mächtig und reich gewesen. Sie wollte die Herrschaft Großbritanniens nicht anerkennen, zumal die Kolonialmacht unter dem Druck der Weißen von Südrhodesien, die die Apartheid anstrebten, die beiden Rhodesien sowie Nyassaland (das heutige Malawi) zur Britischen Zentralafrikanischen Föderation zusammenschloss. Das neue Gebilde stützte sich auf den Ausschluss der Schwarzen aus allen politischen Bereichen, und die Verfassung der Föderation gewährte nur wenigen von ihnen das Wahlrecht. In jenem Jahr gehörten zu den Wahlberechtigten 14.487 Europäern, 892 Asiaten und acht Afrikaner, obwohl die schwarze Mehrheit 85 Prozent der Bevölkerung ausmachte!

In den Augen der Schwarzen hatten die Weißen das Land der Bemba mitten im *Copperbelt* in ein Gefängnis verwandelt. Alle ihre Söhne mussten der Feldarbeit den Rücken kehren und für die Aktionäre der Minengesellschaften arbeiten. In Chinsali, einer kleinen Stadt im Land der Bemba, erheben sich die Stimmen der eifrigsten Nationalisten. Viele sind vom englischen Gouverneur schon hart bestraft worden.

Aus den Reihen der Lehrer, der kleinen Angestellten und Beamten, die vom Mutterland verlangen, dass es sich stärker für Reformen einsetzt, welche die Lage der Afrikaner verbessern, wird Kenneth Kaunda, ein junger Lehrer und Anhänger der Gewaltlosigkeit, der erste Führer der künftigen Republik Sambia. Sein Idol ist Mahatma Gandhi, der es gewagt hatte, in Pretoria die Republik Südafrika herauszufordern, indem er eine aufsehenerregende Kampagne von zivilem Ungehorsam gegen die Apartheid organisierte und das Los der Inder anprangerte.

An einem Septembertag des Jahres 1953 ist in einem hübschen Häuschen in Chinsali eine Familie in Tränen aufgelöst und wartet ängstlich, was wohl passieren wird: Alice ist krank. Seit mehreren Tagen kämpft sie gegen eine schwere Krankheit, der Ausgang ist ungewiss. Sie ist neunundzwanzig Jahre alt und die Ehefrau eines engagierten Nationalisten. Plötzlich stört lautes Wehklagen die Nachtruhe. Alice ist tot. Am übernächsten Morgen kündigt sich ein grauer, kalter Vormittag an, als die Stadt bei Sonnenaufgang erwacht. Die Häuser sind verlassen, die Straßen leeren sich. Um das Trauerhaus herum herrscht ein ungeheurer Aufruhr. Alice Lubishi ist auferstanden! Ja, sie hat die Augen geöffnet und sich im Bett aufgerichtet, so dass diejenigen, die die Totenwache gehalten haben, in Panik geflüchtet sind. Mit heiserer Stimme dankt sie wieder und wieder Gott, der sie vom Tode errettet hat. (Wahrscheinlich litt sie an cerebraler Malaria.)

Das Zimmer kann die Neugierigen nicht fassen, die sich um das Bett drängen. Auf den Gesichtern liegt der Ausdruck von Ergriffenheit und Furcht. Arme werden ausgestreckt, um sie zu berühren. Und sie ist es wirklich. Der Blick fest, den Oberkörper gegen die Decken gepresst: Sie lebt tatsächlich! Sie spricht mit schwacher Stimme. Ohren werden gespitzt: »Ich war tot«, murmelt sie mit einem Seufzer, »und ich bin Gott begegnet. Er war im Himmel, umgeben von tausenden von Engeln. Er hat mit mir gesprochen. Er hat mir auferlegt, zur Erde zurückzukehren, um mein Volk zu erlösen. Er hat verlangt, dass ich bete, damit wir alle das ewige Glück erlangen.« Dann richtet sie sich auf und sagt leidenschaftlich: »Ja! Ich bin auferstanden, um gegen das Böse zu kämpfen!«

Unnötig zu sagen, welchen Schock die Bewohner von Chinsali erleiden. In allen Vororten der Bergwerksstadt, in allen umliegenden Dörfern, in jedem Haus und jeder Hütte spricht man von nichts anderem als von dem Wunder der Auferstehung. Tag für Tag kommen die Leute in ihr Haus, um sie zu sehen, sich ihr zu nähern und sie anzuhören. So entsteht die Bewegung der Lumpa, der »Besten«.

Alice Lubishi nimmt den Namen Lenshina an (»Queen« in der Bembasprache), in Anlehnung an Regina, die Jungfrau, unter deren Schutz sie sich stellt. Dann begibt sie sich zu den weißen Missionaren und erzählt ihnen ihr erstaunliches Erlebnis. Was diese nicht hindert, sie zu taufen. Sie beginnt an allen möglichen Orten des Landes zu predigen, wo Menschen leiden und in den Kupferminen sterben.

»Gott hat mir befohlen, euch von dem Übel zu erlösen. Wenn wir für unsere Fehler gebüßt haben, können wir unser Land zurückgewinnen. Wir werden nicht mehr den Weißen und ihren Verbündeten untertan sein. Die Weißen haben von Gott große Macht erhalten, dank derer sie uns unterjocht haben. Vor uns verbergen sie das Geheimnis ihrer Kraft, doch eines Tages werden wir ihnen gleich sein. Wir werden in unserem Land genauso mächtig sein wie sie, wenn wir Gottes Geboten gehorchen!«

Berichte über ihr mitreißendes Auftreten verbreiten sich überall. Unter anderem erzählt man sich, wie eines Tages, als sie in einem Dorf während eines starken Gewitters predigte, ein paar Skeptiker sich über sie lustig machten. Die Prophetin schleuderte ihnen einen Fluch entgegen. Im selben Augenblick zuckte ein Blitz am Himmel auf, und die beiden Männer fielen, vom Blitz getroffen, stocksteif um, unter den erstarrten Blicken der Menge.

Das, was man später die Lumpa-Kirche nennen wird, verbreitete sich rasend schnell. Es war übrigens nicht das erste Mal in der Geschichte Sambias – die ansonsten reich an Rebellionen und Bergarbeiterstreiks ist, die von den Milizen der Minengesellschaften niedergeschlagen wurden –, dass eine spirituell unabhängige Bewegung eine solche Breitenwirkung erzielte. Bereits 1900 erklärte sich die *Ethiopian Church of Barotseland* zu einer »afrikanischen Kirche für die Afrikaner« und machte sich zum Sprachrohr der Gemeinschaft der Lozi, die dafür kämpften, dass in den Schulen der protestantischen Missionen Englisch unterrichtet wurde und nicht nur die lokale Sprache. In den 1920er Jahren wehrte sich der *Watch Tower*, eine Abspaltung von den Zeugen Jehovas, in ganz Sambia dagegen, dass ihre Führer verhaftet und zu Gefängnisstrafen verurteilt worden waren. Trotz dieser Repressionsmaßnahme bildeten sich andere politisch-religiöse Sekten, die öffentlich für das Ende der Herrschaft der Weißen beteten.

Innerhalb von zwei Jahren mobilisiert Alice Lenshina mehr als sechstausend Gläubige. Jeden Tag eilen Dutzende von Männern und Frauen in die Lumpa-Gemeinden und erwerben ihre Eintrittskarte ins Paradies: ein rosafarbenes Blatt, dazu bestimmt, ihnen das ewige Leben zu sichern! Die Lehre verkündet eine strikte Moral und verdammt gleichermaßen Trunksucht, Polygamie und fetischistische Praktiken. Bald werden die *Witchdoctors* nicht mehr konsultiert. Die lokalen Chiefs und die Missionare, die Pfeiler der Kolonialmacht, werden nicht mehr angehört. Die Lumpa organisieren sich als eine strikt geschlossene Gemeinschaft. Unter den besorgten Blicken der rhodesischen Polizei wachsen die Spannungen zwischen den Lumpa und den Nichtgläubigen.

Religiöse Bewegungen dieses Typus, die in gewisser Weise einer Widerstandsbewegung ähneln, müssen als ein erstes Mittel der afrikanischen Völker angesehen werden, ihrem Unbehagen an der kolonialen Wirklichkeit Ausdruck zu verleihen. Die Sekten, die in den verschiedenen Epochen europäisch-afrikanischer Beziehungen und unter verschiedenen Formen auflebten, immer aber durch Anleihen bei der offiziellen christlichen Lehre gekennzeichnet sind, hatten oft die Gründung von unabhängigen Kirchen mit nationalistischer Tendenz zur Folge und verkündeten das Ende der Fremdherrschaft.

Dieser Messianismus spricht in der Regel Afrikaner mit einem gewissen Bildungsniveau an, die vom Christentum enttäuscht wurden, da sie in den europäischen Kirchen der Diskriminierung ausgesetzt waren. Sie verstanden nicht, dass die Religion die Ideale der Gleichheit predigte, während die Gemeinschaft der Weißen Barrieren errichtete und ihnen in ihrem eigenen Land jegliche gesellschaftliche Partizipation verwehrte.

Sicher, die Priester und Missionare stellten sich als die von Europa geschickten guten Hirten dar, welche die heidnischen Schafe auf den Weg Gottes bringen sollten, und wurden anfangs von der schwarzen Bevölkerung auch vertrauensvoll aufgenommen. Später fragten sich die konvertierten Afrikaner aber, ob die Missionare nicht ihren Verstand ausschalteten, da sie die Minderwertigkeit der Afrikaner und die Überlegenheit der Weißen anerkannten, ja, ob sie nicht im Hilfsdienst der Kolonialverwaltung standen. Die christlichen Missionen waren zu jener Zeit aber mit Sicherheit die einzigen, die sich um das Wohl und Wehe der Schwarzen sorgten, und niemand wird die hingebungsvolle Arbeit der Missionare leugnen. Ebenso wenig lässt sich aber übersehen, dass nur die wenigsten Missionare Partei für die kolonialen Untertanen ergriffen, wenn es darum ging, brutale Übergriffe zu denunzieren oder zu verhindern – zumal diese von ihren Landsleuten begangen wurden, deren Seelenheil ihnen schließlich auch anvertraut war.

Seit dem Jahr der Berliner Konferenz, 1885, hatten sich Missionsgesellschaften, meist protestantische, in Sambia ans Werk gemacht. Ob es die protestantische Mission von Paris war, die Methodisten, die Free Church of Scotland oder die katholischen Weißen Väter, um nur die wichtigsten zu nennen, sie allein waren es, die auf den Gebieten Gesundheit und Erziehung für die Einheimischen tätig wurden. Wie in Südafrika und im benachbarten Südrhodesien sträubten sich die Missionare aber dagegen, dass ihre Schutzbefohlenen Englisch lernten. Das widersprach, so schien es ihnen, ihrer kulturellen Identität, und außerdem war ihnen daran gelegen, jede Kommunikationsmöglichkeit zwischen den Völkern zu unterbinden, die sich sonst eines Tages womöglich gegen sie verbünden könnten.

Da sie sich mit einem Unterricht auf niedrigem Niveau in den lokalen Verkehrssprachen begnügten, den einheimische Lehrer erteilten, bildeten sie überwiegend Hilfslehrer, Katecheten und Hilfsprediger aus. Deshalb gab es 1964, als Sambia unabhängig wurde, lediglich vier Ärzte und einen Ingenieur, während die Gesamtheit der qualifizierten Arbeitsplätze fast ausschließlich von Europäern besetzt war.

Die Mehrheit der Gemeindemitglieder, welche die Missionsschulen besuchten, waren die Arbeiter aus dem *Copper-*

belt, und alles, was sie dort lernten, waren das Arbeitsethos und die devote Haltung gegenüber den Arbeitgebern. Manche Pastoren verlangten sogar von den Täuflingen eine Steuerbescheinigung! Es ist daher nicht verwunderlich, dass sie als Transmissionsriemen der Kolonialverwaltung galten und die Afrikaner versucht waren, eigene religiöse Bewegungen zu begründen, die ihren Vorstellungen eher entgegenkamen.

1956 bezeichnet ein Lumpa-Priester in einer unglücklich verlaufenden Diskussion einen weißen Missionar der römisch-katholischen Kirche als Zauberer. Vom Gericht wird er zu einem Jahr Gefängnis verurteilt. Dieses Urteil bewirkt eine außerordentliche Verbitterung in der Gemeinschaft der Lumpa. Sie organisiert eine Protestdemonstration, die von weißen Polizeikräften brutal niedergeknüppelt wird. Die Revolte bricht los, gefolgt von einer Welle von Verhaftungen. Alice Lenshinas Ehemann, Petros Chitankwa, wird zu zwei Jahren Zwangsarbeit verurteilt mit der Begründung, er hätte in einer von der Polizei verbotenen Versammlung zur Gewalt aufgerufen.

Trotz des Drucks von Seiten der lokalen britischen Verwaltung wächst die Anhängerschaft der Lumpa-Kirche im Laufe der Jahre stetig, 1961 sind es mehr als einhunderttausend Menschen. Aus sämtlichen umliegenden Provinzen strömen die Pilger zu Tausenden in das Dorf Kasomo, den neuen Wohnort der Prophetin, der *Sioni* heißt (»das neue Zion«), und gebannt lauschen alle ihren Worten. Für die Bauern ohne Land und die Bergleute, die täglich in die Hölle der Kupferminen hinabfahren, stellt Alice den einzigen Hoffnungsschimmer dar. Die korpulente Frau mit dem gutmütigen Gesicht, die sich in ein schlichtes weißes Hemd kleidet und sich einen weißen Schal um die Stirn knüpft, hat ihnen das Paradies und die Gleichheit mit den Weißen versprochen …

Die Rebellion gegen die Kolonialherrschaft verstärkt sich; und anfangs ist sie gemeinsame Sache der ersten afrikanischen politischen Parteien auf nationaler Ebene und der Lumpa-Kirche, die letztlich auf eine radikale gesellschaftliche Veränderung hofft. Der Widerstand ist zunächst passiv, bis es immer häufiger zu Aufständen kommt. In beiden Lagern mehren sich die Stimmen, die die Unabhängigkeit des Landes fordern. Gewalt breitet sich aus, als Nordrhodesien 1962 einen internen autonomen Status erhält, es aber fraglich erscheint, dass ein unabhängiges Sambia von Afrikanern regiert werden wird, denn das allgemeine Wahlrecht wird ihnen nicht zugestanden. Sie erhalten es 1964, kurz vor der Unabhängigkeit, von London. Die Zahl der schwarzen Wähler, die 1953 noch acht betrug, steigt auf über eine Million! Kurz vor den Wahlen kommt Alice Lenshina nach einjähriger Abwesenheit nach Chinsali zurück. Ein Teil ihrer Anhänger hat sich von der Bewegung abgewandt und sich den politischen Parteien angeschlossen. Auch ihr Weltbild einer bäuerlichen Gesellschaft, die ihre Zukunft in der Erlösung durch Gott sieht, vertreten sie nicht länger. Um ihre messianische Bewegung nicht noch weiter zu schwächen, zieht Alice sich mit der Lumpa-Kirche vollständig aus der Politik zurück. Dabei richtet sie ihren Groll insbesondere gegen die Partei der nationalen Unabhängigkeit von Kenneth Kaunda, die als legitime Nachfolgerin der Kolonialmacht in den neuen Verhältnissen besser positioniert scheint als ihre religiöse Bewegung.

Alice Lenshina radikalisiert den Konflikt, spricht Kenneth Kaunda und seiner Partei alle Autorität und Glaubwürdigkeit ab und befiehlt ihren Anhängern, sich keiner politischen Partei anzuschließen, ja, jegliche Wahlen zu boykottieren. Die jungen Parteien benötigen aber alle Stimmen der Afrikaner, wenn sie auf demokratischem Weg die weiße Lobby besiegen wollen, die den Machtverlust nur schwer verdauen kann, als er eintritt und Sambia unabhängig wird. Die Anhänger der Lumpa-Kirche weigern sich, Steuern an die neue Regierung zu zahlen, errichten Befestigungen um ihre Dörfer, um der Verwaltung Widerstand zu leisten, und setzen die traditionellen Chiefs wieder ein.

Nach einem Streit mit Mitgliedern der Nationalistischen Partei werden zwei Anhänger der Lumpa-Kirche getötet. Aus Rache werden Nationalisten umgebracht. Aufgestachelte Lumpa zünden Häuser von Ungläubigen und Nationalisten an. Letztere rächen sich, indem sie die Kirchen der Lumpa in Flammen aufgehen lassen. 1964 wird das Land von einer Welle von Gewalttaten überzogen, welche die noch zerbrechliche Einheit der jungen Republik Sambia bedroht. Die Regierung von Kenneth Kaunda geht kompromisslos gegen die Aufständischen vor.

Die Anhänger von Alice Lenshina verbarrikadieren sich in ihren befestigten Dörfern, woraus die Polizei sie zu vertreiben sucht. Im Juli 1964 belagern die Ordnungskräfte Sioni, die heilige Stadt der Lumpa-Kirche. Die mit Pfeilen und Lanzen bewaffneten Verteidiger von Sioni leisten der Polizei und der zur Verstärkung herbeigeeilten Armee Widerstand. Der Prophetin gelingt die Flucht, vorher hat sie ihre Anhänger aber davon überzeugt, dass sie durch eine Handbewegung von ihr »unbesiegbar« geworden sind. Die Krieger, in Trance, die Körper mit Exkrementen beschmiert, verbarrikadieren sich mit den Rufen »Jericho! Jericho!« in ihrer Kirche. Als die Armee zum entscheidenden Angriff vorrückt, werfen sie sich schreiend dem Kugelhagel entgegen. Sie sinken zu Boden, von den Schüssen niedergemäht und ohne recht zu begreifen, wie ihnen geschieht. Am Ende liegen vierundsiebzig Tote auf dem Kirchplatz.

Der Gegenschlag erfolgt unmittelbar. Einige Tage später greifen die Lumpa Senga an, eine Provinz im Osten Sambias, und bringen in der Stadt Lundazi fünfhundert Menschen um. Die Senga legen daraufhin ein Dorf der Lumpa in Schutt und Asche. Der Konflikt droht zu explodieren. Alice Lenshina bleibt weiterhin unauffindbar, ergibt sich angesichts der brutalen Repressalien gegen ihre Anhänger am 11. August 1964 aber den Ordnungskräften. Nach einer damals aufgestellten Bilanz fanden bei den Auseinandersetzungen mehr als eintausendfünfhundet Menschen den Tod. Sie wird nie vor Gericht gestellt, doch Kenneth Kaunda lässt sie ins Gefängnis werfen (Alice Lenshina und Kenneth Kaunda hatten dieselbe Schule besucht, sein Bruder Robert war ein hoher Lumpa-Kirchenführer). Im Dezember 1975 kommt die Prophetin frei, bleibt aber unter Hausarrest. Sie stirbt drei Jahre später in Mumbwa, in der Nähe von Lusaka.

Obwohl die Lumpa-Kirche zerschlagen ist, verschanzen die letzten Anhänger sich im Luangwa-Tal. Sie verweigern sich weiterhin der staatlichen Autorität und setzen ihre Aktivitäten im Untergrund fort. Viele Anhänger der Lumpa-Kirche finden schließlich in Malawi und im Kongo Zuflucht, wo sie Wurzeln schlagen und die Erinnerung an die Prophetin wachhalten, die »Gott selbst« ihnen gesandt hatte, Alice Lenshina.

Für die Regierung und die Bevölkerung Sambias ist die Lumpa-Kirche bis heute mit einer traumatische Erinnerung verbunden, mussten ihretwegen doch ausgerechnet im Moment der Unabhängigkeit Afrikaner auf Afrikaner schießen.

KRIEGERINNEN

Die Erinnerung an Frauen, welche die Vergangenheit Afrikas geprägt haben, wäre unvollständig, beschäftigten wir uns nicht auch mit den Amazonen von Dahomey. Die ersten europäischen Reisenden, die sie kämpfen sahen, waren so beeindruckt, dass sie die Frauen mit den legendären Amazonen der griechischen Antike auf eine Stufe stellten, von denen es hieß, sie hätten sich die rechte Brust abgeschnitten, damit sie besser mit dem Bogen schießen könnten!

Doch die Realität war eine andere. Unsere schwarzen Amazonen haben sich als die berühmtesten Kriegerinnen einen Platz in der afrikanischen Geschichte erworben. Über den Ursprung dieser Elitekämpferinnen gibt es verschiedenen Versionen. Für manche Historiker liegt er im 17. Jahrhundert; sie haben herausgefunden, dass bei der Gründung des Königreichs Dahomey zum ersten Mal von Amazonen die Rede ist. Wie es heißt, waren jene Frauen so außergewöhnlich geschickte Elefantenjägerinnen, dass Houegbadja (1645–1685), der zweite König der Dynastie, sie für seine Garde anwarb.

Zu Beginn des 18. Jahrhunderts geben die Quellen ausführlicher Auskunft. Da wird zum Beispiel berichtet, dass König Agadja, der 1708 den Thron bestieg und bis 1732 herrschte, über zu wenig Truppen für seine Eroberungskriege verfügte. Nicht zuletzt auch angesichts zweier feindlicher Fronten, des Königreichs Oyo im Norden und der Küstenländer im Süden, die er sich untertan machen wollte, entschloss er sich, die Frauen seiner Armee einzugliedern. So soll das Amazonenkorps entstanden sein, das ein französischer Besucher 1765 so beschreibt: »Hierauf kommt aus einem großen Hof die weibliche Kriegsmacht des Königs, die in kleinen Trupps von ungefähr achtzig bis hundert wohlbewaffneten Weibern besteht, in dem jede eine kleine Muskete und einen kleinen kurzen Säbel trägt, dessen Scheide gewöhnlich aus karmesinrotem Samt ist.«

Mit Sicherheit weiß man hingegen, dass Ghezo (1818–1856), der bedeutendste der Könige von Dahomey, die Amazonen militärisch ausbildete, um sie zur Speerspitze seiner Armee zu machen. Er war durch eine Umsturzbewegung auf den Thron gekommen und wollte keinesfalls das gleiche Schicksal wie sein Vorgänger Adandozan (1797–1818) erleiden. Aus der Sorge um seine persönliche Sicherheit erwuchs der Plan, sich mit einer absolut vertrauenswürdigen Leibgarde zu umgeben. Doch wo sollte er die Leute finden, aus denen er ein Elitekorps formen könnte? Sicherlich nicht in seiner Umgebung!

In dieser Situation dachte er an die Gefangenen aus den vielen Kriegen, die das kleine Königreich Dahomey als großer Lieferant für den atlantischen Sklavenhandel so begierig führte. Darunter befand sich eine große Zahl Frauen. Wenn die Schiffe aus Europa an der westafrikanischen Küste auftauchten, um sich mit Sklaven zu versorgen, brachten die Frauen meist weit weniger ein als die kraftstrotzenden Männer, die alsbald in die Laderäume gedrängt wurden. Daher war Ghezo davon überzeugt, ein gutes Geschäft zu machen, als er für seine Leibgarde unter den zum Verkauf bestimmten weiblichen Gefangenen die kräftigsten auswählte und ihnen versprach, sie würden im Dienst des Königs die besten Lebensbedingungen vorfinden, die das Schicksal nur für sie bereithalten konnte. Er befreite sie, erklärte sie zu »Kriegerinnen« – was sie, den Adel ausgenommen, über alle anderen Untertanen erhob – und bildete sie in der Kriegskunst aus.

Nachdem sie unter Agadja als Paradetruppe gedient hatten und später zur königlichen Leibgarde des Königs ernannt worden waren, wurden die Amazonen binnen eines Jahrhunderts zum wichtigsten Teil des stehenden Heeres von Dahomey. Die übrigen Truppen wurden nur im Kriegsfall oder im Vorfeld von Eroberungszügen ausgehoben, was den Männern ermöglichte, regelmäßig ihren landwirtschaftlichen Tätigkeiten nachzugehen.

Die drei- bis viertausend Kriegerinnen waren ihrem König mit Leib und Seele ergeben. Im Innern der Palastanlagen unterwarfen sie sich den schwierigsten Übungen, wobei sie höchst realistisch Kampfszenen nachstellten und ihren Mut und die Unempfindlichkeit gegenüber Schmerz erprobten.

Da die Amazonen hoch in der königlichen Gunst standen, ließen sie gegenüber den anderen Untertanen einen gewissen Dünkel erkennen. Zeigten sie sich in der Öffentlichkeit, liefen immer ein paar Mädchen vor ihnen her, deren Aufgabe darin bestand, ihnen den Weg freizuhalten. Sie schwenkten Glocken und riefen mit lauter Stimme, damit jeder sie hörte: »*Ago*! *Ago*!« – »Entfernt euch! Entfernt euch!« Und die Passanten hatten ein Interesse daran, sofort zu gehorchen. Sie drückten sich schleunigst gegen die Hauswände, um den Weg freizugeben und den Amazonen nicht zu nahe zu kommen. Nur Prinzessinnen und andere hochgestellte Frauen hatten auf der Straße das gleiche Vorrecht.

Die Amazonen wurden unter den Jungfrauen ausgewählt und waren während ihres gesamten Militärdienstes zur Keuschheit verpflichtet. Nur der König hatte das Recht, sich mit einer Amazone zu vermählen. Jede Zuwiderhandlung oder jede heimliche Verheiratung zog den Tod der beiden Schuldigen nach sich. Einem bekannten Witz nach zu urteilen, den die Alten noch heute erzählen, sind weniger Männer im Kampf umgekommen als vielmehr bei dem Versuch, über die Mauer des Amazonenlagers zu klettern! In der zweiten Hälfte des 19. Jahrhunderts, unter der Herrschaft von König Glele (1856–1889), erhielten sie die Erlaubnis, sich mit den Anführern der Armee oder den Würdenträgern des Reichs zu verheiraten. Wenn eine Amazone schwanger wurde, verließ sie die Armee und kümmerte sich um ihr Kind, bis es laufen konnte. Danach vertraute sie es den Frauen ihres Gefolges an und nahm den Militärdienst wieder auf.

Dann kam die Zeit, da die Amazonen nicht mehr allein aus der Menge der Gefangenen und Sklavinnen rekrutiert wurden. Auch Frauen, die in Dahomey geboren worden waren, konnten nun Amazonen werden. Diese Institutionalisierung des weiblichen Wehrdienstes scheint notwendig geworden zu sein, weil es mehr und mehr an geeigneten Männern fehlte. Die unablässigen Eroberungskriege, die das Königreich Dahomey gegen die Küstenstaaten führte, um einen Zugang zum Meer zu gewinnen, den es für den Export seiner Sklaven benötigte, hatten das Heer ausgeblutet. Den erbarmungslosen Kämpfen fielen ganze Regimenter mit zwei- bis dreitausend Kombattanten zum Opfer. Um der Schwächung ihrer militärischen Macht Einhalt zu gebieten, wurde es den Herrschern von Dahomey bald zur Gewohnheit, Frauen auszuheben, deren Hingabe auch in Kriegszeiten niemals nachließ. Wohl und Wehe des Königreichs hing nun von den Amazonen ab.

Die Bürgerinnen Dahomeys entschieden sich übrigens mehr und mehr für den Kriegsdienst, besonders in Zeiten, in denen das Land in Gefahr schien oder ein Angriff vorbereitet wurde. In diesem Zusammenhang wird auch davon berichtet, dass eine Anzahl Megären und andere widerborstige Frauen, die ihren Mitmenschen das Leben schwermachten, zur Armee einberufen wurden, nachdem ihre Männer sich beim König über sie beklagt hatten. Zweifellos sind kluge Ratgeber davon ausgegangen, dass der militärische Drill ihren widerspenstigen Charakter zähmen würde und sie im Kampf ihre Streitsucht abreagieren könnten, die sie sonst im ehelichen Zusammenleben an den Tag legten!

Die gefürchteten Kriegerinnen waren in zwei Armeekorps aufgeteilt: in eine defensive Gruppe, die »Aligossi« oder Beschützerinnen des königlichen Palastes, die für die innere Sicherheit verantwortlich waren, und in ein offensives Korps, »Djadokpo«, das die Vorhut der Armee bildete. Die Amazonen lehnten es ab, von Männern kommandiert zu werden, vielmehr hatten sie ihre eigenen Offiziere und Dienstgrade. Die Generalinnen und Regimentskommandeurinnen wurden aus der Reihe der reifsten und in der Kriegskunst erfahrensten Frauen ernannt.

Unter König Ghezo wurden die Amazonen in vier Regimenter unterteilt, die man an ihren unterschiedlichen Ausrüstungen erkennen konnte. Das erste Korps, die wichtigste Abteilung der Armee, bestand aus dreitausend Frauen. Sie waren in lange blaue Tuniken gekleidet, die in der Taille durch einen Gürtel gehalten wurden, und Pluderhosen bis zu den Knien, mit Steinschlossgewehren bewaffnet und besaßen zudem einen kurzen Säbel mit gezackter Klinge, die sie in einer Lederscheide trugen. Den rasierten Kopf bedeckten sie mit einer weißen Kappe, auf die ein Krokodil gestickt war, und am Gürtel hingen Patronentaschen aus getrockneten und geflochtenen Bananenblättern.

Das zweite Korps, das Jägerinnenregiment, zählte ungefähr vierhundert Frauen. Ihre Uniform ähnelte der des ersten Korps, doch waren die Farben dunkler. Als Helm diente ihnen ein eisernes Stirnband, das von zwei Antilopenhörnern überragt wurde. Damit täuschten sie den Feind, wenn sie in der Wildnis im Schutz der Bäume vordrangen. Bewaffnet waren sie mit langen Karabinern, zusätzlich trugen sie am Gürtel einen leicht gekrümmten Dolch mit spitz zulaufender Klinge. Einige Frauen aus diesem Regiment waren im Besitz eindrucksvoller Rasiermesser von fast einem Meter Länge, die sie beidhändig ergriffen und wie eine Schere öffneten und schlossen. Pater François Xavier Borghero, den die Gesellschaft der afrikanischen Missionen aus Rom geschickt hatte, um die Bevölkerung Dahomeys zu bekehren, war 1861 in Abomey, der Hauptstadt des Königreichs, Zuschauer einer Militärparade und erschrak beim Anblick des Marterinstruments. Offensichtlich wirkte der Schock noch nach, als er in seinen Memoiren schrieb: »Ein einziger Hieb mit diesem Rasiermesser kann einen Mann in zwei Teile schneiden!«

Die Artilleristinnen bildeten das dritte Korps. Sie waren in blaurote Tuniken gekleidet und mit schweren Büchsen bewaffnet, handhabten die Kanonen und andere Artilleriewaffen. Die grazilsten jungen Frauen wurden für den Kampf mit Pfeil und Bogen ausgebildet. Ihre Uniform bestand aus blauen Tuniken und weißen Mützen, an ihrem linken Arm trugen sie ein breites Elfenbeinarmband, und ihre Pfeile trafen, so ist es überliefert, genau ins Ziel. Keine dieser Kriegerinnen zeigte sich ohne ihre Grigris und Amulette, die zusammen mit dicken Perlenketten ihren Hals und ihre Arme schmückten.

Obwohl die Amazonen Schrecken verbreiteten und sogar Abscheu hervorriefen, betonen mehrere europäische Zeitzeugen in ihren Beschreibungen des alten Königreichs von Dahomey den außerordentlichen Mut, die Kühnheit und die

Unerschrockenheit der Frauen. Erzogen in der Pflicht, sich gegebenenfalls für ihr Land zu opfern, und in der Überzeugung, dass ihr Körper einen Schutzwall für ihre Mitbürger bildete und der Feind kein Mitleid verdiente, gingen sie mit unbedingtem Siegeswillen in den Kampf und zogen einen grausamen Tod einem schmählichen Rückzug vor. Die Kriegsgesänge, mit denen sie sich auf den Märschen Mut machten, bezeugen ihre Entschlossenheit: »Wir sind Männer, keine Frauen. Wer aus dem Krieg zurückkehrt, ohne dass er gesiegt hat, muss sterben. Wenn wir den Rückzug antreten, hängt unser Leben an der Gnade des Königs. Welche Stadt wir auch immer angreifen, wir werden sie besiegen oder uns selbst in ihren Ruinen beerdigen.«

E. Chaudoin, ein Franzose, der 1890 drei Monate lang Gefangener König Behanzins (1889–1894) war, hat Folgendes berichtet: »Da sind sie, viertausend Kriegerinnen, die viertausend schwarzen Jungfrauen von Dahomey, die Leibgarde des Königs, unbeweglich unter ihren Panzerhemden, das Gewehr und das Messer in der Faust, bereit, auf ein Signal ihres Herrn loszustürmen. Ob alt oder jung, ob hässlich oder hübsch, es ist herrlich, sie zu betrachten. Muskulös sind sie wie die schwarzen Krieger, und ihr Auftreten ist ebenso diszipliniert und ebenso präzise wie das von Männern. Wie an einer Schnur aufgereiht stehen sie da.« Und selbst Eduard Foa, der Großwildjäger und Entdecker, der 1885 durch Dahomey reiste und den man sicher nicht der Gefälligkeit gegenüber den Bewohnern verdächtigen kann, schrieb: »Unter dem Banner der Amazonen sind zahlreiche Bravourleistungen vollbracht worden. Überraschungen gibt es bei ihnen nicht. Kampf vor aller Augen, die Brust dem feindlichen Feuer zugewandt, verzweifelter Nahkampf, Triumph oder Tod. So hat Ghezo sie dressiert.«

In ihrem Land erfreuten sich die Amazonen einer ungeheuren Popularität. Die Reihe ihrer Heldentaten erfüllte jede Familie Dahomeys mit Stolz, und die Alten gaben die Erzählungen von ihren bedeutendsten Bravourstücken an die nächste Generation weiter, ohne auch nur ein Detail auszulassen. Unvergesslich blieb beispielsweise ihr Heldenmut bei der zweiten Belagerung von Abeokuta 1864. Die Armee von Dahomey, welche die reiche Hauptstadt des Königreichs Egba im heutigen Nigeria erobern wollte, war angesichts des heftigen Widerstands der Belagerten in ziemliche Schwierigkeiten geraten. Wütend über die Wendung, welche die Dinge nahmen, war eine Amazonenkompanie – die eine Lücke in der Verteidigung an einer Seite der belagerten Stadt erspäht hatte – über die mit Kletten und Dornen befestigen Gräben gestürmt, welche die Verteidiger vor den Wällen errichtet hatten. Einige Jahre zuvor, 1851, bei einem ersten Aufeinandertreffen, hatten die Dahomeyer vor den gleichen Mauern von Abeokuta schwere Opfer gebracht, der Angriff hatte dreitausend Kämpfern und mehr als tausend ihrer Schwestern das Leben gekostet. Daher schmeckte der erneute Zweikampf für sie nach Rache. Hautabschürfungen und blutende Füße beachteten sie nicht, vor den hier und da krachenden Schüsse brachten sie sich nicht in Deckung, sondern kletterten an den Palmenstämmen hoch, welche die Stellung schützten. Diejenigen Amazonen, denen es gelang, zur Höhe der Wälle vorzustoßen, schossen ihre Gewehre auf die Verteidiger der Stadt ab, bevor sie sie mit Macheten angriffen und den Gewehrläufen, die jene an die Wangen hielten, nach Möglichkeit auswichen. Im Laufe der Schlacht hatte eine der Amazonen, obwohl ihr ein Arm abgetrennt worden war, noch die Kraft, mit dem verbleibenden gesunden Arm den Gegner zu durchbohren. Dann wurde sie von den feindlichen Kämpfern getötet und über die Ringmauer geworfen.

Dank der Vielzahl der Kriege, die Dahomey führte, war es den Soldatinnen möglich, ihre kriegerischen Fähigkeiten immer wieder aufs Neue unter Beweis zu stellen. Unter anderem 1840 in der Schlacht von Atakpamé (heute in Togo). Die Armee befand sich schon auf wilder Flucht, aber die Amazonen verschafften Dahomey einen unerwarteten Sieg. Der Gedanke, sich abzusetzen, erschien ihnen unerträglich. Also sammelten sie ihre letzten Kräfte und warfen sich in eine verzweifelte Schlacht gegen den Feind, der, den Sieg vor Augen, in der Wachsamkeit nachgelassen hatte und dann empfindlich geschlagen wurde! Lange Zeit erzählte man von dieser Heldentat und rühmte die Mütter und Töchter, die allem entsagt hatten und dem Ruf der Waffen gefolgt waren.

Während die Amazonen an vorderster Front kämpften, hatten auch die anderen Frauen einen wichtigen Anteil am Kriegsgeschehen. Nicht alle begnügten sich damit, ihre kämpfenden Schwestern zu unterstützen, Verwundete zu pflegen oder die Versorgung der Truppen zu sichern – unter anderem mit reichlich Palmwein, der angeblich den Kampfesmut steigerte. Manche Frauen waren so tapfer und von so großem patriotischen Eifer getrieben, dass sie dem Heer in einiger Entfernung folgten und, sobald das Schlachtglück sich zugunsten Dahomeys neigte, mit Macheten in der Hand und unter schaurigen Kriegsschreien losstürmten. Diese theatralische Darbietung diente ihnen dazu, den erschrockenen feindlichen Soldaten den Fluchtweg abzuschneiden. Um ihnen die Flucht ganz und gar unmöglich zu machen, trennten sie ihnen die Sehnen an den Beinen durch und trugen so zum militärischen Ruhm des Königsreichs bei.

Nachdem die Amazonen so lange den Stolz der Könige

von Dahomey dargestellt hatten, versetzte die koloniale Eroberung am Ende des 19. Jahrhunderts ihnen den Todesstoß. Mit dem Mut der Verzweiflung hatten sie erbitterten Widerstand geleistet, das Königreich sollte auf keinen Fall in die Hände der Franzosen fallen. Am 4. November 1892, der auch das Ende der Herrschaft König Behanzins bedeutete, stellten sie sich vor den brennenden Toren Abomeys auf und zogen in einen letzten aussichtslosen Kampf – gegen die Maschinerie der Kolonialarmee unter Oberst Dodds, einem frankosenegalesischen Mischling, der später mit der Erhebung in den Generalsrang belohnt wurde. Hauptmann Jouvelet, ein Zeuge der kolonialen Feldzüge, die 1894 mit der endgültigen Niederlage Behanzins und dessen Verbannung endeten, schrieb über die wilden Kriegerinnen: »Sie sind mit doppelschneidigen Macheten und Winchestergewehren ausgerüstet. Diese Amazonen sind ein Wunder an Tüchtigkeit; erst dreißig Meter vor unseren Stellungen konnten wir sie töten …«

Die Niederlage gegenüber General Dodds, die in Frankreich Aufsehen erregt hatte, war nicht die letzte Demütigung, welche die Amazonen hinnehmen mussten. Nach der Etablierung der Kolonialmacht wurden sie nach Paris gebracht und im Rahmen einer »Völkerschau« im Jardin d'Acclimatation der Öffentlichkeit vorgeführt. Achthunderttausend Besucher bestaunten die Kriegerinnen des Königreichs von Dahomey – nunmehr Angehörige einer »niedrigen Rasse« des französischen Empires.

Was ist an Erinnerung an die stolzen Kämpferinnen geblieben, die sich im Kampf für ihr Königreich opferten? Ihre Nachkommen können heute noch davon erzählen, und im Kampf um die Emanzipation der afrikanischen Frau berufen viele sich auf das Vorbild der Amazonen.

HÖFISCHE ROMANZEN

YENNEGA
Die Amazone der Mossi

Mit besonderer Verehrung erinnern sich die Mossi im früheren Obervolta (heute Burkina Faso) der Prinzessin Yennega und ihrer Geschichte. Yennega war die Mutter des legendären Gründers ihres Herrschergeschlechts und eine unerschrockene Amazone, die ihren Kriegsruhm und ihre adelige Stellung von einem Tag auf den anderen aufgab, ihr Recht auf Weiblichkeit einforderte und sich ein vollkommen anderes Schicksal erwählte: das ruhige, glückliche Leben als Ehefrau und Mutter.

Das kleine Königreich von Gambaga, in dem Yennega in der Zeit zwischen dem elften und dreizehnten Jahrhundert geboren wurde, lag im Grenzgebiet zwischen den heutigen Staaten Ghana und Burkina Faso. Nedega, der Herrscher dieses Reichs, hatte unter seiner Oberhoheit mehrere Völker vereint, die aus dem nordöstlichen Nigerdelta gekommen waren, nämlich die Dagomba, die Mamprussi und die Nankana. Sie lebten überwiegend von der Jagd und Raubzügen in die nähere Umgebung.

Yennega war so schmal und biegsam wie eine Palme und wurde deswegen auch »Die Schlanke« genannt. Als einzige Tochter König Negedas, der keinen männlichen Thronerben besaß, befehligte sie die Armee ihres Vaters. Bereits als Kind war sie von ihm angeleitet worden, sah er in ihr doch den Sohn, den er nie gehabt hatte. Daher erhielt sie nicht die traditionelle Ausbildung junger Mädchen, die zu fügsamen Ehefrauen und aufopfernden Müttern erzogen wurden, sondern begleitete ihren Vater auf dic Jagd und lernte ebenso mit dem Bogen zu schießen wie die Lanze zu gebrauchen. Und aus ihr wurde eine hervorragende Reiterin.

Häufig ritt die Prinzessin an der Spitze der Armee in die Schlacht. Die militärischen Operationen führte sie mit einer Autorität und Unerschrockenheit durch, die mehr als einen ihrer Gegner buchstäblich aus dem Sattel hob. Wie konnten sie da ahnen, dass der ungestüme Feldherr in Wirklichkeit eine Frau war! Ja, wer konnte es erraten? Mit ihren kurzen Haaren, in der Hand eine Lanze, war Yennega nicht als weibliches Wesen zu erkennen, und nichts unterschied sie von ihren Kampfgefährten. Sie war eine Prinzessin, die sich großer Achtung erfreute, und ihre Befehle wurden ebenso sorgfältig ausgeführt, als hätte der König selbst sie gegeben.

Wie ein Kriegsherr brachte sie von den Feldzügen wertvolle Beute mit, die zum Wohlstand des Landes beitrug. Auch als geschickte Jägerin erwarb sie sich so manche schöne Trophäe. Wenn die Krieger von der Jagd heimkehrten und man daranging, das Wild unter den Anführern zu verteilen, fand man Yennega nicht selten inmitten der Männer ihrer Truppe. Mit kraftvollen Schnitten ihres Dolches zerteilte sie Gazellen, Antilopen und Büffel, und die Frauen räucherten dann das Fleisch.

König Nedega war so stolz auf seine Tochter, dass er schließlich vergaß, dass sie ja immer noch eine Frau war. Und so dachte er auch überhaupt nicht daran, sie zu verheiraten. Stattdessen setzte er seinen ganzen Ehrgeiz darein, aus ihr einen großen Eroberer zu machen, der ihm eines Tages an der Spitze des Reichs nachfolgen würde. Die junge Prinzessin aber dachte nicht nur an militärische Heldentaten. Sie träumte von einem anderen Leben, wie es ihre Gefährtinnen führten. Alle jungen Mädchen ihrer Altersklasse heirateten, stillten schon ihre Erstgeborenen, während sie ihre Zeit mit Kriegführen verbrachte!

Yennega war schon lange über das Alter der Pubertät hinaus, und ihr Vater verschwendete noch immer keinen Gedanken daran, einen Ehemann für sie zu finden. Jedes Mal, wenn sie das Gespräch darauf brachte, erwiderte er ausweichend, dass dies keine Eile habe.

Doch die Prinzessin ließ sich mit dieser Antwort nicht abspeisen und beschloss, ihrem Vater eine Lektion zu erteilen. Und so pflanzte sie auf einem Feld vor dem Palast Okraschoten an, und als der Moment gekommen war, sie zu ernten, unternahm sie nichts, so dass die Pflanzen stehen blieben und vertrockneten.

Als der König dies bemerkte, wunderte sich er sich und fragte sie schließlich: »Aber meine Tochter, warum lässt du die Okraschoten vertrocknen?« »Ach, so denkst du darüber«, antwortete Yennega, ohne ihren Zorn zu verbergen, »du meinst, dass meine Okraschoten vertrocknen? Und was sagst du dann zu einem Mädchen in meinem Alter, das noch immer keinen Ehemann gefunden hat?«

Der König war weit davon entfernt, sich zu ärgern, er zeigte sich eher amüsiert über die ungehörige Antwort. Doch trotz der Deutlichkeit, mit der seine Tochter ihm zu verstehen gegeben hatte, was sie wünschte, tat er weiterhin so, als hätte er nichts begriffen. Endlich war Yennega des Streits müde und entschied sich zur Flucht. In einer mondlosen Nacht, als der gesamte Palast in tiefem Schlaf lag, kleidete sich die Prinzessin in Männergewänder, sprang auf ihr Pferd und ritt fort in die Wälder.

Was die Ursache für ihre Flucht angeht, so sind sich die Bewahrer der mündlichen Überlieferungen nicht ganz einig. Manche führen ihr Verschwinden nicht auf die Auseinandersetzung mit ihrem Vater zurück, sondern halten es eher für einen Zufall. Als die Krieger von einem Angriff gegen feindliche Völkerschaften in Land der Boussancé zurückkehrten, sei Yennegas Streitross durchgegangen, habe die Reiterin weit fort von ihren Truppen getragen und sich schließlich in einen Wald verirrt.

Wie dem auch sei, nachdem sie eine lange Zeit geritten war, fand sich die Prinzessin auf einer großen Lichtung wieder, wo ihr Pferd erschöpft stehenblieb. Sie stieß auf eine einsame Behausung, die jemand in der Mitte der Lichtung errichtet hatte. Als das Pferd wieherte, trat ein junger Mann heraus, gut aussehend und von stattlicher Gestalt. Er beruhigte das Tier und bot Yennega seine Hand, als sie vom Pferd herabkletterte. Kaum hatte sie wieder Boden unter den Füßen, bat er sie, einzutreten und sich in seiner Kate auszuruhen, denn er glaubte, er hätte es mit einer Reisenden zu tun, die vom Weg abgekommen war.

Der junge Mann war ein Elefantenjäger und hieß Rialé. Er erzählte Yennega, er sei der Sohn eines Herrschers der Malinke. Da er von einem seiner Brüder um die Thronfolge gebracht worden war, hatte er sich weit entfernt von den Seinen hier in den Wald von Bitou zurückgezogen und lebte als Eremit. Yennega dankte ihm für seine Gastfreundschaft. In den folgenden Tagen gab sie weiter vor, der junge Jäger zu sein, für den er sie hielt, beobachtete ihn aber heimlich. Erst als sie sich von der Herzlichkeit und dem Charme ihres Gastgebers überzeugt hatte, enthüllte ihm die Prinzessin, wer sie wirklich war, und erzählte ihm ihre Abenteuer. Rialé verhehlte ihr nicht sein Erstaunen darüber, dass eine Frau so gut reiten konnte, erlag dann aber dem Liebreiz der schönen Amazone, und aus der Begegnung entstand eine Verbindung, die sicherlich vom Schicksal vorherbestimmt war.

Yennega dachte nicht mehr an ihren Vater, ihre Krieger, ihr Königreich und verlebte lange glückliche Jahre an der Seite ihres Gatten. Sie hatten einen Sohn, den sie Ouedraogo tauften, »Wildes Pferd«, zur Erinnerung an das Reittier, das die Prinzessin zu Rialé geführt hatte. Als das Kind zehn Jahre alt wurde, entschied Yennega, es zu ihrem Vater zu schicken, denn es war üblich, dass der erste Sohn einer Frau in der Familie ihres Vaters erzogen wurde, bis er erwachsen war. Mit dieser Geste hoffte die Prinzessin auch das Vergehen wiedergutzumachen, dessen sie sich schuldig gemacht hatte, als sie aus ihrem Land geflohen war.

Der alte Nedega, der sich vor Kummer verzehrte, hatte tatsächlich überall nach ihr forschen lassen. In der ganzen Region waren Suchaktionen organisiert worden, man hatte Delegationen zu den Nachbarn und sogar in feindliche Länder gesandt, um die Verschwundene ausfindig zu machen. Doch vergebens. Der König hatte sich schließlich mit dem Verlust abgefunden. Er wartete nur noch auf den Tod, um seine geliebte Tochter im Reich der Ahnen wiederzusehen.

Es ist unmöglich, die Freude und die Gefühle zu beschreiben, die den Alten angesichts seines Enkels überwältigten! Sein Zorn, dass er all die Jahre keinerlei Nachricht von seiner Tochter erhalten hatte, obwohl sie doch noch lebte, war schnell verflogen. Er überschüttete den Jungen mit Geschenken und sandte umgehend eine Eskorte in den Wald von Bitou, um das Paar zu sich zu holen. Yennegas Rückkehr wurde von Freudensausbrüchen begleitet. Die Feierlichkeiten dauerten mehrere Monde; immer wieder wurde die Trennung hinausgeschoben. Aber die Prinzessin wollte trotz der flehentlichen Bitten ihres Vaters nicht in Gambaga leben. Sie zog es vor, ihrem Gatten zu folgen, der sein selbstgewähltes Leben fortsetzen wollte.

Nach langen friedlichen Jahren an der Seite Rialés starb Yennega in ihrem geliebten Wald. Ihr Leichnam wurde nach Gambaga gebracht, wo die Bevölkerung ihr eine prächtige Begräbnisfeier ausrichtete. Ihr Grab wurde zu einem Ort tiefer Verehrung, ja zu einer Pilgerstätte, die mehrere Generationen von Mossi-Herrschern aufsuchten.

Ouedraogo, der seine Erziehung zum Mann bei seinem Großvater vollendet hatte, kehrte nach dem Tode seiner Mutter nach Bitou zurück. Bei seiner Abreise schenkte der alte König ihm eine Reitereskorte, Pferde, ungefähr fünfzig Kühe, eine Schafherde und Gold. Die Region um Gambaga litt unter einer Überbevölkerung; das Land reichte nicht mehr aus für alle Söhne einer Familie. Eine Anzahl früherer Spielkameraden Ouedraogos nahm deshalb die Gelegenheit wahr, ihrer Heimat den Rücken zu kehren und sich anderswo niederzulassen.

Zusammen mit diesen Auswanderern gründete er die Stadt Tenkodogo. Mit einer jungen Armee, die er nach und nach aufbaute, eroberte der Prinz mehrere Gebiete im Land der Boussancé. Durch das Verschmelzen der Auswanderer mit den Dagomba entstand das Volk der Mossi. Mit der Gründung des neuen Reichs begründete Ouedraogo auch die berühmte Linie der Moro Naba, die in der Gesellschaft von Burkina Faso noch heute die traditionelle Macht symbolisiert. In der Folgezeit übergab er an drei seiner Söhne die Regentschaft über die wichtigsten Provinzen seines Reiches. Aus ihnen wurden später die drei unabhängigen Mossi-Staaten Wagadu, Yatenga und Gurma.

SALOU CASAÏS, PRINZESSIN VON GAO
und Anselme d'Isalguier, der Edelmann aus Toulouse

Salou Casaïs, die Tochter einer adeligen Familie aus Gao (im heutigen Mali), war zweifellos die erste Afrikanerin, die eine lange Reise durch die Sahara und über das Mittelmeer unternahm und ihrem französischen Gatten bis nach Toulouse folgte, wo sie den Rest ihrer Tage verbrachte.

Die Geschichte ereignete sich im 15. Jahrhundert. Unter den erbarmungslosen Attacken seiner früheren Vasallen war das ein Jahrhundert vorher noch so mächtige Reich Mali zerfallen und vom Königreich Songhai abgelöst worden. Zur selben Zeit durchlitt Frankreich, das Heimatland des jungen Anselme d'Isalguier, die letzten Jahre eines scheinbar endlos währenden Hundertjährigen Krieges gegen England.

Beim Tode Karls IV., des Schönen, König von Frankreich, im Jahre 1328 hatten sich zwei Thronanwärter um die französische Krone gestritten: der Franzose Philipp VI. von Valois, Neffe des Verstorbenen und Favorit der Großen des Reichs, und der junge König von England, Edward III., Enkel Philipps IV. (des Bruders von Karl dem Schönen) über seine Mutter. Doch das Salische Recht, das die Weitergabe der Krone über Frauen verbot, schloss den jungen Engländer von der Erbfolge aus. Der Krieg, den England und Frankreich gegeneinander führten, um diese knifflige Frage zu entscheiden, sollte hundert Jahre dauern, verschlang drei Generationen Franzosen und ließ das Land ausgeblutet zurück. Er beraubte auch Anselme seines Vaters Jacques d'Isalguier, der von einem englischen Pfeil getroffen wurde.

Das Songhai-Reich, die Heimat von Salou Casaïs, lag an der Kreuzung der Handelsstraßen, die den Maghreb mit Westafrika verbanden, und bildete einen multikulturellen Schmelztiegel, geprägt vom lebhaften Warenaustausch zwischen den Ländern nördlich und südlich der Sahara. Gao, das große Handelszentrum, war der Endpunkt der Wüstenkarawanen, die hier ihre Waren – Salz, Datteln, Feigen, Waffen, Pferde aus Marokko, Baumwoll- und Seidenstoffe, Kupferringe und Talmi – gegen Gold, Elfenbein, Gummi, Gewürze und Sklaven eintauschten, Waren, die für den Mittelmeerraum bestimmt waren und von dort aus ihren Weg fanden in die arabische Welt und nach Europa. Die Einführung des Kamels und die Islamisierung Afrikas südlich der Sahara gaben diesem Warentausch einen ungeheuren Aufschwung und integrierten ihn in ein interkontinentales Handelsnetz, das Indien mit Europa sowie die Mittelmeerländer mit dem Indischen Ozean und Asien verband. Die gemeinsame Religion vereinte diese Räume zu einem riesigen Markt.

Der Islam, der im 11. Jahrhundert in Westafrika von den Almoraviden eingeführt wurde, kriegerischen Religionseiferern berberischer Herkunft, die tief in die Sahara vorstießen, um den Heiligen Krieg weiterzutragen, hatte sich entlang der großen Straßen des Transsaharahandels quer durch die Savanne verbreitet.

Eine der Folgen der Islamisierung war die starke Ausweitung des Sklavenhandels, die sich hauptsächlich, jedoch nicht ausschließlich, gegen die afrikanische Bevölkerung traditionellen Glaubens richtete, die für die neue Religion unempfänglich war. Ihre Länder waren am stärksten bedroht, und oft schleppten sie sich in Ketten hinter den Karawanen her. Diejenigen aber, die sich rasch bekehrten – in erster Linie die Führer und die städtischen Eliten – konnten durch Absprachen zwischen den Konvertierten ihren Einfluss und ihre Macht konsolidieren. Gleichzeitig intensivierten sich durch den Islam die Beziehungen zwischen der hellhäutigen Bevölkerung der Sahara, die den Karawanenhandel kontrollierte, und den dunkelhäutigen Maliern, die von der Landwirtschaft, dem Reisanbau, der Viehzucht und dem Fischfang lebten.

Gao, die Hauptstadt des Reichs, zählte nach Angaben des arabischen Gelehrten Mahmud Kati im 15. Jahrhundert siebentausendsechshundertsechsundzwanzig feste Häuser, die Quartiere in den Vorstädten nicht mit eingerechnet. Zu der Zeit, in der diese Geschichte spielt, bestand die Bevölkerung aus etwa hunderttausend Einwohnern. Der Niger, der durch die Stadt floss, weitete sich zu einem fischreichen Becken aus. Die Stadtviertel lagen auf einer Anzahl Inseln und waren durch Barken für den Personen- und Warentransport miteinander verbunden.

Bekannter noch als Gao, das bereits der persische Geograf Al Khwarimzi im Jahre 833 unserer Zeitrechnung auf seiner Karte eingezeichnet hat, ist Timbuktu. Die legendäre Stadt, an der Kreuzung zwischen Wüste und Wasser gelegen und Jahrhunderte später von den ersten europäischen Besuchern als »Perle des mittelalterlichen Malis« bezeichnet, war eine Drehscheibe des Handels mit Salz, das früher als so wertvoll wie Gold eingestuft wurde. Von Timbuktu aus wurde ein Großteil der Waren, die für die Gegenden beiderseits des Niger bestimmt waren, auf dem Fluss weitertransportiert. Vom alten Malireich hatte Songhai auch die berühmte Universität von Timbuktu geerbt, einen Hort der Gelehrsamkeit im mittelalterlichen Westafrika.

In dieser blühenden Stadt an den Ufern des Niger trifft im Jahre 1405 mit einer Karawane berberischer Kaufleute Anselme d'Isalguier ein, ein junger Adeliger aus der französischen Provinz. Er stammt aus einer Familie der Capitouls, der Ratsmitglieder von Toulouse, und hat fast alle Weltmeere befahren, getrieben von der durch nichts zu erschütternden Neugierde des Entdeckers, die ihn bis nach Asien geführt hat. Alles spricht dafür, dass er einer der ersten Europäer war, denen es gelang, den Niger zu erreichen, lange vor Mungo Park am Ende des 18. Jahrhunderts, lange vor dem schottischen Major Gordon Laing, der 1826 nach Timbuktu kam (allerdings auf dem Rückweg ermordet wurde), und lange vor dem Franzosen René Caillié, der dies 1828 schaffte und dafür den Preis der Geografischen Gesellschaft in Paris erhielt. In manchen Quellen heißt es, dass Anselme d'Isalguier als Sklave nach Gao kam und dort die Freiheit erlangte; die näheren Umstände bleiben aber im Dunkeln.

Das Reich Songhai zu erkunden begeisterte ihn, und er zog weiter nach Gao. Er war Botaniker und Wissenschaftler, versiert im Studium der Gestirne und der Natur, sprach fließend Arabisch und Türkisch, und die gesellschaftliche Vielfalt, das Mosaik aus den zahlreichen Bevölkerungsgruppen verschiedener Herkunft, verschiedener Hautfarben und verschiedener Kulturen faszinierte ihn. Seine offene und herzliche Art trug dazu bei, dass er unter der intellektuellen Elite der Stadt Freunde gewann, und so fand er sich schnell in das Tagesgeschehen ein. Anselme d'Isalguier wurde von den führenden Kreisen in Gao aufgenommen, da er den einheimischen Sitten Achtung entgegenbrachte und das Wissen seiner Gesprächspartner mit Begeisterung aufnahm. So wurde er bald als ein Sohn des Landes angesehen.

Unter der Führung eines jungen Prinzen, den er zu seinen Freunden zählte, erkundete Anselme das für ihn neue Universum. Überall, wohin ihn seine Füße trugen, stellte er Hunderte von Fragen, da er alle Facetten des Lebens im Songhai-Reich kennenlernen wollte. Besonders gern flanierte er in den einfachen Vierteln, die sich bis zum Flussufer erstreckten. Er liebte das laute Leben und das fröhliche Durcheinander der Häuser. Außerhalb der Höfe hüteten kleine Jungen nachlässig die Schafherden und vertrieben ihre Langeweile, indem sie das gackernde Federvieh jagten. Uns heutzutage durchaus geläufige Szenen, anders aber im 15. Jahrhundert!

Die Leute unterhielten sich in verschiedenen Dialekten, die großes Interesse bei ihm hervorriefen. Da sie an das fortwährende Kommen und Gehen der hellhäutigen Karawanenführer aus der Sahara gewöhnt waren, empfingen die Bewohner Gaos den Weißen mit Gleichmut und Gutmütigkeit, zumal er ihre Sprache beherrschte, die er von seinen Bekannten gelernt hatte. Die brodelnde, bunte Atmosphäre der Außenbezirke bildete einen scharfen Kontrast zu den verschwenderischen Reihen weitläufiger Anwesen, wo ausladende Terrassen, Patios und murmelnde Wasserspiele die Kulisse für Teezeremonien bildeten, zu denen die Vornehmen Gaos seine Anwesenheit erbaten.

Eines Tages schlenderte der junge Mann in Begleitung seines Führers über den Markt, wo sich unter der stechenden Morgensonne ein außergewöhnliches Bild bot. Angekündigt von einem Konzert der Tamburine, trafen Karawanen ein mit tausenderlei Schätzen, die jeder zuerst in Augenschein nehmen wollte, hoffte er doch auf ein gutes Geschäft. Landbewohner, die im Morgengrauen in ihren Dörfern aufgebrochen waren, winkten Frauen herbei, die auf der Suche nach den Zutaten für das Mittagessen von Stand zu Stand gingen. Sie boten ihnen Wildfleisch und ihre landwirtschaftlichen Erzeugnisse zum Kauf an – Reis, Hirse, Palmöl –, und wollten von dem Erlös vielleicht Salz, Vieh oder Artikel aus Marokko erstehen. Der Handel erfolgte entweder im Tausch oder gegen Zahlungsmittel wie Kaurimuscheln, Salz, Kupfer, Gold. Mitten in der Menge standen ein paar elegante Damen, die ihre Blicke über das bunt zusammengewürfelte Warenangebot schweifen ließen und schließlich mit zwei Diulahändlern um ägyptische Stoffe feilschten.

Am Markteingang boten die Männer aus der Wüste auf kleinen Teppichen das kostbare Salz feil. Ein wenig weiter, an der Durchreisestation, drängten sich die Reisenden um die Brunnen und füllten ihre Schläuche aus Ziegenleder für die anstrengende Wüstendurchquerung. Die Karawanenführer prüften ein letztes Mal die Last der Kamele, die unter den Dattelpalmen angebunden waren und auf den Abmarsch warteten. Der Markt war nun bald beendet, und mit schon bedächtigeren Schritten begab sich ein jeder zu den Strohhütten der einfachen Wohnviertel oder den Lehmziegelhäusern der Reichen auf der anderen Flussseite.

Anselme d'Isalguier befragte noch immer seinen Freund nach der Herkunft und den Bestimmungsorten der Waren, als er den Kopf hob und sein Blick am anderen Ende des Platzes zwei schwarzen funkelnden Augen zwischen sorgfältig mit Khol nachgezogenen Augenbrauen begegnete. Ein blauer Seidenschleier verdeckte den Rest des Gesichts. Die junge Frau, die ihn ansah, war in einen indigoblauen Stoff gehüllt, dessen oberer Teil wie eine Schärpe auf ihre Haare fiel. Sie trug eine Frisur aus dicken, sorgfältig aufgesteckten Zöpfen. Ein in ihren Haaren befestigtes Stück Gold schimmerte bernsteinfarben. Mit einer graziösen Bewegung zog sie mit einer Hand, die kunstvoll mit Mustern aus Henna bemalt war, ein Stück Stoff von ihrem Kopf. Die Gold- und Silberarmbänder an ihren Handgelenken glitzerten in der Sonne.

Als fühlte sie sich von dem anhaltenden Blick des Fremden belästigt, schlug Salou Casaïs die Augen nieder und verschwand um die Biegung einer Gasse, gefolgt von ihrer Dienerschaft. Obwohl die Anmut der unerwarteten Erscheinung ihn bezaubert hatte, wagte es Anselme d'Isalguier nicht, der Unbekannten nachzueilen. In einem islamischen Land riskierte er die Todesstrafe, wenn er eine hochgestellte Persönlichkeit beleidigte.

Die Verwirrung des jungen Mannes war seinem Begleiter nicht entgangen. Eine leichte Röte war ihm ins Gesicht gestiegen, was den Freund amüsierte, zielte doch die Erziehung der Songhai darauf ab, seine Gefühle zu verbergen – besonders Frauen gegenüber. Der junge Prinz hatte offensichtlich aber Verständnis für das Interesse, das der Weiße der schwarzen Schönen entgegenbrachte, und verriet, dass ihr Name Salou Casaïs war und sie zu einer der vornehmsten Familien von Gao gehörte. Als Waise lebte sie bei ihrem Onkel väterlicherseits, einem reichen und frommen Mann, der in der Stadt sehr geachtet war. Der Onkel, ein Freund der Dichtung und der Sternenbeobachtung, hatte seine Nichte in einer gewissen Freiheit erzogen und ihr gestattet, die arabische Sprache zu erlernen. Ihre große Schönheit und ihre Lebhaftigkeit hatten die Prinzessin zu einer der besten Partien Gaos gemacht. Doch der Umgang mit ihr war nicht einfach, viele hatten um sie geworben und vergeblich darauf gehofft, von ihr erhört zu werden.

Wie jeden Abend betrachtete Salou Casaïs von der Terrasse aus, die über dem Fluss lag, wohin sie sich stets allein zurückzog, um ein wenig Kühlung zu finden, den Einbruch der Dämmerung über die Stadt. Umschmeichelt vom Singsang der Ruderer in den Pirogen, die ihre Ruder gleichmäßig in das ruhige, tiefe Wasser tauchten, beobachtete sie, wie die

Stadt sacht in einer trägen Stille versank, die kaum vom Blöken der von der Weide heimkehrenden Herden gestört wurde. Träumerisch verfolgte sie für einen Moment den Lauf der Sonne. Bald würde sie einen Augenblick über den endlosen Palmenhainen verweilen, bevor sie hinter den Sanddünen verschwand und weit in der Ferne im Flusstal versank. Und bevor die Nacht den Himmel beherrschte, leuchteten in der Stadt wie viele tausend Leuchtkäfer die kleinen Holzkohlefeuer, die in jedem Haushalt brannten.

Sie überraschte sich dabei, dass sie an den Fremden dachte, den sie am Morgen auf dem Markt gesehen hatte. Ein leichtes Lächeln umspielte ihr Gesicht, als sie sich die Bewunderung ins Gedächtnis rief, die sie in seinen hellen Augen gelesen hatte. Trotz seines sonnengebräunten Teints unter dem leichten Burnus konnte er kein Angehöriger der Tuareg sein. Hinter ihr im Raum vernahm sie ein leises Geräusch und drehte sich um. Es war die Dienerin, die sie ausgeschickt hatte, Erkundigungen über ihn einzuziehen. Die junge Vertraute hatte alles darangesetzt, nicht unverrichteter Dinge zurückzukehren. Sie war in die vornehmen Häuser gegangen, wo der Fremde empfangen worden war, und hatte die Dienerschaft so diskret über ihn befragt, dass sie keinen Argwohn schöpften. So konnte sie die brennende Neugier ihrer Herrin befriedigen.

Er war es also, der berühmte Reisende, dessen Heimat sich irgendwo jenseits der Wüste und der Meere befand und der auf seiner Reise Songhai entdeckt hatte! Sie hatte davon reden gehört, dass er die Sitten und Sprachen des Landes studierte und jedes Wort auf große Blätter aus gegerbtem Ziegenleder schrieb. Man erzählte sich auch, dass er ein Mann von erstaunlicher Bildung war und alle Salons von Gao für sich einnahm, indem er von seinen Abenteuern erzählte, von den Völkern, die er besucht, und den Meeren, die er befahren hatte.

»Ich werde meinen Onkel bitten, ihm eine Einladung zu schicken«, dachte sie und kniff schelmisch die Augen zusammen. Ihn dazu zu überreden war für sie ein Kinderspiel, wusste sie doch, dass der alte Gelehrte sich nicht lange bitten lassen würde angesichts der Aussicht auf einen lebhaften Gedankenaustausch mit dem jungen Franzosen. Die Frauen von Adel waren zu jener Zeit recht selbständig. Sie waren nicht der Moral und den gesellschaftlichen Regeln unterworfen, die für einfache Frauen galten. Selbst die Strenge des Islam hatte die Vorrechte nicht beschneiden können, die ihr Status ihnen verlieh. So hatten sie das Recht, sich ihren Ehegatten selbst auszusuchen. Ein Recht, das ihnen niemand streitig machen konnte.

Salou arrangierte eine Vielzahl von Besuchen, und Anselme begriff voller Glück, dass dies kein Zufall war. Die jungen Leute empfanden große Achtung füreinander und verliebten sich ineinander. Alles, was sie hätte trennen können, Herkunft, Religion, Sitten und Gewohnheiten, war für ihre Gefühle kein Hindernis. Schließlich, nach einigen Monaten, feierte Gao mit großem Prunk und in der Weise, wie sie unter Muslimen üblich ist, die Hochzeit von Salou Casaïs mit dem Christen Anselme d'Isalguier. Eine ökumenische Hochzeit vor der Zeit.

Acht Jahre lang lebten die Eheleute friedlich am Ufer des Niger. Sie hatten eine Tochter, Marthe, über die die Chroniken von Toulouse berichten, dass sie mit zwei ganz weißen Fingern an der linken Hand und einem weißen Fleck an der Stirn zur Welt gekommen sei. Aber zweifellos war sie das erste gemischte Mädchen, das den Chronisten des Mittelalters vor Augen kam!

Salou, die Arabisch lesen und schreiben konnte, lernte Französisch. Zusammen mit ihrem Mann notierte und ordnete sie die Fülle der Informationen, die er überall im Königreich zusammengetragen hatte und die er für ein geografisches Werk über Songhai auszuwerten gedachte. Sie unterstützte ihn auch als Übersetzerin bei der Anlage eines Wörterbuchs in Französisch, Latein und Songhai, einer Arbeit, an der sein Herz hing.

Trotz des angenehmen Lebens in Gao begann Anselme d'Isalguier Heimweh zu verspüren. Frankreich fehlte ihm, seine Heimat am Ufer der Garonne, seine verwitwete Mutter … Salou ihrerseits war neugierig genug, dass sie das ferne Land kennenlernen wollte, das so ganz anders war als Songhai, das Land, von dem ihr Gatte so oft gesprochen hatte, doch es fiel ihr schwer, sich von den Ihren zu trennen. Er gab aber nicht auf, und mit Geduld und Hartnäckigkeit erlangte er endlich ihr Einverständnis für die Reise nach Europa. Mit ihrem Plan stießen sie allerdings auf den heftigsten Widerstand von Seiten ihrer Familie und ihres Gefolges, war es doch undenkbar für eine Adelige aus Gao, in ein fremdes Land zu ziehen.

So beschlossen sie, durch eine heimliche Abreise allen Auseinandersetzungen aus dem Wege zu gehen, die nur zu Spannungen in ihrer Ehe geführt hätten. Nach den langwierigen Reisevorbereitungen, die streng geheim blieben, stahlen sie sich im Dunkel der Nacht aus Gao fort. Einzig der Prinz, der Zeuge ihrer ersten Begegnung war und den Anselme als seinen Bruder betrachtete, war eingeweiht und stand ihnen hilfreich zur Seite. Eine Handvoll Dienstboten begleitete sie, dazu Aben Ali, Salous Leibarzt. Von den an den Ufern aufragenden Dumpalmen verborgen, glitten die mit den Lasten beladenen Pirogen still über den Fluss, dessen

Wasser im bleichen Licht eines Viertelmondes aufschienen. Am Beginn der Straße erwartete sie eine Karawane unter kundiger Leitung, die sie auf gewundenen Pfaden durch die Wüste zu den Ufern des Ozeans führen sollte. Tieftraurig kehrte die junge Frau dem Land ihrer Vorfahren den Rücken. Ihre kleine Tochter drückte sie fest an sich.

Die Reise auf dem Rücken der Kamele erwies sich als extrem anstrengend. Von der Hitze des Tages ermattet, von der Kälte der Wüstennacht trotz dicker Kamelhaardecken und trotz der Wollteppiche, mit denen sie sich unter dem Segeltuchzelt zudeckten, erstarrt, verbarg Salou, so gut sie konnte, ihre Verzweiflung, um ihrem Mann keinen Kummer zu bereiten.

Nach wochenlanger Reise durch die Wüste erreichten sie Touat, eine Oase im Süden der Berberei (dem heutigen Algerien), wo sie sich ausruhen, ihren Durst löschen und ihren Hunger stillen konnten. Dort teilte sich die Karawane in drei Gruppen auf. Einige Kaufleute zogen weiter nach Marokko, andere nach Algerien; Anselme folgte denen, die nach Tunesien zogen. Als sie die Mittelmeerküste erreichten, mieteten sie ein Zimmer in einer Karawanserei und warteten auf ein Segelschiff, das nach Frankreich abging. Das Gold, das sie beide mitführten, versteckten sie für den Notfall und nutzten den Aufenthalt, die Stadt Tunis kennenzulernen. In den Augen Salous war sie, verglichen mit Gao, riesengroß.

Schließlich bestiegen sie ein französisches Schiff, das sie auf die andere Seite des Mittelmeers bringen sollte. Die Überfahrt verlief über alle Maßen abenteuerlich. Auf halbem Wege zwischen Tunis und Sizilien, vielleicht in Höhe der Pelagischen Inseln, wurde der Dreimaster während eines Sturms von katalanischen Piraten angegriffen. Trotz heftiger Gegenwehr der Besatzung entführten die Korsaren mehrere

Passagiere, darunter Salou mit ihren beiden Dienerinnen, die sie als Sklavinnen verkaufen wollten.

Der Sturm hielt mehrere Stunden an. Zum Glück für die Entführten hatten sich im Rumpf des Piratenschiffs, das bei dem Kampf beschädigt worden war, Lecks gebildet, und es lief auf eine Sandbank auf. Die Gefangenen nutzten das Drunter und Drüber, bestiegen, während die Piraten noch vollauf damit beschäftigt waren, ihr Schiff zu retten, eilends ein Beiboot und ruderten bis zur nächsten, in Sichtweite liegenden Insel.

Wie durch ein Wunder war das französische Schiff dort gerade vor Anker gegangen, um die Schäden zu reparieren, die es beim Angriff der Piraten davongetragen hatte. Vorher hatte es die anderen Inseln angefahren und nach den entführten Passagieren Ausschau gehalten. Anselme, seine kleine Tochter auf dem Arm, rannte an allen Seeleuten vorbei und stürzte sich wie ein Verrückter auf das Boot. Zu seiner unsäglichen Freude fand er unter den Geretteten seine in Tränen aufgelöste Frau wieder. Es war für alle sehr bewegend mit anzusehen, wie sich der weiße Edelmann und all die Schwarzen – die Prinzessin, die Dienerinnen, der Arzt und die zwei Sklavinnen – gegenseitig unter unverständlichen Ausrufen in die Arme fielen. Die übrigen Passagiere, von dem glücklichen Wiedersehen erschüttert, sahen bei der Errettung der außergewöhnlichen Familie die Hand Gottes am Werk und bekreuzigten sich. Danach konnte die Reise ohne weitere Zwischenfälle zu Ende gebracht werden.

An einem kalten Herbstmorgen des Jahres 1413 erblickte Salou den Hafen der alten Stadt Marseille. Von den Segelschiffen wurden die Waren entladen, kräftige Matrosen aus allen Weltgegenden brachten sie von Bord, während andere die Taue lösten und zu entfernten Gestaden fortsegelten.

Überall Menschen mit weißer Haut und in merkwürdiger Kleidung, und sie sprachen mit einem komischen Akzent, den sie kaum verstehen konnte, obwohl ihr Ehemann sie die französische Sprache gelehrt hatte! Obwohl sie wie eine Frau von Stand gekleidet war, konnte sie sich des Eindrucks nicht erwehren, dass sie als Schwarze ein Objekt der Neugierde war, allein in einer fremden Welt, in der Situation, vor der ihre Familie und ihre Ratgeber sie gewarnt hatten, und sie war empört, dass sie so angestarrt wurde, ohne Rücksicht auf ihre gesellschaftliche Stellung.

Anselme mietete eine Kutsche, und sie machten sich auf nach Toulouse. Aus dem Gefährt, das über die steinigen Wege rumpelte, blickte Salou in einer Mischung aus Neugier und Furcht auf die vor ihren Augen vorbeiziehende Landschaft: Dörfer mit schlichten, strohgedeckten Katen, Menschen, die durch Krieg, Plünderungen und Hungersnöte verarmt waren; Felder in weiten Ebenen, dann Berge, auf denen sich imposante Burgen erhoben; befestigte Städte, von hohen Mauern umgeben. Das war in ihren Augen ein tristere Umgebung als die vertraute Erinnerung, die in ihr aufstieg – das üppige Grün der Palmen, die sie von ihrer Terrasse aus erblickte, die kleinen Boote, die den Fluss kreuzten, das fröhliche Treiben auf den Märkten von Gao am Tor zur Wüste. Doch hier war eine andere Wirklichkeit, und die eisige Kälte ließ sie das nicht vergessen.

Einige Zeit nach ihrer Ankunft in Toulouse ließ Anselme d'Isalguier seine Frau christlich taufen, wie auch seine sechsjährige Tochter, die kleine Marthe, und nicht zu vergessen die vier Bediensteten, die seine Frau begleitet hatten: zwei Dienerinnen aus Songhai, zwei Sklavinnen sowie Aben Ali. Letzterer, ein Gelehrter der Universität von Timbuktu und Arzt in traditioneller afrikanischer Medizin, erwarb sich dank seiner überragenden Kenntnisse der Heilpflanzen einen ausgezeichneten Ruf. Die Toulousaner Stadtchroniken berichten davon.

So schreibt Germain de LaFaille, Autor der 1687 erschienenen *Annales de la ville de Toulouse* (»Annalen der Stadt Toulouse«), dass Aben Ali alle möglichen Krankheiten durch selbstzubereitete Brechmittel und Aderlässe von eigener Hand heilte. Nachdem er den jungen Guillaume Bardin, den Sohn eines Stadtrats von Toulouse und Freunds von Anselme d'Isalguier, von einer lebensgefährlichen Rippenfellentzündung geheilt hatte, lockte der gute Ruf des schwarzen Mediziners von großer Bescheidenheit die Toulouser Bürger in Scharen an. Das verärgerte die übrigen Ärzte in Toulouse, die ihre Patienten wissen ließen, dass die Christen, die »den muslimischen Scharlatan« aufsuchten, in der Hölle brennen würden. Doch die Warnung überzeugte wohl niemanden, und Aben Alis Ruf verbreitete sich weiter.

So war er es, den man an das Krankenbett des jungen Karls VII. rief, des Dauphins der französischen Krone, der an schwerem Fieber daniederlag, als er im März 1420 eine Reise nach Toulouse unternahm. Mitten im Hundertjährigen Krieg, mitten im Streit zwischen dem französischen und dem englischen Königshaus, durfte an die Möglichkeit, dass der Erbe des Throns von Frankreich in der Hauptstadt des Languedoc sterben könnte, nicht einmal gedacht werden! Ein solches Drama würde auf Toulouse den schweren Verdacht des Mordes werfen; ja noch schlimmer, den der Komplizenschaft mit den Engländern. In dem Falle würden die Truppen des Königs nicht zögern, die Stadt zu belagern … Koste es, was es wolle, eine derartige Katastrophe musste verhindert werden!

Die Ärzte, die man ans Lager des Dauphins gerufen hatte, erklärten sich außerstande, die Krankheit zu behandeln, und die Notabeln der Stadt bedrängten Anselme d'Isalguier, er möge zustimmen, dass der schwarze Arzt den Prinzen untersuchte. Innerhalb von fünf Tagen gelang es Aben Ali mit Hilfe der von ihm gefertigten Salben, deren Zusammensetzung sein Geheimnis blieb, den künftigen König von Frankreich zu heilen. Diese schnelle Heilung war eine Sensation, und der junge Dauphin überreichte dem Arzt als Belohnung tausend Goldecu, was zu jener Zeit eine ungeheure Summe darstellte. Das war zu viel für seine Verleumder. Kurze Zeit später wurde Aben Ali von Brechreiz und schweren Krämpfen geschüttelt. Er vermutete, er wäre vergiftet worden, konnte aber kein Gegenmittel zubereiten, da er nicht wusste, welche Substanz ihm verabreicht worden war. Er starb unter schrecklichen Qualen, beweint von Salou, die mit ihm einen Vater, einen Vertrauten und die letzte Verbindung zur Heimat verlor. Sein plötzlicher Tod verursachte große Aufregung, und es ging das Gerücht, dass der schwarze Heiler den finsteren Machenschaften der Toulouser Ärzte zum Opfer gefallen wäre. Angeblich hatten sie sich der Komplizenschaft eines Bauern aus der Gegend versichert, um ihn aus der Welt zu schaffen.

Das war ein furchtbarer Schock für Salou Casaïs. Sie, die in Gao ein so glanzvolles Leben geführt, die intellektuelle Elite bei sich willkommen geheißen und den Erzählungen der berühmtesten Reisenden gelauscht hatte, lebte nun wie eine Einsiedlerin auf ihrer Burg von Castelnau-d'Estretefond. Sie arbeitete mit ihrem Mann daran, den Bericht über seine Reisen durch Afrika fertigzustellen, und fügte wertvolle Informationen hinzu, die seine Beschreibung der Bevölkerung, der lokalen Sitten und Gebräuche, der Religionen und des Staats vervollständigten. Sie half ihm auch, sein Wörterbuch abzuschließen, das er am Ufer des Niger begonnen hatte.

Es ist wahr, dass sich für die Fremde, die sie war, kaum eine Tür öffnete. Sicher, von der Familie ihres Gatten und besonders von ihrer Schwiegermutter, die sich auf ihre Güter von Montrabé zurückgezogen hatte, und von Anselmes Freunden war sie den Regeln der Höflichkeit entsprechend aufgenommen worden, aber der Provinzadel hatte sie nie akzeptiert. Zu groß war der Schock, dass einer aus ihren Reihen eine Negerin von seinen Reisen mitgebracht und Menschen »gemischten Bluts« seinen Namen gegeben hatte. Von der Gesellschaft, in der sie leben musste, verstoßen, hatte sie sich völlig zurückgezogen und widmete sich der Erziehung ihrer drei Töchter. Nur zu den Gottesdiensten, die sie mit größter Regelmäßigkeit besuchte, verließ sie ihren Wohnsitz. Ihre Begeisterung für die Literatur hielt sie für viele Stunden in der Schlossbibliothek fest, auch widmete sie einen Teil ihrer Zeit den sozialen Werken der Gemeinde.

Marthe, ihre älteste Tochter, war eine junge kultivierte Frau geworden. Im Alter von achtzehn Jahren heiratete sie einen jungen Edelmann aus der Region, den Chevalier Eugène de Faudoas, den Sohn eines Freundes ihres Vaters. Aus der Ehe stammte ein Sohn, Eustache, dem die Leute aufgrund seiner dunklen Hautfarbe den Spitznamen »Mohr von Faudoas« gaben. Was ihn jedoch nicht davon abhielt, in der königlichen Armee Karriere zu machen. Seine Tapferkeit brachte ihm den Posten eines Kavallerieobersts ein. Die beiden anderen Töchter Salous, die weiße Isabeau und die schwarze Marguerite, hatten weniger Glück. Nachdem sie tragischerweise ihre Verlobten im Krieg verloren, gingen beide in ein Kloster und wurden Nonnen.

Nach Anselmes Tod ging auch Salou, die noch jung war,

freiwillig in ein Kloster der Region. Alles, was wir von ihr wissen, verdanken wir ihrem Freund Guillaume Bardin, der ihr in einer Chronik über das Toulousaner Parlament eine Erzählung widmete. Im Jahre 1515 wurde das Schloss der Familie Castelnau-d'Estretefond vom französischen König konfisziert und dem Seneschall von Lyon übergeben. Dieser fand dort Anselmes Archiv, darunter ein Manuskript, das von seiner Reise nach Afrika berichtet, und ein zweites, das Wörterbuch Französisch-Latein-Songhai.

Im 18. Jahrhundert hielt ein belesener Kanoniker aus Lyon mit Namen Anthelme de Tricaud diese Werke in der Hand, denn er erwähnt sie in einer kurzen Notiz in seinem *Essai de littérature pour la connaissance des livres* (»Literarischer Essay rund um Bücher«). Im frühen 20. Jahrhundert äußerte der Historiker Charles de la Roncière die Ansicht, dass sich die Manuskripte noch 1702 in einem Kolleg der Jesuiten in Lyon befunden haben. Seitdem sind die Papiere, die heute als Quellen zur Kultur und Geschichte des Songhai-Reichs von unschätzbarem Wert wären, leider spurlos verschwunden.

OPFER

Weil sie von üppiger Figur und mit einem ausladenden Hinterteil ausgestattet war, wie es bei schwarzen Frauen vorkommen kann, und damit von den gewohnten ästhetischen Normen abwich, sperrten die Weißen sie in einen Käfig und lieferten sie den Anzüglichkeiten rassistischer Gaffer aus. Hier ist die empörende Geschichte der Sarah (eigentlich Sawtche oder Saartjee) Baartman, der jungen Südafrikanerin, die aus ihrem Land verschleppt und in zwei europäischen Staaten, die als Verkünder der Menschenrechte gelten, als eine Art Zirkustier schändlich erniedrigt wurde.

In den schriftlichen Quellen beginnt ihr Leben mit zwanzig Jahren: Sie ist Dienstmädchen auf einer Farm am Kap. Von ihrer Vergangenheit wissen wir nicht viel. Nach der mündlichen Überlieferung zu urteilen, wurde sie um 1790 geboren und stammte aus einer Gemeinschaft nomadischer Hirten der Khoikhoi, eines der ältesten Völker in Südafrika, das die holländischen Siedler in Verspottung der Klicklaute, die die »zurückgebliebenen Wilden« (wie sie die Khoikhoi nannten) in ihrer Sprache verwenden, in Hottentotten umtauften.

In dieser für seine schwarze Bevölkerung traumatisierenden Phase seiner Geschichte war Südafrika unter das Joch europäischer Immigranten geraten, die ihre Heimat wegen religiöser Konflikte verlassen mussten. Die Holländer, die mit zu den ersten Ankömmlingen gehörten, wandten sich auf den fruchtbaren Ebenen wieder der Landwirtschaft und der

Viehzucht zu, Aktivitäten, die sie bei sich zu Hause hatten aufgeben müssen. Als sie mehr Land brauchten, beraubten sie die dort ansässigen, Viehzucht treibenden Khoikhoi ihrer Weiden und Wasserstellen. Damit zerstörten sie deren fragile Wirtschaft und trieben sie in die Abhängigkeit. Am Kap entstand eine Gesellschaft, die auf der rigiden Unterdrückung der Schwarzen basierte.

Und doch ist es eher ein Zufall, dass sich die Holländer an der Südspitze Afrikas ansiedelten. Im Jahre 1648 strandete ein Charterschiff der niederländischen Ostindienkompanie, welche die Handelsrouten nach Indien kontrollierte, in der Nähe der Bucht vom Kap der Guten Hoffnung. Es gelang der Besatzung, das Ufer zu erreichen, und sie überlebte dank der Gastfreundschaft der Afrikaner, die sie am Strand getroffen hatte. Sie blieb dort ein paar Monate, bevor sie von einem anderen Schiff aufgenommen wurde.

Die geretteten Seeleute beschrieben den Ort als so angenehm, dass die Kompanie entschied, dort eine Versorgungsstation für die nach Indien segelnden Schiffe zu errichten. Im Jahre 1652 landeten die ersten Agenten der Ostindienkompanie am Kap und errichteten eine Handelsstation. Von den Khoikhoi tauschten sie Schafe und Rinder gegen Eisen, Kupfer und Messing; um aber die holländischen Schiffe, die jedes Jahr mit rund fünftausend Seeleuten dort haltmachten, mit Gemüse, mit Fleisch und Wasser zu versorgen, reichte dieser kleine Handel nicht aus. Daher gestattete man den Angestellten die freie Ansiedlung – auf Farmen sollten sie Getreide und Gemüse anbauen – und machte die Station zum Stützpunkt einer Siedlungskolonie. Angebaut wurde vor allem Weizen, später auch Wein. In der zweiten Hälfte des 18. Jahrhunderts stieg die Zuwanderung beträchtlich an. Holländische Landwirte – die später unter den Namen »Buren« bekannt wurden –, aber auch Deutsche und französische Hugenotten auf der Flucht vor Glaubensverfolgungen, die in ihrer Heimat seit der Aufhebung des Ediktes von Nantes über die Freiheit des protestantischen Gottesdienstes im Jahre 1685 gang und gäbe waren, wanderten ein und erhielten von der Kompanie Farmland, so dass die Grenzen der Kapkolonie sich immer weiter ausdehnten, bis in das Gebiet des Fish River. Immer wieder stieß die Expansion der Siedler auf den Widerstand der schwarzen Völker, immer wieder kam es Auseinandersetzungen und Kriegen, zunächst insbesondere mit den San und Xhosa. 1795 landeten die Briten am Kap und machten der holländischen Vormachtstellung ein Ende. Die dezimierten einheimischen Völker wurden in die unwirtlichsten Gegenden zurückgedrängt. Den ungleichen Kampf zwischen Lanzen und Gewehren konnten sie nicht gewinnen, die Überlebenden wurden mit Frauen und Kindern als Arbeitskräfte auf die Farmen der Weißen geschickt. Zu Beginn des 18. Jahrhunderts waren die meisten Khoikhoi Arbeiter auf den Farmen der Europäer. So auch Saartjee Baartman. Die wenigen schriftlichen Zeugnisse, die etwas über ihre Herkunft sagen, deuten darauf hin, dass das Mädchen sich seit dem Kindesalter im Dienste eines Farmers befand. Ihre Eltern waren wahrscheinlich bei einem Angriff weißer Siedler auf ihre Leute umgebracht worden.

1810 arbeitet sie also als Bedienstete bei einem gewissen Peter Caezar. Eines Tages kommt sein Bruder Hendrick zum Abendessen. Ein Schiffsarzt der britischen Marine, den er kürzlich kennengelernt hat, begleitet ihn. Sein Schiff hat am Kap einen Zwischenstopp eingelegt, und den nutzt er für einen Landgang in die Stadt. Wie konnten die beiden sich so etwas in den Kopf setzen? Gewiss war es in dem Moment, als sie die junge Frau, die sich um die Kinder kümmerte und ein wenig in der Küche half, im Haus erblickten, dass sie einen Plan ausheckten, der ihnen viel Geld bringen sollte.

In den Jahren, seit die Europäer zum ersten Mal mit den Khoikhoi in Kontakt gekommen waren, hatten sich über die Khoikhoi-Frauen die unsinnigsten Klischees gebildet und weite Verbreitung gefunden – genährt von den Fantasien der Europäer. Es gab Frauen mit einem Steiß, den man für abnorm hielt, und von ihnen erzählte man sich, dass ihre kleinen Schamlippen auf geheimnisvolle Weise in die Länge gezogen wären. Die westlichen Wissenschaftler prägten sogar einen spezifischen Ausdruck für diese »Anomalie« des Geschlechtsorgans der Hottentottinnen, »Hottentottenschürze« lautete der Fachterminus.

Europa begeisterte sich damals für die hierarchische Gliederung der Rassen und lebte in der Überzeugung, dass die Schwarzen das fehlende Glied zwischen Affe und Mensch darstellten. Große Geister, die besessen waren, die Grenzen zwischen Mensch und Tierreich abzustecken, disputierten über den Genitalbereich der Schwarzen, um ihre Kategorisierungen zu untermauern. Auf der Grundlage dieser Theorien entfaltete sich eine Unzahl völlig verrückter Irreführungen und Vorurteile, die alle darauf abzielten, die schwarze Rasse aufgrund »ihrer« natürlichen Wildheit herabzusetzen. Manche dieser Märchen sind in der Bildwelt des Okzidents auch heute noch lebendig, wie zum Beispiel der »langschäftige« – also der tierische – Neger oder die »animalische« Sinnlichkeit der schwarzen Frauen, die immer noch durch die Literatur und Werbung spuken.

Warum aber haben sich die Derivate dieses pseudowissenschaftlichen Fieberwahns ausgerechnet auf die Hottentotten konzentriert? Manche Forscher haben es so erklärt: Die vollständige Abwesenheit weißer Frauen in den frühen

Siedlerjahren der Kapkolonie, bei gleichzeitiger Nähe einheimischer Frauen, führte bei den puritanischen Holländern zu einer Art Besessenheit von der verbotenen Frucht. Die körperliche Vereinigung mit einer Negerin war ihnen von der herrschenden Moral untersagt – was nicht heißt, dass es nicht zu sexuellen Beziehungen und zu Vergewaltigungen gekommen wäre, doch so war eine Schranke errichtet, welche zu einer Mäßigung der sexuellen Bedürfnisse beitragen sollte. Die schwarze Sexualität zu verteufeln erschien als ein probates Mittel, sich durch Autosuggestion vor den eigenen Trieben zu schützen.

Die tollsten Gerüchte zirkulierten über die Hottentottinnen, die man natürlich nicht selbst befragte! Reiseberichte überboten sich in Phantasmagorien über ihre Vulven, »die so hervorspringen, dass sie über die Schenkel quellen«. Pseudowissenschaftler und krankhaft Neugierige, um nicht zu sagen Spanner, machten sich auf die Reise nach Südafrika, nur um ihre Sensationslust zu befriedigen. Zweifellos zur großen Überraschung der schwarzen Frauen, die sich vermutlich verwundert fragten, was die komischen Fremden an ihnen so außerordentlich interessant fanden. Einige zahlten sogar Geld, wie wir wissen, nahmen aber davon Abstand, sich mit ihren wenig beweiskräftigen Erfahrungen zu brüsten, wollten sie doch die Glaubwürdigkeit ihrer Berichte nicht aufs Spiel setzen, welche die Existenz der frei erfundenen Besonderheit behaupteten.

Wir begreifen nun, weshalb Hendrick Caezar und sein Kumpel Dunlop nicht eine Sekunde zögern, als sie so eine Khoikhoi-Frau leibhaftig vor sich sehen. Saartjee steht gut im Fleisch, ihr Hinterteil wölbt sich über den breiten Hüften, ein üppiger Busen: Das Glück der beiden ist gemacht, wenn es ihnen gelingt, sie nach England zu bringen und in einer der Shows auszustellen, wo Frauen mit Bart, einäugige Riesen und verkrüppelte Zwerge vor den sensationslüsternen Zuschauern herdefilieren. Das Geschäft ist abgemacht. Peter Caezar, der ältere der Brüder, übergibt Hendrick die junge Frau. In aller Eile verschafft man ihr Papiere, worin ihr traditioneller Name Sawtche in Saartjee umgebogen und ihr der Familienname Baartman (Holländisch: »bärtig«!) angedichtet wird, dann geht es am 20. März 1810 auf das erstbeste Schiff in Richtung England.

Wir können uns vorstellen, was das für eine Odyssee für die arme Frau war. Sicher hat man sie nicht um ihre Zustimmung gebeten, ganz im Gegensatz zu dem, was uns französische Forscher glauben machen wollen. Ihr Argument: Caezar soll Saartjee einen Vertrag angeboten haben, den sie in voller Kenntnis dessen, was sie erwartete, angenommen hätte, weil sie das Geld lockte. Ist es wirklich seriös, heutzutage zu behaupten, dass das junge Dienstmädchen ausreichend über die Sitten eines Landes informiert war, das sie, wie in diesem Fall England, gar nicht kannte, um sich auf die Art »Arbeit« einzulassen, die man von ihr forderte: ihren Körper mit seinen intimsten Stellen öffentlich auszustellen, wie ein Tier im Zoo? Und überhaupt, wann hätten sich die Weißen denn um die Gefühle oder den Willen ihrer Sklaven gekümmert, die qua Natur bloß Untermenschen waren? Wem will man denn glauben machen, dass diese Herren, zumal in einem derart rassistischen Land, sich so sehr um die Rechte ihrer schwarzen Dienstboten sorgten, dass sie in einen Vertrag hineinschrieben, was sie mit ihnen zu tun gedachten?! Vorzugeben, dass Saartjee wusste, was sie erwartete, nur um sein offensichtlich schlechtes Gewissen zu beruhigen, das ist wirklich der Gipfel der Heuchelei!

Wie dem auch sei, diese Interpretation ändert nichts an

der Schändlichkeit der Situation. Nach einer Überfahrt von drei Monaten kommen sie in England an. Im England des 19. Jahrhunderts, dem Vaterland des Liberalismus und Vorreiter im Kampf gegen den Sklavenhandel, den es 1807 untersagte*, lebten bereits Schwarze, auch wenn sie keine geschlossene Gruppe bildeten. Es gab dort sowohl frühere Sklaven, die Dienstboten geblieben waren, als auch Freigelassene und Gebildete, die sich eines relativen Wohlstandes erfreuten, und woraus später der Kern einer farbigen englischen Bourgeoisie wurde.

Caezar und Dunlop, die sich von der »Hottentotten-Venus« – so der Name, den die beiden Komplizen sich ausgedacht hatten – in ihrem Gepäck einen maximalen Profit erhoffen, versuchen erst, sie an Schausteller zu verkaufen. Dabei treffen sie unter anderem auf einen Antiquar namens William Bullock, der gleichzeitig Besitzer eines Museums für Kunst- und Naturgeschichte ist. Doch der nimmt ihr Angebot nicht an. Verärgert entschließt sich der Schiffsarzt, »seinen Anteil« an Saartjee an seinen Partner zu veräußern, der damit ihr alleiniger Besitzer wird. Er verwandelt sich in einen Impresario und mietet einen Saal in Piccadilly, dem berühmten Londoner Vergnügungsviertel, wo Bärenführer, Flohhüpfer und Monster mit drei Köpfen das Pflaster beherrschen. Ihre im Vergleich zum klassischen Ideal weiblicher Schönheit irritierenden Körperformen werden der jungen Afrikanerin, nun zum ethnologischen Vorführobjekt degradiert, zum Verhängnis.

Am 20. September 1810 verkündet eine reißerische Bei-

* Großbritannien verbot 1834 die Sklaverei auf dem gesamten Gebiet des Empire. Frankreich folgte erst 1848.

lage der *Morning Post* »die Ankunft einer Hottentotten-Venus vom Kaffern-Kap. Kommen Sie, dieses Phänomen zu bestaunen! Ein außergewöhnliches Exemplar, das alles übersteigt, was Reisende uns berichtet haben. Von dreizehn bis siebzehn Uhr, Eintritt zwei Schillinge.« Der Erfolg steht vor der Tür. Die Leute strömen. Die Warteschlange wird jeden Tag länger. Besonders die Männer kommen in Massen.

Ist es doch der erste Auftritt eines Mitglieds dieses Volksstamms, der alle Phantasmagorien auf sich gezogen hat, um den sich so viele Mythen ranken. War das Hinterteil der Negerin wirklich so ausladend, wie man erzählte? Ja, von den weißen Konturen ohne Rundungen, wie sie die Norm waren, hatte sie wirklich nichts. Waren die riesigen Schamlippen zu sehen, wie sie über die Schenkel quollen? Eingesperrt in einem eisernen Käfig, steht Saartjee auf einem Sockel, der Oberkörper nackt, um die Hüfte einen traditionellen Stoff der Khoikhoi geschlungen, und sie spielt die Goura, ein kleines Musikinstrument aus ihrer Heimat.

Die Besucher sind eingeladen, unter den Stoff zu schauen. Einige kneifen ihr in den Po, um festzustellen, wie dick ihre Haut ist. Andere betasten sie oder stechen sie mit der Spitze ihres Stocks. Sie wollen sich davon überzeugen, ob sie tatsächlich aus Fleisch und Blut ist. Vornehme Damen, bis zum Hals zugeknöpft, stoßen sie mit der Schirmspitze, sie soll ihnen zeigen, was ihre Eintrittskarte sie berechtigt zu sehen. Man befiehlt ihr vorzutreten, zurückzutreten. Als die Demütigungen vollends unerträglich werden und sie den Gehorsam verweigert, schließt ihr Herr den Vorhang. Nach Aussagen zahlreicher Zeugen versetzt Caezar ihr, obwohl sie weint und ihn anfleht, heftige Schläge mit einem Bambusstock, bis sie, unterwürfig und gebrochen, wieder in ihren Käfig zurückgeht.

Allein durch die Mund-zu-Mund-Propaganda wird Saartjee zum komischsten Spektakel von London. Überall ertönen Gassenhauer, die die extremen Körperformen der »Wilden« oder ihr »wie ein Waschzuber großes« Gesäß verspotten. In den Bars und Salons reißt man sich die neuesten Karikaturen und satirischen Blätter aus der Hand, die ihren »monströsen Steiß« aufs Korn nehmen. Es gibt aber auch Menschen, die sich über eine solche Zurschaustellung erregen und sie herabwürdigend finden. Drei entrüstete militante Sklavereigegner erheben beim königlichen Gerichtshof wegen unmoralischer und erniedrigender Handlungsweise gegenüber der jungen Frau Klage gegen Caezar. Am 27. November 1810 befragt sie das Gericht auf Holländisch, der einzigen europäischen Sprache, die sie ein wenig versteht, weil sie in ihrer Heimat von den Weißen gesprochen wird.

Es ist das erste Mal, dass Saartjee die Gelegenheit erhält, sich zu erklären. Sie hat niemals ein Gericht betreten. Sie ist erschrocken über all das Getöse, das man um sie macht, aber auch über die feierliche Kälte der Richter in ihren roten Roben mit Hermelinbesatz und mit den langen weißen Perücken. Ist sie überhaupt in der Lage zu begreifen, dass das, was sie erleidet, in diesem Land nicht hinnehmbar ist für ein menschliches Wesen, da sie seit ihrer Kindheit ja nur gelernt hat, sich den Weißen zu unterwerfen? Nichts ist weniger sicher.

Unterwürfig antwortet sie den Richtern, erklärt, dass sie sich verpflichtet hat, sich in England sechs Jahre lang zur Schau zu stellen, dass sie gut behandelt wird, ihrem Herrn nichts vorzuwerfen hat und er sie nie schlecht behandelt habe. Sie fügt sogar naiverweise hinzu, dass ihr Herr ihr manchmal erlaube, sonntags mit einer Kutsche zu fahren, ohne zu ahnen, dass sie dann auch davon hätte reden müssen, welche Summen er in ihre vornehmen Kleider und die Spazierfahrten mitten durch London investiert hat. Was sie sagt, soll den Leuten nur den Mund wässerig machen.

Sie endet damit, dass er ihr versprochen habe, sie später zurückzuschicken und die Rückreise nach Südafrika zu bezahlen. Durch ihre Aussage entlastet, ist es einfach für Hendrick Caezar, dem Gericht glaubhaft zu versichern, dass die Venus aus freien Stücken handelt, dass er respektvoll mit ihr umgeht und sie keineswegs als seine Sklavin ansieht. Es kommt noch besser, denn er präsentiert einen Vertrag (auf Verlangen des Gerichts eigens ausgefertigt, wie man später erfährt), in dem die Bedingungen ihrer Abmachung festgehalten sind. Darin erklärt sie übrigens, dass sie bei ihm als Hausmädchen arbeitet.

Wie hätte sie den Vertrag verstehen können, sie konnte ja weder lesen noch schreiben! Und ausgerechnet auf dieses Dokument gründen manche europäischen Forscher, gewiss ein wenig leichtfertig, ihre Annahme, Saartjee Baartman habe gewusst, worauf sie sich einließ, als sie ihre »Arbeit« annahm. Was die südafrikanischen Forscher, die ihr trauriges Schicksal untersuchen, vehement zurückweisen. Ist es wirklich vorstellbar, dass die Waise, gerade einmal zwanzig Jahre alt und mitten in einem Krieg ihrem heimatlichen Umfeld entrissen, von einem weißen Dienstherrn geknechtet und in einem fremden Land unter entwürdigenden Umständen wie ein Jahrmarkttier ausgestellt, auch nur einen Moment frei über ihr Leben entscheiden konnte?

War diese einfache junge Frau, im kolonialen Unterdrückungssystem aufgewachsen, überhaupt fähig, sich aufzulehnen? Mit wie vielen Stockschlägen hat Hendrick Caezar sie wohl terrorisiert, damit sie vor Gericht die Worte wiederholt, die er ihr sicher eingebleut hat? Bestimmt hat er sie damit verunsichern können, dass er ihr ihre prekäre Situation vor Augen führte. Wie hätte sie sich ohne Hilfe in einer so feindlichen Umgebung durchschlagen können, gesetzt den Fall, man hätte sie ihrem Herrn entrissen, der sie in völliger Abhängigkeit hielt? Wir können ihre Verunsicherung nachvollziehen und vielleicht auch, wie sie langsam begriff, denn ihr musste klar sein, dass sie eine solche Bewährungsprobe nicht allein bestehen konnte.

Aufgrund ihrer Aussagen lässt das Gericht die Anklage fallen. Trotzdem hat Saartjee nicht einen Cent von ihrem niederträchtigen Zuhälter erhalten. Sie leben in einer schmutzigen Mansarde, kalt und feucht, sie erhält nur wenig zu essen. Und wenn sie krank ist und vor Kälte zittert, zwingt er sie mit Stockschlägen, sich halbnackt einem neugierigen Publikum zur Schau zu stellen. Saartjees Unterwerfung hat ihrem Herrn zwar den Schuldspruch des Gerichts erspart, doch Caezar wird der Boden zu heiß. Sie verschwinden von der Londoner Bühne und zeigen ihre Nummer in der englischen Provinz. Aber wir sind im vorindustriellen Zeitalter, und in den ländlichen Regionen herrscht große Armut. Nur die wohlhabenderen Schichten besitzen genügend Geld, um sich eine Zerstreuung zu leisten.

Ein Jahr später findet sich ihre Spur in der Stadt Manchester wieder, wo Caezar sie am 1. Dezember 1811 auf den Vornamen Sarah taufen lässt. Drei Jahre später ist er ruiniert und entschließt sich, sein Glück in Frankreich zu versuchen, wo die Sklaverei noch legal ist. Nach seiner Ankunft in Paris verkauft er Saartjee an einen Tierbändiger namens Réaux. Sie ist jetzt vierundzwanzig Jahre alt und die erste Khoikhoi-Frau, die französischen Boden betritt. Aufs Neue verkündet die reißerische Reklame in den Zeitungen »die Anwesenheit der Venus, soeben aus London eingetroffen. Sie wird in einem

Saal des Palais Royal, Rue Neuve-des-Petits-Champs, ausgestellt. Die Monstrosität gewisser Körperteile hat in England Bewunderung hervorgerufen.«

Und wieder ist die Unglückliche einem kollektiven Gelächter über ihre Körperformen ausgesetzt, die bei ihr zu Hause gar nichts so Außergewöhnliches an sich haben. Es ist ein skandalöser Erfolg. Saartjee erscheint auf den Titelblättern der Pariser Zeitungen. Die Zeichner karikieren sie, wobei sie ihre gewölbte »Kruppe« überbetonen. In den Kabaretts und Theatern der amüsantesten Pariser Stadtviertel werden Witze, schlüpfrige Geschichten und Vaudevilles über die Venus mit Fettsteiß und die »Monstrosität« ihrer Genitalien dargeboten. Man stellt sie auf der Straße aus, aber auch in den vornehmen Salons.

Schließlich mietet Réaux einen Saal, wo das Publikum sie von elf Uhr morgens bis neun Uhr abends sehen kann. Auf Zurufe aus der Menge hüpft sie und tanzt; die Leute bewerfen sie mit Bonbons, damit sie sich dreht ... Tränen laufen ihr die Wangen herab. Wenn sie zu sehr widerstrebt, verscheucht ein Glas Alkohol, das ihr Herr ihr verabreicht, die aufkommende Revolte und die in ihr hochkriechende Kälte. Um seine mageren Gewinne aufzubessern, vermietet er sie an Männer, die lüstern sind auf einen perversen Nervenkitzel. Im Gegensatz zu London bezeugen nur wenige Menschen Mitleid mit ihrem Schicksal: Für die Franzosen ist sie nicht einmal ein menschliches Wesen.

Réaux, der den Marktwert seiner Trophäe zu verbessern trachtet, will sie mit den Weihen der Wissenschaft versehen. Die unsinnigen Berichte über die Abnormität weiblicher Genitalien bei den Hottentotten sind bekannt. Auch die französischen Wissenschaftler sind von der Manie besessen, die Spezies Mensch in Gruppen und Untergruppen einzuteilen, und werden sich eine so gute Gelegenheit, ihre wissenschaftlichen Trugschlüsse über die schwarze Rasse vorzuführen, kaum entgehen lassen.

Réaux verleiht seine Venus also an das Pariser Museum für Naturgeschichte, wo bedeutende Wissenschaftler lehren. Zwei von ihnen sind interessiert: der Zoologe und Paläontologe Georges Cuvier, der auch Professor für Anatomie ist und Politiker, denn er ist Staatsrat und wird 1831 Pair von Frankreich, und der Naturforscher Etienne Geoffroy Saint-Hilaire, der sich für das Studium von Abnormitäten begeistert. Sie haben von den Geschichten über die überlangen Schamlippen der Hottentottinnen gehört und wollen sich unbedingt selbst davon überzeugen. Es ist April 1815. Zwei Porträtzeichner sind bestellt worden. Sie sollen Skizzen von der Untersuchung anfertigen und das Objekt in jeder Perspektive darstellen.

Die Wissenschaftler wollen vor allem eins: die vermutete genitale »Anomalie«, die so viel Neugier hervorruft, mit eigenen Augen sehen. Doch Sarah widersetzt sich. Sie kneift die Schenkel zusammen, verschränkt die Hände vor ihrem Intimbereich; sie wimmert und wehrt sich, so dass die weißen Männer sich ihr nicht nähern können. Sie, der man das Menschsein verweigert, will sich nicht so erforschen lassen. Cuvier versucht, sie zu beschwichtigen. Er bietet ihr Geld an, wenn sie einwilligt, dass er ihre Geschlechtsorgane sehen darf! Angeekelt stößt sie ihn zurück. Einer der Porträtisten, die bei dieser Untersuchung zugegen sind, wird ihr junges, entsetztes Gesicht zeichnen, und ihm verdanken wir eins der ihr ähnlichsten Bilder. Vorher hatte Sarah die europäischen Zeichner nur zu Karikaturen inspiriert.

Die Männer der Wissenschaft konnten diesmal nichts sehen, und damit steht die Partie remis. Sie werden sich aber abreagieren, indem sie über ihre »tierische« Natur räsonieren und so versuchen, ihre vorgefasste Meinung zu beweisen. Zum Beispiel schreibt der Baron Cuvier, völlig unsensibel gegenüber der Verzweiflung und dem Anspruch der jungen Frau auf Würde, in seinem Prüfbericht: »Ihre Bewegungen hatten etwas Brüskes und Launenhaftes und erinnern an diejenigen von Affen. Sie hatte besonders die Angewohnheit, ihre Lippen vorzustülpen, genauso, wie wir es bei den Orang-Utans beobachtet haben.« Auch Etienne Geoffroy Saint-Hilaire ist frustriert über die erlittene Abfuhr, findet an ihr »eine Schnauze, die noch bemerkenswerter ist als die des roten Orang-Utan auf den Inseln im Indischen Ozean«, und vergleicht »den üppigen Umfang« ihres Hinterteils mit dem der weiblichen Affen während der Menstruationszeit!

Ein paar Monate später, am 29. Dezember 1815, stirbt Sarah auf mysteriöse Weise im Alter von fünfundzwanzig Jahren in Réaux' ungesundem Haus, wahrscheinlich an den Folgen von Misshandlungen oder an Lungenentzündung. Die genauen Umstände zu erhellen wurde nie in Erwägung gezogen. Den traumatisierenden Kontakt mit Europa hat sie nur fünf Jahre überlebt. Aber ihr Leidensweg ist damit nicht beendet. Selbst ein würdiges Begräbnis wird ihr verweigert. Seltsamerweise landet ihr kaum erkalteter Körper auf Cuviers Seziertisch im anatomischen Labor, und der Professor kann sich nun nach Belieben auf die leblose Masse stürzen.

Dies geschieht mit Sicherheit heimlich, denn das Museum für Naturgeschichte hat nicht das Recht, Autopsien durchzuführen. Nicht zuletzt auch in Anbetracht der Tatsache, dass der berühmte Wissenschaftler so überaus interessiert war an der Leiche der Hottentotten-Venus, bleiben einige Fragen zu den Todesumständen offen und werden sich wohl niemals klären lassen.

Cuvier führt an den Geschlechtsorganen der Unglücklichen eine Totaloperation durch. Doch welche Enttäuschung: Es ist keine Abnormität festzustellen. Ihre Vulva und ihr Anus werden in Glasbehälter mit Formalin gefüllt. Sie überdauern lange Jahre vergessen in einem Regal, bis sie eines schönen Tages auf geheimnisvolle Weise aus dem Museumsfundus verschwinden … um auf ebenso geheimnisvolle Weise im Jahre 2002 wiederaufzutauchen – als eine Untersuchungskommission des Senats nach ihren Überresten forscht, die ihr Land zurückfordert. Auch ihr Gehirn wird zerlegt. Um was zu beweisen? Dass der Neger auf einer niedrigeren Stufe der menschlichen Entwicklung steht, knapp über dem Orang-Utan, dem höchsten entwickelten Primaten.

Ein Jahr später trägt Cuvier an der Akademie der Wissenschaften von Paris den beeindruckten Kollegen seine berühmte Denkschrift über die Hottentotten-Venus vor, die 1817 unter dem Titel »Auszüge der Beobachtungen an der Leiche einer Frau, bekannt unter dem Namen Hottentotten-Venus« in den *Mémoires du Muséum* veröffentlicht wird. Bei der Gelegenheit stellt er Sarahs Genitalien zur Schau und zieht daraus Schlüsse, die aufgrund seiner rassistischen Vorurteile völlig verzerrt sind. Man urteile selbst: »Der Neger, wie man weiß, hat ein vorspringendes Maul und ein von den Seiten gestauchtes Antlitz; der Kalmücke (mongolische Bevölkerung im Nordwesten Chinas) hat ein plattes Maul und ein breites Antlitz. In beiden Fällen sind die Nasenknochen kleiner und flacher als bei den Europäern. Unsere Buschmännin (Sarah) hat ein noch stärker vorspringendes Maul als der Neger, ein breiteres Gesicht als der Kalmücke und noch flachere Nasenknochen als die anderen beiden. In dieser Hinsicht habe ich niemals einen menschlichen Schädel gesehen, der einem Affen ähnlicher war als der ihre.«

Das Skelett dieser Frau ist allerdings das eines menschlichen Wesens. Die Ausführungen des Professors sind ein exzellentes Beispiel für den »wissenschaftlichen Rassismus«, der die Verantwortung trägt für die vom Westen universell verbreiteten Beschreibungen und Theorien über die Minderwertigkeit bestimmter menschlicher Rassen. Cuvier, von Sarahs Anatomie offensichtlich besessen, lässt einen Ganzkörperabguss von ihr herstellen. Das Musée de l'Homme in Paris stellt ihn im Saal für vergleichende Anatomie aus, bis französische Feministinnen 1980 die rassistische und sexistische Verunglimpfung Sarah Baartmans anprangern.

1994, nach dem Ende der Apartheid, fordern südafrikanische Intellektuelle als Bevollmächtigte der überlebenden Khoikhoi-Gemeinschaften, der Griquas, von Frankreich die Herausgabe der sterblichen Überreste Saartjees, um ihr durch ein würdevolles Begräbnis den Respekt und die Würde zurückzugeben, die ihr aufgrund ihrer Herkunft verweigert wurden. Sie glauben, dass eine Bestattungsfeier in ihrer Heimat, gemäß den Riten ihrer Kultur, die ehrenvolle Erinnerung wiederherstellt, die durch die Herabsetzung, die sie zu Lebzeiten und nach ihrem Tode erfuhr, besudelt wurde. Die junge Südafrikanerin, deren Leben durch europäische Barbarei zerstört wurde, ist zu einem Symbol für die Opfer des weißen Rassismus geworden. Das Gedenken an ihren Leidensweg hat eine Meinungskampagne ausgelöst, die auch von Nelson Mandela unterstützt wird.

Der französische Staat hüllt sich in verlegenes Schweigen und versucht mit allerlei Winkelzügen, die Rückgabe der sterblichen Überreste Sarah Baartmans zu verhindern. Sie werden als »Sammlung« des Musée de l'Homme deklariert, was die Trophäe zu einem »unveräußerlichen Element des nationalen französischen Kulturerbes« macht! Offensichtlich bereitet es dem Vaterland der Menschenrechte Schwierigkeiten, zu akzeptieren, dass die heikle Affäre sein Ansehen beflecken könnte und die skandalösen Ansichten einiger seiner renommiertesten Wissenschaftler öffentlich gemacht werden.

Mehr als zweihundert Jahre nach ihrem Tod büßt Saartjee Baartman, die den Ihren entrissen, wie ein Tier im Zoo eingesperrt, durch die Zurschaustellung ihrer Nacktheit zum Vergnügen der Voyeure einer sich für überlegen haltenden Gesellschaft vergewaltigt, die nach ihrem Tode durch die Entnahme ihrer Organe zerstückelt wurde, in einem Kellerraum des Musée de l'Homme immer noch dafür, dass sie für die Weißen nur eine Negerin war.

Südafrika bleibt hartnäckig, und die Angelegenheit wächst sich zu einer diplomatischen Affäre aus – da erst erhält die Hottentotten-Venus, die als Frau verachtet und als Afrikanerin ausgebeutet wurde, die Genehmigung des französischen Parlaments, ihres »Gastlandes«, ins Land ihrer Vorfahren zurückzukehren. Es bedarf tatsächlich eines Gesetzes, am 6. März 2002 wird es von der Nationalversammlung beschlossen, und im Mai 2002 können ihre sterblichen Überreste endlich der südafrikanischen Botschaft in Paris übergeben werden. Drei Monate später, am 9. August 2002, findet in Hankey im Tal von Gamtoos, in der Nähe des Kaps, ihrer Heimatregion, das Ehrenbegräbnis für die Märtyrerin statt, unter großer Anteilnahme der Bevölkerung Südafrikas und vom Fernsehen in alle Welt übertragen.

MÜTTER GROSSER MÄNNER

SOGOLON KEDJU

Mutter von Sundiata Keita, dem Gründer des Malireichs

Sogolon Kedju, ihrer buckeligen Gestalt wegen verstoßen, schenkte Afrika einen seiner berühmtesten Helden: Sundiata Keita, den Gründer des Reichs Mali. Die bei den Mandinke noch heute lebendige Erinnerung an Sogolon Kedju und ihren Sohn ist von den Griots von einer Generation auf die andere überliefert worden. Im 20. Jahrhundert haben afrikanische Schriftsteller und Historiker Griots und andere Bewahrer der Tradition befragt, sich die Ereignisse und Taten vergangener Zeiten erzählen lassen, sie aufgeschrieben und interpretiert.

Zu Beginn des 13. Jahrhunderts lebten die Mandinke in einem kleinen Königreich. Es wurde von einem Herrscher regiert, der für seine außergewöhnliche Schönheit berühmt und bei seinem Volk sehr beliebt war: Zu jener Zeit waren die Mandinke-Könige auch berühmte Jäger und gehörten deren Geheimbund an. Nare Famaghan Keita (nach anderen Quellen auch Naré Maghan oder Maghan Kon Fatta genannt), war um 1218 auf den Thron gekommen. Eines Tages, als Nare Famaghan mit seinem Gefolge unter einem großen Kapokbaum im Hofe seines Palastes in Niani saß und plauderte, erschien ein Jäger und Wahrsager vor ihm und kündigte ihm an, er würde einer überaus hässlichen Buckligen mit hervorquellenden Augen begegnen, doch trotz ihres wenig attraktiven Äußeren sollte er sie zur Frau nehmen, »denn«, so hatte der Seher geweissagt, »dieses Mädchen wird die Quelle sein, aus der das Wasser hervorströmt, welches den Durst der

Söhne der Mandinke löschen wird. Sie kommt zu dir, um ein großes Werk zu vollbringen. Nimm sie auf und heirate sie ohne Zögern, denn sie ist die spätere Mutter des Mannes, der den Namen deines Königreiches für immer unsterblich machen wird.«

Einige Zeit später, als der Herrscher wiederum unter dem Kapokbaum saß, erschienen in der Biegung des Weges zwei Jäger. Sie grüßten den König und stellten sich vor. In ihrer Begleitung befand sich ein junges Mädchen, dessen Gesicht von einem Foulard in dunkler Farbe verdeckt war. Das Gehen machte ihr Mühe, und sie hielt sich ein wenig abseits, den Kopf gesenkt. Als sie näher kam, sah der König, dass ihr Rücken durch einen Buckel verunstaltet wurde. Vor so viel Elend wandte er seinen Blick ab, doch dann erinnerte er sich der Worte des Wahrsagers. »Wir bringen dir das Mädchen«, sagte einer der beiden Jäger, »weil wir meinen, dass sie eines Königs würdig ist.«

Sie hieß Sogolon Kedju. Die Jäger erzählten dem König eine erstaunliche Geschichte. Sie brachten das junge Mädchen zu ihm, weil sie ein Versprechen einlösen wollten, welches sie einer geheimnisvollen alten Frau gegeben hatten. Sie waren im fernen Land Do (in der heutigen Region Segu) auf sie gestoßen, wo sie einen wilden Büffel jagen wollten, der die Gegend verwüstete. Das Tier schien unverwundbar. Kein Pfeil konnte ihn treffen, mit keiner Treibjagd konnte man ihn einfangen. Schließlich hatte der König von Do eine hohe Belohnung demjenigen versprechen müssen, der den todbringenden Büffel erlegte. Denn das Tier hatte schon hundertsieben erfahrene Jäger getötet, siebenundachtzig andere verletzt, viele Dörfer in Trauer versetzt und die besten Ernten in der Ebene von Ourantamba vernichtet. Die beiden Jäger hatten beschlossen, den Büffel zu erlegen.

Tagelang, so erzählten sie, hatten sie und mit ihnen ein Haufen abenteuerlustiger Bewohner von Do, welche die Belohnung angelockt hatte, das furchterregende Tier im wilden Versteckspiel kreuz und quer durch die Wildnis gejagt, doch vergeblich. Von ihrem Misserfolg enttäuscht, hatten sich die beiden jungen Leute dann von den Abenteurern getrennt, um zur Stadt zurückzukehren. Auf dem Weg dorthin erblickten sie eine alte Frau. Sie saß am Rande der Fährte, war in Lumpen gekleidet, jammerte und flehte sie an, ihr etwas zu essen zu geben. Von Mitleid ergriffen, boten sie ihr etwas von ihrem geräucherten Fleisch an, das sie gierig herunterschlang, bevor sie ihnen überschwänglich dankte. Schließlich sagte sie zu ihnen: »Ich kann euch helfen, den Büffel zu besiegen, aber nur unter einer Bedingung. Wer den Büffel bezwingt, erhält einen großen Sack Gold und die Hand derjenigen, die er sich unter den schönsten Mädchen von Do aussucht. Wenn sich die Menge auf dem großen Platz versammelt hat, schaut euch gut um. Sucht nach dem hässlichsten Mädchen, das ihr finden könnt, nehmt sie mit und führt sie zu einem großen König.«

Neugierig geworden, gingen die beiden Freunde auf den Handel ein, hörten sich die Ratschläge der Alten an und bewahrten sie in ihrem Gedächtnis. Daraufhin machten sie kehrt und eilten zurück in die Ebene von Ourantamba, wo sie gerade in dem Moment eintrafen, als die Abenteuerlustigen Hals über Kopf vor dem Büffel flüchteten, der sie unter lautem Gebrüll auf die Hörner zu nehmen versuchte. Die beiden Jäger behielten kaltes Blut in dem Chaos, der jüngere spannte seinen Bogen, vollführte die geheimen Beschwörungsgesten, die ihm die alte Frau verraten hatte, und jagte dem Tier einen Pfeil genau in die Halsschlagader. Er schlug ihm den Schwanz ab, befahl den anderen Jägern, die über seinen Sieg wütend waren, den toten Büffel in die Hauptstadt zu befördern, und brach mit seinem Kameraden eiligst auf, um vor den König zu treten.

Auf die jungen Fremden wartete schon eine erregte Menge, unter dem Dröhnen der Tamtams wurden sie wie Helden empfangen. Als es aber daran ging, das schönste Mädchen auszuwählen, und der jüngere Jäger den bitter enttäuschten Schönen mit dem aufgesetzten Lächeln keinerlei Beachtung schenkte, als er dem König vielmehr die kleine Bucklige zeigte, die sich gerade einen Weg durch die Menge bahnte, um einen Blick auf den erlegten Büffel zu werfen, da brachen der König und die Zuschauer in schallendes Gelächter aus, und von überall her prasselten anzügliche Bemerkungen auf die beiden Jäger nieder. War der Jäger verrückt, dass er eine solche Vogelscheuche den schmuckbehängten Göttinnen aus dem Lande Do vorzog? Eine Bucklige, eine »Büffelfrau«? Diesen Spottnamen sollte sie behalten.

Nachdem er die Erzählung der Jäger gehört hatte, war es dem König Nare Famaghan unmöglich, das Geschenk abzulehnen. Und obwohl er schwerwiegende Bedenken hatte und tiefe Abscheu empfand, entschied er sich, Sogolon zur Frau zu nehmen, auch trotz der Wut seiner ersten Frau, einer hochmütigen und launischen Herrin, und trotz des Erstaunens seiner Untertanen, die sich auf seine merkwürdige Wahl keinen Reim machen konnten. Doch wären da nicht ihr Buckel und ihre hervorquellenden Augen gewesen – man hatte sie mit ihrer guten Figur, ihrem festen Busen und angesichts der großen Güte, die ihr ganzes Wesen ausstrahlte, für eine liebenswerte junge Frau gehalten. Doch die Leute wollten nur ihre hässliche Seite sehen.

Am ersten Mittwoch des folgenden Monats erschallten in Niani Musik, Gesang und Tamtams und kündeten von der erstaunlichen Hochzeit, die trotz allem mit großem Prunk gefeiert wurde. Eine Woche lang verteilte die königliche Familie Speisen unter der Bevölkerung sowie schöne Stoffe und Hände voll Goldklumpen. In der Hochzeitsnacht stieß Nare Famaghan bei seiner jungen Ehefrau allerdings auf heftigen Widerstand. Es war ihm unmöglich, ihr seinen Willen aufzuzwingen. Etwas in seinem Inneren lähmte ihn, ließ ihn davon abhalten, auf sein Recht zu pochen. Am nächsten Morgen kamen die alten Tanten des Königs in aller Frühe herbeigelaufen und wollten das Betttuch mit dem Beweis der Jungfräulichkeit untersuchen, welches die Blutstropfen der Defloration aufweisen musste. Sie wurden diskret hinauskomplimentiert.

Dies dauerte eine Woche. Der mächtige und verführerische Mann, dem sonst niemand widerstand, schon gar keine Frau, musste sich in Geduld fassen. Doch am siebten Tag geschah das Wunder. Sogolon leistete keinen Widerstand mehr. Noch in derselben Nacht wurde sie geschwängert.

Während der Schwangerschaft genoss sie, von den Leuten heimlich »Büffelfrau« genannt, die volle Aufmerksamkeit des Königs. Für sie gab es die elegantesten Kleider und den prächtigsten Schmuck, zum großen Verdruss von Sassuma Berete, seiner ersten Frau. Da sie fürchtete, ihr eigener Sohn könnte von der Thronfolge ausgeschlossen werden, ließ sie heimlich mächtige Zauberer kommen und forderte sie auf, die Rivalin auszuschalten. Sie erklärten aber ausnahmslos, dass es nicht in ihrer Macht liege, Sogolon zu verhexen. Sie schien unter dem Schutz einer Macht zu stehen, die größer war als die ihre.

In einer Nacht, während ein heftiger Sturm tobte, gebar Sogolon Kedju einen Jungen. Die königliche Trommel und die Tamtams machten seine Geburt im ganzen Mandinke-

Land bekannt. Er erhielt den Namen Mari Djata, daraus wurde später Sundiata. Man schlachtete Ochsen, und der König erhielt vom ganzen Volk und von den benachbarten Königreichen Geschenke.

Drei Jahre später machte Sogolon sich große Sorgen um ihren Sohn. Er wurde auf dem Rücken getragen und hatte noch immer nicht angefangen, seine Beine zu gebrauchen, sondern bewegte sich auf allen vieren fort, während die anderen Kinder im gleichen Alter um ihn herumsprangen. Er sprach kaum. In ihrer Angst besann sie sich ihrer magischen Fähigkeiten und versuchte, dem Kleinen auf diese Weise Kraft einzuhauchen, doch die seltensten Gräser und raffiniertesten Grigris blieben ohne Wirkung. Darüber freute sich am meisten die erste Frau Sassuma Berete. Deren Sohn, Dankaran Tuma, ein kräftiger junger Mann von rund fünfzehn Jahren, war in den Tiefen der Wälder bereits in die Geheimnisse der Mandinke initiiert worden und erhielt nun weiteren Unterricht in allem, was er für die Thronfolge wissen musste.

Sogolon Kedju bekam eine Tochter, die zu ihrem Leidwesen nichts von dem Charme ihres Vaters geerbt hatte. Enttäuscht darüber und auch, weil das Kind kein Junge war, wandte Nare Famaghan sich von seiner Frau ab, verbot ihr das Haus und nahm sich eine dritte Frau. Sie gebar ihm einen weiteren Sohn, doch es war nicht der, welchen der Wahrsager als den künftigen Löwen der Mandinke angekündigt hatte. Immer wieder befragte der König sorgenvoll die Seher in Niani: »Wie kann es sein, dass das gelähmte Kind einmal der versprochene Held werden wird?« Und sie antworteten ihm: »Wenn das Korn keimt, ist das Sprießen nicht immer leicht. Die großen Bäume wachsen langsam, aber sie senken ihre Wurzeln tief ins Erdreich hinein.« Schließlich glaubte der König diesen Worten und schenkte Sogolon wieder seine Gunst, und sie gebar noch eine Tochter.

Der König starb vorzeitig und erlebte es nicht mehr, dass sich die Prophezeiung eines Tages bewahrheiten würde. Nach seinem Tod ließ die erste Frau rasch ihren Sohn zum König ausrufen, obwohl Sundiata von seinem Vater unmissverständlich zum Thronerbe bestimmt worden war. Sassuma Berete verstand es, den Staatsrat mit unwiderlegbaren Argumenten auf ihre Seite zu ziehen: »Es wurden schon einäugige Könige, einarmige Könige und hinkende Könige gesehen, doch von einem gelähmten König hat noch niemand etwas gehört! Unmöglich können wir den Thron jemandem mit lahmen Beinen anvertrauen, der überdies nicht spricht! Wenn ihn die Geister so sehr lieben, sollten sie endlich damit anfangen, ihn den Gebrauch seiner Beine zu lehren!«

Nach der Inthronisierung von Dankaran Tuma wurde ein Regentschaftsrat gebildet, welcher der Königinmutter bis zum Eintritt ihres Sohns ins Erwachsenenalter die Macht übertrug. Damit begann für Sogolon und ihre Kinder eine schreckliche Zeit voller Schikanen und Beleidigungen. Auf dem Hinterhof des Palastes in eine Hütte verbannt, die der Königinmutter als Abstellkammer gedient hatte, musste sie von neuem das Gespött neugieriger Höflinge ertragen. Zu Lebzeiten des Königs hatten die Leute über ihre Hässlichkeit hinweggesehen, unter der Regentschaft von Sassuma Berete schütteten sie nun ihren ganzen Hohn aus über die Büffelfrau und ihren kleinen Prinzen, der im Alter von nunmehr zehn Jahren immer noch auf allen vieren lief. Der Zaun, der ihr winziges Anwesen schützte, wurde abgerissen, um sie den Blicken der boshaften Gaffer auszuliefern. Der traumatisierte Junge antwortete auf den Spott der Menge mit unverständlichem Gegrunze.

Sogolon Kedju reagierte auf die Feindseligkeit ihrer Umgebung mit Würde. Vom gesellschaftlichen Leben gänzlich abgeschnitten, beschloss sie, die Provokationen zu ignorieren und sich auf die Erziehung ihrer Kinder zu konzentrieren. Ein kleiner Gemüsegarten, den sie selbst bestellte, sicherte ihren Lebensunterhalt. Eines Tages fehlte ihr jedoch ein Kraut, um ein Gericht zu würzen, und sie wagte es, die Dienerinnen der Königinmutter zu bitten, ihr mit ein paar Blättern vom Baobab auszuhelfen. Als Sassouma Berete das vernahm, ergriff sie die Gelegenheit, Sogolon zu demütigen, und rief in ihre Richtung: »Da, arme Frau, nimm eine ganze Kalebasse voll! Mein Sohn pflückt sie mir immer. Was man ja von deiner kriechenden Schildkröte nicht erwarten kann.«

Dies war mehr, als Sogolon ertragen konnte. Sie war so tief getroffen, dass sie weinend zu ihrer Hütte zurücklief. Als ihr Blick auf Sundiata fiel, der vor der Küche herumkroch und die Kalebassen nach etwas Essbarem durchsuchte – er war ein kleiner Vielfraß –, wuchs ihre Verzweiflung ins Unermessliche. In einem Anflug von Zorn griff sie zu einem auf dem Boden liegenden Ast und hieb auf den Jungen ein: »Du Unglückssohn, wirst du denn niemals laufen?«, rief sie unter Schluchzen. »Du bist daran schuld, dass ich die größte Beleidigung meines Lebens hinnehmen musste! Was habe ich nur getan, dass ich so bestraft werde?«

Erschrocken starrte der kleine Krüppel auf seine Mutter. Dann kamen zum ersten Mal Worte aus seinem Mund, langsam, holprig, zunächst unverständlich, die sich jedoch nach und nach zusammensetzten: »Du hast meinetwegen viel gelitten«, sagte er mühevoll und mit trauriger Miene. »Doch sei ruhig. Heute laufe ich. Ich will, dass man mir einen festen eisernen Stab bringt, den schwersten Stab, den die Schmiede meines Vaters herstellen können.« Der treue Griot des verstorbenen Königs weilte an jenem Tag zufällig bei ihnen zu Besuch. Als er hörte, dass Sundiata sprach, und seine Worte verstand, befahl er umgehend seinen Dienern, zum Meister der Schmiede zu laufen und ihm den Auftrag zu übermitteln. Von neuem wandte sich das Kind an Sogolon: »Mutter, brauchst du nur ein paar Blätter vom Baobab, oder soll ich dir den ganzen Baum bringen?« Diese, noch völlig verblüfft, antwortete in zornigem Ton: »Ich will den ganzen Baobab, und zwar mit all seinen Wurzeln, hier vor meiner Tür haben!«

Zwei Stunden später legten sechs unter der Last gebeugte Schmiedeknechte eine schwere Eisenstange Sundiata zu Füßen. Dann erhob der Griot seines Vaters die Stimme und mahnte ihn: »Erhebe dich, junger Löwe! Erglühe! Und die Wildnis soll erfahren, dass sie von nun an einen Herrn hat!« Von dem ungewöhnlichen Lärm zur Mittagszeit angelockt, strömten die Leute aus ihren Häusern, um nachzusehen, was geschehen war. Wie der Blitz verbreitete sich die Neuigkeit in der ganzen Stadt, und rings um Sogolons Anwesen versammelten sich die Leute, um bei dem Ereignis dabei zu sein.

Der Junge stemmte sich auf die Knie, umfasste den schweren Stab an den Griffen und stellte ihn gerade vor sich auf. Ein erwartungsvolles Schweigen lag in der Luft. Sundiata schloss die Augen, vor lauter Anstrengung presste er die Augenlider fest zusammen. Nun zog er sich an der Eisenstange hoch, versuchte mehrere Male, seine reglosen Beine zu bewegen. Der Schweiß lief in Strömen an ihm herab, und trotz der Qual in seinem Gesicht richtete er sich jedes Mal wieder auf, wenn seine Beine nachgaben. Seine Mutter blickte ihn voller Liebe und Vertrauen an, als wollte sie ihm die letzte, entscheidende Kraft einflößen.

Noch einmal stützte er sich mit seiner ganzen Kraft an der Stange ab, noch einmal spannte er seine Armmuskeln, und plötzlich hoben sich seine Knie vom Boden, als hätten sie einen innerlichen Schub erhalten. Sogolon ließ ihn nicht aus den Augen, wie hypnotisiert starrte sie auf das ruckartige Zittern, das ihrem Sohn durch die Glieder fuhr. Diejenigen, die gekommen waren, um einem lächerlichen Schauspiel beizuwohnen, standen mit offenem Mund da, starr vor Staunen, und wollten ihren Augen nicht trauen. Der Prinz, der nun auf seinen Beinen stand, sah seine Mutter an. Und, so will es die Legende, durch die Anstrengung hatte sich der schwere Stab gekrümmt und die Form eines Bogens angenommen!

Mit ruckartigen, unbeholfenen Bewegungen kämpfte sich Sundiata zum Rand der Lichtung vor, die an den Palast grenzte. Die ungefähr hundert Zuschauer folgten ihm stumm. Ohne sichtbare Mühe, von einem Willen getrieben, der größer war als seine physische Stärke, riss er einen jungen Baobab aus, legte ihn auf seine Schultern, warf ihn vor der Hütte seiner Mutter zu Boden und sprach mit großem Ernst: »Von nun an wirst du keine Not mehr leiden. Alle Frauen von Niani werden hier ihre Baobabblätter für dich niederlegen!«

Die Bewahrer der mündlichen Überlieferung und die Historiker haben versucht, dieses außergewöhnlich glückliche Ende zu erhellen, ein echtes Wunder, das augenblicklich zur Legende wurde. Dabei wurde die Hypothese entwickelt, dass der junge Prinz in frühester Kindheit an einer abgemilderten Form von Kinderlähmung gelitten haben könnte. Durch die extreme Armut und die fehlende Behandlung weiter geschwächt, wäre es ihm dann fast unmöglich gewesen, seine Beine zu gebrauchen. Doch als er heranwuchs und an Kraft gewann, arbeitete er unbewusst an der Selbstheilung, und wahrscheinlich erlangte er so nach und nach eine gewisse Beweglichkeit, die durch den psychischen Schock, den der Anblick seiner traumatisierten Mutter bei ihm auslöste, freigesetzt wurde.

Das Ereignis bewirkte jedenfalls eine große Veränderung im Leben von Mutter und Sohn. Der gelähmte Prinz wurde zu einem Helden, und die Erzählung von seiner Kraftanstrengung machte die Runde im Land. Der Mut Sogolons – einer beispielhaften Mutter, die immer an ihren Sohn geglaubt hatte – wurde überall gefeiert, und plötzlich erfreute sie sich höchster Achtung.

Sundiata, der nun bewundert wurde, wie man ihn früher verachtet hatte, fand sich nicht länger einsam. Von einer Bande gleichaltriger Jungen umgeben, war er nun der Anführer ihrer Spiele und Jagdpartien. Alle Mütter drängten ihre Söhne, sich dem durch ein Wunder geheilten Prinzen anzuschließen, denn es herrschte jetzt allgemein die Auffassung, dass er der durch die Prophezeiung angekündigte Held war. Befreundete Könige schickten ihre Prinzen zum Hof von Niani, damit sie ihre Ausbildung an der Seite Sundiatas absolvierten. Angeleitet vom Griot seines Vaters und von seiner Mutter, erwarb er alle Fähigkeiten und Kenntnisse, die ein tüchtiger Jäger und zukünftiger Herrscher benötigte. Sogolon übermittelte ihm ihr Wissen über die Lebensweisen der Tiere, das Geheimwissen über die Heilkräfte der Pflanzen, und sie erzählte ihm die Geschichte seiner Familie und seines Volks.

Die Popularität des Wunderkinds warf Schatten auf den Erstgeborenen, den Usurpator des Throns, dessen Persönlichkeit, verglichen mit Sundiata, nun um vieles glanzloser erschien. Und dies konnte die Königinmutter auf keinen Fall hinnehmen. Die Gefahr vor Augen, die ihr und ihrem Sohn angesichts der Sympathiewelle für den Rivalen drohte, ließ sie die neun mächtigsten Zauberinnen kommen, die weit und breit zu finden waren. Sie versprach ihnen eine hohe Belohnung, wenn sie ein Gift brauen würden, stark genug, um sich den Eindringling vom Halse zu schaffen.

Sogolon kannte die Verschlagenheit der Königinmutter. Es blieb ihr nicht verborgen, dass Sassuma Berete alles daransetzte, um Sundiata zu schaden, aus Furcht, er könnte sein Erbe einfordern. Da sie äußerste Vorsicht für geboten hielt, beschloss sie, mit ihren Kindern heimlich das Königreich zu verlassen. »Aber«, sagte sie zu Sundiata, »eines Tages wirst du zu den Mandinke zurückkehren, denn hier erfüllt sich dein Schicksal.«

Während einer langen Flucht nach Norden bewies Sologon ein außergewöhnliches Durchhaltevermögen. Weder Alter noch Erschöpfung erschütterten ihren Willen, die Ihren in Sicherheit zu bringen. Nirgendwo konnten sie lange haltmachen, überall mussten sie ihren Weg nach kurzer Pause fortsetzen. Kein Herrscher wollte ihnen Asyl gewähren, aus Furcht vor der Rache der Königinmutter. Im äußersten Falle bot man ihnen ein paar Tage Gastfreundschaft, neue Kleidung oder Reiseproviant an. Gelegentlich erhielten sie Hilfe von durchziehenden Kaufleuten, die Mitleid mit ihnen hatten, und sie folgten eine Zeitlang deren Karawanen. Nach einer langen, anstrengenden Reise gelangten sie in die Gegend von Segu, wo der Soninke-König von Nema, Moussa Tunkara, ihnen Zuflucht gewährte. Der König hatte keine Kinder und entwickelte eine Sympathie für den jungen Sundiata. Da er seine Kühnheit bewunderte und seine Geschichte ihn rührte, stellte er die Familie unter seinen Schutz.

Im Land ihres Asyls führte Sogolon Kedju ein ruhiges Leben und erholte sich von den Strapazen der Flucht, denn die Erfahrung des Elends und ihr Buckel, der sie leiden machte, hatten sie doch sehr geschwächt. Am Hof von Nema behandelte man sie wie eine Königin, und ihr wurde das Glück zuteil, dass sie noch miterleben durfte, wie aus ihrem Sohn ein geachteter Ratgeber des Königs und ein großer Krieger wurde, der nach einer militärischen Ausbildung alle seine Feldzüge siegreich beendete und sogar zum Vizekönig ernannt wurde. »Täusche dich nicht«, sagte sie zu Sundiata. »Dein Schicksal erfüllt sich nicht hier, sondern bei den Mandinke. Der Augenblick ist gekommen. Ich habe meine Aufgabe erfüllt und die deine beginnt, mein Sohn. Man muss abwarten können, alles zu seiner Zeit.«

Endlich erreichte sie die Nachricht, dass das Reich der Mandinke von Sumaoro Kante, dem für seine Grausamkeit bekannten König von Sosso, erobert worden war, um sich Zugang zu den reichen Goldminen zu verschaffen und sie zu seinem Vorteil auszubeuten. Nach und nach hatte er alle Länder rings um Sundiatas Vaterland an sich gerissen, und die meisten Bewohner waren in entferntere Provinzen geflüchtet. Der Rat der Alten, nun im Untergrund tätig, hatte heimlich die Clanoberhäupter versammelt und Boten ausgesandt, um Sundiata aufzusuchen. Sein Renommee war bis zu ihnen gedrungen, und sie erinnerten sich der Prophezeiung des Wahrsagers. Daher wollten sie die Bitte an ihn richten, das Land seiner Vorfahren zu befreien.

Eines Abends traf die Delegation in Nema ein, wo sie unverzüglich von Sundiata und Sogolon empfangen wurde und ihnen den Wunsch der Mandinke überbrachte. Sundiata hörte sich ihre Bitte an und entschied, ihr zu entsprechen. Er ließ die Boten bewirten, schickte sie zu ihrem Ruhelager und bereitete alles für den Aufbruch vor. Dann begab er sich noch einmal zu seiner Mutter, um sich mit ihr zu besprechen, so wie er es immer in schwierigen Situationen getan hatte. Sogolons Gesundheitszustand hatte sich sehr verschlechtert. Sie fieberte und zitterte unter ihren Tüchern, als sie ihm wortlos zuhörte. Tief bewegt vom Anblick seiner sterbenden Mutter, wandte sich Sundiata gen Osten und rief mit ausgebreiteten Armen: »Allmächtiger Gott, nun ist die Zeit zum Handeln gekommen. Wenn ich Erfolg haben soll bei der Wiedereroberung des Reiches des Mandinke, so lass meine Mutter hier in Frieden sterben, damit ich sie bestatten kann, bevor ich gehe. Ist es mir aber bestimmt, dass ich den Kampf gegen den übermütigen König von Sosso verliere, so mache, dass ich meine Mutter morgen früh noch lebend vorfinde.«

»Mein Sohn«, antwortete Sogolon zärtlich, »so sprechen Männer, die unter einem glücklichen Stern geboren sind! Komm näher. Ich sage dir drei geheime Formeln, die dir anzeigen, ob dein Unternehmen glücken und ob Gott dir eines Tages den Thron deines Vaters geben wird. Sprich die heiligen Formeln zu dem vertrockneten Karitebaum, der in meinem Hof steht. Wenn du die erste Formel gesprochen hast, wird der Baum wieder ausschlagen. Nach der zweiten Formel wird er blühen, und nach der dritten werden drei Früchte von den Zweigen fallen. Wenn alles so geschieht, nimm die Früchte und iss sie. Dann wird Gott dir die Macht über alle Länder geben, in denen Karitebäume wachsen.«

Nachdem sie mit schwacher Stimme die drei Formeln gesprochen hatte, umfasste Sogolon Kedju mit der Kraft, die ihr verblieben war, Sundiatas Arme und wünschte ihm eine gute Nacht. Voller Herzeleid eilte er zum Karitebaum und sprach die drei Formeln. Sofort, so will es die Legende, zeigten sich am Baum Blätter, gefolgt von Blüten und dann von Früchten. Drei reife Nüsse fielen zu Boden. Sundiata sammelte sie auf, knackte und aß sie und begab sich zur Ruhe.

Am nächsten Morgen, noch bevor der Sonnenaufgang den Himmel erhellte, hatte Sogolon, die Büffelfrau, die Bucklige, diese Welt verlassen. Ihre Aufgabe war zu Ende. Die ihres Sohns Sundiata Keita begann.

Sundiata schloss Bündnisse mit den benachbarten Herrschern und stellte ein beeindruckendes Heer auf. 1235 besiegte er in der berühmten Schlacht von Kirina den König von Sosso. Er schlug die Länder des Besiegten seinem Reich zu, schuf eine Föderation mit seinen Bündnispartnern und vereinte die ganze Savanne von Niger bis Senegal. Damit hatte er das kleine Mandinkereich, das Erbe seines Vaters, zu einem mächtigen Reich erweitert, und die glanzvolle Geschichte des Königreichs Mali nahm ihren Anfang. Sundiata war sein erster König, und so erfüllte sich das Schicksal des Sohns der Büffelfrau, welche die Griots der Mandinke noch heute besingen.

NANDI

Die Mutter von Shaka, dem Gründer des Zulureichs

Eine andere Frau, ein anderes Schicksal. Die Mutter von Shaka, dem südafrikanischen Eroberer der ersten Hälfte des 19. Jahrhunderts, dem Gründer der Zulunation. Sie wollte ihn vor einer schweren Kindheit bewahren und wurde doch Ursache für viele Tausend Opfer des unbarmherzigen Mannes, der er geworden war.

In der Region Südafrikas, die das Zululand und das heutige Natal umfasst, herrschten damals die Nguni. Sie lebten in einem Gebilde aus kleinen Staaten, Chefferien und autonomen Gemeinwesen, das von einem obersten Chief namens Jobe geführt wurde. In einer Landschaft von Grasebenen, die sich zwischen Bergen, Wald und wasserreichen Tälern ausbreiteten, betrieben die Bewohner Landwirtschaft und Viehzucht und handelten mit Häuten, Tabak und aus Holz gefertigten Haushaltswaren.

Der Clan der Mthethwa, der sich rühmte, die besten Holzschnitzer in der ganzen Gegend zu besitzen, wurde von Senzangakona angeführt, einem Vasallen von Jobe. Senzangakona litt darunter, dass keine seiner vier Frauen ihm einen männlichen Erben hatte schenken können. Sein Wunsch nach einem Sohn, der einmal sein Nachfolger werden sollte, war so stark, dass er beschloss, das Schicksal noch einmal zu versuchen und eine neue Frau zu finden. Vielleicht würde sie ihm den ersehnten Sohn schenken.

Zu diesem Zweck ließ er ein großes Fest organisieren, zu dem alle jungen Frauen aus den Provinzen eingeladen wurden, die er unter sich hatte. Auf dem Fest fiel sein Auge auf Nandi, ein Hirtenmädchen, das aus der Region Qwabe stammte, die auf der anderen Seite des Tals lag. Sie war die Grazilste beim »Uku-Hlobonga«-Tanz, einem rituellen Verführungstanz, der besonders von den Jungen geschätzt wurde. Der Kreis der Jungen, die sich darin überboten, die waghalsigsten akrobatischen Figuren vorzuführen, war eine der Hauptattraktionen der Dorffeste. Im Innern des Kreises feuerten die jungen Mädchen mit ihren Gesängen die wendigsten Tänzer an, wobei mit den Händen der Takt geschlagen wurde. Nandi, die voller Elan war, beflügelte mit ihrer melodischen Stimme die entfesselten jungen Leute.

Zu ihrer anmutigen Figur, ihrer schlanken Taille, ihrer kupferfarbenen Haut, die in der Sonne glänzte, und zu ihrer natürlichen Fröhlichkeit passte der Name Nandi sehr gut, denn das heißt »Die Köstliche«. Senzangakona erwählte sie zu seiner Tanzpartnerin. Nandi bemerkte rasch, dass der Chief sie begehrte, und da sie sich darüber freute und sich geehrt fühlte, wies sie die Komplimente nicht zurück, die jener unaufhörlich über sie ausschüttete. Das Fest endete sehr spät in der Nacht, so dass die Tänzer und Musiker aus den benachbarten Dörfern die Nacht am Ort des Festes verbrachten und erst am nächsten Morgen ihren Heimweg antreten wollten.

Senzangakona war durch die Begegnung mit der jungen Frau tief aufgewühlt und fand keinen Schlaf. Es verlangte ihn, sie wiederzusehen. Noch vor Sonnenaufgang stieg er in seine Kleider, nahm seinen Speer, ging zu einer Baumgruppe, blieb hinter einem der Bäume stehen und beobachtete, wie die Feiernden sich auf den Heimweg machten. Schon bald erschien die Gruppe junger Leute, zu der Nandi gehörte. Sie plauderte fröhlich mit ihren Begleitern. Als sie ihn erblickte, zeigte sie sich überrascht. Diskret gab er ihr ein Zeichen, näher zu kommen. Sie ging zu ihm, er zog sie ins Gebüsch. Mit aller Macht versuchte er sie dazu zu bewegen, sich ihm hinzugeben.

Nandi stieß ihn zurück. Das Gesetz und die moralischen Vorstellungen waren sehr streng in dieser Hinsicht, und falls ein Mädchen vor der Hochzeit schwanger wurde, tötete man es auf der Stelle, wie auch alle die, die das Bett mit ihr geteilt hatten.

Doch die Liebe schert sich nicht um Gesetze oder Moral. Anfangs fühlte Nandi sich geschmeichelt und willigte ein, den Chief heimlich zu treffen. Senzangakona machte ihr leidenschaftlich den Hof und überwand schließlich den Widerstand der jungen Hirtin, die sich in ihn verliebte und sich durch ein Eheversprechen verführen ließ. Einige Wochen später stellte sie fest, dass sie sich bei ihrem Zyklus verrechnet hatte; sie erwartete ein Kind. Sie benachrichtigte eilends Senzangakona, und der begann sofort mit den Vorbereitungen für die Hochzeit. Er ließ Nandis Eltern eine Mitgift von fünfzig Kühen und einer großen Zahl geschnitzter Küchenutensilien bringen. Er wollte sie schnell heiraten, bevor die Schwangerschaft sichtbar wurde.

Doch die Gesetze mussten respektiert werden, und erst, als alle für eine Hochzeit notwendigen Formalitäten erfüllt waren, war es Nandi gestattet, ins Haus ihres Ehemannes zu ziehen. Als die Zeit der Niederkunft näher kam, ging die junge Frau, wie es die Sitte verlangte, zu ihren Eltern zurück und brachte dort ihr Kind zur Welt.

Noch am selben Tag kam ein Bote zum Hof Senzangakonas, so eiligen Schritts, dass er eine Staubwolke aufwirbelte. »Der Erbe ist geboren! Wir haben endlich einen Erben!«, rief er in die Runde und weckte mit seinem Freudengeheul die Nachbarn auf. Senzangakona sprang von seinem Lager auf und lief zur Haustür. Er schob den Lianenvorhang beiseite und trat ins Tageslicht. »Bringt Jobe, unserem Herrn, die gute Nachricht«, befahl er seinen Wachen. »Sagt ihm, ein Hirte für seine Herde sei geboren. Er wird mein Erbe sein. Er wird alle Völker unseres Landes vereinen. Er hat eine große Zukunft vor sich. Deswegen soll er Shaka heißen.« Das war im Jahre 1787.

Nandi, die Mutter des Kindes, wurde mit Geschenken überhäuft. Senzangakona baute für sie ein großes Haus, gab ihr mehrere Dienerinnen, überließ ihr eine Herde Rinder und Ziegen und erhob sie in den Rang einer Prinzessin. Auch widmete er ihr viel von seiner Zeit, zum großen Ärger seiner anderen Ehefrauen, die keine Gelegenheit ausließen, Nandi an ihre niedrige Herkunft zu erinnern.

Das Kind war ein kräftiger Knabe, der niemals weinte, selbst wenn er sich weh tat. Als seine ersten Zähne durchbrachen, brachte ihn seine Mutter traditionsgemäß zu einer bekannten Heilerin, die die Heilkraft der Pflanzen und geheime Medizinen gegen das Unheil kannte. Die Heilerin nahm die Galle der gelben Schlange – sie galt als Medium für die Übermittlung von Botschaften der Geister an die Lebenden – und mischte sie in einen geheimnisvollen Trank, den das Kind schlucken musste. Dann sagte sie ihm eine außergewöhnliche Zukunft voraus.

Nandis Glück war von kurzer Dauer. Nach ihr brachten noch zwei andere Frauen Senzangakonas, die aus adeligen Familien stammten, Söhne zur Welt. Da Shakas Mutter noch immer bevorzugt wurde, verbündeten sich die Mitfrauen und verlangten von Senzangakona, Shaka zugunsten eines Sohnes von adeliger Herkunft zu enterben. Der Chief blieb ihren Forderungen gegenüber taub. Shaka war sein Erstgeborener.

Die Rivalinnen wandten alle möglichen Kniffe und Beschwörungen an, um Senzangakona Nandi zu entfremden, doch vergebens. Da drohten sie ihm, ihn bei Jobe anzuklagen, er hätte entgegen dem allseits bekannten Verbot eine schwangere Frau geheiratet. Von dem Geheimnis um Shakas Geburt hatten sie durch eine Indiskretion erfahren. Im Heimatdorf seiner Mutter war das Geheimnis indessen eifersüchtig gehütet und das Kind offiziell als eine Frühgeburt präsentiert worden.

Aus Furcht vor einem Skandal und der gesellschaftlichen Ächtung gab Senzangakona der Phalanx seiner gegen ihn verbündeten Ehefrauen nach. Wenn Jobe erfuhr, dass er als Chief eines seiner Landeskinder vom rechten Wege abgebracht hatte, würde das Urteil über die übliche Entehrung hinaus schrecklich ausfallen. Obwohl er sie über alles verehrte und seinen Sohn liebte und bewunderte, verstieß er Nandi, schickte sie in ihr Heimatdorf zurück und verweigerte ihr sogar den Unterhalt für das Kind. Die Mthethwa nahmen diese Geschichte zum Anlass, sich über Nandis Verhalten – »geschwängert wie eine Hündin« – zu entrüsten und ihre Familie zu ächten. Jeden Tag sah sich Nandi neuen Gehässigkeiten und Schmähungen gegenüber, und auch der junge Shaka blieb nicht verschont. Es wurden sogar Stimmen laut, die den Tod des »Kinds der Sünde« forderten.

Als sie von ihren eigenen Leuten geschnitten wurde, gab Nandi sich verzweifelte Mühe, all die Demütigungen von ihrem Sohn abzuwenden, welche die Nguni jenen antaten, die sie als Bastarde ansahen. Zurückgestoßen und der Verachtung preisgegeben, zog sich das Kind in sich selbst zurück. In dieser harten Schule des Lebens lernte der Junge, seinem Körper das Letzte abzuverlangen, sich in Willensstärke zu üben und seine Empfindungen zu verbergen. Die Jahre vergingen, doch die Schmähungen hörten nicht auf. Endlich entschied sich Nandi, bei dem Nachfolger Jobes Asyl zu suchen, König Dingiswayo, der im Norden des heutigen Natal regierte. Er nahm sie unter seinen Schutz.

Der neue König, der von milder Art war, mochte den einsamen und verschlossenen Jungen. Shaka zeichnete sich nun durch eine außergewöhnliche Körperkraft aus, und niemals verließ ihn sein Mut. Dingiswayo machte ihn zu seiner rechten Hand, und Nandi wurden wieder die Ehren zuteil, die der Frau eines Chiefs gebührten. Doch wie sehr sie sich auch bemühte, es gelang ihr nicht mehr, ihren Sohn die tiefen Wunden vergessen zu machen, die eine schwierige Kindheit und jahrelange Erniedrigung in seinem Herzen hinterlassen hatten. Shaka, der im Exil hatte leben müssen, verzieh seinem Vater sein Verhalten nie. Auch war er ein besonders grausamer Krieger geworden, hartherzig und ohne Gnade, jegliches Mitleid war ihm fremd.

Als Senzangakona gestorben war, überfiel Shaka dessen Dorf, um sich des ihm zustehenden Erbes zu bemächtigen. Dabei tötete er die meisten seiner Halbbrüder und alle, die ihn erniedrigt hatten. So gedachte er – wie er sagte –, »den an Nandi begangenen Schimpf abzuwaschen«. Er wurde der neue Chief seines Clans, doch der brutale Auftakt seiner Herrschaft versperrte den Weg zu Frieden und Versöhnung.

Als Shaka die schöne, zarte Noliwe heiratete, die junge Schwester des Königs Dingiswayo, nährte seine Mutter die Hoffnung, die Vereinigung würde den gewalttätigen Charakter ihres Sohnes abmildern. Mit Noliwe verband sie eine herzliche Zuneigung, sie liebte sie wie eine eigene Tochter. Und wie glücklich war sie erst, als die Prinzessin ihr anvertraute, dass sich ein Kind ankündigte!

Die Expansion holländischer und britischer Siedler über

die Grenzen der Kapkolonie hinaus, ein wahrscheinlich durch den Anbau von Mais hervorgerufenes Bevölkerungswachstum bei den Nguni sowie eine fast zehn Jahre andauernde Dürre führten zu einem erbitterten Kampf der südafrikanischen Völker um Land und Ressourcen. Aus dem Zwang heraus, neue Lebensgrundlagen zu suchen, und der Notwendigkeit, das Überleben neu zu organisieren, ergaben sich Wanderungsbewegungen, wechselnde Bündnisse und kriegerische Auseinandersetzungen. Diese gewaltigen Umwälzungen, die bis weit über die Grenzen des heutigen Südafrikas spürbar waren und bei denen die Zulu eine Hauptrolle spielten, hießen bei ihnen »Mfecane« (Chaos, Unordnung).

Um 1818 wurde Dingiswayo, Shakas Mentor, im Laufe eines seiner vielen Eroberungszüge gegen den Chief Zwide, seinen Hauptfeind, getötet. Shaka, der ihm zu Hilfe eilen wollte, kam zu spät und fand den Kopf seines Wohltäters auf dem Marktplatz auf einen Pfahl gespießt. Shaka nahm Rache, griff Zwide an und besiegte ihn. Daraufhin wählte Dingiswayos Armee Shaka zu ihrem obersten Anführer. Er war ungefähr dreißig Jahre alt, und von da an konnte nichts mehr seinen Aufstieg anhalten.

Er beginnt damit, dass er sein Volk umtauft und die Bezeichnung Nguni, die er als nicht mehr zeitgemäß ansieht, durch den Namen Zulu ersetzt, ein Wort, das für ihn »wie eine Kriegstrommel dröhnt und wie der Donner eines Gewitters grollt«. Er stellt eine schlagkräftige Armee mit einhunderttausend Soldaten auf und schickt die jungen Männer in Kriegsschulen, die für ihre militärische Härte berüchtigt sind.

Er organisiert seine Truppen wie ein modernes Berufsheer. Die Regimenter mit ihren jeweiligen Uniformen und Abzeichen entsprechen den herkömmlichen Altersklassen, die Veteranen bilden die Nachhut. Er hebt auch Frauenkontingente für die Küche und die Lebensmitteltransporte aus. Die Nahrung der Truppe besteht fast ausschließlich aus Fleisch, das die Kraft der Männer stärken soll. Er schafft den langen Wurfspeer zugunsten des Assagai ab, des kurzen Wurfspeers, der eine breitere Klinge für den Nahkampf besitzt. Shaka führt mit seinen Kriegern einen unbarmherzigen Kampf und lässt in den angegriffenen Dörfern weder Frauen, noch Kindern, noch Alten das Leben. Jeder Assagai muss sein Ziel treffen, und wer ohne seine Waffe vom Kriegszug zurückkehrt, wird auf der Stelle exekutiert, denn es bedeutet, dass er entweder geflohen ist oder nicht präzise geworfen hat. Es wird auch berichtet, dass er mit glühendem Eisen die Augen der Kommandanten ausbrennen ließ, wenn sie ohne Kriegsbeute zurückkamen oder den Widerstand der gegnerischen Seite unterschätzt hatten.

Auch mussten die Männer ein hartes Training absolvieren, um ihre Tapferkeit, aber auch ihre Effizienz unter Beweis zu stellen. Absolute Beherrschung des Körpers und des Geschlechtstriebs war ebenfalls gefordert. Um seine Rekruten auf die Probe zu stellen, hatte Shaka in der Nähe der Militärcamps Harems einrichten lassen mit bis zu fünftausend jungen Frauen, die zumeist auf den Kriegszügen gefangengenommen worden waren. Doch niemand durfte sich ihnen nähern! Es sei denn, ein Trupp hatte im Kampf den Sieg davongetragen, dann wurde den jungen Männern das Recht zugestanden, mit einer der Frauen zu schlafen. Um sich zu verheiraten, mussten die Krieger das Ende ihres Militärdienstes abwarten, erst dann erhielten sie die Erlaubnis dazu. Manche Soldaten waren da schon vierzig Jahre alt.

Shaka war zwar für sein Volk ein Halbgott, deswegen für seine Grausamkeit aber nicht weniger gefürchtet. Seine Brutalität kannte keine Grenzen. Eines Tages sagte ihm sein Seher, eine verdammungswürdige Seele, ein noch glorreicheres Schicksal vorher, wenn er sich entschlösse, seine Frau zu töten. Um die Prophezeiung wahr werden zu lassen, soll Shaka die schöne Prinzessin Noliwe, die mit ihrem ersten Kind schwanger ging, erstochen haben. In diesem Moment begriff Nandi, dass nichts den mörderischen Wahnsinn ihres Sohnes aufhalten konnte. Täglich erzählte man ihr nun von seinen blutigen Taten.

Shaka war unkontrollierbar geworden. Niemand hatte mehr Einfluss auf ihn. Auch seine Mutter nicht, deren Ratschläge und Kritik er sich nicht einmal mehr anhörte. Nandi sagte sich, dass nur die Bosheit der Menschen ihren Sohn in so ein blutrünstiges Wesen hatte verwandeln können. Die einzige Hoffnung, die ihr blieb, war der Gedanke, dass vielleicht ein Kind Shakas gequälte Seele retten würde, ein Erbe, der das mächtige Reich, das er geschaffen hatte, weiterführte.

Doch der König der Zulu hörte nicht mehr auf den Rat der Menschen. Sobald eine Frau schwanger wurde, die er besessen hatte, ließ er sie umbringen. Und wenn er von der Existenz auch nur eines Kindes erfuhr, dessen Vater er war, konnte kein Umstand das unschuldige Wesen retten, nicht einmal die flehenden Bitten seiner Mutter.

Südafrikanische Historiker haben später die These aufgestellt, dass Shaka trotz seiner außergewöhnlichen Erscheinung einen Komplex wegen der geringen Größe seines Penis hatte, und er in seiner Kindheit und Jugend von den Jungen seiner Altersklasse deswegen mit Hohn und Spott überschüttet worden war. Gequält von dem, was er für ein Gebrechen hielt, glaubte er, er wäre impotent. Von daher auch seine Manie, die Frauen exekutieren zu lassen, die sich nicht gegen eine Schwangerschaft geschützt hatten, war er doch davon überzeugt, sie hätten ihn allesamt betrogen.

Eines Tages kam eine von Shakas jungen Frauen zu Nandi und vertraute ihr an, sie wäre von ihrem Sohn schwanger. Nandi half ihr, sich in einem Dorf, weit entfernt von der Hauptstadt, zu verstecken. Das Baby kam zur Welt und Nandi wünschte sich nichts sehnlicher, als das Kind zu sehen. Da es für sie undenkbar war, weiterzuleben, ohne ihren Enkelsohn zu kennen, und auch aus der Hoffnung heraus, das Kind könnte einmal einen mäßigenden Einfluss auf seinen Vater haben, ließ sie es zu sich kommen und entschloss sich, es großzuziehen. Sie wusste um das Risiko, dem sie das Kind aussetzte, und traf alle erdenklichen Vorsichtsmaßnahmen.

Shaka hatte sich nicht sonderlich darum gekümmert, dass eine seiner Ehefrauen geflohen war, bemerkte aber das Interesse, welches seine Mutter schon seit zwei Jahren dem unbekannten Kind entgegenbrachte. Schließlich forderte er eine Erklärung von ihr. Zu Tode erschrocken, antwortete sie ein wenig zu schnell, dass der Kleine der Sohn einer Nachbarin sei, der sie eng verbunden war, und er sich darüber keine Gedanken machen solle.

Shaka sagte kein Wort, hatte aber Verdacht geschöpft und erschien kurze Zeit später wieder im Hof seiner Mutter. Er näherte sich dem Jungen, der auf einer kleinen Matte im Schatten eines Strauches schlief, betrachtete ihn einen Augenblick lang und schnitt ihm unter dem entsetzten Aufschrei der Dienerinnen mit einem Lanzenhieb die Kehle durch. Nach vollbrachter Tat drehte er sich um und verschwand. Als die Nacht hereingebrochen war, kam der Herrscher der Zulu zu seiner Mutter. Die Stadt versank in Finsternis, niemand wagte zu atmen. Nandi saß allein in ihrem von einer Fackel schwacherleuchteten Zimmer, ihre Augen waren von den vielen Tränen geschwollen, die sie geweint hatte. Sie rief die Geister an.

»Warum willst du unbedingt, dass ich einen Erben großziehe?«, schrie Shaka. »Ich habe es nicht nötig, einer Frau ein Kind zu machen! Und keine Frau darf sich meinem Willen widersetzen, und sei es meine Mutter!«

Nandi antwortete nicht. Mit starrem Blick sah sie in die Flamme, die unter seinem hasserfüllten Atem zu ersticken schien. Shaka raste vor Wut. Das Schweigen seiner Mutter provozierte ihn noch mehr. Mit einem heftigen Faustschlag warf er sie zu Boden und schleuderte ihr seine Beschimpfungen entgegen. Nandi sagte kein Wort, richtete sich langsam auf. Da stieß er ihr seinen Dolch in die Brust. Im Fallen erlosch ihr Lebensfunke. Man schrieb August 1827. Ein trauriges Los für die Mutter eines Helden.

Dies ist eine Version der mündlichen Überlieferung. Eine andere besagt, dass Shaka, als er von seiner Mutter erfuhr, dass er einen Sohn hatte, auf ihre ängstliche Frage hin versprach, das Kind nicht zu töten. Stattdessen schickte er es ins Exil, aus Furcht, seine Halbbrüder könnten das Kind ermorden, um ihre Herrschaftsansprüche nicht zu gefährden. Was die Ermordung seiner Mutter angeht, so vertritt die historische Forschung heute mehrheitlich die Meinung, dass Shaka Nandi nicht getötet hat. Sie starb wohl an der Ruhr. Zum Zeitpunkt ihres Todes befand sich Shaka, das belegen schriftliche Quellen, mit einem Engländer, Henry Frances Fynn, auf der Elefantenjagd im Mhlatuze-Tal. Als Nandi starb, entstand aber tatsächlich das Gerücht, sie wäre von ihrem Sohn ermordet worden. Und nach der neuesten Forschung hat Mkabayi, die Schwester des Chiefs Senzangakona – also Shakas Tante –, sich dieses Gerücht zunutze gemacht, um die Ermordung Shakas zu planen.

Das Volk nahm die Nachricht vom Tode Nandis mit Bestürzung auf, doch niemand wagte, sich offen nach der Todesursache zu erkundigen. Nandi wurde geliebt, weil sie allen freundlich entgegengetreten war, die sich an sie wandten, zweifellos auch in der Absicht, die Exzesse ihres Sohnes, soweit es in ihrer Macht stand, auszugleichen.

Als der Dorfplatz schwarz von Menschen war, die erregt über die Neuigkeit vom Tod Nandis debattierten, erschien plötzlich Shaka vor ihnen. Er sah die Menge fragend an, dann warf er sich auf die Erde und wälzte sich im Staub, streute Sand über seinen Körper und beklagte laut den Tod seiner Mutter. Einen Augenblick später, als er wieder zu sich kam, ließ er bekanntgeben, dass jeder, der keine Tränen weinte, auf der Stelle getötet würde, denn trockene Augen wären ein Zeichen von Gleichgültigkeit. Während der folgenden Tage streuten sich Tausende, bevor sie sich nach draußen wagten, Tabak oder Staub in die Augen, bis ihre Augen tränten, und hofften, so den tödlichen Hieben der Assagai zu entgehen.

Denn entlang der Straßen, die in die Hauptstadt führten, machte Shakas Garde die Runde mit dem Befehl, jeden zu kontrollieren, ob seine Augen nass von Tränen waren. Dem sollen viele Zulu zum Opfer gefallen sein. Und als ob das alles nicht genug gewesen wäre, ließ Shaka Nandis alte Freundinnen mitsamt ihren Familien suchen und sie ausnahmslos den Opfertod sterben, um, so erklärte er, den Fluch aufzuheben, der durch den Tod seiner Mutter über sein Volk gekommen war.

Dann schickte er Spione durch die Stadt, um die Namen derer zu notieren, die nicht erkennen ließen, dass sie seinen »Kummer« teilten. Widerstrebende Regimenter, die vor seiner grenzenlosen Gewalt zurückschreckten, vermeintliche Opponenten, Notabeln, die zu spät ihr Beileid ausgesprochen hatten, und auch Unbekannte, die das Pech hatten, im falschen Moment seinen Weg zu kreuzen, fielen dem Blutbad gleich mit zum Opfer. Der Name des Tals, in dem all die Massaker stattfanden, überdauerte die Zeiten und erinnert bis heute an die mindestens siebentausend Toten, die dort ihr Grab fanden.

Dieser Akt unermesslicher Grausamkeit trübte das Bild des Herrschers, der ein großes Reich gegründet und die gesamte Region in sein Zulureich eingegliedert hatte. Und so begann Shakas Abstieg. Ein Teil seiner Leutnants, seiner Kriege und Gewaltakte überdrüssig, trennte sich von ihm und flüchtete sich mit einer Anzahl Clans, welche die Despotie ihres Chiefs nicht länger ertrugen, in den Norden des heutigen Transvaal. Andere wanderten unter der Führung des tapferen Mzilikazi aus, der später das Reich der Matabele gründete. Sie zogen am Drakensberg vorbei, überquerten den Limpopo und ließen sich schließlich in der Gegend von Bulawayo im heutigen Simbabwe nieder.

Was Shaka betrifft, der mehr und mehr isoliert und seinem Wahn überlassen war, so starb er, ebenso dramatisch, wie er gelebt hatte, am 24. September 1828. Angestachelt von seiner Tante, die glaubte, seine unablässigen Kriegszüge würden das Reich schwächen, wurde er von zweien seiner Halbbrüder ermordet, Dingane und Mhlangana, die nach dem Tode ihres Vaters der Rache Shakas entkommen waren. Konnten die Umwälzungen jener Epoche aber jemand anderen als einen so umstrittenen Heroen hervorbringen?

Coquery-Vidrovitch, Catherine: Les Africaines. *Histoire des Femmes d'Afrique Noire du XIXe au XXe siècle.* Paris 1994.
Cornevin, Marianne + Robert: *Geschichte Afrikas von den Anfängen bis zur Gegenwart.* Berlin 1980.
Ibn Khaldun: *Histoire des Berbères et des dynasties musulmanes de l'Afrique septentrionale.* Paris 1956.
Ki-Zerbo, Joseph: *Die Geschichte Schwarz-Afrikas.* Wuppertal 1979.
Loth, Heinrich: *Die Frau im Alten Afrika.* Leipzig 1986.
Mbokolo, Elikia: *Afrique noire, Histoire et civilisations.* Bd. 2. Paris 1992.
Schwarz-Bart, Simone + André: *In Praise of Black Women. Bd. 1: Ancient African Queens.* Madison 2001.
Sorel, Jacqueline / Simonne Pierron Gomis: *Femmes de l'ombre et Grandes Royales dans la Mémoire du Continent Africain.* Paris 2004.
Sweetman, David: *Women Leaders in African History.* London, Ibadan, Nairobi 1984.

Anna Nzinga

Castilhon, Jean-Louis: *Zingha, reine d'Angola.* Paris 1769.
Histoire générale de l'Afrique. Paris: UNESCO 1998.
Junot, Laure (Duchesse d'Abrantes): Zingha, reine de Matamba et d'Angola. In: *Les Femmes célèbres de tous les pays.* Paris 1834.
Kakè, Ibrahima Baba: *Anne Zingha, reine d'Angola.* Paris 1975.
Labat, R. P. Jean-Baptiste: *Relation historique de l'Ethiopie occidentale de P. Cavezzi.* Paris 1732.
Leyden, John / Hugh Murray: *Histoire complète des voyages et découvertes en Afrique depuis les siècles les plus reculés jusqu'à nos jours.* Bd. 3. Paris 1821.
Miller, Joseph C.: Nzinga of Matamba in a New Perspective. In: *Journal of African History* 16 (1975), S. 201–216.
Randles, William: *L'ancien royaume de Congo des origines à la fin du XIXe siècle.* Paris 1968.

Königin Pokou

Delafosse, Maurice: *Essai de manuel de la langue agni.* Paris 1901.
Dervain, Eugéne: *Pokou la conquérante.* (Unveröff. Ms. 1969.)
Guilhen, Marcel / Michel Yapi: *Récits historiques de la Côte d'Ivoire.* Paris 1968.
Junot, Laure (Duchesse d'Abrantes): *Les Femmes célèbres de tous les pays.* Paris 1834.

Loukou, Jean-Noël: *L'exode des Baulé. Recueil de traditions orales.* Université d'Abidjan. (Unveröff. Ms. 1975.)
Quenum, Maximilien: *Trois légendes africaines.* Rochefort 1946.

Tassin Hangbé

Coissy, Anatole: *Un règne de femme dans l'ancien royaume d'Abomey.* Etudes dahoméennes. Bd. 2. Paris 1949.
(ders.): Contribution à l'histoire du Moyen Dahomey. In: Cornevin, Robert: *Histoire du Dahomey.* Paris 1962.
Foa, Edouard: *Le Dahomey.* Paris 1895.
Le Herissé, A.: *L'ancien royaume du Dahomey.* Paris 1911.

Ndete Yalla

Annales sénégalaises 1854–1885. Paris 1885.
Ba, Oumar: *La pénétration française au Cayor.* Bd. 1. (Unveröff. Ms.) Dakar 1976.
Barry, Boubacar: *Le Royaume du Walo.* Paris 1972.
Boilat, P. David: *Esquisses sénégalaises.* Paris 1853.
Cohen, William: *Rulers of Empire.* Stanford 1971.
Gentil, Pierre: *Les troupes du Sénégal de 1816 à 1890.* Bd. 1. Dakar 1978.
Julien, Charles André (Hrsg.): *Les techniciens de la colonisation (XIXe – XXe siècles).* Paris 1947.
Monteil, Vincent / Amadou Wade: *Chroniques du Walo.* Dakar 1966.

Ranavalona III.

Barrier, Marie-France: *Ranavalo, dernière reine de Madagascar.* Paris 1998.
Boyer, Danika: *Sa majesté Ranavalo III, ma reine.* Paris 1946.
Esoavelomandroso, Manassé: Madagascar de 1880 à 1939. In: *Histoire générale de l'Afrique.* Bd. 7. Paris: UNESCO 1987.
Grandidier, Guillaume: *Histoire de Madagascar.* Bd. 2. Paris 1934.
Histoire générale de l'Afrique. Bd. 6. Paris: UNESCO 1997.
Le Petit Journal (Zeitung): Ranavalo à Paris. Juni 1901.
L'Illustration (Zeitung): Portrait de Ranavalona. Paris, 12. Oktober 1895.
Osterhaus, Andreas / Sonja Dehning: Kein Pardon für Ranavalona. In: *Damals* 1998, 6, S. 76–81.

Nofretete

Aldred, Cyril: *Echnaton, Gott und Pharaoh.* Bergisch-Gladbach 1980.
Gore, Rick: Pharaonen der Sonne. In: *National Geographic Deutschland.* April 2001.
Jacq, Christian: *Nofretete und Echnaton. Ein Herrscherpaar im Glanz der Sonne.* Reinbek 2000.

Rachet, Guy: *Nefertiti*. Paris 1999.
Wedel, Carola: *Nofretete und das Geheimnis von Amarna*. Mainz 2005.

Am Hofe der Königin Kassa von Mali

Al-Omari, Ibn Fald Allah: *Masalik el Absar Fi Mamalik el Amsar / L'Afrique moins l'Egypte*. Paris 1927.
Fischer, Rudolf: *Gold, Salz und Sklaven. Die Geschichte der großen westafrikanischen Sudanreiche Gana, Mali, Songhai*. Tübingen 1982.
Ibn Battuta: *Voyage dans le Soudan en 1352*. Paris 1843.
Mauny, Raymond: *Les siècles obscurs de l'Afrique noire*. Paris 1971.

Malan Alua

Brétignère, M. Amédée: *Aux temps héroïques de la Côte d'Ivoire*. Paris 1931.
Clozel, François Joseph: *Dix ans à la Côte d'Ivoire*. Paris 1906.
Diabaté, Henriette: *La reine du Sanvi*. (Unveröff. Ms.) Abidjan 1976.
Grimal, Pierre (Hrsg.): *Histoire mondiale de la femme*. Paris 1967.
Histoire et coutumes de la Côte d'Ivoire. Bd. 2: Cercle d'Assinie. Abidjan o. J.
Monnier, Marcel: *France noire – Côte d'Ivoire et Soudan*. Paris 1894.
Mouezy, Henri: *Assinie et le royaume de Krinjabo*. Paris 1942.
Reichenbach, J. C.: Etude sur le royaume d'Assinie. In: *Bulletin de la Société de géographie* 11 (1890), S. 310–349.

Madam Tinubu

Ajayi, Jacob Festus Ade (Hrsg.): *History of West Africa*. London 1971.
Dunglas, Edouard: *Contribution à l'histoire du Moyen Dahomey*. Porto Novo 1957.
Eminent Nigerians of the Nineteenth Century. Cambridge 1960.
Mercier, Paul: *Civilisation du Bénin*. Paris 1962.
Williams, Eric: *Capitalism and Slavery*. London 1987.

Die Kahena

Cherbi, Moh / Thierry Deslot: *La Kahena, reine des Berbères*. Paris 2000.
Nebot, Didier: *La Kahena, reine d'Ifrikia*. Paris 1998.
Une Jeanne d'Arc Africaine: Episode de l'Invasion des Arabes en Afrique. Paris um 1890.

Die Frauen von Nder

Azan, M. F.: Notice sur le Oualo (Sénégal). In: *Revue maritime et coloniale*, Nr. 9 (1863), S. 395–422.
Reyane: Les femmes de Nder. In: *Awa*, Nr. 1. Dakar 1964.
Rousseau, R.: Le Sénégal d'autrefois. In: *Cahiers de Yoro Dyao sur le Walo*. Bulletin du Comité historique et scientifique de l'AOF, Nr. 12 (1929), S. 133–211.

Die Mulattin Solitude

Adélaide-Merlande, Jacques: *Delgrès ou la Guadeloupe en 1802.* Paris 1986.
Anduse, Roland: *Joseph Ignace: le premier rebelle.* Paris 1989.
Saint-Ruf, Germain: *L'épopée Delgrès.* Neuaufl. Paris 2002.
Schwarz-Bart, André: *Die Mulattin Solitude.* Berlin 1975.
Website zur Abschaffung der Sklaverei auf den Antillen: http://perso.wanadoo.fr/yekrik.yekrak

Harriet Tubman

Bradford, Sarah: *Harriet Tubman: The Moses of her People.* New York 1961.
Carter, Velma + Levero: *The Black Canadians. Their History and Contributions.* Edmonton 1989.
Fabre, Michel: *Esclaves et planteurs dans le Sud américain au XIXe siècle.* Paris 1970.
Petry, Ann: *Harriet Tubman: Conductor of the Underground Railroad.* 5. Aufl. New York 1955.
www.harrietttubmanhome.org

Nongqawuse

Coquery-Vidrowitch, Catherine: *Les messianismes en Afrique australe.* (Unveröff. Ms.) Paris 1977.
Jordan, A.C.: *Towards an African Literature. The Emergence of Literary Form in Xhosa.* Berkeley 1973.
Peires, J.B.: *The Dead Will Arise. Nongqawuse and the Great Xhosa Cattle-Killing Movement of 1856–7.* Johannesburg 1989.

Donna Beatrice

Balandier, Georges: *La vie quotidienne au royaume de Congo du 16e au 18e siècle.* Paris 1965.
Cuvelier, Jean: *Relation sur le Congo du Père Laurent de Lucques, 1700–1717.* Brüssel 1953.
Jadin, Louis: Le Congo et la secte des Antonins. Relation de Bernardo di Gallo. In: *Bulletin de l'Institut historique belge de Rome.* Brüssel 1961.
Randles, William: *L'ancien royaume de Congo: des origines à la fin du XIXe siècle.* Paris 1968.
Sinda, Martial: *Le messianisme congolais.* Paris 1972.

Alice Lenshina

Binsbergen, Wim N.J. van: Religious Innovation and Political Conflict in Zambia. The Lumpa Rising. In: Binsbergen (Hrsg.): *Religious Innovation in Modern African Society.* Leiden 1976, S. 101–35.
Davidson, Basil: *Die Afrikaner: eine Bestandsaufnahme im Zeichen des Umbruchs.* Bergisch-Gladbach 1970.

Decraene, P.: Alice Lenshina, prophétesse du dialogue. In: *Bingo*, Nr. 141. Paris 1964.
Histoire générale de l'Afrique. Bd. 8. Paris: UNESCO 1997.

Amazonen von Dahomey

Aguessy Cyrille/Adolphe Akindélé: *Le Dahomey*. Paris 1955.
Ajayi, Jacob Festus Ade (Hrsg.): *History of West Africa*. London 1971.
Burton, Richard Francis: *A Mission to Glele, King of Dahomey*. Bd. 1. London 1864.
Chaudouin, E.: *Trois mois de captivité au Dahomey*. Paris 1891.
Cornevin, Robert: *Histoire du Dahomey*. Paris 1962.
(ders.): *Les mémoires de l'Afrique: des origines à nos jours*. Paris 1972.
Dalzel, Archibald: *The History of Dahomey*. London 1793.
Djivo, Adrien: *Guezo, la rénovation du Dahomey, 19e siècle*. Paris 1977.
Dunglas, Edouard: *Contribution à l'histoire du Moyen Dahomey*. Porto Novo 1957.
Foa, Eduard: *Le Dahomey*. Paris 1895.
Herskovitz, Melville Jean: *Dahomey, An Ancient West African Kingdom*. New York 1938.
Voyage au Dahomey par le Docteur Répin, ex-chirurgien de la marine impériale. In: *Le Tour du monde* Nr. 7 (1856).

Yennega

Chéron, Georges: Contribution à l'histoire des Mossis. In: *Bulletin du Comité d'études histoire et sciences de l'AOF*, 1924.
Delafosse, Maurice: *Haut-Sénégal – Niger*. Paris 1912.
Delobson, Dim: *L'empire du Morho Naba*. Paris 1933.
Fage, J. D.: Reflections on the early history of the Mossi-Dagomba Group of States. In: *The Historian in Tropical Africa*. London 1969, S. 177–192.
Héritier, Marc: *Le pays mossi*. Paris 1909.
Prost, R.: Note sur l'origine des Mossis. In: *Bulletin de l'IFAN*. Nr. 15 (Juli 1953).
Skinner, Elliot: *The Mossi of the Upper Volta*. Stanford 1964.
Tauxier, Louis: *Le Noir du Yatenga*. Paris 1917.
Tiendrebeogo, Yamba: *Histoire et coutumes royales des Mossis*. Paris 1964.

Salou Casaïs

Béraud-Villars, Jean: *L'empire de Gao, un Etat soudanais au 15e + 16e siècles*. Paris 1942.
Cardot, Véra: *Belles pages de l'histoire africaine*. Paris 1961.
Frey, Philippe: *Le chevalier Songhaï*. Paris 2000.
Hama, Boubou/J. Boulnois: *L'empire de Gao, histoire et coutumes*. Paris 1954.

Kaké, Ibrahima Baba: *Salou Casais: une idylle franco-songhay au 15e siècle.* Paris 1975.
LaFaille, Germain de: *Annales de la ville de Toulouse.* Toulouse 1687.
La Roncière, Charles de: *La découverte de l'Afrique au Moyen Âge.* Paris 1924.

Die Hottentotten-Venus

Badou, Gérard: *Die schwarze Venus. Das kurze und tragische Leben einer Afrikanerin, die in London und Paris Furore machte.* München 2001.
Baker, John: The Hottentot Venus. In: *Race.* Oxford 1974, S. 313–319.
Blainville, Henri de: Sur une femme de la race hottentote. In: *Bulletin des Sciences pour la Société philomatique de Paris*, 1816, S. 183–190.
Comptes-rendus des sessions du Sénat sur la proposition de loi autorisant la restitution par la France de la dépouille mortelle de Saartjie Baartman dite »Vénus Hottentote« à l'Afrique du Sud, présentée par le sénateur Nicolas About, Paris, Dez. 2001, Jan. 2002.
Geoffroy Saint-Hilaire, Etienne/Cuvier, Georges: Femme de Race Bochimann. In: *Histoire Naturelle des Mammifères.* Paris 1824.
Maseko, Zola: *Die Hottentotten Venus.* Dokumentarfilm, 52 min. Südafrika 1998.
Rapport de la Commission culturelle de l'Assemblée nationale sur le projet de loi autorisant la restitution par la France de la dépouille mortelle de Saartjie Baartman. Paris, Feb. 2002.

Sogolon Kedju

Clair, Andrée: *Le fabuleux empire du Mali.* Paris 1959.
Niane, Djibril Tamsir: *Soundjata. Ein Mandingo-Epos.* Leipzig 1987.
Dossier sur l'empire du Mali. Tradition orale. SCOA. Paris 1974.
Vidal, Charles: La légende officielle de Soundjata Keita. In: *Bulletin du Comité de l'AOF.* Paris 1924.

Nandi

Balandier, Georges: Chaka. In: *Le Monde noir.* Numéro spécial. Paris 1950.
Gollock, Georgina A.: *Söhne Afrikas. Charakterbilder.* Berlin 1930.
Kaké, Ibrahima Baba: *Chaka, fondateur de la nation zoulou.* Paris 1976.
Mofolo, Thomas: *Chaka der Zulu.* Zürich 1953.
Ritter, E. A.: *Shaka Zulu. The Rise of the Zulu Empire.* London 1955.